U0361538

杨兆龙

评传

郝铁川 ◎ 著

北京大学出版社
PEKING UNIVERSITY PRESS

图书在版编目(CIP)数据

杨兆龙评传:中国近代法学家群体的一个缩影/郝铁川著. —北京:北京大学出版社,2021.2
ISBN 978-7-301-31923-9

Ⅰ.①杨… Ⅱ.①郝… Ⅲ.①杨兆龙(1904-1979)—评传 Ⅳ.①K825.19

中国版本图书馆 CIP 数据核字(2021)第 001706 号

书　　　名	杨兆龙评传——中国近代法学家群体的一个缩影	
	YANG ZHAOLONG PINGZHUAN	
	——ZHONGGUO JINDAI FAXUEJIA QUNTI DE YIGE SUOYING	
著作责任者	郝铁川　著	
责 任 编 辑	孙维玲	
标 准 书 号	ISBN 978-7-301-31923-9	
出 版 发 行	北京大学出版社	
地　　　址	北京市海淀区成府路 205 号　　100871	
网　　　址	http://www.pup.cn　　新浪微博:@北京大学出版社	
电 子 信 箱	sdyy_2005@126.com	
电　　　话	邮购部 010-62752015　发行部 010-62750672　编辑部 021-62071998	
印 刷 者	北京市科星印刷有限责任公司	
经 销 者	新华书店	
	787 毫米×980 毫米　16 开本　25.75 印张　423 千字	
	2021 年 2 月第 1 版　2021 年 2 月第 1 次印刷	
定　　　价	98.00 元	

杨兆龙不同时期的个人照

杨兆龙哈佛大学博士毕业照

杨兆龙和哈佛大学法学院院长庞德

1951 年与东吴大学法学硕士合影
（左二为杨兆龙）

东吴大学法律系 1952 届毕业照
（第一排居中者为杨兆龙、左五为倪征燠）

杨兆龙和家人 1962 年于无锡梅园
（右一为杨兆龙、左二为沙溯因、右二为沙轶因）

序

铁川是在法学界崭露头角之后，又来法学所读我的博士后的。在站期间，我给他布置了不少必读书目和作业，我们之间交流很频繁，相知较深。我那时就知道他在收集杨兆龙的材料，准备写一本《杨兆龙评传》。十几年过去了，他终于完成了此书的写作，送来让我作序。念及我们几十年的师生情谊，我觉得不能推却。

中华法系的解体与现代化，与中国近代出国留学然后回国的法学家群体密切相关，这个群体是中国法治现代化的主力军，杨兆龙是这个群体中最具代表性的一个。写好他的传记，有助于我们了解中国近现代的法治进程，无论是对法制史还是对法律思想史的研究，都是不可或缺的内容。而且，学术界在这方面的研究是比较薄弱的，除了出版了几本沈家本传记之外，其他职业法学家传记很少看到。法学家传记在学术史上具有不可替代的价值，因为法治事件史的局限是缺乏思想史的铺垫，法律思想史的局限是缺乏人物社会活动与思想变化关系的描述，而传记则往往能够把传主的生平经历与学术思想的展开有机地结合在一起，所以，我提倡人们要多写法学家传记。

我阅读了铁川写的这本《杨兆龙评传》，感到很有特点。第一，铁川注意在大的历史背景下解释杨兆龙的言行活动。比如，作为国民党政府体制内的人，杨兆龙原来很想用自己的理想和知识对当时的司法制度进行改良，是不会轻易地投向共产党的。之所以最后连杨兆龙这样体制内的人都要抛弃国民党，大的背景是国民党军队 1948 年在淮海战役中被打败，整个国民党阵营都认为国民党气数已尽，都开始思考自己的出路，这是辽沈战役后所未有的现象。同时，越是气数欲尽，体制内的腐败就越是严重，就越会加剧像杨兆龙这样有理想、非完全官僚化的人对国民党政府的厌恶。正是在这种情况下，中共地下党南京市委去争取杨兆龙投身革命才有可能性。又如，杨兆龙之所以在1949年后迭遭整肃，和阶级斗争扩大化思维蔓延、地下党的功绩不被重视等密切相关。一个人的命运往往受时代摆布，为了减少命运的无常，人类设计了法治，努力让人通过法律预知自己的行为后果，尽量让人免于飞来横祸般的恐怖。

第二，铁川注意通过杨兆龙晚年冤案的评述，揭示阶级斗争扩大化时期冤假错案的规律。按理来说，像杨兆龙这样具有法治信仰、思维并熟知其运作过程的人，让他主动承认自己的种种"罪名"，肯定不是一件容易的事情。那么，为什么杨兆龙最后就"认罪服法"了呢？人们一般会认为是刑讯逼供所致，但没有什么证据证明杨兆龙是在遭受酷刑后认罪的。主要原因一是办案人员以惩罚他的妻子和加重处罚他的儿子相威胁，二是以坦白从宽政策来诱供。其实，这是我国发生的冤假错案除了刑讯逼供原因之外另外两条重要原因。苏联肃反扩大化也存在这些问题。1936年8月，苏联最高法院军事法庭举行公开审判，即著名的莫斯科大审判的第一次公审，邀请了很多国外媒体、各国使馆人员及国际观察人士前去旁听。此次审判中很反常的是，季诺维耶夫、加米涅夫和布哈林等人一出庭就主动承认错误，对指控他们的罪名全部供认不讳，除了认罪外，更不可思议的是他们每一个人都在法庭上大肆颂扬斯大林同志如何伟大、如何正确。这令现场的很多记者百思不得其解。其实，这些人一开始都是不认罪的，他们都是老布尔什维克，早将生死置之度外。但是，当负责审讯的内务部官员以斯大林的名义向他们许诺，只要他们承认所有的"罪行"并在法庭上赞颂斯大林，就能保证他们的妻子儿女的安全，如继续"负隅顽抗"，那么他们的家人将会无一幸免。为了妻子儿女的安全，这些老布尔什维克就全都认罪服法了。社会主义国家过去在法治问题上的教训，值得我们永远引以为戒。

第三，铁川这本书以杨兆龙为中心，通过叙述杨兆龙和吴经熊、盛振为、倪征燠、王造时等师友们的关系，向人们展示了那一代法律人的生活和工作，使人们可从中了解中国法治的艰辛和症结，更清楚地看到贯穿近代法治历史的一根主线是人治和法治的博弈。特别是董必武、陈修良、徐盼秋等共产党人坚守法治的事迹，使我们感受到不管什么时候党内始终有正义的声音和对人民呼声的响应，法律人应该继承共产党人的优良传统，坚持真理，修正错误，不忘初心，为人民服务。

第四，铁川这本评传没有一味地拔高杨兆龙，而是实事求是地指出其缺点。金无足赤，人无完人。铁川认为，杨兆龙对法治的执着追求，决定了他在阶级斗争扩大化的年代必遭整肃；但究竟整肃到什么程度，则和过于自信的自身性格特点有一定关系了。杨兆龙的缺点就是没有政治斗争经验，政治上不够敏锐，而且不注意总结经验教训。他1950年因为主张土改要立法被上层某些领导斥为"管了不该管的事情"，1955年险些被认定为"潜伏特务"，1957年被划为右派还不自警，竟然被"耳目"欺骗，1960年试图让学生、儿子偷渡出国读书，结果就是除了"历史反革命"外，又加上了一个"叛国投敌"的"现行反革命"罪名，险些被枪毙，比一般的右派遭受了更多的磨难。

当然，由于多种原因，这本书还有一些不足之处，好在他比我年轻，今后还可以继续收集资料，再出此书的增订版。

李步云

2020 年 2 月于北京

目　录

引言·杨兆龙一生的心路历程

　　杨兆龙，字一飞，1904 年生于江苏省金坛县东岗村。杨家本是金坛的书香门第、耕读之家。杨兆龙的祖父是廪生。杨父杨立中虽曾读书，但未能参加科考，故一生务农，曾当过佃户。杨母王葆真系金坛城内大地主王家之长女。王老先生要把大女儿嫁进书香门第，故选中了东岗杨家的杨立中。杨兆龙的伯父杨立本为清末举人，因无仕途，只设家馆；因仅生一女，故立杨兆龙为嗣。一子双祧，故杨兆龙备受杨家上下宠爱。虽然家贫，但杨兆龙的父母仍省吃俭用甚至不惜向亲戚举债供他上学。杨兆龙 6 岁到金坛城内的外祖父家入私塾读古书，接受启蒙教育。7 岁入读金坛初等小学，10 岁考入镇江高等小学，两年后毕业。12 岁—18 岁在镇江教会私立润州中学读初中和高中，以全校第一名的成绩毕业。18 岁考入燕京大学，仅用两年即修满学分提前毕业。1924 年，经燕京大学校长司徒雷登介绍，杨兆龙到东吴法科①学习。1927 年，杨兆龙从东吴法科毕业，获法学学士学位。1948 年年底，经中共地下党南京市委劝说，杨兆龙担任了民国政府末任代理最高检察长，并利用这一职务释放上万名关在监狱里的共产党"政治犯"。1949 年，杨兆龙接受地下党南京市委劝说，没有跟随国民党去台湾，而是留在大陆，全身心地投入新中国的法制建设之中。1957 年，杨兆龙被划为右派。1962 年，杨兆龙被以"历史反革命罪""叛国投敌罪"等罪名逮捕入狱。"文化大革命"（以下简称"文革"）期间，杨兆龙先是被判处死刑，后又被改判无期徒刑。1975 年，杨兆龙被特赦出狱，后任浙江省文史研究馆馆员。1979 年，杨兆龙去世。1980 年，杨兆龙被宣告彻底改正。

中华人民共和国成立前从欧美留学归国的知识分子，多数人在政治立场上处于既不信服苏联的社会主义模式，也不崇拜欧美资本主义模式的中间状态。在解放战争结束之际，他们中的一些人没有去台湾，也没有赴外国定居，而是出于对既非社会主义理论又非资本主义学说、具有资本主义和社会主义中间状态特点的新民主主义理论的服膺，选择留在大陆，跟着共产党建设新民主主义社会。② 当 1953 年党和国家决定由新民主主义社会向社会主义社会过渡时，一部分人出现了不适应。③ 杨兆龙与学界同辈不同的是：第一，他在经历民族主义、民主主义、新民主主义之后，对进入社会主义没有抵触情绪，满怀信心地投身于社会主义民主法治建设。第二，他坚信不管什么社会形态都离不开民主法治，都需要依法治国、保障人权。第三，他始终认为自己是和共产党一起奋斗过的建立新中国的"红色"教授，是党外"布尔什维克"，不是"外人"。这也是他的

---

① 1915 年 9 月，美国大律师兰金（C. W. Rankin）博士在上海东吴大学第二中学采取夜间授课的方式，效仿美国开办了一所法律专门学校，中文校名为"东吴大学法律专科"（以下简称"东吴法科"），其性质是东吴大学的法律系。1927 年，改为东吴大学法律学院。1935 年，改为东吴大学法学院。1937 年，增设会计系。1952 年全国院系调整时，东吴大学在上海的法学院、法律系并入华东政法学院（现为华东政法大学），会计系和昆山路院址并入上海财政经济学院（现为上海财经大学）。中华人民共和国成立之前，东吴大学法学院是中国唯一一所在教授中国法之外系统地讲授英美法的学院，是亚洲第一所比较法学院，被誉为世界上最优秀的比较法学院之一，在培养比较法和国际法人才上贡献至巨。

② 参见郝铁川：《新民主主义与中国近代法学留学生》，载《法学》2016 年第 5 期。

③ 北京大学法律系教授由嵘说，在抗日战争和解放战争时期，共产党主张的是新民主主义纲领，中华人民共和国成立后，虽然历经政治运动，但人们思想上的认识并没有改变，没有认识到中国新民主主义革命已经完成，社会主义革命已经开始，这就造成学界非常迷茫，无所适从。参见何勤华主编：《中国法学家访谈录》（第一卷），北京大学出版社 2010 年版，第 216 页。

个性所在。

笔者与杨兆龙的女儿曾是邻居，与他的女婿曾是同事，也与他的儿子们相熟。承蒙他们的信任与厚爱，托付了不少外界鲜知的杨兆龙先生的资料，笔者也向他们承诺撰写一部先生的评传。本书即为其中的一部分，抛砖引玉，以求得到熟悉先生的前辈和同仁的指教，为中国近代法学史研究留下一点真实的史料。

一、从民族主义者到民主主义者

杨兆龙是一个普通的知识分子，不是"官二代"，也不是"富二代"，生长在中国半殖民地半封建的特殊环境。从杨兆龙1975年写给中共浙江海宁县委统战部的一份《自传》中我们可以大体看出，他像旧中国许多知识分子那样，经历了从民族主义到民主主义再到新民主主义的心路历程。

中国近代社会是一个半殖民地半封建社会，帝国主义侵略者和中华民族之间、资本主义和封建主义之间的矛盾是当时的主要矛盾，反帝反封建是中国人民的主要任务，而反帝需要民族主义，反封建则需要民主主义。中国近代的民主主义革命经历了孙中山领导的旧民主主义革命和中国共产党领导的新民主主义革命两个阶段。杨兆龙像多数知识分子一样经历了从民族主义到民主主义、再到新民主主义的政治选择，他一直有着强烈的民族主义实际上就是爱国主义情怀。

在1925年反帝爱国的五卅运动中，杨兆龙因表现积极，被学校学生会推选为代表加入上海学生会，任该会法律委员会委员，参与对日本、英国当局的谈判和交涉，要求严惩杀人凶手，赔偿受害者家属损失。这是他第一次参加反对帝国主义欺压中国人民的学生运动。

1929年，经业师吴经熊推荐，25岁的杨兆龙担任上海临时法院推事（即法官），专办华洋诉讼案件。摆在杨兆龙面前的有两条路：一是巴结洋人，飞黄腾达；二是不畏权势，秉公执法。他选择了后者，对为非作歹、触犯法律的洋人绝不宽纵，坚决维护中国人的合法权益。其判词曾入选吴经熊主编的《法学文选》，《字林西报》也多次盛赞这位年轻法官，他在沪上声誉鹊起。但是，他也因此被偏袒本国当事人的外国陪审领事恼恨，屈服于洋人压力的司法行政部部长魏道明不久解除了杨兆龙的职务。

1931 年，27 岁的杨兆龙应友人、司法行政部次长郑天锡之邀担任司法行政部秘书科科长，专门负责涉外事务。其间，杨兆龙曾处理过一起轰动一时的涉外事件——一名美国人探望从事间谍活动的牛兰夫妇并滥用领事裁判权事件，他还就此专门写了《领事裁判权之撤废与国人应有之觉悟》① 一文，指出领事裁判权对中国的三个危害，认为"撤废领事裁判权，实在是解放中国民族、充实中国国力的必要条件之一"。

杨兆龙首先是一个民族主义者，他有强烈的爱国主义情怀。同时，他认为近代中国之所以被欺凌，是因为政治制度缺乏民主法治，所以要"师夷长技以制夷"，吸纳西方民主法治的有益经验，因此他又是一个民主主义者。爱国并要求民主，民主是为了爱国，爱国与民主交织，在一起是杨兆龙这一代知识分子的基本考量。

二、从民主主义者到新民主主义者

事实上，像杨兆龙这样在政界和学界、国内和国外都享有很高声誉的复合型人才，在国民党政府败退台湾之际，完全可以选择到台湾或国外去生活、工作，而且他当时也不乏这样的机会。蒋介石说过："此人（即杨兆龙）很能干，要重用。"国民党元老陈立夫派夫人亲自把去台湾的机票送到杨家，再三提醒他"这次共产党上台可不是一般的改朝换代"。他的恩师罗斯科·庞德（Roscoe Pound，1870—1964）也多次邀请他到美国哈佛大学任教。那么，他为何选择留在大陆、为新中国的建设服务？除了国民党政府腐败不堪使他彻底失望等原因外，从思想观念角度来看，他服膺于党的新民主主义理论。

杨兆龙的妻妹、地下党员沙轶因在《关于我通过杨兆龙的关系进行释放政治犯工作的情况》一文（未刊稿）中写道："（我）曾介绍毛主席的《新民主主义论》给他读，他也认真读了。这些看来对杨已有所触动。"时任地下党南京市委书记陈修良②派白沙去

---

① 原载于《经世》1937 年第 1 卷第 12 期。
② 陈修良（1907—1998），浙江宁波人。1926 年加入中国共产主义青年团，1927 年转入中国共产党，苏联莫斯科中国劳动者共产主义大学毕业。曾任汉口市委宣传部秘书、江苏省委妇委书记、《新华报》总编辑。抗战胜利后，被任命为南京地下党市委书记。中华人民共和国成立后，历任中共上海市委组织部副部长、全国妇联华东区工作委员会副主任、全国妇联第二届执委、浙江省委宣传部代部长、上海社会科学院顾问。

策反杨兆龙时，向他详细介绍了党的新民主主义理论与政策。白沙走后，他对沙轶因说："这人不错，谈的很有道理。"其妻在1952年填写的履历表中提到家庭成员、丈夫杨兆龙时，特别写明他的政治态度是"拥护新民主主义"。

毛泽东说过，凡有人群的地方就有左中右。同样，中国近代知识分子的政治立场主要可以分为三类。一是左派。他们相信共产主义、社会主义，决意跟着共产党走。二是中间派。他们相信自由、民主、法治，主张学习西方，但又不搞全盘西化。他们既不信奉共产主义、社会主义，也不愿意做帝国主义附庸，是摇摆于共产党与国民党之间的中间派。三是右派。他们唯利是图、见风使舵，是蒋介石政权的追随者。在旧民主主义革命时期，左派、右派都是少数，中间派居多数。而共产党提出的新民主主义理论，主要就是说服中间派跟着共产党走的理论。这一理论既不是社会主义理论，也不是西方资本主义理论；政治上主张建立多党派联合政府，经济上主张多种所有制经济并存，文化上主张发展反帝反封建以及民主、科学、大众的文化，并不完全否定资产阶级的民主法治思想。新民主主义理论是从资本主义到社会主义的一种过渡理论，具有中间性特点，对中间派的知识分子当然就有吸引力、说服力。这是国民党逃离大陆前"抢救学人计划"失败的重要原因。

三、从新民主主义到社会主义

杨兆龙是在党的新民主主义理论的感召下拥抱新中国的。1968年，杨兆龙在狱中所写的《亲笔供词》中是这样记述他是怎样走上共产党领导的革命道路的："要明了我在解放前和地下党的联系以及释放政治犯的经过情况，首先必须从我爱人沙溯因谈起。因为我爱人是联系一些进步人士，影响她妹妹沙轶因，后又被她妹妹影响，转而影响我的一个主要人物。从抗战到解放期间，沙轶因一直都在我们的保护之下，因为我的工作部门——教育、司法在当时都是有一些保护色的，同时我又认识一些人，可以营救她。我虽然在解放后表现得不好①，但在解放前有些进步人士认为我尚可有所作为，同时我又

---

① 此时正值"文革"，杨兆龙身处狱中，不得不违心地说自己"解放后表现得不好"。

富于热情，乐于扶弱济困，同情被迫害者。因此，沙轶因将我的情形报告了党组织，党认为我是可以联络的统战对象。……同时，我虽然不是共产党员，我是赞成共产党的。"作为正直、不带任何偏见的中国人，在新民主主义革命的进程中很多都是慢慢地从同情共产党开始，最后选择共产党领导的革命事业。

中华人民共和国成立后，杨兆龙的思想观念没有停滞不前，他利用自己精通俄语的优势，直接阅读苏联的社会主义民主法制理论，努力赶上时代前进的步伐。当时，政府只要求大学本科开设新民主主义理论课程。但是，1952年2月，杨兆龙在东吴大学法学院亲自撰写并讲授"马克思主义法学概论"。据笔者了解，在20世纪50年代的大学法学讲坛上，能够做到这种程度的学者是极其少见的。这表明，杨兆龙既有理论敏锐性，也有追求进步的自觉性。这固然与他精通俄语有关，更重要的是他对马克思主义、社会主义没有敌意、有敬意，他愿意研习马克思主义，服膺于马克思主义，这在那一代留学欧美的知识分子中是凤毛麟角的。

杨兆龙没有"言必称希腊"，而是利用自己精通俄语、捷克语、波兰语的优势，努力研究苏东社会主义国家的民主法制建设的经验，努力学习马克思主义法学理论，没有停留在资产阶级法学理论知识层面裹足不前，这些都清晰反映在其1949年后发表的论著中。这是他在中华人民共和国成立前就营救共产党员和进步人士、追求进步的基本立场和历史决定的，他心中对马克思主义、社会主义没有偏见。

行文至此，笔者深深地感到，把杨兆龙这样理性、不断在追求进步、很识时务的著名法学家打成右派，真是不幸、悲哀，是生生把一个真正的朋友甚至是同志推到对立面。这是改革开放以后党中央作出反右派斗争（以下简称"反右"）客观上犯了严重扩大化错误这一结论的有力证据。因为杨兆龙不只是一个新民主主义的同路人、到社会主义社会不适应了、到站下车了、同共产党分道扬镳了，他是一个愿意跟着共产党走下去的人！

第一章　释放"政治犯"

　　中华人民共和国成立前夕的国统区，人们何时普遍地认定国民党政权气数已尽、共产党必将取得最后胜利？笔者经过采访众多当事人和翻阅有关资料，发现是在 1948 年 11 月 6 日开始、1949 年 1 月 10 日结束的淮海战役之后。淮海战役是三大战役中歼敌数量最多、政治影响最大、战争样式最复杂的战役。淮海战役的失利使蒋介石在南线的精锐主力损失殆尽，尤其是嫡系部队中的骨干，黄维的第 12 兵团和邱清泉的第 2 兵团全军覆没，其中还包括被称为"五大主力"的第 5 军和第 18 军，使蒋介石失去了赖以支持战争的中坚力量。淮河以北完全被解放，淮河以南大部也为解放军所控制；解放军已直逼长江，长江以北只剩一个重要城市安庆在国民党军控制下，下一步攻击矛头直指蒋介石统治的核心地区——江浙沪地区。就全国战局而言，辽沈、淮海战役后，国民党军五大战略集团中最强大的徐州集团、东北集团已不复存在，华北集团危在旦夕，华中、西安两集团在解放军不断打击下也受到很大削弱，新组建的京沪杭汤恩伯集团实力很弱，这些集团都已构不成主力集团。黄河以北绝大部分已是解放区，黄河以南到长江以北基本上是解放区，国民党只得凭借长江天险占据江南半壁，但随着精锐主力的丧失，也已缺乏足够的兵力来组织起有效的防御。

随着军事上的失败，国民党政治上的危机进一步加剧，派系间的权力争斗趋于白热化。鉴于对国民党政权极为不利的形势，白崇禧于1948年12月25日提出"和平解决"的主张，并随即得到湖北、湖南、河南等省参议会的支持。在此形势下，蒋介石于1949年元旦发表新年文告，提出与中共和平谈判。然而，此时要和要战的主动权已不在国民党手中了。同时，行政院院长孙科未经蒋介石批准就率行政院迁往广州，企图在外国势力支持下经营华南，并表示反对与中共谈判，号召继续与中共进行战争。在国民党统治中心的南京、上海，人心浮动，惶惑不安。各轮船公司奉命在南京、上海集中船只，以供国民党政府紧急征用。各级政府官员争相逃往香港、台湾。故宫博物院的文物也被分批运往台湾。

此时，杨兆龙还担任着国民政府司法行政部刑事司司长，但他早已意识到国民党政府大势已去。他在1976年的《自传》中说："一九四七年，我赴欧美考察司法及法律制度，并出席国际刑法会议及国际统一刑法会议，并在美国数大学讲学，一九四七年年底回国。当时自以为可以对腐败的旧中国司法制度进行改革，实际上完全是不可能的。形势发展极快，国民党的反动统治日趋不稳。一九四八年，各重要城市均成立由军法人员组成的特别法庭。我曾于四八年夏秋视察华东各地之司法机关，亲眼看见以前旧军法裁判之'犯人'满身伤痕，其中有成残废者，遂深悉军法特别法庭'裁判'之残忍。因此，遂向伪立法院秘密建议取消特种刑事法庭，伪立法院中也有支持我的人，我多方努力，终将取消特刑庭的法案通过。同年，军统人员在司法行政部内另设一特种刑事司，并由一特务任特种刑事司司长，我当即坚持反对，又向伪立法院提出建议，否决此种机构。结果，否决案被通过，该特务司长离职。"

在南京国民政府既腐败又专横且垮台指日可待的情况下，杨兆龙萌生退意，拟接受中山大学之聘，赴广州就任该校法学院院长兼教授，离开政坛、专心教书，并计划把自己从国外购买之法学图书，在中山大学设一小型图书馆，供该院学生阅览。同一时期，杨兆龙还有赴国外任教的机会：荷兰海牙国际法学院欲邀其赴海牙开会（1948年，杨兆龙被评选为海牙国际比较法学专家，并入选世界杰出的五十位法学家）；加拿大某大学经其驻华使馆向他转交终身教授之聘书及签证；其师庞德也来函敦促其赴美任教。他本人倾向于赴加拿大任教，但其妻以父母年迈为由坚决反对。杨兆龙举棋不定，徘徊在走与留之间。就在这时，地下党南京市委为了营救关在监狱里的学生党员找到杨兆龙。

原南京地下党市委书记陈修良在其晚年的自传《我走过的道路》（未刊稿）中写道："解放前夕，我时刻记着南京有一些党员干部，如彭原、叶再生、朱承学、华彬清、李飞等同志被捕后被判刑关在狱中，全国未释放的"政治犯"还有很多人，他们在蒋家王朝即将覆灭之时，可能会被屠杀吧？我正在寻找关系拯救我们的同志时，沙轶因（女）报告组织，她有一个姐姐沙溯因的爱人叫杨兆龙，在国民政府任职，对国民党司法界的黑暗现象深表不满，通过他可能有办法。因此，我们就托沙轶因去做其姐夫的政治思想工作。"

杨兆龙对妻妹的意见很重视。杨兆龙夫妇相识相恋时，沙轶因还小，经常跟着他们出去玩。此后，沙、杨两家一直同住，实为一家，彼此关系十分亲密。抗战胜利后，沙溯因已为她找了一份工作——中华女中的初中国文教师，沙轶因回南京后就住在杨家。沙轶因从事的秘密活动（如发展新党员等）经常在杨家客厅进行，杨家大人小孩都充耳不闻、视而不见、不去打扰。1948年淮海战役开始后，杨兆龙因担心家中老小安全，决定除其本人外举家迁沪，但沙轶因仍住在杨家，杨兆龙经常用配给自己的车顺路带她出去，且从不过问其事。更有甚者，南京解放前，南京地下党学委的全体人员食宿一度均在杨家。

沙轶因1982年9月向陈修良提供的《关于我通过杨兆龙的关系进行释放政治犯工作的情况》中写道：

> 1948年，我的姐夫杨兆龙任国民党司法行政部司长，并在当时的中央大学法律系兼任教授。淮海战役后，我解放军节节胜利，国民党反动派即将垮台的大势已很明显。地下党南京市委根据对形势的分析，估计反动派在垮台前很可能会搞大屠杀，应尽量设法营救被捕同志出狱，以减少党的损失。当时南京市委委员中联系学委的王明远同志知我有杨兆龙这样一个亲戚关系，就和我一起研究能否通过杨的关系来营救被捕同志。我和明远同志分析了杨的基本情况，认为杨是国民党官员兼中大教授，他虽系国民党党员，但与特务组织并无联系。另外，在国民党大势已去的

情况下，有些国民党政府的人员已在找关系向我方靠拢，以谋求个人出路，在这时争取杨为释放政治犯出力的可能性是存在的。同时，我们又分析了我姐姐的情况。我姐姐沙溯因，当时是南京中华女中教师，她在一九三五年到一九三六年曾参加过曹孟君等组织的南京市妇女界救国会，思想比较开明，估计我去做争取杨的工作，很可能会得到我姐姐的帮助。她和丈夫的关系较好，估计即使此事不成，杨也不致加害于我。王明远同志把我们分析的情况向地下党市委领导汇报后（后来我才知道是向陈修良同志汇报的），组织上决定要我去进行争取杨的工作。这大概是1948年12月份左右了。

我以一个进步分子的面貌先和我姐姐谈话。大意是说，现在国内形势已很明朗，国民党即将垮台，无论为国家民族的前途着想，还是为你们全家的前途着想，应赶快弃暗投明，为人民做点事。目前，我党很希望杨能为释放政治犯出力。如同意，我有这方面的朋友，我可和我的朋友们谈谈，商量具体办法。我姐姐一口表示赞成，并要我和杨直接谈。于是，我仍以进步分子的面貌和杨商谈。前后谈了好几次，主要是谈了国际国内形势，分析国民党肯定要垮台；并且把我党对国民党党政人员立功赎罪的政策告诉他，提醒他只有走这条路，他个人及其家庭才有出路。后又介绍他读毛主席的《新民主主义论》，他也认真地读了。从几次谈话中我看出杨已有所触动，他也表示"国民党的气候恐怕是不长了的"，到了这个时候，也不得不考虑"个人的出路"等。但是，从谈话中我也看出他还有两方面顾虑：一是如真为我们做事，是要担风险的；二是对我党对像他这样的人（国民党较高级的官吏）以后究竟会怎样对待还有疑虑。他曾认为"这样干是很危险的"，又说过"这是关系我下半辈子何去何从的大事，我不能不慎重"等话。这段时间里，杨的思想斗争很激烈。有时星期六我到他家去住一晚（那时我父亲和他们同住，我一般每星期都要去看看父亲），听到隔壁房间里他们夫妇叽叽咕咕直到深夜，有时甚至声音较高，似与我姐姐发生了争论，我估计是在议论这件事，但具体内容听不清楚。于是，我又针对杨的这些思想顾虑推心置腹地晓之以理、动之以情，一再指出"只有下决心为人民干事，才是唯一的光明大道"。大约1949年2月，杨才开始下决心了，向我提出"我和你是亲戚关系，谈了恐怕以后难以为信，你既有那方面熟人，最好再请你的熟人来和我谈谈"。我向王明远同志汇报后，王又请示市委，决定派南京地下党策反部的白沙同志与杨谈话。记得是在一个晚上，按组织上约定的时间和暗号，白沙同志到杨家先与我接上关系，随即我介绍杨与白沙同志认识，他俩在杨家（南京鼓楼薛家巷七号）的书房谈了整整一个晚上。谈后杨反映较好，说"这人不错，有些见解。要进行释放政治犯的事，可以从国共和谈这方面来想想办法"（那时国民党为争取喘息的机会，正在和我们进行和谈）。

杨兆龙在其1968年《亲笔供词》中"关于我在解放前和地下党组织关系及释放政治犯的经过"部分写道：

> 1947年下半年，我从国外回来，发现各方面动荡不安，人民对政府不满。同时，国民党政府各种做法也越来越不上轨道，如设立特种刑事法庭、另设特种刑事司等，都极不得人心。我目击此情，深觉不安，一度想摆脱刑事司司长职务、专门教书，打算应广州中山大学之聘，任法学院院长，但是由于司法行政部美国顾问庞德还在中国，我若离开司法行政部，便无人陪同他工作，这对国际信誉很不利，我就暂时打消了这个意思。这些情形使沙轶因和我爱人觉得向我进言的时机到了。于是，1948年，她们要求我在释放刑事犯即减刑、免刑等方面运用我的职权多救一些人。当时我曾接受她们的意见，释放了一批未决犯并减免了一批受刑人。沙轶因这样要求当然是出于共产党的指示，这是我能够意会的，不过当时大家都没有明言。这样的事只发生一两次，并且被减免释放的人不是很多，其中有多少政治犯我不大记得清楚。我在这一两次事情上所起的作用并不突出。到1948年下半年，沙轶因从最初托她姐姐（我爱人）变成直接要求我进行释放政治犯工作，我当时同意了，但是苦于没有机会。淮海战役以后，怕南京解放时混乱，我岳父、母亲、孩子们都到上海暂避，我爱人则常常往来于上海南京之间。
>
> 我爱人一直惦记着释放政治犯这件事，时常从上海写信来问。我家当时有一个四川带来的孤儿（女孩子，只有七八岁）名叫"多福"，我们约定以"多福"代替"政治犯"。我爱人常来信问"多福好吗"，意思就是问"释放政治犯有希望吗"。有时信上说"要赶快替多福医病"，意思就是说"要加紧努力，争取早日释放政治

犯"。这些可以说明当时大家的心情。沙轶因当时留在南京。她日间出去活动，晚上在家里，我们常常交流。她劝我不要离开南京，说中共是欢迎我的。她说地下党了解我，像我这样的人，在新政权之下，可以做更大更多的事业。被她这样劝说几次，我已有留在南京之意了，但是又怀疑仅凭她一个人的话，是不可靠的。有一次，我对她说："你我至亲关系，我对你的话当然相信得过，但是政权的变更、人员的去留都是国家的大事，你们党里应当派个人来正式和我见见面，对于我才有保障。否则，要是以后没有人承认，那怎么办？"她觉得我说的有道理。过了一些时候，她说有一个姓白的（名字我忘了）要代表中共地下党来看我。他（姓白的）说自己是新闻记者，劝我留在南京，说中共欢迎我。他谈了半个多钟点就走了，他说他就要离开南京了，以后当再来。他没有向我提起释放政治犯的事。他来时沙轶因不在家，因为组织上不允许她和别人有横的联系。这位姓白的在南京解放后我们还见过，他已改名白沙。白沙和沙轶因是地下党在解放前正式派来和我联系的人，此外没有别的人。1948 年年底，伪行政院改组，孙科任行政院长，司法行政部部长谢冠生被免职，由赵琛以政务次长名义代理部长职务。当时我准备到中山大学去任法学院院长，但是赵琛硬要留我担任最高法院检察署代理检察长。我觉得替共产党效力的机会来了，回家后就和沙轶因说："现在赵琛找我担任最高法院检察署代理检察长。这个职位看上去不反动的，如果善为运用，可以替老百姓做一番事（我指的是释放政治犯），你可以向组织上请示一下，问他们同意我接受这个职位不。"沙轶因得知此事后，意识到机会难得，一面劝我暂缓推辞，一面迅速向中共地下党南京市委领导请示。果然，上级指示她力劝我接受此职，并明确要求我设法营救已被国民党特刑庭判决的中共党员朱成学、华彬清、李飞三名学生运动组织者。于是，我就放弃中山大学之聘，留在南京任最高法院检察署代理检察长。

陈修良在《李宗仁释放政治犯轶事——怀念杨兆龙同志》[①]一文中写道：

> 1949 年 1 月，蒋介石下野，任命李宗仁为代理总统。蒋介石在大江南北尚拥有

---

① 载《上海文史资料丛刊》（1986 年）。

大量兵力，妄图背水一战。国民党最顽固的反动派绝不甘心把政权交出来，他们一心想依靠美援继续打下去。在这种形势下，江南各大城市狱中的政治犯随时有被屠杀的可能。中共南京市委分析了这个形势，决定从各方面寻找同国民党司法机关有关系的人，设法进行疏通。我们深知李宗仁与蒋介石矛盾很深，他虽被捧上代总统的宝座但没有相应的实力，只好徒叹"知其不可为而为之"，他并不想同共产党拼命到底，只想国共谈判成功，可以实行划江而治。因此，我们觉得李宗仁可能会同意释放政治犯的要求以换取和平，便到处物色可以接近李宗仁的人，准备同他秘密谈判，要求释放政治犯。后来，我们查到了沙轶因同志（学委的委员之一）的姐夫杨兆龙是国民党政府司法行政部的司长；她的姐姐沙溯因思想进步，1936 年参加过救国会活动。经过姐妹二人的劝告，杨兆龙思想开始斗争，夫妇二人经常在房中窃窃私议时局：沙溯因力说国民党就要完蛋，不要再跟他们走了。杨兆龙摇摆不定，他一方面深恨国民党的腐败，失尽了人心，败局已无法挽回。另一方面，今后到底走哪一条路，他仍徘徊不定，犹豫不决：他同意妻子的看法，也相信沙轶因是不会骗他的，按理应当立功赎罪，劝李宗仁下令释放政治犯，但又怕一旦事泄，生命难保，怕共产党方面不会信任他，出力不讨好，后果难以设想。所以，他曾对沙轶因说："做这件事，是很危险的，以后共产党究竟对我怎样？这是关系后半生的大事，不可不慎重考虑。"我们深知杨兆龙顾虑很大，决定直接由沙轶因同志出面公开同他谈话，要他设法释放所有政治犯。这一行动当然是有一定危险的，但杨兆龙反而觉得心宽了，觉得共产党是相信他的。为了更加了解党的政策，他对沙轶因说要同共产党的干部面谈。我们决定派策反部的白沙同志前去同他见面。白沙与杨兆龙痛快地谈了一夜，杨兆龙坚定了信心，决定冒险去找李宗仁面谈，提出释放政治犯问题。杨兆龙要求李宗仁为了国家与人民的生活，早日停止内战，先行释放政治犯，表示有和平的诚意。李宗仁同意了他的意见。1949 年 2 月，李宗仁忽然因事飞到广西去了，我们怕他变卦，立即派杨兆龙坐飞机到广西去见李宗仁，要他签署释放政治犯的命令。这一招果然马到成功，堂堂正正释放政治犯的命令由李代总统签名并在南京公布了，而执行这个命令的人就是最高法院检察署（以下简称"最高检察署"）代理检察长杨兆龙。我们很赞成他能成为检察长，权力更大一些，对我们的工作有利。在我军过江之前，特务机关来不及动手屠杀，南京的政治犯就全部被释放了。这是李代总统在离开大陆之前做的一件好事，杨兆龙也为人民立了一大功，受到全国人民的赞扬。

陈修良在《杨兆龙说服李宗仁释放南京政治犯》① 一文中说：

> 杨兆龙要求李宗仁以先行释放政治犯表示和平诚意，李宗仁同意了杨兆龙的意见，但还是不大放心，要求能够同中共方面的主要负责人直接面谈一次。白沙把李宗仁的意见汇报给党组织。我们觉得这是不可能的，因为南京地下党组织完全处于秘密状态，我作为市委书记不能随便暴露身份。我给白沙的答复是："同李宗仁见面，万一出事非同小可，未经上级同意，我们不能面谈。你可对李宗仁说明，和战问题是中央管的，地方无权过问，我们希望他能释放政治犯以表示和平的诚意。"而杨兆龙本来是司法行政部的刑事司司长，后来不知何故，李宗仁要提拔他任检察长。为此，杨兆龙曾同白沙、沙轶因商议，我们当然赞成他任检察长。事实上，正因为有了这个职位，他才最终劝动李宗仁下令释放政治犯。据说蒋介石后来知道这件事，十分震怒，对李宗仁也更加不满。

关于释放共产党"政治犯"，杨兆龙的女儿杨黎明却认为，是杨兆龙先做通了时任司法行政部部长张知本的工作，由张知本在行政院有关会议上提出并获得通过，再由李宗仁签署后得以实施的。张知本才是事件中的关键人物。杨兆龙的女儿杨黎明和女婿陆锦璧在 2015 年编撰、目前尚未刊发的《杨兆龙年谱》中对杨兆龙当年释放"政治犯"一事分析如下：

> 当时，别人都不愿接受代理最高检察长一职，显然是因为政局已在风雨飘摇之中。杨兆龙对沙轶因说："最高检察长一职，看起来是反动的，但是如果利用得好，也可以为人民做一些好事。"杨就任后，当即全力以赴，陆续进行释放政治犯工作。

---

① 载中国人民政治协商会议上海市委员会文史资料工作委员会、中共上海市委统战部统战工作史料征集组编：《上海文史资料选辑·统战工作史料专辑（七）》，上海人民出版社 1987 年版。

其实，民国时期经常有学生运动，杨兆龙夫妇对此早已习以为常。而且，1946 年《中华民国宪法》中规定，公民享有游行示威的权利。所以，关押在苏州的涉嫌共产党的朱熙钧等几十个未决犯得于 1 月 26 日即被释放。但是，朱、华、李是已决犯，营救难度很大。杨对沙轶因说"试试看"，但是沙轶因通过其姐不断催促。

1949 年 1 月 21 日，蒋介石在党政军高官会议上正式宣布辞去总统职务，由副总统李宗仁代理总统职务。李上任六天后曾致电毛泽东，其中提到"现政府于言论和行动上表明和平诚意，所以以往全国各方人士所要求者，即如释放政治犯、开放言论、保障人民自由，均在逐步实施。事实俱在，何得为虚伪"。但事实上，李宗仁本人是不作为的。1949 年 1 月 26 日确实释放了一批未决的政治犯，但不是李宗仁的指令，而是杨兆龙等一批人努力的结果（著名历史学家、传记文学家唐德刚撰写的《李宗仁回忆录》中对释放政治犯一事只字不提，即为明证）。

坊间流传甚广的"杨兆龙说服李宗仁释放政治犯"一说与事实不符，其源盖出于沙轶因的回忆材料。其实，她并不知道也不可能知道其中的内情；其上级陈修良女士更不知该材料是沙凭其臆测而写的。沙轶因所写的材料的不实之处，一是把杨误写成"是国民党员"；二是称她"曾反复向杨说明，要杨立功赎罪，这是保护杨本人及其全家的唯一出路"，所以杨才答应设法营救朱、华、李，似乎杨已走投无路。为何要如此汇报，实在匪夷所思。事实上，沙轶因是个明辨是非和重感情的人，她从理智到感情都从未认为杨是"罪人"，她多次对杨的子女说"你爸爸从未做过什么坏事"。因此，她没有也不可能要杨"立功赎罪"；如果沙溯因听到"立功赎罪"之说，应会断然拒绝协助；如果杨兆龙听到这话，肯定当场谈崩，也不可能再有以后的事。

在 1968 年《亲笔供词》中，杨兆龙是这样叙述释放共产党"政治犯"情节的：

就任最高检察署代理检察长之后，要应对两大重要问题：一是如何使检察署不立即迁到广州去，二是如何找机会释放政治犯。而要解决第二个问题，就要先解决第一个问题。我通过一个亲戚沙先生（原任财政部国库署荐任科员，后我调派他到检察署来任出纳科长）设法从财政部领到 80 万元，给职员发了津贴。同时，我宣布"检察署的经费都被前任用完了，我们没有办法一口气迁往广州，只能一步一步地迁，一部分先迁往上海，一部分留在南京，等以后筹有经费，再迁往广州"。隔了两三天，我又向中央银行国库局预借一些经费，提前发放薪水。后我又多方联系伪总统府和行政院，领到一些经费。同时，我主动替政府方面解决一些法律问题，让它们认为我留在南京对它们有用处。而留在南京的检察署人员也因为薪水比其他机关提前发放以及我坐镇南京检察署，比较安心。

沙轶因从这时起似乎活动更频繁，时常有中华女中的学生来我家里找她，她也常常跟我乘汽车出去，在半路上下车，这样可以避免人家的注意。我从来没有问过她地下党的领导是谁，她也从没有透露一点口风。

广州方面有些人见我迟迟不去广州，开始对我产生怀疑。在广州的赵琛就对我很不放心。赵和汤恩伯曾是同学，二人关系密切。赵立场反动，他之所以要我任代理检察长，是为了要我替他捧场、壮壮声势。而我迟迟不去广州，他觉得很孤立，故一再来信催我速将检察署迁往广州，并催我尽快去广州面谈。1949年3月初，我乘飞机到广州，和赵琛敷衍一番，并在广州高等法院检察处门前挂了一个最高检察署的牌子，以表示检察署已开始迁往广州。恰巧这时行政院改组，孙科下台，南京方面传出消息说何应钦要继任院长。赵琛想继续待在司法行政部，于是我就建议由我替他回南京活动。这样，我就乘飞机至上海转南京。到达上海时，我得知司法行政部部长已内定张知本，便将此事写信告诉赵琛。

张知本当时已经七十多岁，辛亥革命时即任第一任司法部部长，北伐后曾任湖北省政府主席，在国民党内资格很老。我和他自从在立法院宪法起草委员会同事后就常常见面，他对我相当器重。张年岁已高，也不像赵琛那样城府很深、投机心切，对于像我这样四十几岁的人信任和依赖的心思较切，所以一切比较容易对付。此人身上的旧式修养很深，颇有菩萨心肠，而且年纪大了，总想做一点好事，扬名后世，替子孙积点德。更重要的是，他对于年轻有为的人特别赏识，我很荣幸（现在想来依然很惭愧）被他认为是一个有希望的人。……当时检察署留在南京的人员中算我职位最高，一切事情照例都是由我牵头。张知本从上海乘火车到南京，我是领头去迎接的，并和他同乘一辆汽车到他的寓处。路上我就设法向他提起释放政治犯的事。我说："张部长在辛亥革命时便是司法部部长，现在又来任司法行政部部长，已任要职多年，当然不是为做官而做官，而是要为国家做点事。最近和谈之风大有愈演愈烈之势，各方面要求释放政治犯的呼声很高，而所谓政治犯不过都是些热血青年，他们一心爱国、主张正义，值得我们钦佩。而我们现在反将他们囚禁在监所内，作为身在司法界的人，实在于心不安。部长一向正义为怀，这一次应该将这批人释放出去。如果需要我出力的话，我愿意为部长奔走……"他听了我这番话，很受感动，他说："你的看法很对，可是这事各方面阻力都很大，我们应该怎样处理呢？"我说："阻力虽大，以部长的威望，我想是可以克服的。我觉得部长应该在行政院会议上主张一下，如果能获得通过，那真是造福不浅。"他朝我笑笑，说声："好吧，让我们来试试看！"释放政治犯的基本政策就这样确定了。

自张知本到南京后，我常常去他家里，谈司法界过去的缺点，聊释放政治犯的好处，以及行政院开会如何应对，等等。在某一次行政会议上，何应钦院长和朱家骅、吴铁城等政务委员在座，张知本正式提议行政院释放政治犯。大家都对张知本这个提议觉得诧异，表示"共产党手段狠辣，不可对他们太仁慈，我们应该观察一个时期。"朱、吴二人坚决反对，何应钦也竭力劝阻张放弃自己的主张。张大发脾气说："既然这样，我的部长也不干了！"说罢站起来要走，大家见势不妙，连忙说，"张部长不必生气，我们照你的意思办就是了。"于是，行政院作出释放政治犯的决议，命令司法行政部执行。

张知本和政务次长杨玉清是先后到南京就任司法行政部职务的，司法行政部的印信则始终留在广州，对外行文都是借用最高检察署的印信。在行政院通过释放政治犯的决议后，赵琛当自广州来南京移交印信，但赵不但不如此，还对记者发表谈话："决犯的刑罚依法不得变更。"换言之，已决犯非至刑期满不得释放。张知本拿到行政院决议训令后，立即训令最高检察署制定详细办法，通令全国各级司法机关将政治犯一律释放。（司法行政部训令稿及全文用纸等都是借用检察署的，并且是由检察署直接主办的。所谓司法行政部训令，不过是一纸形式而已，实际上都是最高检察署一手主办的。这在司法行政部接管档案内可以查对得出来。）

由于张知本很信任我，我拿到司法行政部的训令后，可以完全照我的意思进行政治犯释放工作。我当时是用代电的方式通令各省市的高等法院及检察署的，代电内附有释放的详细办法。我之所以用代电而不用训令，是因为最高检察署对法院无训令权。释放办法中有限期释放以及交由原学校、家属、同乡会等领回等办法，表面看来对犯人相当严格，实际上是为了保护犯人释放后不被特务劫走。这些办法都是预先和沙轶因谈妥后决定的，那时南京快要解放，地下党催促得很紧，我督同最高检察署的书记官长宋锡仲日夜进行工作。在应对和安慰最高检察署书记官员、计划释放政治犯以及和各方面联系等事情上，宋锡仲是我的大帮手，释放政治犯的详细办法就是他和我商讨起草的。他在南京解放后回了天津，后被捕判刑。

沙轶因原来要求释放的政治犯只限于南京地区的一部分人（即李飞等几个人），但我觉得在当时的制度下不便这样做，于是就进行了一次全国性的大释放。当时在南京被释放的有一百多人，在全国被释放的估计有一万多人。最高检察署代电发出后，江苏、浙江、安徽等省都呈及时遵办（后来又有十几个省的司法署长写信给我）。上海高等法院检察处未遵照执行，据时任首席检察官孙某（已故，名字忘记了，曾因反革命案被捕）告诉我，因为地方法院院长查良键威胁，他不敢遵办释放。我到上海并得知此事时，毛森正在疯狂杀人，我就托高等法院院长郭云观暗中关照监狱方面妥为保护政治犯。据解放后了解，被囚禁的政治犯并无受害者。

最高检察署的代电虽通令各省市高等法院及检察处限期释放后具报，但因为南京很快解放，我又没有到广州去，各省市高等法院及检察处究竟有未将释放政治犯情况具报检察署，我不得而知。

1949年4月，司法行政部的人事处处长项汝勋（原任总务司长，与军统特务何飞翰都曾担任过司法行政部特种刑事司司长，后任中央特种刑事法庭检察处首席检察官）对我起疑，密切注意我的行动，并忽然派了一个科员到检察署来工作。这事未在事前征得我的同意，是不符合手续的。按照当时的规定，检察署的职员，除检察官外，都由检察长提请司法行政部任命或提请司法行政部转请上级机关任命。项不经我的同意就忽然任命科员，显然是要来监察我的行动，我决然拒绝了那个科员来报到。

以上系杨兆龙所述,笔者经过各方印证,认为是可信的。历史必须牢记:地下党南京市委原来只希望杨兆龙能够释放三名已被判决的共产党"政治犯",但他巧妙运作,最后至少释放了上万名!这为新中国的成立与建设做出了多么大的贡献!给被释放的上万名"政治犯"的家庭带来了多么大的幸福和欢乐!

实际上,杨兆龙还保护了许多共产党员和进步人士,使他们免遭国民党反动派的迫害。他在《亲笔供词》中提到,南京解放前,总统府及行政院遇有疑难法律问题时,常来征询他的意见,他趁机为地下党做了许多好事。其中最重要的一例是保护1949年后任政务院参事的许闻天。许当时任立法院委员,因所谓"煽动军队起义"而被汤恩伯作为现行犯递解到上海,许已供认"犯罪情节",汤恩伯也准备将他枪毙。但是,立法院向行政院提出质询,认为许非现行犯,依法非经立法院同意不得逮捕,汤将许逮捕属于违宪行为。何应钦为此事向杨兆龙请教,杨存心要救许,就旁征博引说的确违宪,并劝何向立法院道歉,以平息立法院反何风潮。何接受杨的建议,立刻电告汤恩伯将许闻天护送回南京。翌日,案卷送至何应钦处,何发现许已供出多名孙文主义同盟会成员,涉及政府要员多人,包括何的故友贺耀祖、张知本的老部下(司法部常务次长)杨玉清(1949年后任政务院参事)等。何应钦吩咐手下将全部案卷收起来,不对外公布。后来,立法院同意逮捕许,公文到了最高检察署,杨兆龙将其搁置,使许得以幸免于难。

此外,杨兆龙在其任上还做了不少营救进步人士工作。杨黎明告诉笔者,杨兆龙在临终之前和她谈起这些事情时,无限感慨地说:"做一些主持正义的事情,本是我平生之所愿,未料到……"至此,他已哽咽不已。

第二章　呼吁土改立法

一、犹豫中留在大陆

1949 年蒋介石败逃台湾之前，与共产党的最后一搏就是亲自制定和实施"抢救学人计划"。无论是作为国民党政府最高检察署代理最高检察长还是世界知名法学家，杨兆龙当然都是国民党政府想要"抢救"到台湾的对象。虽有犹豫，但他最终决定留在大陆，主要原因有：

第一，妻子沙溯因劝阻。杨兆龙晚年对女儿杨黎明说："关键是你妈妈的思想非常进步，她早就盼着共产党了。她认为如果我们跟着蒋介石走，等于自取灭亡。如果去国外，实与当白俄无异。只有留下来才会有前途。""文革"期间，沙溯因不堪红卫兵抄家、批斗之辱，对女儿杨黎明说："你爸爸不知何时才能被判决，如果我见不到他，你要转告他，是我害了他。我不该不顾他的前途，硬把他留在大陆，我不该轻率地把全家的命运都交给了一个孩子（笔者按：指沙轶因，1948 年时她 27 岁），我对不起他！"

第二，地下党南京市委对杨兆龙的承诺。淮海战役后，世人皆知国民党败局已定。

而恰在这时，地下党南京市委为营救"政治犯"力劝杨兆龙去担任代理最高检察长。杨兆龙考虑到共产党夺取政权后会否清算他担任代理最高检察长的"罪行"，所以坚持要见到地下党南京市委负责人，得到共产党的承诺。时任地下党南京市委书记陈修良派白沙面见杨兆龙，向他承诺绝不会"秋后算账"，并要他留在大陆，其他地方都不要去。白沙对他说，像他这样的杰出人才，新中国建设是很需要的。杨兆龙对与白沙的谈话很满意，向妻子沙溯因称赞白沙"此人很不错，共产党里人才多、人品好"。杨兆龙晚年对杨黎明说："你姨妈沙轶因的劝说和白沙代表党组织对我的保证也起了作用。"

第三，杨兆龙认为任何执政者都不会拒绝法治，他一定能够在共产党领导的国家发挥自己的法律专业特长。杨兆龙在 1944 年发表的《宪政之道》一文中写道："一个国家不问所采的主义如何，决不能没有法律；要使法律发生作用，也决不能不讲求法治。""一个国家，无论以何种主义立国，除非他的执政者已到了疯狂的程度，对国内是不得不讲法治的。"杨黎明曾对笔者说："2004 年 11 月，在苏州大学与金坛市政府联合举办的'杨兆龙先生百年诞辰纪念暨学术思想研讨会'上，很多人都来问我：'杨兆龙先生当时完全可以走，但是他为什么不走？'也许我父亲就像倪征噢先生说的那样：'我为国民政府做过官，但并不反共，我自忖没有什么对不起共产党的地方。'从三十年代到四十年代，我父亲所处的环境是'学而优则仕'，因此他不需要关注什么党不党的事。在国民政府里，他就和不少'党棍'合不来。他是合则留，不合则去。但是，他未想到这在极左的环境中是不可行的。他原来在上海做律师，后来由于我外公的建议，为了和母亲团圆，他到南京考进了司法行政部秘书科。抗战时，他和教育部长朱家骅不合，就坚决地把工作辞掉，到西北大学法商学院任院长。后与代校长陈石珍及 CC 派不和，他就辞职了。有人误解他想做官，其实不然。他的想法就是：'凭我的本事，我总有用武之地。'他最大的爱好就是教书。"

二、主张土改要依法进行

1949 年 4 月 23 日，南京解放。1950 年 4 月 12 日至 16 日，杨兆龙作为人民代表参加了南京市第一届各界人民代表大会第三次会议。鉴于新解放区即将开展土地改革（以下简称"土改"），一同与会的金陵女大校长吴贻芳遂敦促杨兆龙说："你是法学家，应该建议政府制定土地改革法，使土改工作能够有法可依，以保障其健康发展。"他觉得吴贻芳说得有道理，而且他也听说了一些苏北根据地土改的事情。因为杨家专租的黄包车夫老韦是从苏北根据地逃到南京的地主分子，他曾告诉杨兆龙一些苏北土改中发生乱杀人等事情。不过，当杨兆龙就此向沙轶因求证时，她当即说"那是造谣"，还把黄包车夫老韦拉来对质。老韦早就知道沙轶因积极追随共产党，当着杨兆龙和沙轶因的面便改口说自己家虽然是地主，但也分到田了，不是外面传说的被扫地出门，苏北土改的情况也并非传说的那样。

杨兆龙认为吴贻芳的建议是对的，就在人民代表会议上提出：土改是完全必要的，但要制定法律，依法进行。他的建议当场遭到时任南京市委宣传部领导陈其五的斥责："土改是我们共产党的事情，你没必要说三道四。"杨兆龙当然不服，便争辩了几句，两人从此结怨。会后，陈其五派人到南京大学法学院听了杨兆龙的课堂教学，认为杨兆龙所持的法既有阶级性又有继承性的观点是否认废除国民党"六法全书"的必要性，对杨进行批评。杨兆龙有些气愤不过，要求陈道歉，陈不肯。后来，柯庆施①派专人到杨家说和，还请杨兆龙和南京市法院院长鞠华一起去北京参加全国首届司法工作会议，陈、杨关系才得以缓和。对这件事情，杨兆龙在 1968 年《亲笔供词》中提道："南京解放时我常去找陈修良爱人的弟弟史永，他那时任统战部副部长，替我解决了不少思想问题，还曾介绍我认识南京市统战部部长陈同生。因为陈其五、徐平羽对我有意见，我们之间产生了误会，陈同生曾为此请我吃饭，劝解我。""柯老在南京、上海我都曾见过，他最初对我很照顾，到上海后，只见过一次。"此处所说的"陈其五、徐平羽对我有意见，

---

① 柯庆施（1902—1965），安徽歙县人。1920 年加入中国社会主义青年团。1922 年加入中国共产党。同年，出席在莫斯科召开的远东各国共产党及民族革命团体第一次代表大会。1920 年至 1936 年，在上海、南京、武汉、安徽等地长期从事工人运动、农民运动和兵运工作。曾任中共安徽省委书记、中国工农红军第八军政治部主任、中共中央秘书长、中共中央北方局组织部长。抗日战争时期，任中共中央统战部副部长。解放战争时期，任晋察冀边区行政委员会财委副主任、石家庄市市长。中华人民共和国成立后，曾任中共南京市委书记、南京市市长、华东军政委员会委员、中共江苏省委书记、中共中央上海局书记、中共上海市委第一书记、上海市市长、南京军区第一政治委员、中共中央华东局第一书记、国务院副总理。中共第八届中央政治局委员。1965 年 4 月 9 日，在成都病逝。

我们之间产生了误会"，即指因人民代表会议上的发言和课堂教学观点产生的争论。

其实，陈其五等人之所以那样对待杨兆龙，起初未必没有得到柯庆施的同意。因为柯庆施、陈其五等人长期有这样的思想，即党外人士对共产党的事情不能加以评论。柯庆施调到上海市委工作后也延续了这种思维。有一次，《文汇报》发表了著名经济学家、民主人士沈志远谈实行按劳分配的文章，提出社会主义只有实行按劳分配政策才能调动劳动者的积极性，但分配不当也会造成社会不公。柯庆施看了十分恼火，立即要市委副秘书长马达把《文汇报》总编辑找来责问："你们发表沈志远的文章是什么意思？他是民盟，是党外人士，难道我们党制定的政策还要他们党外人士来解释吗？"马达听了柯的话，感到不可理解，一个人头脑被"左"的思想堵塞了，连是非也不讲了。①

吴贻芳、杨兆龙提出土地改革要依法进行的建议是完全正确的。在杨兆龙提出土地改革要依法进行两个月后的 1950 年 6 月 6 日，中国共产党召开了七届三中全会，刘少奇在会上作了《关于土地改革问题的报告》，就中共中央起草的准备提交政协全国委员会审议的《土地改革法（草案）》作了说明。同年 6 月 14 日至 23 日，全国政协一届二次会议在北京召开，讨论、审议并对《土地改革法（草案）》作了若干修改和补充。同年 6 月 28 日，中央人民政府委员会第八次会议通过《土地改革法》。《土地改革法》颁布施行后，中央人民政府政务院相继制定和公布与之配套的法规、政策，包括《农民协会组织通则》《人民法庭组织通则》以及《关于划分农村阶级成分的决定》等。

中华人民共和国成立初期，毛泽东是比较注意土地改革要依法进行的。1949 年 12 月 1 日，他在审阅修改中共中央同意华中局关于纠正乡村干部不良作风的电报稿时，加写了这样一段话："除在华中各省实行外，华东、西北、西南及其他有类似情形的地方均须注重纠正同类错误，尤其是乱打乱杀乱捉必须防止与禁止，决不能放任。"② 1949 年 12 月 4 日，毛泽东主持中央政治局会议，在谈到土地改革时说，这次土地改革是在与资产阶级合作的条件下进行的，同以前在战争期间与资产阶级隔绝的情况下进行是不同

---

① 参见马达：《我了解的柯庆施》，载《世纪》2011 年第 1 期。
② 中共中央文献研究室编：《毛泽东年谱（一九四九——一九七六）》（第一卷），中央文献出版社 2013 年版，第 54 页。

的，所以需要更加谨慎，领导机关要掌握得很紧，随时了解情况，纠正偏向，以求少犯错误。1950年3月12日，毛泽东复电邓子恢并电告林彪、饶漱石、叶剑英、彭德怀、邓小平，土改规模空前伟大，容易发生过左偏向，要防止乱打乱杀，需要制定土地改革法及其他有关文件并颁布出去，以利各省土改干部的学习，否则将错过时机，陷于被动。1950年4月28日，毛泽东致电饶漱石、邓子恢、邓小平、彭德怀，请他们电复事项之一就是"华东局、中南局各担任起草一个土地法草案，是否已在着手，我们希望你们能于五月十日起草完成，五月十五日以前送到中央，是否能做到。除一个一般的土地法外，是否还需要发一个关于土改工作的指示，规定土改工作中许多具体办法，你们是否正在准备起草此项指示。华东局已经准备了为着土改目的而使用的七万二千个干部，并准备于土地法令公布后的几个月内加以集中整训及学习土改，中南局及西北局关于此项干部的准备情况如何？"1950年4月30日，毛泽东将邓子恢4月25日关于起草土改条例意见的电报转发饶漱石，供其作为起草土改法令的参考，并征询其意见。邓子恢的电报着重申述了主张动富农出租土地的理由。1950年5月1日，毛泽东复电邓子恢并告饶漱石："如华东局是赞成暂时不动富农出租土地的，则请华东局起草一个和华中局不相同的土改法令草案，以便在中央会议上讨论。"1950年5月12日，毛泽东致电邓子恢："土改法令起草情况如何，五月十五日是否可以送达中央。"1950年6月4日，对刘少奇《关于土改问题的报告》草稿进行修改时，毛泽东加写："除对极少数犯了重大罪行的地主，即罪大恶极的土豪劣绅及坚决反抗土地改革的犯罪分子，应由法庭判处死刑或徒刑而外，对于一般地主只是废除他们的封建的土地所有制，废除他们这一个社会阶级，而不是要消灭他们的肉体。"1950年6月14日，在全国政协一届二次会议上，毛泽东发表讲话指出土地改革问题为此次会议的中心议题，凡有意见都可发表，凡有提案都可付审议，只要能行者都应采纳。他肯定了民主人士赞同《土地改革法（草案）》的态度。同时，为了让民主人士能直接看到和听到关于土地改革的真实情况，毛泽东特别强调让民主党派和无党派人士前去参观和视察土地改革运动是一件有益的事情。在各地党委、人民政府的支持和组织下，各民主党派都抽调了大批人员参加或视察了土地改革工作。到1952年春季，仅北京和天津两市就有各界人士7000多人参加，包括大学教授、科学工作者以及文艺界、工商界和宗教界等各方面的人士。这一重要举措，既消除了有的民主人士对土地改革运动的疑虑，又便于发现和纠正土改工作中的缺点偏差。①

从上述毛泽东讲话、电报等可知，中国共产党是非常重视土地改革法制化的，是努力通过制定《土地改革法》及其配套法规、政策防止乱抓乱杀的，也是相当重视听取社会各界人士对土地改革意见的。因此，杨兆龙作为人民代表、作为著名统战对象，在人民代表会议上提出土地改革要依法进行的主张，既是他的正当的代表权利，也顺应了当时党和国家正在积极制定土地改革法律的趋势，南京市委宣传部领导同志对他的斥责是不合法、不合理的。

三、在董必武的关心下调任东吴大学法学院院长

1950 年 7 月，杨兆龙与鞠华一同去北京出席全国首届司法工作会议。其间，杨兆龙经其抗战时期在重庆复旦大学法学院任教时的同事、时任最高人民法院（以下简称"最高法"）副院长张志让的介绍，与时任政务院副总理的董必武会晤。两人畅谈了中华人民共和国成立后的法制建设问题，甚为投机。谈话长达四个小时之久，董必武对杨兆龙的学识和见解非常赏识，对他在南京的工作状况甚为关切。杨兆龙遂将其与南京市委宣传部领导之间发生的不快以实相告，同时提到他已收到上海东吴大学法学院邀请他出任院长的聘书。董必武表示支持，并主动提出来亲自出面成人之美。董必武当场拿起电话与统战部部长李维汉联系，请他派人通知华东高教局准予调职。

杨兆龙由京返宁后，即向南京大学（以下简称"南大"）法学院提交辞呈。该院学生闻讯，联名上书校方并派代表向校长潘菽、党委书记孙叔平提出挽留杨的请求。法学院院长高一涵表示愿意让贤，恳请杨兆龙留在南大法学院出任院长。潘菽致函东吴大学称："为你校拟请杨兆龙教授为法学院院长，本校曾表示万难同意，理由是南大法律系确倚畀杨兆龙先生，但你校并未重视我校意见，仍聘杨前往，致引起该系师生在教学情绪上之极大不安。"同时，校方派学生陈世震、罗华俊代表南大赴沪与东吴大学方面

---

① 参见中共中央文献研究室编：《毛泽东年谱（一九四九——一九七六）》（第一卷），中央文献出版社 2013 年版，第 102、103、111、114、124、127、134、151、156 页。

协商。

后经双方同意，作如下决定："由杨先生任东吴大学法学院院长，但为照顾南大法律系之特殊困难起见，同时由杨先生在南大担任专任名义兼任待遇之教授。"

经查东吴大学法学院档案，在该校复南大校长潘菽的信中，明确提到"本校此次聘杨兆龙教授任院长，事前曾经全体同学及教职员之赞同，院务委员会及校董会之通过。程序固甚隆重，考虑亦属周详"。这与时任东吴大学法学院法律系主任倪征燠的说法一致。他在《淡泊从容莅海牙》一书中写道："杨兆龙学业高超，且擅长行政。那时我推荐他任院长，获得全体师生赞同。"

1950 年 11 月 8 日，南大校长潘菽致函东吴大学法学院，确认了商谈结果。事实上，杨兆龙已于 8 月赴沪任东吴大学法学院院长和教授，同时在南京大学法学院兼课，讲授国际私法、刑法、刑诉法。在东吴大学法学院院长任内，杨兆龙有志于仿照美国哈佛大学和德国柏林大学的法学院模式，将东吴办成东方一流的法学院；继承东吴比较法学之传统优势，并改变以往偏重英美法系之格局，兼顾大陆、苏联及东欧国家法系，发展本院国际法学组、行政法学组及法律研究所，增设有关国家法院组织及诉讼程序之课程。当时，东吴人才荟萃，梅汝璈、郭云观、孙晓楼、倪征燠、洪文澜、李文杰、卢峻、向哲濬、张汇文、艾国藩、谢克英、王学文等法学界的名流均在该院任教。

对杨兆龙从南京大学调往东吴大学，杨兆龙的女婿陆锦璧告诉笔者："1951 年镇压反革命运动（以下简称'镇反'）时，东吴大学法学院院长盛振为被捕（1980 年改正），院长一职出缺，东吴大学遂聘请杨兆龙接任。……南大确实需要杨兆龙这个招牌，他在南大教的课很多：刑法、刑诉还有国际私法（原本聘请的李浩培因故未到任），简直是个法学通才。同时，他也是学外语的大才。在中学时，英语就是他的强项；在燕大哲学系的两年中，他不仅完成了四年的学业，而且掌握了德、法两门外语。在哈佛大学的一年，他不仅取得了博士学位，还掌握了意大利语和西班牙语。在柏林大学的一年博士后研究中，为考察俄、波、捷三国，又掌了这三门外语。他的基本观念就是，研究一个国家的法律，就要学好该国的语言。"

东吴大学法学院学生陈恒森先生回忆："1951 年至 1952 年，我在东吴大学法学院学习。杨兆龙教授既是我们的院长，又是我们的老师。他给我们班级讲授"法学概论"一个学期。他讲话铿锵有力，讲起课来头头是道。他博古通今，学贯中西，善于言辞，锋芒毕露，这大概跟他后来在 1957 年整风、反右运动中蒙受不公平的遭遇不无关系。他对我们学生平易近人，记得一次课后他跟我们说：'我是金坛人，我为什么叫（杨）兆龙呢？是因为我的父亲是我祖父最小的儿子，而我却是祖父的长孙。于是我祖父便给我取名兆龙。'1957 年秋天，复旦大学法律系组织我们在郊区劳动，在棉花田里采摘棉花时，杨兆龙教授对我们说：'好多学问不一定在课堂上讲到听到，在我们扯扯聊聊的时候，我们就能够谈出法学上的许多学问。'杨兆龙教授是位爱讲话的人。他在担任东吴大学法学院院长时，传承了东吴大学法学院治教的传统，那就是严格按法学体系和法学学科讲授其基本原理，如民法总则原理、刑法总则原理、行政法原理、国际法原理等，把法学知识传授给学生。不像别的大学法律系那样上上政治课、听听政策报告就算法律课了。东吴大学法学院聘任资深教授讲课，如英美法专家倪征𣋉教授（兼教务长）给我们讲授"英美司法制度"，民法专家洪文澜教授给我们讲授"民法总则原理"，刑法专家王式成老师给我们讲授"刑法总则原理"。东吴大学法学院继续弘扬'南东吴，北朝阳'传统，贯彻以英美法为主，兼顾大陆法的教学特色。在外语教学上，强调英语的功底与水平，但也跟随解放初期的潮流，聘请了俄罗斯人安德福讲俄语课。东吴大学法学院内还设有法学研究所，有研究生在读。1952 年夏，华东地区实行院系调整，我到华东政法学院学习，后又到中国人民大学当研究生。1956 年我到复旦大学法律系任教，又与杨兆龙教授会合。在复旦法律系，杨兆龙教授并没有具体的教学任务，与其他几位老教授一样，是'挂名教授'。"[①]

　　杨兆龙要求进步，为新中国立过功劳，按理说应该不会和南京市委宣传部相关领导发生矛盾。而且，沙轶因当时任南京市妇联副主任，其夫汪冰石当时任南京市委编辑研究室副主任，后任市政府统计局副局长，夫妇二人和当时的南京市委书记柯庆施都很熟悉。陈其五等市委领导很清楚杨兆龙和汪冰石、沙轶因的关系，也不可能不知道杨兆龙对党的革命事业做出的贡献。他和南京市委相关领导的关系没有处理好，大概原因

----

　　① 陈恒森：《回忆杨兆龙教授》，载《东吴法学》（2005 年春季卷·总第 10 卷），法律出版社 2005 年版，第 225—226 页。

如下：

一是理念差异。杨兆龙的经历使他法治观念较强，而一些革命战争年代成长起来的干部的法治观念整体相对较弱。这一点，董必武在党的八大会议上的发言中有明确阐述。他认为，"少数党员和国家工作人员，对于国家的法制不重视或者不遵守的现象"仍严重存在，并且对于这些现象的揭露和克服，也还没有引起各级党委足够的注意。"在少数地方或部门进行工作中，经常发现有违法乱纪、侵犯人民民主权利的现象，甚至有的人自命特殊，以为法制是管老百姓的，而自己可以超越于法制之外；至于在同群众直接有关的工作上，更经常发现有脱离群众的强迫命令的作风，往往把好事办成坏事，招致群众的不满。对于这些恶劣的现象，我们必须进行坚决的不懈的斗争。""不重视不遵守法律的人们，还有一种颇为流行的理由，不是说国家法制是形式，就是说国家法制太麻烦，执行起来妨碍工作。实际上，这种理由是牵强的，经不起一驳。工人阶级领导的国家必须建立健全的法制，才能更有效地发挥国家的职能和保障人民的权利。一切国家机关和公民从法制中才能知道做什么和怎样做是国家允许的或不允许的。因此，我们依照法制进行工作，只会把工作做得好些、顺利些，不会做得坏些、不顺利些。"①

为什么不重视和不遵守国家法制的现象经常发生呢？董必武指出，有历史根源和社会根源。历史根源是："在我们党领导人民没有夺得全国的政权以前，一切革命工作都是在突破旧统治的法制中进行的；夺得全国的政权以后，我们又彻底地摧毁了旧的政权机关和旧的法统。所以，仇视旧法制的心理在我们党内和革命群众中有极深厚的基础，这种仇视旧法制的心理可能引起对一切法制的轻视心理，也是不言而喻的。解放初期，我们接连发动了几次全国范围的群众运动，都获得了超过预期的成绩。革命的群众运动是不完全依靠法律的，这可能带来一种副产物，助长人们轻视一切法制的心理，这也就增加了党和国家克服这种心理的困难。"社会根源是："我国社会各阶级中，小资产阶级占绝对多数。我们党的成员最大一部分也是小资产阶级出身的人。当然，小资产阶级中

①　参见董必武：《进一步加强国家法制 保障社会主义建设事业——一九五六年九月十九日在中国共产党第八次全国代表大会上的发言（摘要）》，载《人民日报》2015 年 7 月 12 日第 2 版。

各阶层的革命觉悟程度是有差别的。照列宁的说法，小资产阶级在一定的情况下常常表现出极端的革命狂热，但不能表现出坚韧性、有组织、有纪律和坚定精神。轻视一切法制的心理和小资产阶级是容易投合的，小资产阶级的思想也容易和无政府主义的思想相投合。我们可以这样说，一切轻视法制的思想，实质上就是小资产阶级的无政府主义思想的反映。"①

接着，董必武语重心长、情真意切地告诫全党同志："不重视和不遵守国家法制现象的发生，既然有深厚的历史根源和社会根源，加之现在新干部数量很大，他们的经验较少，而我们对于法制的宣传教育工作又做得很不够，所以对于这些现象我们就更不能等闲视之，必须努力设法加以清除。也许清除这种现象需要较长久的时间，但是现在如果不采取有效的方法着手清除，而等待以后去清除，那就给予我们建设社会主义的损害将会更大。我们国家法制是人民意志的表现，所以，违反国家法制，就是违背人民的意志。列宁在论到签署土地社会化法令时曾指出：'大多数人的意志，对我们来说，永远是必须执行的，违背这种意志就等于背叛革命。' 列宁这段话，对我们有极深刻的教育意义。""目前，我们党和国家的中心任务，就是要依靠已经获得解放和已经组织起来的几亿劳动人民，团结国内外一切可能团结的力量，充分利用一切对我们有利的条件，尽可能迅速地把我国建设成为一个伟大的社会主义国家。在这样任务面前，党就必须采取积极措施，健全我们的人民民主法制，以便进一步保卫人民民主制度，巩固法律秩序，保障人民民主权利，保护公共财产，更有效地发挥人民群众的积极性和创造性；同时，继续肃清反革命分子，继续同一切违法犯罪的现象作斗争，保障社会主义建设事业的顺利进行。人民民主法制必须进一步加强才能适应党所提出的任务。"②

事实上，落后的传统观念是不易挥之即去的。正如 1978 年 12 月 13 日邓小平在中央工作会议闭幕会上的讲话中所指出的："现在的问题是法律很不完备，很多法律还没有制定出来。往往把领导人说的话当做'法'，不赞成领导人说的话就叫做'违法'，领

---

① 参见董必武：《进一步加强国家法制 保障社会主义建设事业——一九五六年九月十九日在中国共产党第八次全国代表大会上的发言（摘要）》，载《人民日报》2015 年 7 月 12 日第 2 版。

② 《董必武选集》，人民出版社 1985 年版，第 412—416 页。

导人的话改变了，'法'也就跟着改变。所以，应该集中力量制定刑法、民法、诉讼法和其他各种必要的法律，例如工厂法、人民公社法、森林法、草原法、环境保护法、劳动法、外国人投资法等等，经过一定的民主程序讨论通过，并且加强检察机关和司法机关，做到有法可依，有法必依，执法必严，违法必究。"中共中央1979年9月9日《关于坚决保证刑法、刑事诉讼法切实实施的指示》（以下简称《指示》）也指出：刑法和刑事诉讼法的颁布，对加强社会主义法制具有特别重要的意义。它们能否严格执行，是衡量中国是否实行社会主义法制的重要标志。《指示》严肃地分析和批评了党内严重存在着的忽视社会主义法制的错误倾向，指出："我们党内，由于建国以来对建立和健全社会主义法制长期没有重视，否定法律，轻视法律，以党代政，以言代法，有法不依，在很多同志身上已经成为习惯；认为法律可有可无，法律束手束脚，政策就是法律，有了政策可以不要法律等思想，在党员干部中相当流行。""各级党委要坚决改变过去那种以党代政、以言代法，不按法律规定办事，包揽司法行政事务的习惯和作法。"《指示》要求各级党委要切实保证法律的实施，充分发挥司法机关的作用，切实保证人民检察院独立行使检察权，人民法院独立行使审判权，使之不受其他行政机关、团体和个人的干涉。这是改革开放初期党着手清除法律虚无主义和纠正以党代政、以言代法、有法不依等错误习惯的重要文献，可想而知，当时杨兆龙的法治观念遭到一些领导同志的误解并非难以理解的事情。

二是杨兆龙属于过去白区地下党领导的知识分子。事实上，军队出身的领导干部与做地下革命工作出身的领导干部由于经历不同，思想观念上有时难免会有一些分歧。而杨兆龙属于地下党领导的这条线上的，相应地也就容易受到军队出身的领导干部的歧视。

第三章 杨兆龙与思想改造运动、司法改革运动和院系调整

20 世纪五十年代初，中国发生了三件让杨兆龙牵肠挂肚的事情，即思想改造运动、司法改革运动和院系调整。在思想改造运动中的主动"交心"，埋下了他日后被打成"历史反革命"的祸根；对司法改革的不满以及对法的继承性的论证，成为他被打成右派的证据之一；院系调整更使他再也走不上法学教育的讲坛。

一、思想改造运动

1951 年 11 月 30 日，中共中央发出《关于在学校中进行思想改造和组织清理工作的指示》，要求在所有大中小学学校教职员和高中以上学生中普遍进行初步思想改造的工作，并在这个基础上在所有学校的教职员和高等院校学生中进行组织清理工作，清查其中的反革命分子。此后，思想改造的学习运动从教育界扩展到文艺界和整个知识界，形成了一个全国规模的知识分子思想改造运动。

　　知识分子思想改造首先是一个学习运动，主要通过学习有关文件，举办各种报告会，组织参观土地改革、抗美援朝、镇压反革命的展览会或工厂、农村，帮助知识分子提高政治觉悟，站稳革命立场，解决政治上分清大是大非、划清敌我界限的问题，树立爱国主义和为人民服务的思想。在学习提高的基础上，进行批评和自我批评。根据启发自觉的原则，由知识分子结合个人经历，在一定范围的会议上检讨自己的旧思想、旧观念及不良作风，听取并接受群众的评议，由所在单位的学习委员会提出帮助他们改进的意见。对于个人政治历史上确有问题或污点的知识分子，在组织清理阶段被要求忠诚老实地写出材料，由组织上作出适当结论，以便他们放下历史包袱，获得谅解，轻装前进。但是，有的单位采用群众斗争的办法，要求四项检查"人人过关"，实际做法有些简单、粗糙，给知识分子造成很大压力，伤害了一部分知识分子的感情，杨兆龙就是其中被伤害的一位。

　　知识分子思想改造运动时，社会氛围是越对自己"上纲上线"越光荣。作为东吴大学法学院院长、国民党统治时期就积极为党做事的进步人士，杨兆龙不可能在这场运动中表现消极。他很虔诚地参加学习，响应党组织彻底"交心"的号召，和许多人一样深查、狠挖自己的"旧思想""旧习惯"。但是，他万万没有料到，他主动谈及的两件根本不是问题的"问题"，在日后阶级斗争愈来愈扩大化的情况下，成为他遭遇天大不幸的"罪证"。

（一）杨兆龙主动交代他在"王孝和案"中的"问题"

　　在思想改造运动开始时，上面宣布：凡是主动交代之事，一律既往不咎；大家不必有顾虑，要把心中最"阴暗"的思想说出来。每个教师，特别是留学欧美国家的教授，必须彻底否定自己过去所受的帝国主义教育，彻底批判自己过去发表的论文和著作，承认其性质是资产阶级的、反动的；要深挖思想根源，交代反动的社会关系，说清自己的历史问题，不得有任何保留。杨兆龙1949年之前比较追求进步，在这样内容的"交心"中本无事可言，但作为东吴大学法学院院长他又不能不带头。因此，他便主动交代了在"王孝和案"中的"问题"。

　　1948年，上海发电厂工人王孝和破坏发电机部件，造成沪西大面积停电。蒋经国当时正在上海搞"打老虎"运动，他通知汤恩伯立即派人逮捕王孝和，并要求特刑庭判处其死刑。此事引起了蒋介石的关注，他通知司法院限期核准，尽快执行。按照法律程序，此案经司法院核准后，应移送司法行政部会签，而杨兆龙是会签人之一。

粉碎"四人帮"后，杨黎明的朋友、原南京地下党党员宋雅轩详细说明了"王孝和案"的原委："在地下党小组会上曾传达过此事。说王孝和始终不承认是自己共产党员，是组织安排和要求的，以便我们用王孝和的牺牲来揭露国民党的残暴——连一个普通工人都不能放过。这是组织的决定，与杨先生无关。"

1975 年，从监狱释放不久的杨兆龙谈到此案时对女儿说，他当时阅卷后曾提出疑问：为什么这样一个普通工人破坏发电厂会被处死刑？他感到处刑太重，认为此案应予改判。但是，他手下的一个科长可能知道内情，遂劝他不要插手此事，说可能涉及派系斗争。他还请示过时任司法行政部部长谢冠生，谢说这个案子无法减刑。于是，作为司法行政部刑事司司长，他只能按照谢的指示在核准死刑令的文稿上会签。

事实上，地下党员"不能承认党员身份"相关纪律的形成是因为环境严酷。当时，地下党斗争策略非常细致，比较严苛。地下党员一旦被捕，是不能承认党员身份的。地下党员在实际斗争中掩饰党员身份，其历史可以追溯到土地革命时期。1928 年至 1931 年，周恩来在上海负责隐蔽战线工作，十分强调组织活动的隐蔽性，要求党员之间单线联系，尽量职业化、社会化。[1] 1939 年，毛泽东提出党的秘密活动原则是"隐蔽精干，长期埋伏，积蓄力量，等待时机"，即党在国统区工作的"十六字方针"。同时，他还结合国统区实际，提出贯彻这一方针的"二勤三化"具体要求："三勤"是勤业、勤学、勤交友，"三化"是职业化、社会化、合法化。

抗战期间，周恩来多次指示南方局机关工作人员和下属各地党组织，一旦有党员被捕，应马上紧急处置，迅速隔离，割断关系。1947 年 3 月，国共合作彻底破裂，国统区没有公开的中共机关了，"不能承认中共党员身份"更成为国统区地下党员被捕后应付审讯的主要原则之一。因此，王孝和被捕后只对特务说："我是上电 2800 名职工选出来的工会常务理事，为职工说话办事是我的职责，没有什么需要向谁讲清楚，更无自首的

---

① 参见孙丹年：《地下党"不能承认党员身份"的纪律》，载《炎黄春秋》2014 年第 11 期。

必要。"王孝和在给怀孕的妻子的遗书中说:"（告诉孩子）要继承父志，完成未竟事业。"在给狱中难友的信中说:"要为正义继续奋斗下去。"在1948年9月30日殉难前大呼:"特刑庭不讲理！你们的执行是非法的！特刑庭乱杀人！"始终绝口不提与中共党员身份有关的任何情况。

杨兆龙在思想改造运动的压力下，不切实际地检讨自己没有去深入了解王孝和的身份，认为如果弄清他是地下党员的话，就会努力去营救。看到这份"检讨"，原南京地下党学委书记、时任东吴大学法学院思想改造运动领导小组负责人王明远到杨家找他谈话。当时，在上海清心女中读高一的杨黎明正好在家做功课，听到了谈话的全部内容，心中十分忐忑，故记忆尤为深刻。她后来回忆说:"当时，知晓内情的王明远同志专为此事到我家找我父亲，我和我弟弟均在场。王问我父亲:'你这次思想改造所写的材料有没有夸大的成分?'我父亲说:'没有。'王说:'我看有。你的材料写了王孝和的事情，你写它干什么?'我父亲说:'我当时不知道王孝和是中共党员，要是打破砂锅问到底，知道他是共产党员的话，即使掼掉乌纱帽，也要设法救他。所以，我现在感到内疚。'王说:'王孝和是蒋介石要杀的人，你就是掼掉十顶乌纱帽，也救不了一个王孝和。'他很明确地对我父亲说:'王孝和的案子和你一点关系都没有，你干吗要去提起?'这是他们的原话，而我父亲当时恐怕也没多想这番话的深意。"直到"肃反"、反右以及杨兆龙被捕、判刑，他才知道在思想改造运动期间主动给自己查找出来的这些不是问题的"问题"成了多么严重的问题！正如杨黎明2014年12月7日发给笔者的电邮中所说的:"在我父亲1952年思想改造运动的'交心'材料里，给他带来大麻烦的是王孝和一事。'肃反'时他被举报的三条罪状之一就是'屠杀革命烈士'，1971年被判决的罪名是'历史反革命罪'和'叛国投敌罪'，前者所指当然就是王孝和案。"实际上，"王孝和案"是蒋介石父子"钦定"的案子，在当时的政治体制下，杨兆龙根本改变不了他们的"判处死刑"决定。

（二）杨兆龙主动交代与蒋介石的所谓"交往"

杨兆龙在"交心"材料中提及的、后来受批判的第二个问题是他参加过蒋介石的宴请活动。王明远曾批评杨兆龙不该"交代"此事:"你是南京政府的高官，蒋介石请你吃饭是很正常的事，你写它干什么？"

杨黎明 2014 年 9 月 30 日给笔者的电邮写道："父亲与蒋、宋从未有过私交。他在 1927 年自动退出国民党，是因为他看不惯杨虎等人的作风。当然，他对蒋也没有恶感。1944 年，他进入司法行政部当刑事司司长，并非蒋的任命（这个级别还不需要特任）。1947 年后，因庞德来华，许多场合需要父亲亲自陪同，这也是因为有师生之谊吧。因为陪同庞德，父亲就有机会参与一些与庞氏有关的聚会，并得以见到蒋、宋。蒋对父亲只表示一般性的礼仪，因为父亲此时官并不大，还没进核心圈。其中有一次，宋美龄问父亲'你有几个孩子'，父亲说'三个'，于是宋拿了三个苹果给我父亲，让他带给我们。那时，小民们见宋美龄并不稀奇，如每年四月四日儿童节都会举办联欢会，这时总能看见宋美龄出场讲话，我们这些小学生愿意去的都能去。"

二、司法改革运动

司法改革运动是中华人民共和国成立初期废除"六法全书"的继续和深入，是由 1951 年 12 月开始的"三反"（反贪污、反浪费、反官僚主义）运动引发的。董必武从全国各地上报的"三反"运动情况简报中发现，在司法机关，旧司法人员贪赃枉法的现象极为严重；有些法院混入了反革命分子，他们占据了法院的主导地位；有些地区，如西南各省，不少法院还是原封未动的旧法院。在新解放区，各级法院中 1949 年后配备的干部一般质量不高，少数品质不好、作风恶劣的人甚至与旧司法人员中的不法分子同流合污。资产阶级旧法观点在许多法院中仍居支配地位。1952 年 3 月 24 日，毛泽东在批转公安部副部长徐子荣《关于公安部门惩治和洗刷违法乱纪分子的报告》的批语中指出："关于在政法系统中特别是公安部门和司法部门中彻底开展'三反'斗争，坚决惩治违法乱纪分子，中央已迭有指示。""中央认为这个报告是正确的，望指导所属公安部门照此实施。司法部门的情况亦很严重，必须同样惩治，请你们同样注意。"这更引起董必武的注意。

1952 年 4 月 12 日，董必武主持召开政务院政法分党组干事会第 16 次会议。会议一致认为："从这次'三反'中看，有计划地有步骤地改造全国司法机关，应作为我们当前的中心工作。"董必武在会上强调："人民法院是人民民主专政的重要工具之一，朝夕与群众见面，直接给群众办事，上述情况严重地损害了国家和人民的利益，破坏了党和政府的威信，给予了我们政治上不可估量的损失。因之，继'三反'之后，初拟开展反旧法观点学习运动外，对法院的组织结构，必须依靠各级党委和政府有步骤有计划地进行整顿。鉴于干部的缺乏，我们认为首先应把省市以上的法院有重点地加以整顿。分别予以充实，或干脆'打碎'而重新建立新的。总之，必须加强党对司法工作的领导。"①此主张得到与会人员的赞同，形成会议决议。

为了进一步摸清各地司法机关的工作状况和存在的问题，董必武选派一些干部组成视察组，分赴华东、中南、东北、西北、华北大行政区进行调查研究。调查发现，旧司法人员中相当一部分是反动的或历史上劣迹斑斑的。例如，浙江、福建、苏南的三个省法院和上海的市法院共有旧司法人员 1259 人，其中反动党团、特务骨干分子有 830 人；旧司法人员中，贪污的一般占 50% 以上；全国 2000 余个法院中，政治、思想、组织等三方面不纯分子占司法人员总量的 24% 多；中华人民共和国成立两年多来，旧司法人员中思想行为有进步表现的大体只占 20% 左右。②

1952 年 8 月 13 日，政务院第 148 次会议批准了司法部部长史良提交的《关于彻底改造和整顿各级人民法院的报告》。该报告指出，各级法院"组织不纯"主要是因为，在中华人民共和国成立后的两年多时间中，约 6000 名从原国民党统治时期法院留下来的旧司法人员多数人不仅进步很少，甚至还是反动的，少数人则是贪赃枉法分子。各级法院"思想不纯"的表现主要是，在处理案件时没有革命立场和群众观点，敌我不分，按旧法办案，坐堂问审。一些法院负责人和老干部被旧司法人员的思想腐蚀，把这些旧司法人员当成"专家"，甚至还号召青年干部向他们学习。

针对以上问题，该报告提出要组织整顿与思想整顿相结合：（1）必须把一些堕落蜕化、作风恶劣或持旧法观点不改的负责干部加以调整和处理；把旧司法人员中的坏分子清洗出去；未经彻底改造和严格考验的旧司法人员原则上不得做审判工作。在具体处理

---

① 《董必武传》撰写组：《董必武传（1886—1975）》（下），中央文献出版社 2006 年版，第 783 页。

② 参见《董必武政治法律文集》，法律出版社 1986 年版，第 234、235、275 页。

时应分别对待：对少数反革命分子和贪赃枉法分子，应依法严处；对恶习甚深不堪改造者，应坚决调出法院而另给予其他工作和生活出路；对那些尚可改造者，应给予训练、转业或让他们改做法院技术性和事务性工作；对表现较好的进步分子可继续留用，但如系审判、检察人员被继续留用者，原则上应调离原工作地点；原在旧法院系统中工作之中共地下党团员和新中国成立后新加入之中共党员、青年团员，以及新中国成立前即已参加革命斗争之赤色群众，均不应当旧法人员看待。有些民主人士，早就从事革命工作，虽然过去做过法官和检察官、律师等职务，但不能和一般旧法人员混同。对于学过旧法的人与旧法、检人员和旧律师也应有所区别。（2）必须给法院补充必要干部，首先调配一些立场坚定、观点正确和熟悉政策的老干部任骨干，从现有司法干部中放手提拔在"三反""五反"运动中的积极分子；从转业军人和工、农、青、妇等人民团体中选拔一些优秀分子到法院法庭从事审判工作。（3）利用这次机会，把大学政法院系的教授组织到司法改革运动中来，帮助他们进行思想改造。他们之中有不少人不能继续担任政法教授，对于这一部分人尤须妥善安置，或改教其他课程，或任中学教员，或帮助其专业改行。同时，选拔适当的教师加强政法教育工作，以利政法院系的改造与整顿。①

批判旧法观点、进行思想整顿是这次司法改革的内容之一，那么，哪些是旧法观点呢？《人民日报》刊发的李光灿、李剑飞的《肃清反人民的旧法观点》和李光灿、江滨的《批判法制工作中的旧法学观点》两篇文章，列举了一些"旧法观点"，主要有：（1）用敌我不分的所谓"法律面前人人平等"和"既往不咎"等谬论来为敌人服务。在土改中，有的司法人员把地主、农民"一视同仁"，地主在法庭上趾高气扬，农民却受到限制；杭州群众检举一汉奸特务分子，法院却以其行为已过追诉时效而不予判罪。（2）司法审判中偏袒私商，不维护国企利益。在某案件中，私商产品不合格，给国企造成损失，但法官却以"公私两利"为借口，认为应少让私商承担责任，以利其发展；而国企财大业大，让其多承担责任无碍其发展。（3）没有程序或程序不完备，就不办案。受理了未经区政府调解过的离婚案件，便一定要送回区里重新调解，以求符合程序；有的妇女明明在受着封建家庭的迫害，有生命危险，而某些司法机关却因这些妇女不会写

---

① 参见《建国以来重要文献选编》（第三册），中央文献出版社1992年版，第317页。

状纸而不予处理；遇着民事牵涉刑事的案件，便专门办理民事部分，而不肯把刑事部分合并处理，一定要当事人另案提起刑事部分的诉讼。（4）强调所谓"司法独立"。当时，司法机关实行上级司法机关和同级政府"双重领导"，旧法人员就强调上级司法机关的垂直领导，认为县长、市长兼任法院院长违反了"司法独立"精神；认为院长掌握案件判处权侵犯了审判员的权力。（5）认为"搞运动不是法院的事"，"走群众路线办案有时对，有时不见得对"，提出按"司法路线"办案。这是脱离了群众，脱离了政治，脱离了党政机关的领导。（6）留恋旧法，轻视人民司法工作经验，不愿研究实际资料。把《共同纲领》等新中国成立后制定的法律当成政治性的东西，而把旧的民法、刑法当成专门的法律知识；认为"六法全书"的内容虽不能用，但其技术仍有用，不用其技术就写不出法律来；认为"刑法总则是世界性的""放之四海而皆准"；"刑事立法任务不应规定为'保卫人民的人身和权利'，而应规定为'保卫个人的人身和权利'，以体现'法律面前人人平等'原则"；不承认事实婚姻，只承认法律婚姻。上述旧法观点的突出特点就是脱离政治（政策）、脱离人民，把法律抽象化、神秘化和技术化，视法律为专门学问，人民群众不可能了解也不需要了解。

这场司法改革运动从1952年6月开始，到1953年2月基本结束。其间，全国2063个法院共清除了坏分子和不适宜作为人民司法工作者5557人，其中大部分是旧司法人员；对确有改造和进步表现的旧司法人员，继续留用的共2000余人，其中有1142人做审判工作；从土改、镇反的人民法庭干部中以及各项群众运动的积极分子中选拔了6000余人充实到各级法院。

杨兆龙对这场司法改革运动是有不同看法的。他认为：①

> 过去的司法改革是有一定的收获的。可是改革的结果，将大批非党的司法工作人员（尤其是审判人员）调出司法机关之外。有的被派到医院去担任事务性的X光挂号登记工作、有的被派到火葬场去做杂务、有的被派到房管处等机关去工作、有的被派到中小学校去当教职员、有的在家赋闲。这些人中，一小部分是年老的，大

---

① 杨兆龙：《法律界的党与非党之间》，载《文汇报》1957年5月8日。

部分是少壮者和青年。他们都是解放后被留用或录用的，都经过审查，一般讲来，政治上没有什么严重问题。他们对业务有专门的研究，对马列主义理论及政策并非都格格不入，他们的作风也并不见得都是坏的；并且即使是坏的话，也不可能都坏到不可改造的地步。他们过去办案或做其他司法工作，并非都是毫无成绩，很可能在今天看来，他们工作的质量，在某些方面还是今天司法机关某些在职干部所不及的，如果给他们适当的机会，他们并非完全不可能改造为有用的司法工作者。可是他们的命运已注定和人民政权下的司法工作绝缘，这是一方面的情况。另一方面，司法改革后在职的司法干部中有一部分也是"旧司法官"或"旧法"出身的，他们是党员，解放后就担任司法部门的总的或部门的领导工作。如果司法部门在司法改革以前有毛病的话，主要的责任应该由这些同志负担。这些同志的业务水平有的固然很高，但有的并非如是，至于他们的政治水平，在党的不断教育下，是比一般的党外人士高一些。但这些情形是否就足以说明他们和被调出去的党外人士相差得如此之大，以至于前者可以担任司法部门的领导职务，而后者只能被改派到火葬场、医院等处去做杂务呢？显然不是。此外，司法改革后，在职的干部中有不少是解放后从各大学法律系毕业的非党青年，法律业务有一定的基础，中文也有相当水平，可是好多年来一直没有机会提升为审判员，而有些领导他们的党员审判员或审判长等有的却不懂法律而中文水平也很低，甚至连独立写判决书的能力都没有。

当时，杨兆龙的观点在从旧社会过来的法学家中是比较普遍的。1957 年 5 月，倪征燠在中国政治法律学会的几次座谈会上说，旧法人员过去虽有超政治思想，但大多数是有操守的，坏分子是个别的；1952 年司法改革时认为"天下乌鸦一般黑"，把旧司法人员从法律界清洗了，对他们打击太大；那些老干部做审判员，法律和文化水平低，判决、总结还要书记员写。① 因此，他提出要"三个抢救"，即抢救人、抢救书、抢救课程。后来，整风转入反右，在运动收尾阶段外交部条约委员会的一次全体会议上，主持人严厉指出："倪委员在这次整风运动中的发言，也够得上右派言论，但考虑到他工作

---

① 参见郭道晖、李步云、郝铁川主编：《中国当代法学争鸣实录》，湖南人民出版社 1998 年版，第 20 页。

勤勤恳恳，认真负责，生活作风严谨正派，这次就不作处理了。"①

　　即使是司法改造运动主事人之一的时任司法部部长史良，内心也对运动的过火之处深感不安。1957年6月13日晚，民盟中央举行小组座谈会，对章伯钧、罗隆基、储安平进行批判。史良一方面说中华人民共和国成立以来司法工作的成绩是巨大的，另一方面又说缺点和错误是不容忽视的。她指出，历年来，在"三反""五反"和镇反中，审判机关是错判了一些案件，但一些司法干部甚至党员干部却说"我们错判的案件只有百分之几"，这是一种非常有害的自满情绪。诚然，错判案件在整个判案数中是只有百分之几，但对被判错的人则是百分之百的遭受冤屈和不幸。同时，在高等院校调整中，在思想改造运动中，在司法改革运动中，对待一些老教授是很不尊重的。当然，必须肯定，一切法律都是为阶级服务的，所有旧法人员是必须要改造。但是，对一切愿意改造和批判自己旧法观点并愿意为社会主义服务的法学工作者，也应该给予其机会，发挥其作用。对旧法人员愿为社会主义法制服务的热忱及其潜力，应有恰如其分的估计，并进一步发挥他们应有的作用。②

　　关于这场司法改革运动，改革开放以后，官方文件没有作过评论，法学界对此有如下三种观点：

　　第一，司法改革运动是必要的，成效是好的。该观点认为，这一改造工作是人民司法建设过程中一场激烈的政治斗争和思想斗争，是改革旧司法制度，确立人民司法制度的斗争，纯洁了队伍，改变了作风，取得了圆满的成功。③ 但是，该观点对思想整顿中所批判的旧法观点是否批判恰当，对旧法人员中的多数是否可以争取过来，对调进一批非法律专业人员来当审判人员是否恰当等，都缺乏辨析。

　　第二，司法改革是必要的，但不应将大多数旧法人员赶出司法机关，许多是可以争取的。孙国华认为，总的看来，当时进行司法改革，批判旧法观点是有必要的。但是，

---

　　① 叶鹏：《东京审判检察官倪征𣋉如何将甲级战犯送上绞刑架》，http：//www. taihainet. com/lifeid/cul-ture/lshc/201509/1530602_ 2. html? eolbn，2017年7月11日访问。

　　② 参见周天度、孙彩霞：《民盟历史人物·史良》，群言出版社2011年版，第350、351页。

　　③ 参见张尚鷟：《建国初期对所谓"旧法观点"的批判》，载郭道晖、李步云、郝铁川主编：《中国当代法学争鸣实录》，湖南人民出版社1998年版，第32页。

对旧法有一定造诣的人，当时没发挥他们的才智。如果当时能很好地团结这些人，发挥他们的才智，那还是不错的。① 吕世伦认为，1952 年司法改革运动最主要的是清理司法工作者队伍。在这个过程中，指导思想有很大的问题，片面强调司法改革的政治性，忽略了司法改革中要提高司法业务素质。因此，把旧司法人员基本上清除掉了，送到图书馆、派去看大门等。为了填补这个空缺，吸收了大批的老干部、军人、工人这样一些外行接手司法工作。他们根本不懂什么是司法。② 在当时没有足够新法的条件下，在旧法中确有可以借鉴内容的条件下，在新民主主义的法律政策比较原则、模糊的条件下，旧法人员留恋旧法是情有可原的。若把思想认识问题作为让他们改行转业的唯一理由，放弃积极争取态度，是否符合党的群众工作和思想政治工作传统，确实有商榷余地。

第三，司法改革运动中对旧法观点的批判不妥当，是一次否定法治普遍性原理的"左"的运动。金平认为，1952 年司法改革运动是在司法系统内部展开的，当时的主要口号是"反旧法观点、反旧衙门办案作风、反法言法语"等，要求司法人员学习马锡五办案方式，走出法庭，多到田间地头、街道工厂等基层去办案。这次运动给司法系统带来许多便民的新风，但由于对有些口号的政策界定不清，也带来了一些负面影响。例如，有些人把一些传统的名词概念，如债、法人、权利能力、行为能力等，都视为法言法语，为人们所忌讳。这在一定程度上禁锢了人们的思维。③ 陆锦璧认为，当时被批判的一些旧法观点，如"法律面前人人平等""司法独立""法官独立审判，只服从法律""办案必须制定完备的司法程序""司法应有自己的工作路线和方法""不能搞运动"等，事实上都符合依法治国的要求。司法改革运动使一大批并无政治问题的法律专家离开司法机关，而被调去充当骨干的革命干部虽然政治素质较强，但大都缺乏法律知识，而且文化偏低，并未达到健全司法制度的目的。④

---

① 参见何勤华主编：《中国法学家访谈录》（第一卷），北京大学出版社 2010 年版，第 98、99 页。
② 同上书，第 85、87、88 页。
③ 同上书，第 280 页。
④ 参见郭道晖、李步云、郝铁川主编：《中国当代法学争鸣实录》，湖南人民出版社 1998 年版，第 18 页。

最高法离休法官张懋在《且看落叶秋风里·1952年的司法改革运动》① 一文中指出，司法改革运动中，全国各级人民法院对旧法思想和旧司法作风展开检查批判，清算了"法律是超阶级、超政治""办案是单纯技术工作"等错误思想，划清了新旧法律和新旧司法作风的界限。在思想整顿的基础上，认真地进行了组织整顿。按照中央的区别对待的政策，对反革命分子、贪污分子和其他犯罪分子予以法办，对于旧法观点和旧司法作风严重、不适宜做人民司法工作的人调离人民法院，另分配其他工作。这两部分人全国共处理了5000余人，前者是少数，后者占大多数。对确有改造和进步的旧司法人员（约2000人）仍继续留用。与此同时，各地党委调了一些老干部，并从土改、镇反、"三反""五反"的人民法庭干部中以及各项群众运动中的积极分子中选拔一批优秀分子共6000余人，充实了法院机构。

董必武1953年4月在第二届全国司法会议的讲话中对司法改革运动作了一个基本的总结。他指出，司法改革运动把人民法院政治上的不纯基本上解决了，组织上的不纯也基本上解决了，就思想上来说，划清了敌我界限和新旧法律界限。因此，他说："司法改革运动使中国的司法工作踏上了新的一步，成绩很大。"张懋认为，这里的"新的一步"，是指新中国的人民法院已经从政治上、组织上、思想上摆脱了旧的司法机关的影响，成为新的人民司法机关了。因此，董必武对司法改革运动所作的这个历史性评价是把它放到当时的历史背景下进行考察得出的合乎实际的评论。由于解放战争进展很快，新解放区人民法院急速建立，在执行"包下来"的政策时，没有切实执行中央"量才录用"的原则以及旧司法人员不得在司法机关留用的规定，把许多旧司法人员安排在审判工作岗位上，以至发生一些旧司法人员按旧法办案和旧法思想、旧司法作风严重的情况。这就违背了打碎旧的国家机器、废除旧法统的原则。1952年司法改革运动就是在这样的历史背景下展开的，按当时的形势，它的开展是必然的。因为它是人民大革命胜利后为打碎旧的国家机器、废除旧法统所进行的政治斗争的继续与深入发展。它的政治意义远远大于它的法律上的意义。董必武对司法改革运动的评价正是在这个意义上肯定了它的历史必然性和正当性。

---

① 载《司法实践与法治探索——张懋司法论文集》，人民法院出版社2007年版，第174—188页。

同时，1952年司法改革运动囿于废除旧政权、旧法制和建立新政权、新法制的紧迫形势，也出于对旧法制的仇视心理，不可能也不愿意对资产阶级法律作系统深入的了解和研究，因而对旧法的批判带有很大程度的盲目性、片面性和绝对化，导致产生否定一切法律文化的思想倾向。在此后一个相当长的时期内，这种思想的消极的负面的影响在以下三个方面明显地表现出来。

一是突出强调法律的阶级性，否定法律的社会性、共同性和继承性。这次司法改革运动视所有国民党法律和资产阶级法律为地主、资产阶级反动统治的工具，完全否定了法律的社会性和共同性，也完全否定了对优秀法律文化的继承性。因而，开展批判时多是用"立场不稳""敌我不分"这些政治概念来分析法律问题，比如把"法律面前人人平等"说成是"包庇和纵容反革命罪犯"，把法院在诉讼中是"处于中立的第三者立场"说成是"超阶级、超政治、实质上是维护反动阶级的利益"，等等。这样简单的政治口号式的批判显然站不住脚，不能服人。许多学识渊博的老法学教授也受到错误的批判，并被迫离开了法学讲台，这对法学教育事业无疑是一个重大的损失。这种否定一切法律文化的做法造成的更为严重的后果是法律虚无主义开始形成。从此，法院办案不能讲法（办刑事案子不分析犯罪构成，办民事案子不分析法律关系），高等法律院系讲课不敢讲法律，只讲政策。大批资产阶级法律观点，把坚持实行独立审判的宪法原则批判为"向党闹独立""反对党的领导"；把反对盲目地批判右倾、主张彻底查处错案批判为"攻击肃反运动""反对人民民主专政"；把主张遵守法制、依法办事批判为"对法有了迷信，甚至使法成了自己的一个'紧箍咒'"；等等。矛头所向，咄咄逼人，令人大有"谈法色变"之感。法律虚无主义发展到如此程度，正是由于否定法的继承性，否定一切法律文化而产生的必然结果。经历曲折反复之后，司法改革运动否定法的继承性、否定一切资产阶级法律文化的做法从理论和实践上得到了纠正，我国的法制建设也为这个迟到的觉醒付出了沉重的代价。

二是突出强调法院的专政功能，忽视维护社会公正这一根本性功能。当时，三大敌人残余势力尚未完全肃清，国家正在开展镇反、土改等大规模的社会改革运动，人民法院作为重要的国家机器，负有对敌专政的职责和功能，但是把专政功能绝对化，认为它是法院唯一的功能或主要的功能，忽视人民法院依法保障公民合法权益、维护社会公正这一根本性的功能，就片面了，不适当了。在司法改革运动中得到强化的司法观念正是这种"专政工具论"。它把人民法院比喻成专政的"刀把子"，掌握"刀把子"的手要硬、不能软。古今中外，维护公正是司法最根本性的功能，但在很长时期内我们根本不提这个，也讳言法院居中裁判的中立地位，似乎一提"公正""中立"，就是抹杀阶级斗争，就是放弃专政。

三是突出强调司法工作人员的政治素质，忽视业务素质和文化水平。这次司法改革运动为以后遴选法院干部（主要是审判人员）只确立了一个标准：政治条件好。至于有没有法律知识，有没有较高的文化程度，都在所不问。直到 1983 年 9 月，第六届全国人大常委会第二次会议修改《人民法院组织法》时才提出审判人员"必须具有法律专业知识"，但仍没有规定对审判人员的法学专业学历的具体要求。1995 年 2 月，第八届全国人大常委会第十二次会议通过了我国的第一部《法官法》，第一次明确规定法官必须具备法律大专院校毕业的学历；2001 年，又修改为必须具备法律大学本科毕业的学历。法官是法律专业人员，没有丰富的法律专业知识和熟练的审判工作能力，是无法胜任的。但是，在我国，经过五十年的反复实践、反复争议，才逐渐被人们特别是被组织人事部门所接受。其中的关键因素在于经过司法改革运动和以后多次运动的洗礼，审判工作被过于政治化，以政治代替业务。

对这场司法改革运动，笔者有如下五点看法：

第一，把一些不适宜于在司法机关工作的人调离岗位是必要的、不可避免的。"在分析任何一个社会问题时，马克思主义理论的绝对要求，就是要把问题提到一定的历史范围之内。"① 在新旧政权交替时期，清理一些旧的司法人员、纯洁司法队伍是应该的。

一是把反革命分子、贪赃枉法分子从司法队伍中清洗出去，完全是必要的。董必武在第一代中国共产党人中是具有深厚的法律造诣和法律意识的，这是人们公认的。他是当时司法改革运动的主要提议者、推动者，他的感受是今天的我们所无法拥有的，因此我们必须高度重视他的意见。1952 年 6 月 20 日，董必武在政务院政治法律委员会第 20 次委务会议上的发言中指出："'三反'运动中发现司法工作问题很严重，清理旧司法人

---

① 《列宁选集》（第 2 卷），人民出版社 1995 年版，第 375 页。

员是必须解决的一个严重问题。人民的法律，是便利维护自身的权益和对敌人斗争的锐利武器，不应操在不可信赖的人手中。过去因革命胜利太快，开展各方面工作需要干部，在新区我们又采取包下来的政策，有的地区（如上海市）法院旧人员占80%，其他地区也有这种情形。'三反'运动中他们不少人暴露出来是有罪恶的。因此，我们应该本着这样的一个方针：坏的分子可以依法清洗或惩办；纵使'三反'过了关的，亦不应再让他们担任审判工作，而要找较适当的人接替，使他们转业；即使政治上无问题，尚可担任审判工作的，亦应调开原地点，到新地区去工作。有的地方让旧人员做审判员，这是违反中央关于旧人员不能当骨干、只能作助理的方针的。""对旧人员只要不是采取一脚踢开的办法（不忽视他们的生活而给以照顾适当的工作），只要我们不操之过急，在这问题上是不会犯错误的。反过来，把武器交给不可信赖的人（不管他有多大才能和学问），那是要犯错误的！"[①] 1952年6月24日，董必武在全国政法干部训练会议上的讲话中指出："当我们解放了京、津等大城市，革命在全国取得基本胜利的时候，中央即指示：'原推事、检察官、书记官长等一律停止原来职务，……在打碎旧的反动的国家机器时，这部分人必须去掉（其中非反革命分子和非劣迹昭著分子，如欲参加人民民主国家之司法工作，必须经过思想改造与作风改造，方可甄别录用）。'但我们却贯彻执行得很差，以致旧司法人员在我们许多地方的法院里实际上占据了重要的甚至主导的地位，掌握了审判大权。道理很明显，这些人过去一直是为反动统治阶级服务，给反动派专门充当镇压革命运动和压迫、敲诈劳动人民的直接工具，他们思想上充满了反革命反人民的法律观念，政治上受反动影响很深，我们今天怎么能够把作为人民民主专政重要武器之一的人民司法工作交给这种不可信赖的人的手中呢？这不仅是错误的，而且是非常危险的自杀政策。"[②] 历史上有罪恶、形象不好的"坏分子"、思想上确实不能适应新中国形势的人如果不予清除，曾经深受他们迫害的人民群众就不会相信人民司法工作，进而怀疑新生的人民政权。

二是对那些已经经过改造但没有取得较好效果的旧司法人员，必须转行换岗。董必

---

① 参见《董必武政治法律文集》，法律出版社1986年版，第228页。
② 同上书，第233页。

武指出："过去我们对旧司法人员的改造，曾花费了不小的力量，三年间，我们训练了一万二、三千个司法干部，其中旧司法人员就有四千多人，占三分之一以上。从各地报告看来，这些旧司法人员受到批评者多，受到锻炼者少，他们的表现一般是没有立场或者是反动立场，不但不能很好地为人民服务，甚至包庇与帮助反革命分子残害人民；在作风上是严重地脱离群众，只会'坐堂问案'，写些冗长陈腐的'判决'。而对人民群众的利益和党与人民政府的政策根本不关心，相反还到处散步反动的旧法观点，起着很不好的影响。加以我们有些老干部在这一问题上，思想不明确，意志不坚定，错误地认为他们懂'业务'，有'经验'，因而在工作上不仅信任甚至依靠他们，并要新、老干部虚心地向他们学习，要他们带徒弟，做了他们的俘虏。甚至不少老干部堕落蜕化，贪赃枉法，违法乱纪，致使我们在政治上与工作上遭受到严重的损失。现在必须解决这个问题。"① 虽然思想改造是必要、有效的，但却不是万能的，不是所有人都可以改造的。在疾风暴雨般的社会变迁中，总有一些人会跟不上时代前进的步伐，成为历史的落伍者。例如，鲁迅评价他的老师章太炎说，他是近代著名的民主革命家，在学术上又是卓有成就的学者，是一个"有学问的革命家"。但是，他晚年从一个革命前驱倒退成为"身衣学术的华衮，粹然成为儒宗"，这是什么原因呢？主要是"既离民众，渐入颓唐"，即脱离了人民群众和时代的革命斗争。"辛亥革命以后，时代前进了，革命深入了，他不仅没有继续前进，反而后退了，教训何等深刻。"②

第二，司法改革运动并不是把所有旧司法人员不加区分地全部踢出司法大门之外。被清除出司法队伍的主要是两种人：一是被揭发出来的反革命分子、贪污分子和其他坏分子；二是旧法观点和旧司法作风严重、不适宜做人民司法工作的人。对确有改造和进步表现的旧司法人员，据司法部统计，继续留用的共 2000 余人。③

第三，司法改革运动选调一些政治上靠得住、经过一定法律专业培训的工农干部到法院的做法是必要的。董必武 1952 年 6 月 24 日在全国政法干部训练会议上的讲话中指

① 《董必武政治法律文集》，法律出版社 1986 年版，第 233 页。
② 参见周建人：《回忆鲁迅》，上海人民出版社 1976 年版，第 40、44 页。
③ 参见《董必武传》撰写组：《董必武传（1886—1975）》（下），中央文献出版社 2006 年版，第 793 页。

出："今天我们应该开辟新的司法干部来源，大体有以下几个方面：（一）骨干干部，应选派一部分较老的同志到法院担任领导骨干；（二）青年知识分子；（三）五反运动中的工人店员积极分子；（四）土改工作队和农民中的积极分子；（五）转业建设的革命军人（包括一部分适于作司法工作的轻残废军人）；（六）各种人民法庭的干部，工会、农会、妇联、青年团等人民团体还可帮助选拔一批适宜于做司法工作的干部和群众运动中涌现出并经过一些锻炼的群众积极分子。"① 董必武强调这些同志应经过必要的法律专业培训，他说："中央各大行政区都应办一个政法干部学校，当前主要是训练在职干部，将来则成为政法专门学校"；"其任务是训练县以上政法部门的骨干干部，学习期限是半年到一年。如果每县政法骨干干部以七个人（公安、法院、民政、检察、监委、县长或副县长、秘书等）计，全国共计有两万到两万五千人，约需三年才可训练完。"② 据统计，各级人民法院从土改、镇压反革命的人民法庭的干部中以及各项群众运动的积极分子中选拔了共计6000余人的优秀分子。

实际上，即使在强调司法独立、法官中立于政治的美国，法官的产生也不能完全避免政治因素。政党一般通过两种方式影响法官的行为：其一，政党的法官提名权。在任命制的地方，总统或州长提名自己党派的成员任法官，决定了政党在法院中的元素；在选举制的地方，政党推选本党的候选人任法官，同样影响法院的内部构成。其二，法官的政党意识形态。法官的意识形态影响着判决的结果，联邦最高法院大法官在处理疑难案件时，政党的影响明显。③

第四，司法改革运动中对不适宜在政法单位工作的旧法人员的安排也是妥帖的。董必武指出："解放之初，我们对旧人员采取'包下来'的政策，因而我们法院中有了这样多的旧司法人员。'包下来'的政策并没有错，因为我们不能让他们失业，免得造成社会上的混乱。但我们在对他们的使用上，还有'量才录用'这一条原则，并不是说他们过去担任什么职务，现在还要他们担任什么职务，问题是我们在实际工作中没有切实

---

① 参见《董必武政治法律文集》，法律出版社1986年版，第235—236页。
② 同上书，第236页。
③ 参见徐爱国：《美国的法官与政党》，载《人民法院报》2011年11月11日第8版。

按照中央的规定执行。即在今天，我们虽然坚决地要把他们从审判工作的岗位上调动开，也仍然是要给以适当的安置。对于原在旧法院系统中工作之中共地下党团员和解放后新加入之中共党员、青年团员，以及在解放前即已参加革命斗争之赤色群众，均不应当作留用人员对待。至于有些民主人士，早就从事革命工作，和我们在一起，虽然过去做过旧推、检和律师职务，但不能和一般旧司法人员混为一谈。我们对学过旧法的人与旧推、检人员和旧律师也应有所区别。"① 应该说，党对旧司法人员的处理是具有人道主义精神的。

第五，司法改革运动中对一些所谓旧法观点的批判是不当的。前述《人民日报》有关文章列举的那些旧法观点，虽然今天看来，有的并无不妥，如忽略中国当时的经济、文化等发展阶段较落后的现实，照搬产生于经济、文化发展较高阶段的西方国家的审判模式，必然会出现虽然合法但不合情、不合理的情况，因而应学习马锡五审判方式中的带卷下乡、就地审判等，注意法、理、情的兼顾和便民、利民，减轻贫困群体的诉讼负担，等等。但是，总体上看，《人民日报》有关文章对那些旧法观点的批评，很快就被1954年颁布的《宪法》和《人民法院组织法》所否定。例如，过去批判"法律面前人人平等"是不分敌我，不照顾国企是"不维护国家人民利益"，但《人民法院组织法》第5条规定："人民法院审判案件，对于一切公民，不分民族、种族、性别、职业、社会出身、宗教信仰、教育程度、财产状况、居住期限，在适用法律上一律平等。""区分敌我"是立法要解决的问题，在司法上只能是人人平等；过去批评法院独立审判是资产阶级的"司法独立"，批评"搞运动不是法院的事"是旧法观点，但1954年《宪法》第78条和《人民法院组织法》第4条规定："法院独立进行审判，只服从法律。"不知那些批评旧法观点的人后来是怎样宣传解释《宪法》和《人民法院组织法》的呢？

此外，司法改革运动还有一个没有得到充分重视的问题，那就是把法律和法学混为一谈，把旧的法律和旧的法学等而同之。中国政法大学教授曹子丹认为，废除"六法"是指废除旧的法律，中共中央《关于废除国民党的六法全书与确定解放区的司法原则的指示》中并没有要求把旧的法学一律推倒，如果把旧的法律和旧的法学同等看待，就没

---

① 《董必武政治法律文集》，法律出版社1986年版，第235页。

有很好地理解该指示的精神。他发现，苏联学者是引用德国等西方法学家著作和法典的，而当时我们去留苏的学生一律不准带旧的法学著作。在国内，旧的法学著作、教材也被束之高阁、封存起来。[①]

改革开放之后，主流观点也认为当时对旧法观点的批判有失之于简单之处："由于历史条件的限制和各个地区运动发展不平衡，一方面存在对旧法观点批判不深入、不准确，未批中要害的问题；另一方面对如何运用历史唯物主义与辩证唯物主义的立场观点，批判地继承法制领域的历史文化遗产，缺乏正确的理解，有的采取了简单的一概否定的态度。"[②] 其实，董必武也不赞成全盘否定过去法律文化遗产的做法，他在 1952 年7 月 15 日的政法分党组干事会上曾强调："在司法改革时，对过去已有的好办法，不要采取一脚踢开、一概予以否定的态度；而是要继承与吸收好的东西，好好地加以总结。"[③] 但是，遗憾的是，运动一旦开展起来，总有刹不住车的时候。

作为学者，杨兆龙是不可能像成熟的无产阶级政治家董必武那样强调法律职业人政治立场重要性的。他没有否认对旧法人员历史审查的必要性，也没有完全抹杀司法改革的合理性，但对旧法人员的历史局限性和复杂性估计不足，对他们思想改造的必要性也强调得不多；他对旧法人员的专业知识比较看重，但对他们政治立场存在的问题注意不够。这对一个刚刚从旧社会过来的知识分子来说，也是在所难免的。

三、院 系 调 整

在司法改革运动开展的同时，全国高等教育领域内也进行了一场大规模的院系调整。根据统计资料，旧中国设有政法系科的高等学校共有 53 所，教师 542 人，在校学生7388 人。1949—1951 年，对这些旧有政法系科暂时实行的是接管、维持和改造的方

---

① 参见何勤华主编：《中国法学家访谈录》（第一卷），北京大学出版社 2010 年版，第 338 页。
② 《董必武传》撰写组：《董必武传（1886—1975）》（下），中央文献出版社 2006 年版，第 795 页。
③ 同上。

针。① 经过 1952 年和 1953 年的两次调整，全国政法院校发生了重大变化，形成"四院两系"的格局。"四院"是北京政法学院、华东政法学院、中南政法学院、西南政法学院，"两系"是中国人民大学法律系、东北人民大学法律系。1954 年，全国政法教育会议决定恢复北京大学、复旦大学法律系。此后，政法院系基本保持"四院四系"的格局，直到"文革"。院系调整前，旧法学院是政治系、法律系分设，以示法律的相对独立性。但是，这种做法被认为是资产阶级性质的宣扬法律"超阶级""超政治"观点的体现。院系调整后，社会学、政治学等学科被停止和取消，只保留了法律系，实际上是把形式上分立的政治、法律两系合并，强调法律和政治是不可分的，法律应服从政治。

与一般学科院系调整不同，政法院系调整还不可避免地受到了同期正在进行的司法改革运动的影响。1952 年 8 月 30 日中共中央《关于进行司法改革工作应注意的几个问题的指示》中强调："应利用这次机会，把大学政法院系的教授组织到司法改革运动中来，帮助他们进行思想改造。他们之中有不少人不能继续担任政法教授，对于这一部分人尤须妥善安置，或改教其他的课程，或改任中学教员，或帮助其转业改行。同时选拔适当的教师加强政法教育工作，以利政法院系的整顿和改造。"这一指示实际上明确了对政法院系在规模调整之外必须辅之以必要的组织上的"整顿"。因此，院系调整中对政法院系和理工院系教师采取了两种截然不同的做法：理工院系的教师一般都能"各就各位，继续任教，发挥专长"；而政法院系的教师"在有些地方几乎全部被迫转业，有些甚至在家赋闲，形同失业"。原清华大学法律系主任赵凤喈赋闲在京；原中山大学、安徽大学民法教授李浩川在绍兴中学任教；原北京大学民法罗马法教授黄右昌、罗鼎等分别在湖南大学、武汉大学图书馆工作；原英士大学法律系教授俞启人在上海市交通局管理售票工作。② 这样做是基于中央对旧法律教育的基本价值判断，认为原有的大学法学教育已经随着旧法废止而失去继续存在的意义，那些满脑子旧法观点的旧法学教师与新中国的意识形态格格不入，必须以全新的形式和内容取而代之。

---

① 参见《中国教育年鉴》编辑部编：《中国教育年鉴（1949—1981）》，中国大百科全书出版社 1984 年版，第 265 页。

② 参见郭道晖、李步云、郝铁川主编：《中国当代法学争鸣实录》，湖南人民出版社 1998 年版，第 50—53 页。

　　调整后的法学教育机构在体制上也发生了巨大变化，基本形成综合性大学法律系、政法学院、政法干部学校和政法干部轮训班四种类型，在领导体制、训练对象、时间及内容上均有分工。综合性大学法律系由教育部领导，着重培养法律教学和理论研究人员；政法学院由司法部领导，主要培养马克思主义政治理论教学或公安、司法工作干部；政法干部学校由中央或各大行政区的政法委员会领导，主要是训练县以上政法部门的骨干干部；政法干部轮训班则由各省来办，主要轮训各级政法部门的一般政法干部。

　　1952 年 10 月，华东地区的南京大学、安徽大学、沪江大学、圣约翰大学、复旦大学、上海大学、东吴大学七所大学的法律系、政治系撤并为华东政法学院（以下简称"华政"）。原东吴大学法学院撤销时，上级领导曾许诺杨兆龙担任华政研究部主任，但终未兑现。杨兆龙对失去院长职务并不大在意，但对无辜被剥夺从事法律教育的资格、在家赋闲一年多深感痛惜和不解。

　　1953 年秋，原南京市人民法院院长鞠华被调到上海工作。他到杨家造访时，才知道杨兆龙已在家赋闲一年有余。他马上找到时任上海市委组织部副部长、上海市委基层工作委员会副书记的陈修良，告知她杨的现状。两人共同向华东军政委员会教育部反映了这一不合理的情况，杨兆龙因此很快被安排到复旦大学教授俄文。杨兆龙曾在留学德国柏林大学时学过俄文，此去复旦教俄文，他又特地到一个教堂向一位精通俄语的白俄牧师请教，还在家里反复聆听俄语唱片。

　　司法改革运动与院系调整不是历史的偶然，而是当时党和国家法制建设理论和法制变革实践的产物，是废除"六法全书"、摧毁旧法制的革命行动的继续与深化，由废除旧法上升为清除旧法观点及其所依附的人，具有历史必然性和合理性。同时，它也具有一定的历史局限性，给法学教育乃至国家法制建设带来了很大的消极影响。（1）法学教育规模锐减，与现实需求之间差距巨大。法学院校由 1949 年的 53 所降为 1953 年的 6 所，在全国高校中所占的比例由 25.8% 降至 3.3%；专任教师由 1949 年的 542 人降为 1953 年的 248 人，占全国高校教师的比例由 3.3% 降为 0.8%。这一规模远不能适应当时法制建设的需要，法学教育在法制建设中的基础性和先导性作用得不到发挥。"在法学人才培养方面，从 1953—1957 年只培养政法人才四千多人，而理工人才就培养 28 万多人。"① 那么，当时国家和社会对法律工作者的客观需求是多少呢？"拿法院来说，《宪法》公布以后，各级法院要办成法院的样子，全国至少要有六万人左右，而现在只有三万多人，还需要有三万人左右补充到这一方面去。"② （2）法学教育和法学研究历史的中断。院系调整后，政法干部培训模式全面取代了正规的大学法学教育，成为法学教育的唯一模式。（3）法学教育与法律职业的分离。法律职业从此不再是一种专业。一方面，法律教育机构萎缩得无足轻重，每年毕业的法科学生绝不会超过司法系统当年需求的1%；另一方面，在法律教育机构有能力提供足够的专业人员之前，未受过专业法律教育的军人、工人、农民、行政官员必定以不可阻挡的势头源源涌入法律职业领域而成为法律职业的主流。③

当时置身于院系调整漩涡中的杨兆龙是如何想的呢？他认为：④

1952年的高等学校院系调整，一般讲来，有相当好的效果，但是在法律教育方面事情的处理却不能尽如人意。院系调整的结果，除几个私立的法学院被取消外，还有好几个国立大学（如北大、南大等）具有几十年历史的法律系被合并到几个新成立的政法学院去。在这些新成立的政法学院中，除在北京的一部分被并学校的党外教授参加上层领导外，其余大多由党内干部担任行政及教学领导，党外教授参加上层领导者几乎没有，担任基层行政及教学领导者，也非常之少。照理，被并学校的教师应该按照中央规定的院系调整办法到新成立的学校去正常地工作。可是事实并非如此。在1952年，有些新成立的政法学院虽然吸收了一部分党外的教授，尽管这些教师从1949年以来在业务上及政治上已有提高，却一般地都没有机会担任实际教学工作，使大家感到非常苦闷。这种情况恐怕到现在都还没有完全扭转过来。

更令人失望的是，有些新成立的政法学院，将被并学校的学生、一部分年轻助

---

① 《董必武法学文集》，法律出版社2001年版，第211页。
② 同上。
③ 参见董节英：《1952：新中国法学教育的整顿与重构》，载《中共中央党校学报》2007年第2期。
④ 参见杨兆龙：《法律界的党与非党之间》，载《文汇报》1957年5月8日。

教（多数是党团员）及图书馆接收过去以后，竟将党外的所谓"学旧法"的中老年教师全部拒绝于门外，弄得大家好几年来哭笑不得。1954 年，有几个综合性大学恢复了法律系。事前，一般中老年教师们以为这一次可以得到工作的机会了，因为 1953 年中央举行的高教会议上，曾发现过去对政法院系教师处理的不当，已决定纠正。可是，在这一次恢复的法律系中，有的在领导方式上采取了几乎是清一色的、从行政到教学的党内干部领导制，在教学工作的分配上，基本（当然有少数例外）采取党内干部及年轻助教或讲师教课制，除酌量吸收了本校原有的一部分教师外（在有的学校只有极个别的），对其余的教师（尤其原来在别的学校的）一律挡驾。殊不知在解放以后，一般法学教师在业务上及政治上都有所提高。尤其是经过思想改造，大家都有很大进步，并非如某些党内干部所想象的那样落后；如果让他们继续在实际工作中提高，他们不但不会落在人家后面，而且是可以有一番实际贡献的。

在解放后成立的几个新型大学及着重改造旧法人员和训练政法干部的学校里，法律部门的行政与业务领导基本上都由党内干部担任；法律教学工作基本上由苏联专家和党内的中老年及青年干部或教师担任（当然有个别例外）。在这些学校里，党外的法学家一般只能做学员，不能当教师；在新型大学里对中老年的党外法学家前往学习还有相当的限制。他们里面虽有几位"旧法出身"的党内学者，但过去曾经有一个时期（有的自始至终）充满了一种鄙视党外的"旧法学者"、认为他们不可能改造为人民的法学教师或司法工作者的论调。这些学校的看法和经验流传到各处以后，对全国政法院系的调整起了很大的消极作用。有些新成立的政法学院及法律系，不但照搬，而且还变本加厉地推广了这种看法和经验。

最近一年来，各学校为了贯彻中央关于知识分子的政策，在这方面已做了一些改进工作，这是值得庆幸的。但是，由于某些干部的看法尚未完全转变过来，还没有能从根本上进行改革。因此，现在的法律院系在高等学校的系统里，还在不同的程度上保持着它那与众不同的特殊风格。

以上这种情形究竟是怎样产生的呢？据我看来，主要是以下三种观点所引起的：

（1）过分强调法律的政治性而基本忽视了它的专门性和科学性；

（2）将党外的"旧法出身"的人士估计得很低，认为他们不可能或者很难改造为对新社会有用的法学人才；

（3）不信任党外的法学人才，不敢放手使用他们。

这三种观点的不正确，可以用很多的理由来加以证明。但是为了节省篇幅，我们可以拿苏联及东欧人民民主国家的实例来说明。法律是为统治阶级服务的，因此我们必须重视它的政治性。但这不过是问题的一面，法律还有它的丰富的独特内容和技术，须加以系统地研究，关于法律的全面正确知识乃是一种专门的科学，不是任何人都懂得的。重视法律的政治性并不等于可以忽略法律的专门性和科学性，这也就是说明为什么在苏联及东欧人民民主国家的科学院里，都成立了法律科学研究所等部门，为什么一般人要钻研好多年才能获得法律科学硕士及博士等学位。如果不是这样的话，那只要多设几个马列主义学院也就行了。正因为法律是有专门性、科学性的，所以东欧人民民主国家一般都规定：法官须由法律系科毕业而且具有比较高的文化水平的人担任。在苏联，当提名竞选法官的候选人时，实际上也很注意候选人所受的法律教育。同时，这些国家的科学院院士及大学教授中，有不少是"旧法出身"的法学家。他们在新政权建立前，就已经在大学里教法学，并发表过著作，其中有不少党外人士，是现在法律科学研究机关及大学法律院系教研室的领导人，是公认的当代权威法学家。这些都可以说明：过去那种宁可信任不懂或不大懂法学的少数干部，而不敢放手使用专门研究法学的党外人士的看法是很成问题的。

……………

苏联及东欧人民民主国家的经验告诉我们：新的一代法学家的成熟，没有富有学识与经验的法学家的帮助指导和青年们自己一二十年的努力，一般是不可能的；如果我们将一切任务都摆在正在培养中的人身上，而不及时利用老一辈在法律科学上已有的成就，那么法律科学的发展、法学人才的培养、立法的改革、司法的建设将无法顺利进行。

1957年5月3日，在上海市委召开的一次知识分子座谈会上，杨兆龙发言说，有的青年教师，对老教师的要求很高，一定要事事精通，一事未通就是"饭桶"。他们要求老教师的研究报告"要有现实意义"，意思是要有他们感兴趣的东西。他认为，有的青年教师对老教师不够正确和公平。比如说，他们不承认老教师过去的著作、学位、学衔，可是对某些新归国的人却又承认。评级时，说老教师思想改造后"断过气"，停顿了几年，硬打个八折。有时领导为照顾老教师，从青年教师那里分几门课出来给老的教，他们就大闹。有的老教师就说："你们是来日方长啊，未免太小气了！"他还谈到1954年党报上的一篇社论，在谈了半天应该如何尊敬老教师之后却拖了一句："我们要培养自己的教师。"他说，老教师看了真有点寒心。杨兆龙和其他一些与会的教授都谈到，有些青年教师害怕"百花齐放、百家争鸣"，怕一"放"之后，他们过去那一套简单化的教条主义理论吃不开了，所以在开始"放"时，常用"围剿"的方式反对不同的意见。①

1957年6月3日，杨兆龙在复旦大学教师座谈会上的发言中说："刚才杨副校长讲，过去，在民主革命运动中党外人士也出过力，流过血汗，大家都很感动，我也很感动。这一点，领导同志了解，下层不了解，愈是下层愈不了解。院系调整时本人不敢来复旦，以为复旦马列主义水平高。现在看下来，这不是马列主义，而是教条主义。复旦的教条主义很严重，过去我在的外文系严重，现在我在的法律系更严重。如讲法律是阶级镇压的工具，这定义今天是否要改一改？中国今天镇压对象只有百分之几，百分之九十几的人民要不要法律？可见法律又是同一阶级内部维持纪律的工具。但是，在法律系我不敢多提，不然修正主义的大'帽子'要压下来。《再论》（笔者按：即发表于1956年12月29日《人民日报》的《再论无产阶级专政的历史经验》）出来后，法律系除了教条主义外，又多了个修正主义。本人写篇文章，有些创造性，党支书就写文章戴我个修正主义的'帽子'，我这个刚翻身的教授，实在吃不消。还有，青年教师把老教师到底当作什么看，当普通人、特种人或是快要死的人？这几年优待给些肉吃吃算了呢，或是你还有十年好活先给草料吃吃？这样对待人太不人道，太残酷。人总是要老的，你们也要老的。理科教师也不要神气，十年之后红色专家会出来接替，已有党员干部不小心流

---

① 　参见杨兆龙：《歧视老一辈，令人有点心寒》，载《新民晚报》1957年5月4日。

露出来，这也很残酷。在军代表接收学校后，非党老教师的团结就成问题，因为党团员鼓励有方，要你提意见，让你狗咬狗，这种情况到肃反时达到高潮。这对青年一代教育很不好。过去被打入冷宫的，今天是座上客、报上又出现了，今是昨非，青年人脑中转不过弯来。这样的错误以后不能再有了。党员对党外人士的确有架子，尤其是学校里负责的党员同志，和人在一桌吃饭，出去就不认识。这对青年党员影响很不好。党的制度也有问题，民主集中制事实上只有集中没有民主，党员没有独立思考，光奉命办事。这种作风带到系里来，就如小媳妇出身的婆婆，虐待起人来更厉害。另一个大的问题是历次运动的成绩到底如何？有好有坏，不能都肯定，如法律系就是本校办得最坏的系。所以，不能说成绩是基本的、错误是次要的。如都肯定成绩，还检查什么错误。要检查错误，希望大家检查一下历次运动的合法性，尤其是'肃反'运动。同时，还希望检查一下有无坏分子乘机报复。此外，对评级、评薪和工作安排希望也认真检查一下，有那么多安排不当的人。法律系有教授参加科学讨论会，系里报作教员，人事处却说校长没有批下来，校长日理万机，人事处是干什么的？许多制度也要研究一下，教授看病也有两种待遇，问人事处，说是限于制度、无法变动。而有的制度又可大开其后门。这些事实是有思想根源的。"①

改革开放以后，主流观点对院系调整是这样评价的："高等学校的院系调整，加快了对国家急需的建设人才的培养，使我国高等学校布局不合理的状况有所改变。由于缺乏经验，实际工作中也出现一些缺点。例如，照搬苏联的教育模式，未能充分吸收中国教育遗产中的优良部分；对一些著名大学多年形成的学科特长未给予应有的照顾；在学科结构上出现'理工分割、文理分家'的现象，调整中对文、法、财经院系撤并过多；不适当地取消了社会学、政治学等学科。这些情况，给新中国教育事业的发展带来一些缺陷。"② 可见，杨兆龙对院系调整中轻视法学学科做法的批评是有道理的。

在司法改革和院系调整中，从旧社会过来的法学教授"有不少人不能继续担任政法教授，对于这一部分人尤须妥善安置，或改教其他的课程，或任中学教员，或帮助其该

---

① 中国政治法律学会资料室编：《政法界右派分子谬论汇集》，法律出版社1957年版，第112页。
② 中共中央党史研究室：《中国共产党历史·第二卷（1949—1978）》（上册），中共党史出版社2011年版，第152页。

行转业。同时选拔适当的教师加强政法教育工作，以利政法院系的整顿和改造"。笔者觉得这个做法不妥。他们选择留在大陆，未追随国民党去台湾或出国，而是愿意为新中国法学教育事业服务，我们不应该打击他们的积极性。此外，虽然他们过去教授的是西方法学体系和"六法全书"，但不同社会的法学和法律是有一定继承性的，对这些旧社会过来的教授，我们应该鼓励、引导、督促他们接受马克思主义世界观、方法论和认识论，对那些拒不转变立场、观点和方法的人再采取让其转行等做法。

1953 年，随着新民主主义社会向社会主义社会的转变，从旧社会过来的旧知识分子被视为资产阶级知识分子，必须转变为无产阶级知识分子。相应地，他们也从原来的依靠对象越来越变成被改造的对象，地位较前越来越低也难以避免。这个时期，杨兆龙心情开始低落。陆锦璧曾对笔者说："东吴大学法学院撤销前，该校学委会负责人曾许诺杨担任华政研究部主任，但该承诺没有兑现。这个材料是我后来到档案馆查到的。到现在，档案馆里关于杨兆龙的一部分资料还没有解密。杨兆龙从 1952 到 1953 年在家里赋闲了一年多，1954 年春才被调去复旦教俄语。1956 年才被调到复旦法律系，但始终没开课。"杨黎明说："我父亲被调到复旦法律系后，曾认真地备课，写讲稿，但却没有上过一堂法律课，其他人如孙晓楼、陈仁炳、高其迈等也是如此。我父亲只做过两次专题报告，但在做完后一次一周后，他就被打成右派了。"

第四章 杨兆龙与 1955 年"肃反"

1955 年 7 月 1 日，中共中央发出《关于展开斗争肃清暗藏的反革命分子的指示》，认为"在很多部门，在很多地方，大量的暗藏的反革命分子是还没有揭露和肃清的"，决定在全国范围开展一场肃清暗藏反革命分子（以下简称"肃反"）的运动。这场运动至 1957 年年底结束。据 1957 年 7 月 18 日《人民日报》社论公布的数字，这次"肃反"运动在国家机关、人民团体、共产党、各民主党派内部，清查出反革命分子 8.1 万人，其中现行反革命分子 3800 多人。由于当时对阶级斗争尖锐的程度估计得过于严重，有些问题政策界限不清，致使一些地方和部门发生斗争面过宽、处理过重等偏差。在"肃反"运动后期，中央要求认真进行检查，对错斗、错捕、错关、错判的人做好甄别平反工作。但是，由于受到 1957 年夏季以后出现的反右派斗争严重扩大化的影响，这一甄别平反工作基本上被搁置下来。杨兆龙就是其中被错整的一位。

陆锦璧曾对笔者说："杨兆龙 1955 年'肃反'时被整的事情，我是 2007 年 11 月看了《东方剑》第 11 期房群的文章《我和〈剑与盾〉》后才全部了解。房群在文中披露了自己被抽调补办'肃反'专案时办埋杨兆龙案的经过，柯庆施当时是上海市的领导，柯及其班子是 1954 年秋从南京调来的。早在南京时，柯等对主张法治的杨兆龙就已心存芥蒂，到'肃反'时，彼等竟决定把杨送进监狱，并为此成立了专案组，呈报中央'肃反'五人小组批准。'数十万字的一部卷宗，除了一页《呈批意见表》（由报批单位填写）和一份综合报告（由承办人、承办单位填写）外，几乎全是报捕对象——杨兆龙思想改造时写的交代材料（包括自传、事情的经过、思想批判、提高认识等）。然而，报批的罪行触目惊心：罪行之一，屠杀革命烈士；罪行之二，蓄意破坏土改；罪行之三，特务嫌疑。此事与思想改造密切相关。据我现在已知的材料，早在建国几个月后，教育部就提出要在高校进行院系调整，以便采用苏式教育计划，此事遭到了大多数接受过欧美教育的教授的抵制，该计划只得缓行。时任教育部党组负责人钱俊瑞说：'高校教师中还浓厚地保存着欧美资产阶级的反动思想，对于苏联的先进的科学和技术则投以不值一顾的轻视的眼光，这是危险到极点的思想敌人。'据此，政府于 1951 年年底发动了一场以全国的知识分子为对象的思想改造运动，运动中不少人采取侵犯人权、侮辱人格的非法手段，对大学教授强行洗脑，要求他们人人过关，彻底交代个人的所谓反动历史和罪恶思想，违心地自我诋毁、相互攻击，并接受无限上纲的'批判'，令其声誉扫地。高校知识分子正是在此不可抗拒的高压之下，不得不唯命是从、俯首就范。院系调整才得以顺利进行。杨兆龙教授的经历就是一个具有代表性的实例。"陆锦璧的说法或许有些偏激，但只要是群众运动，在一些地方就难免发生失控的情况。

一、杨兆龙遭受怀疑和沙轶因不肯作证

在这场运动中，杨兆龙被怀疑为"国民党潜伏特务"，唯一的理由就是他担任过国民党政府的代理最高检察长。有人说，"像他这样的大官留在大陆不走，肯定负有特殊任务。"而动员他留下并为党立功的当事人和知情者（如陈修良、王明远、史永、沙轶因、白沙等）近在沪宁两地，且均系党政领导干部，找到他们就不难查明真相，可为何不去调查呢？原因大概有三：一是"肃反"运动时间紧迫，不容去作详细调查。二是这时在上海市高教战线担任领导的恰巧是之前在南京市委工作、与杨发生过矛盾的同志。三是原来从事地下工作的同志，后来不被重视甚至不那么被信任。没有在白区工作过的同志

对从事地下工作的同志的工作方式、行事风格不够理解，这是无法避免的。但是，中华人民共和国成立后毕竟是原来在解放区工作的同志在政治生活中居于主导地位，他们容易用解放区的思维方式来看待原来白区的历史问题。同时，原来在白区工作的同志在阶级斗争逐渐扩大化的形势下，为了避免别人对自己原来在白区工作的特殊性产生误解，也不得不小心翼翼，被迫用解放区的思维方式解释自己的白区工作历史。沙轶因就是其中的一个。

沙轶因，江苏江阴人，1920 年 12 月生。离休前任南京市人大常委会副主任。1935 年，南京大中学生举行全市学生抗日救亡示威游行，当游行队伍接近基督教教会主办的汇文女中时，年仅 15 岁的沙轶因联系了一些其他班的同学，推开校长的阻拦，毅然决然地冲出校门，加入游行队伍的行列。她不仅参加了曹孟君、谭惕吾和姐姐沙溯因倡导的进步团体——读书会，还在汇文女中建立了秘密的读书会，参加了地下党南京市委领导的学联。1937 年，沙轶因和同学们成立了南京学生界抗敌后援会，组成宣传队进行抗日宣传。1937 年 9 月，沙轶因加入了党组织。南京解放前夕，沙轶因成为南京地下党学委副书记兼女中分党委书记。

杨黎明告诉笔者，姨妈沙轶因出身于富裕且有良好文化的家庭，纯粹是一个满怀爱国热情、甘愿为民主进步而献身的理想主义者。1942 年皖南事变时，她把自己关在家里，一边哭泣，一边一遍又一遍地唱《八百壮士》。家里人都知道她是共产党员，都知道她这是口里唱着歌颂谢晋元的歌，心里表达的却是对新四军遇难壮士的悲痛和对国民党顽固派的愤恨。沙轶因的母亲再三喊她出来吃饭，她才出来边哭边吃，未吃完就再也控制不住情感跑回自己的房间，继续边哭边唱《八百壮士》。

1949 年后，随着阶级斗争逐步扩大化的阴云袭来，沙轶因的心理压力剧增。因为她虽然是抗日时期参加革命的，但曾长期生活在国民党高官杨兆龙家里，是否泄露了党的秘密？是否受到过杨的"不良影响"？在阶级斗争扩大化的岁月里，这些本来不是问题的问题也会真的变成问题。沙轶因十分谨小慎微，在回忆杨兆龙释放"政治犯"一事时，十分注意运用阶级分析方法论述她和杨兆龙的差别：

> 分管学委工作的市委委员王明远同志，知道我的姐夫杨兆龙任国民党司法行政

部司长并在中大法律系兼任教授，就和我一起研究能否通过杨的关系来营救被捕同志。我和明远同志分析了杨的基本情况，认为杨是国民党官员兼中大教授，他虽系国民党员，但与特务组织并无联系。另外，在国民党大势已去的情况下，有些国民党政府的人员已在找关系向我方靠拢，以谋求个人出路，在这时争取杨为释放政治犯出力的可能性是存在的。同时，我们又分析了我姐姐的情况。我姐姐沙溯因，当时是南京中华女中教师，她在一九三五年到一九三六年曾参加过曹孟君等组织的南京市妇女界救国会，思想比较开明，估计我去做争取杨的工作，还可能得到我姐姐的帮助。

我以一个进步分子的面貌先和我姐姐谈了这件事，我说："我的朋友托我办这件事，如果姐夫同意，我就告诉我的朋友，然后大家再商量具体的做法。"我姐姐当即表示赞成，并要我和杨直接面谈。于是，我仍以进步分子的面貌和杨商谈，前后谈了好几次。主要是和他谈了国际国内形势，分析国民党肯定要垮台，并且把我党对国民党党政人员立功赎罪的政策告诉他，说明只有走这条路，他个人及其家庭才有出路。后又介绍他读毛主席的《新民主主义论》，他也认真地读了。我从几次谈话中看出杨已有所触动，他也表示"国民党的气候恐怕是不长了的"。但是，我也感到他还有两个顾虑：一是怕担风险，他曾说"做这件事，是很危险的"；二是对我党的政策还有怀疑，他说过"以后共产党究竟对我怎么样？这是关系到我下半辈子的大事，我不能不慎重考虑"等话。

大约到一九四九年二月，杨开始下决心了，他向我提出："我和你是亲戚关系，谈了还是无人作证，你既然有这方面的朋友，最好再请他们来和我谈谈。"我就向王明远同志汇报，王又向市委领导请示后，决定派策反部的白沙同志与杨谈话，党组织事先约好了我和白沙同志接头的暗号。记得那是一个很冷的夜晚，白沙同志按约定时间到了杨的住所（南京薛家巷七号），按暗号先与我接上关系，然后我把白沙同志介绍给杨，他俩在杨的书房里整整谈了一个晚上。白沙走后，杨反应较好。他说："这人不错，谈得有道理，要进行这件事，可以从国共和谈这方面来想想办法。"当时，蒋介石已经伪装下野，李宗仁已于一九四九年元旦上台，国民党为争取喘息时间，发表了求和文告，正和我党进行所谓"和谈"。就在这时，国民党的最高检察长一职出缺，要杨代理最高检察长职务，杨和我商量应否接受此职，我立即向王明远同志作了汇报。王认为他就任此职对释放政治犯工作有利，可促其担任。于是，杨即就任代理最高检察长。

当时，我解放军正积极准备渡江，国民党机关已纷纷向上海迁移，以便进一步迁广州，再迁台湾。司法行政部和最高检察署都在上海设了办事处，但也有部分人员留守在南京。杨就把家先搬到了上海，这是怕打起仗来一家老小不好办；同时，把家搬到上海也使国民党不致对他怀疑。杨争取留守南京主要是继续进行释放政治犯的活动，我则经常去催他并给他出些主意。我和他研究认为，应着重以"国民党既要和谈，总要拿出点实际行动来"为理由到各有关方面开展活动。在这段时间里，杨的活动的确十分频繁，所有需要去找的关系都去找了，有时到深夜才回家。后来，杨觉得从各方面情况看已到了解决这事的关键时刻，便亲自去广州直接和李宗仁面谈。杨回来后说李宗仁同意了。一九四九年四月上旬的一天，杨约我到他家去，告诉我说："释放政治犯的事，经李宗仁认可后，我已拟定一个文件发到各地了，我还专门和南京的监狱长当面交代了这件事，南京很快就会放人的。"接着他又说："现在形势太紧张了，我不能再留在南京，不然会引起怀疑，我马上就要到上海去了。"第二天，杨即赴沪。我立即把这个情况向王明远同志作了汇报。一九四九年四月十三日，王明远同志很高兴地告诉我："所发的文件在南京生效了，朱、华、李等同志已经释放出来了。"后来我才知道，还有地下党工人运动委员会委员彭原同志等数十人同时被释放出狱。

这份材料杨黎明过去没有看到过。笔者转给她看后，她心情很不平静，便在准备出版的《杨兆龙年谱》中特意写道："沙轶因所写材料的不实之处，一是把杨误写成'是国民党员'；二是称她曾反复向杨说明，要杨'立功赎罪，这是保护杨本人及其全家的唯一出路'，所以杨才答应设法营救朱、华、李等人，似乎杨已走投无路。沙轶因如此汇报，也许是由于她感受到的巨大压力。事实上，沙轶因是个明辨是非和重感情的人，而且她从理智到感情都从未认为杨是'罪人'，她多次对杨的子女说'你爸爸从未做过什么坏事'。因此，她没有也不可能对杨说'只有立功赎罪'。实际上，沙溯因如听到

'立功赎罪'之说，定会断然否决；而杨如果听到这话，双方肯定当场谈崩，也不可能再有以后的事。因为此说流传甚广，以讹传讹，故特在此澄清。"

杨兆龙在"肃反"运动中被审查期间，杨家曾派杨黎明赴南京找沙轶因，请她出面说清杨兆龙过去为共产党所做的释放共产党"政治犯"等一些有益的事情，以及杨兆龙留在大陆的真相。未料到在这一关键时刻，她竟然断然拒绝。杨兆龙夫妇对此十分惊讶和不满。因为把杨留下是中共南京地下党组织的决定，而她是杨决定留下的关键证人；何况她还可找陈修良、王明远、史永（此时这些人处境都还正常）等上级领导作证。她显然是深度误解了党的组织性而不敢出面。其实，中华人民共和国成立初期，许多做策反工作的共产党员都曾为自己当年策反的人无辜被捕而奔走甚至找到周总理。这些人既遵循了中共的实事求是的原则，也担当了道义上的责任。

沙轶因的丈夫汪冰石（生前曾任江苏省副省长）谈起自己的妻子，一是觉得她很有才能，二是觉得她有时很软弱。"新中国成立后，我们都长期在城市工作，那时的干部制度是一切服从组织分配。在较长时间中，我们都处于顺境。后来，'左'的政治运动伤害过我们的亲朋好友，我们只能感到寒心，却无能为力。尤以轶因三姐一家的遭遇为最：杨兆龙以右派、现行反革命的无端罪名被长期监禁；三个子女因受父亲株连，都被划为右派；三姐长期追求进步，在诸姊妹中最有才华，是上海中学教师中的特级教师，她眼看家庭屡遭横祸，深感绝望，于'文革'初期自缢于家中。"他们的女儿汪晓来说："我爸和我妈性格不一样，爸爸坚强，宁折不弯。妈妈忍气吞声。"

沙轶因缺乏韧性应该是 1949 年之后的事情。1949 年之前，她作为一个地下党员，表现是很勇敢的，组织对她也是充分肯定的。但是，一个敢于冒着坐牢、杀头危险做地下工作的同志，为何后来就变得软弱起来？一个重要原因是，随着阶级斗争扩大化思维的蔓延，沙轶因的地下党经历成了"原罪"。汪冰石说，从土改、镇反运动开始，每个地下党员都要交代本人出身、家庭成分、社会关系之类的问题，并被要求与地主、资本家、身在海外的亲戚朋友"划清界限"。有这类关系的党员往往被列入"有问题"的行列，不予重用。即使是很老的地下党员，也最多只能担任副职。在唯成分论、外行领导内行的政治气氛下，一些地下党员渐渐失去了在国民党反动统治下高举旗帜走在反内战队伍前列、毅然奔往解放区的那股锐气。这为沙轶因为何不敢挺身而出、仗义执言提供了答案，也告诉我们杨兆龙冤案的形成与地下党员后来遭受的特殊待遇的大背景密切相关。事实上，正如汪冰石所言，中华人民共和国成立初期，沙轶因没有担任过一个部门的正职，而且组织一直在审查她是否把党的秘密泄露给了杨兆龙。在这个时候，杨兆龙还希望她站出来为他作证，岂不是万分为难她吗？

谈到此事，杨黎明有点愤怒地说："我父亲在复旦被诬指为国民党潜伏在大陆的特务，我们全家都不能认同。全家都知道我父亲是怎样才留在大陆的。于是，我母亲叫我去南京找我姨妈，问她当时地下党派白沙来我家要求父亲营救宋、华、李之事以及他们极力挽留父亲留下为新中国服务之事，陈修良有否向上级汇报？此时，我们希望她能与陈修良等联系，替父亲说句公道话。谁知我姨妈作为一个老党员，我一说起此事，她的脸竟涨得通红，说我们应该耐心地、诚恳地接受党组织的考验。我说，你们几个见证人不出来说话，这事能弄清楚吗？到啥时才能了结？她说：'随便什么时候，不管多少时候，我们都应该相信党，接受党的考验。'我再说，那可能会连累到你。她脸涨得更红：'我愿意一辈子都接受党的考验。'我吃惊她竟软弱到如此地步！我回去跟我母亲说了，她听后很生气，我父亲更是失望至极。我父亲特别奇怪我姨妈怎会如此不负责任。当年正是我姨妈的积极劝说，我父亲才放弃了去国外任教的机会，可在他蒙冤的时候，我姨妈连一句愿意作证的话都不敢说，这叫我父亲怎么想得通。所谓'要接受党的考验'，反映了她对'考验'者的盲目迷信。依她的说法，我们全家只能采取逆来顺受的态度，默默忍受所有委屈和不公。

"我姨妈不仅是我父亲被中共南京地下党市委竭力挽留、为中共效力、保证解放后法制安全的责任人和见证人之一，而且是长期受我父母保护的亲人；特别是在南京解放前夕，她非但搭乘我父亲的公车去搞地下党的活动，而且把我家作为地下党学委活动据点。2003年，当时学委人员之一张锦萍对我说：'那时我们都住在你们家。'母亲也曾说过，他们把我家备荒的几百斤米都吃光了。可是，时过境迁，姨妈却以接受党的考验为由，拒绝为我父亲澄清事实，袖手旁观，明哲保身。人性蜕化，唯上是从，以至于此，我父母对此怎能不寒心？！后来形势好一点，学校找我父亲谈话，要他'放下包袱，认真工作'。他回来就说：'放下什么包袱，我本来就没有包袱。'批斗的时候是开大会批斗，消除影响却只是个别谈话，这个影响怎么去消除？"

"肃反"运动期间,杨兆龙遭到了连续、猛烈的批斗,但他坚决不承认一切强加给他的罪名,并做好了坐牢、被枪毙的最坏准备,他甚至交代沙溯因"假如我出事,你要帮我到北京去告'御状'"。他们此时对妹妹沙轶因已不抱任何希望。杨黎明说:"那阵子,他的心情非常不好,我们照了张全家福,我父亲说他已经做好随时被捕的准备,因为看来没地方可以去讲道理;当年的保证未必是骗人的,只是在如此严酷的形势下,保证者很可能也自身难保,更无力履行其承诺。"

在杨家家破人亡后,沙轶因在其丈夫汪冰石的劝说下,每月寄10—15元钱资助难以维持生计的杨黎明,一直到杨兆龙去世。沙轶因晚年患老年痴呆,不认识任何人,但只要一提到杨兆龙,她马上就会说:"这是我三姐夫!"可见杨兆龙一家的苦难让她多么刻骨铭心。

二、检察官房群帮助杨兆龙逃过一劫

事物有必然性,也有偶然性。使杨兆龙逃过"肃反"一劫的关键人物不是别人,恰恰是杨兆龙案承办人房群。他在其未刊印的自传《风雨同舟,祸福相依》中回忆说:

> 肃反期间,我是上海市水运(专门)检察院审批组的组长。当时,上海积压了大量案件,于是上海市检察院抽调了几名干部,由副检察长林道生负责,专事积案的审批工作,我是奉调干部之一。在堆积如山的案件中,复旦大学报批的杨兆龙一案引起我极大的关注。
>
> 报批的"罪行"有三:杀害革命烈士王孝和;疯狂反对土改;有重大的特务嫌疑。其一,"杀害革命烈士王孝和"是杨兆龙在思想改造运动中向党"交心"的材料中透露的:"解放前我不知道王孝和是共产党员,如果我当时知道王孝和是共产党员,就是掼掉乌纱帽,也要设法把他救出来,对未把王孝和救出来表示遗憾。"向党"交心"未交好,反倒交出"罪行"来了。其二,"疯狂反对土改"也是由杨兆龙写的思想批判材料而来:"我以特邀代表的身份参加南京市首届人民代表大会时,巧遇金陵女大校长吴贻芳博士,我们的话题谈及土改问题。吴贻芳博士说:'鉴于

新解放区即将开展土地改革，你是法学专家，应该建议政府制定土地改革法，使土地改革工作有法可依，以保障其健康发展。'我现在想想这种观点也未必正确。"其三，"有重大的特务嫌疑"更是子虚乌有的主观臆断，案卷材料中找不到任何证据，也看不出杨兆龙和特务有什么瓜葛。

杨兆龙这一件案子，我用了十倍的时间也没能审理完毕。案头的卷宗越堆越高，林道生也已督办了数次，我再也无法拖延下去了，必须作出决断。我大笔一挥，就有可能人头落地呀。虽说最后的决定权不在我的手里，然而，此时此刻承办人的意见往往会决定笔下人的命运。我亦深感这支笔的分量，顺水推舟地批捕一个人，这在当时是轻而易举顺理成章的事，即使出了错案也不要自己负责。但是，要挡住不批这个案子谈何容易？

我抱着厚厚的案卷去向林道生当面汇报，一再强调不能批捕杨兆龙的理由——所报批的罪行没有证据，不能成立。材料不过是杨兆龙本人的思想汇报，其中王孝和的问题解放后已向党组织说清楚了，党组织也向他表过态，我们办事不能出尔反尔，说话不算数。何况杨兆龙还立过功，解放后也没有做过任何坏事。

林道生亦感到这个案子棘手，犹疑道："杨兆龙属于'十个方面'有影响的代表人物，案情重大，我们不便擅断。你写个专题报告，可以提出自己的意见和不予捕办的理由，向专案组组长许建国请示一下。"我当即写了一份详细的报告呈报许建国。幸运的是，市委批复同意了我的意见，杨兆龙也因此逃过了这一劫。

杨黎明谈起此事对我说："三条罪状中最厉害的一个是所谓'杀害革命烈士'。这是怎么一回事呢？在思想改造运动时，组织动员大家向党'交心'，而且越把自己'灵魂深处那些见不得人的东西'交出来就越能体现改造的诚意和决心。于是，很多人就开始胡编，有人甚至胡说自己'天天盼望蒋介石回来'。事实证明，在后来的'肃反'和反右运动中，谁这样编谁倒霉。我父亲没有编，他也编不出来，但那个时候怎么表现自己过去做得还不够呢？他就说到了他本来完全不必提及的、自己无须承担责任的王孝和案。第二个所谓'疯狂反对土改'之罪状，更是无事生非。他只是提了建议，说明制定土地改革法的积极意义，并未提出具体的立法方案。谁也没想到，他的建议当时就引起一些领导人的不快和批评，并似乎从此结了怨，以至于到后来被罗织成他的罪状之一。人代会是官方召开的，提建议是代表的权利和义务。在合法的会议上、以合法的身份提出合法的建议，何罪之有?! '罪行'之三'特务嫌疑'纯属无稽之谈。作出这种有罪推定的依据仅仅是'杨兆龙身为国民政府的高官，留在大陆不走，肯定有特殊任务'的主观臆断。"

中共中央后来总结的"肃反"运动的经验教训时，一方面充分肯定"肃反"运动成绩是主要的，另一方面也承认某些地方有扩大化的错误。阶级斗争扩大化的习惯做法是，先号召大胆怀疑，有罪推定，紧接着策动群众批斗、强迫本人交代，而且不准任何人为被批斗者辩护，否则即以破坏运动、包庇坏人论处。对杨兆龙的历史问题，组织上完全可以向近在咫尺的陈修良、白沙、沙轶因、王明远等调查取证，未经调查取证就主观擅断，厚厚的材料中无任何证人证词等证据，只有一页"呈批意见表"（由报批单位填写）和一份"综合报告"（由承办人、单位撰写），其他的全是报批对象——杨兆龙个人写的交代材料。但是，报批的罪名却触目惊心。这分明是蓄意把杨"送进监狱"，不符合党的实事求是路线。幸而专案组承办人房群秉公办案，认为三条罪状均无法成立，坚决主张对杨兆龙这样一个立过功、主动坦白的人应当团结，不应立案。"肃反"运动中有像杨兆龙这样遭遇的不止他一人。在阶级斗争扩大化的思维下，莫须有的"假想敌"实难避免。

三、宁愿被开除党籍也不愿办错案的房群

房群能够在关键时刻主持正义、帮助杨兆龙躲过一劫，绝非偶然。他十六岁就参加革命工作，亲身经历过日本侵略者的铁蹄践踏东北，也看到过苏联红军赶走日寇入驻东北后的某些不良行为，更对国民党政府的腐败统治非常痛恨。房群天性耿直，遇事爱思考，不随波逐流。像房群这样喜欢独立思考的人，在正常的民主生活环境里是不会有什么麻烦的，但在阶级斗争扩大化的日子里，他被划为右派就不奇怪了。在 1957 年反右派斗争中，他所在的上海市检察院为了把他划成右派，就从他的档案里找出他 1950 年的《思想小结》，从中摘引了几句话，把他定成了右派："房群，一贯反对苏联，早在一

九四五年苏联解放旅大时，房即视友为敌，认为中国人处境悲惨，刚打走个小鼻子，又来了个大鼻子。并且荒谬地主张'中国应该中立，既不依靠苏联，也不依靠美国，谁对我们有利，我们就和谁打交道'。"他当年反对根据杨兆龙主动向组织"交心"的材料定杨的罪，可他自己却难逃如此厄运。

司法界对杨兆龙右派言行的批判，房群是从报纸上看到的。他痛感不公，决定创作一部以杨兆龙为原型的长篇小说，以抒发自己对杨兆龙的敬佩之情，以及对杨兆龙遭遇的愤恨之情。1982年，孕育了27年的长篇小说《剑与盾》终于问世。此书连出两版，行销二十多万册，在全国风靡一时，连上海市公安局创办自己刊物时都采用了这个名字。

1980年1月，上海市高级人民法院宣布撤销对杨兆龙的原判，宣告无罪，发还家产。杨黎明经多方打听找到房群，感激之余提出了一个请求："发还家产"一直落实不了，所有家产都可以放弃，但有两件物品希望能归还，一件是班禅喇嘛赠送杨黎明外公的一只大花瓶，另一件是陈立夫夫人送给沙溯因的一只戒指。房群找到时任上海市高级人民法院刑庭庭长的王功豪，他当着房群的面把已经结了的案子重新调出，指派专人追踪复查，但是复查结果是：这两件无价之宝下落不明。王功豪无可奈何地说："我当时在裁决书上缀了一笔'发还家产'，是想做件好事，没想到杨兆龙的财产根本就没有移交法院，要追查也得公安局去追查。"这样，"发还家产"只能不了了之。

四、杨兆龙躲过"肃反"一劫与许建国密不可分

房群作为案件承办人，对杨兆龙问题的实事求是处理起了关键作用。但是，他毕竟不是上海市"肃反"运动的领导人，而这个领导人是当时担任上海市委常委、副市长兼公安局长、专案组组长的许建国。许建国1922年加入中国共产党，参加过安源煤矿三次大罢工和红军两万五千里长征。他有一个重要特点，那就是在处理人的问题上注意坚持实事求是。例如，1939年3月，许建国受中央委派，率领中央社会部考察组到华北审查晋察冀边区的积案。在许建国的领导下，考察组深入调查，了解情况，认真分析辨别，对积案进行了全面复查，特别是纠正了刑讯逼供的错误做法；多次找一些被审查的

干部谈话、进行复查，以作出正确的结论。经北方分局审批，积案审查平反了不少冤假错案，释放了错捕的同志，挽救了大批干部。长期主持中共晋察冀中央分局、晋察冀中央局工作的刘澜涛说，许建国是个敢于坚持真理的人，他不随风倒，不看人脸色行事。这对于担负特殊任务的领导干部来说，是非常重要的。

这样看来，我们就明白许建国为什么会同意对杨兆龙不予逮捕、只予"内部控制"的意见了。

五、有极"左"表现但又受过极"左"迫害的陈其五

杨兆龙一家对陈其五很有意见，一是认为他在 1950 年南京市人民代表会议上不该斥责杨兆龙要依法进行土地改革的主张，不该派人调查杨兆龙在南京大学课堂上的言论；二是认为他在 1955 年"肃反"运动中不该根据杨兆龙档案里的当年思想改造运动时主动向党"交心"的材料就把杨作为"历史反革命"报到检察院，有点泄私愤的味道。

笔者觉得，虽然陈其五对杨兆龙有偏见，有一些"左"的做法，但总体而言，他是一名反"左"、具有较高理论和坚定政治立场的优秀共产党人。他们那一代共产党人大都遭受过国民党反动派的残酷迫害。"九·一八"事变以后，救亡运动蓬勃兴起，陈其五积极参加"一二·九"运动，任学生救国会副主席；加入共产党领导的北平社联和中华民族解放先锋队，领导、开展学生运动；为避国民政府缉捕离开北平，被学校开除。有过这样经历的他，对从国民党政府走出来的杨兆龙，存有疑心是情有可原的。

他们那一代共产党人往往都是既受过"左"的迫害，又或多或少有"左"的思想。例如，原华东政法学院院长徐盼秋在"左"的运动中大都态度消极甚至积极反"左"，为此也蒙受了一些不公正的待遇，但在 1957 年反右派斗争期间，他把在公交车上偶然听到的杨兆龙和别人的谈话主动揭发出来，并在有关会议上对杨兆龙进行批判。粉碎"四人帮"之后，徐盼秋为此事还特意向杨兆龙的女儿、女婿道歉。之所以出现这种现象，原因颇为复杂。其中有的是出于对党的热爱、信任和忠诚，因而在"左"的运动中表现积极；有的则是出于自保而积极表现。一个人要想跳出时代的局限性，是很不容易

的事情。连邓小平同志在中央起草《中国共产党中央委员会关于建国以来党的若干历史问题的决议》（以下简称《关于建国以来党的若干历史问题的决议》）时都坦言："讲错误，不应该只讲毛泽东同志，中央许多负责同志都有错误。'大跃进'，毛泽东同志头脑发热，我们不发热？刘少奇同志、周恩来同志和我都没有反对，陈云同志没有说话。在这些问题上要公正，不要造成一种印象，别的人都正确，只有一个人犯错误。这不符合事实。中央犯错误，不是一个人负责，是集体负责。"①

历史往往不是在玫瑰的花丛中走过，而是在充满荆棘的小道上蹒跚；历史往往不是一种单线运动，而是无数个力的平行四边形的合力运动。杨兆龙人生中的悲欢离合，是多种因素交织而成的。一个人的力量在历史的大潮中显得微不足道！

_____

① 《邓小平文选》（第二卷），人民出版社1994年版，第296页。

第五章　最快乐的时光：1956 年

1956 年是中国历史上很不平凡的一年，是新中国各个领域难得的"黄金发展期"，也是杨兆龙在新中国最愉快的一年。这一年，杨兆龙等一批法学家回到法学教育和研究的岗位，杨兆龙任复旦大学法律系刑法教研室教授，兼任华东政法学院《法学》月刊的编委，还当选上海市法学会理事。

一、党对斯大林晚年破坏民主法制教训的反思

1956 年 2 月，赫鲁晓夫在苏联共产党第二十次代表大会上作了《关于个人崇拜及其后果》的秘密报告。① 该报告从以下几个方面揭露了斯大林破坏民主法制的问题：（1）斯大林在苏联已经不存在剥削阶级的情况下，还错误地认为苏联存在一个极其庞大的敌对势力，对社会结构作出严重误判，虚构了一个庞大的"人民敌人"，为违背法制、

---

① 参见《赫鲁晓夫秘密报告（全文）》，https：//www.douban.com/note/172503606/，2011 年 9 月 14 日访问。

大开杀戒制造了理论依据。(2) 斯大林违反党内思想斗争原则和方法，把党内领导人对社会主义的不同看法看成是敌我斗争，抛弃了列宁的说服和教育的方法，大搞"思想侦查""思想犯罪"，惩罚所谓"人民敌人"，从思想斗争走上了大规模消灭肉体的道路，践踏了法律只调整人们行为而不镇压人们思想的现代法制原则。(3) 斯大林粗暴地以言代法，假借党的名义制定或作出违反法制的文件、决定。(4) 冤假错案极其严重。《关于个人崇拜及其后果》列举了两个数据：其一，在第十七次党代表大会选出的 139 名中央正式和候补委员中，被逮捕和遭枪决（主要是在 1937—1938 年）的有 98 人，占比超过 70%。其二，在第十七次党代表大会有表决权和发言权的 1966 名代表中，因被控犯有反革命罪而被捕的占一半以上——1108 人。由第十七次党代表大会选出并在 1937—1938 年被逮捕的大多数中央委员和候补委员都被开除了党籍，这样做是违反党章的，因为关于开除他们党籍的问题从未在中央全会讨论过。(5) 斯大林严重违反党章，践踏党的集体领导原则。(6) 斯大林大搞个人崇拜，为其实行人治制造思想基础。

同时，该报告提出防止和根除个人崇拜的三项措施：一是用布尔什维克方式谴责和根除个人崇拜，对以某种形式来复活它的一切企图进行无情的斗争；二是坚持列宁的党的集体领导原则；三是恢复苏维埃社会主义民主原则，彻底纠正长期以来的对社会主义法制的破坏。

在中国，毛泽东认为《关于个人崇拜及其后果》"揭了盖子，捅了娄子"[1]，是一个"具有世界意义的重大政治事件"[2]。毛泽东的态度是"一则以喜，一则以忧"[3]。喜的是：揭了盖子，打破了多年来对斯大林模式的盲目崇拜，各个社会主义国家可以解放思想，把马克思主义的普遍真理与各国的实际情况相结合，走自己特点的社会主义建设道路；忧的是：捅了娄子，不仅赫鲁晓夫的这个报告在内容和方法上都有严重错误，而且在看到斯大林是那样地践踏社会主义民主法制，造成了那么大规模的、长时期的冤假错

---

[1] 中共中央文献研究室编：《毛泽东年谱（一九四九——一九七六）》（第二卷），中央文献出版社 2013 年版，第 545 页。

[2] 《建国以来毛泽东文稿（1956.1—1957.12）》（第六册），中央文献出版社 1992 年版，第 138 页。

[3] 中共中央文献研究室编：《毛泽东年谱（一九四九——一九七六）》（第三卷），中央文献出版社 2013 年版，第 311 页。

案运动之后，一些人很可能会对社会主义前途发生动摇，滑向资本主义的道路。在 1957 年反主观主义、反官僚主义、反宗派主义的整风运动开始之前，毛泽东的心态更多是"喜"，主要体现在他的《论十大关系》、由他修改审定的党的八大有关文献、《关于无产阶级专政的历史经验》《再论关于无产阶级专政的历史经验》《关于正确处理人民内部的矛盾》中。在 1956 年下半年波兰、匈牙利局势发生动荡和 1957 年中国整风运动开始之后，毛泽东更多受"忧"的心态制约，着力思考社会主义如何防止官僚主义的蔓延和资本主义复辟。

针对斯大林破坏民主法制的沉痛教训，以毛泽东为核心的第一代党中央领导集体主要作出了如下决定：第一，不迷信苏联模式，也不照搬西方模式，建设有中国特点的政治制度。第二，在社会主义制度建立之后，社会主要矛盾是先进的生产关系和落后的生产力之间的矛盾，中心任务是发展生产力而不再是阶级斗争，要围绕发展生产力大力加强社会主义民主法制。第三，要正确区分敌我矛盾和人民内部矛盾，民主要扩大，专政要继续但要减少。法律是处理敌我矛盾和人民内部矛盾的底线，解决思想认识问题只能用民主而非强制的办法。毛泽东指出，不管是敌我矛盾还是人民内部矛盾，如果触犯了法律，那就应该依法处置。[1] 第四，要借鉴西方资本主义国家的法律制度。随着苏联对斯大林严重破坏民主法制错误的揭露，毛泽东开始公开提倡借鉴西方资本主义国家的法制。[2] 第五，毛泽东提出要建立一定的制度，保证群众路线和集体领导的贯彻实施，防止类似斯大林破坏民主法制事件的发生。

1956 年 9 月 19 日，董必武在党的八大会议上作了题为《进一步加强国家法制，保障社会主义建设事业》的发言。他把"目前法制工作中存在的问题"概括为：一是还缺乏一些急需的较完整的基本法律，如刑法、民法、诉讼法、劳动法、土地使用法等。同时，许多法律法规，如惩治反革命条例、管制反革命分子暂行办法、惩治贪污条例、农业税法、工商业税法、私营企业条例以及一些政府部门的组织条例等，由于政治、经济

---

① 参见中共中央文献研究室编：《毛泽东年谱（一九四九——一九七六）》（第三卷），中央文献出版社 2013 年版，第 120 页。

② 同上书，第 559 页。

情况的变化，应该修改的还没有修改，应该重新制定的还没有重新制定。二是有少数党员和国家工作人员对于国家的法制有不重视或者不遵守的现象，并且对于这些现象的揭露和克服也还没有引起各级党委足够的注意。三是有些地方对于违法犯罪的人犯，只注意他是否违法犯罪而不注意严格履行法律手续的现象还没有完全克服。四是法律工作者还没有根据马克思列宁主义的观点，从法学学理上写出一册像样的阐明中国法制的书，可供使用的还只是几本小册子。法学是一门重要的社会科学。科学院有五十几个科学研究所，而法学研究所尚在商谈筹备中。法律工作系专业性质的工作，而从事法律工作的人员还没有完全获得专门性质从业人员应有的待遇。五是一些人不是说国家法制是形式，就是说国家法制太麻烦、施行起来妨碍工作。

为什么不重视和不遵守国家法制的现象经常发生呢？董必武指出，一是有其历史根源。在共产党领导人民没有夺得全国的政权以前，在被压迫得不能利用合法斗争的时候，一切革命工作都是在突破旧统治的法制中进行的；在夺得全国的政权以后，我们又彻底地摧毁了旧的政权机关和旧的法统。所以，仇视旧法制的心理在党内和革命群众中有极深厚的基础，这种仇视旧法制的心理可能引起对一切法制的轻视心理，也是不言而喻的。在全国解放初期，我们接连发动了几次全国范围的群众运动，都获得了超过预期的成绩。革命的群众运动是不完全依靠法律的，这可能带来一种副产物，助长人们轻视一切法制的心理，也增加了党和国家克服这种心理的困难。二是有其社会根源。在中国社会各阶级中，小资产阶级占绝对多数。在共产党员中最大一部分也是小资产阶级出身的人。当然，小资产阶级中各阶层的革命觉悟程度是有差别的。按照列宁的说法，小资产阶级在一定的情况下常常表现出极端的革命狂热，但不能表现出坚忍性、有组织、有纪律和坚定精神。轻视一切法制的心理和小资产阶级是容易投合的。小资产阶级的思想也容易和无政府主义的思想相投合。我们可以这样说，一切轻视法制的思想，实质上就是小资产阶级的无政府主义思想的反映。

怎样加强法制呢？董必武指出，依法办事是进一步加强人民民主法制的中心环节。依法办事有两方面的意义：其一，有法可依。这就促使我们要赶快把国家尚不完备的几种重要的法律制定出来。其二，有法必依。凡属已有明文规定的，必须确切地执行，按照规定办事；尤其是一切司法机关，更应该严格地遵守，不许有任何违反。今后，对于那些故意违反法律的人，不管他地位多高、过去功劳多大，必须一律追究法律责任。对于那些不知道法律的人，不仅要教育他懂得法律，还要教育他遵守法律。依法办事是清除不重视和不遵守国家法制现象的主要方法之一。他还提出了几项具体措施，例如，党必须注重法制思想教育，使党员同志知道国法和党纪同样是必须遵守、不可违反的，遵守国法是遵守党纪中不可缺少的部分，违反国法就是违反了党纪；必须适当加强司法机关的组织建设，应予以足额的人员编制，而且人员要挑选、配备较精干的；律师制度是审判工作中保护当事人诉讼权利不可缺少的制度，公证制度是认证机关团体和公民法律行为的一种良好制度，这两种制度都应该予以加速推行；加强党对法制工作的领导；各级党委必须把法制问题列入工作议程，党委应定期讨论和定期检查法制工作。

苏共二十大批评斯大林破坏民主法制和中共八大总结斯大林晚年的教训、决心加强民主法制的信息，极大地鼓舞了杨兆龙推进中国法制事业的决心。

二、1956 年的形势使杨兆龙心情愉悦

1956 年 1 月，中共中央在北京召开关于知识分子问题的会议，周恩来代表党中央作《关于知识分子问题的报告》时指出，当前的根本问题，就是我们的知识分子的力量，无论在数量方面、业务水平方面、政治觉悟方面，都不足以适应社会主义建设急速发展的需要；而我们目前对于知识分子的使用和待遇中的某些不合理现象，特别是一部分同志对于党外知识分子的某些宗派主义情绪，更在相当程度上妨碍了知识分子现有力量的充分发挥。我们必须加强领导，克服缺点，采取一系列有效的措施，最充分地动员和发挥现有的知识分子的力量，不断地提高他们的政治觉悟，大规模地培养新生力量来扩大他们的队伍，并且尽可能迅速地提高他们的业务水平，以适应国家对于知识分子的不断增长的需要。这就是党目前在知识分子问题上的根本任务。党采取了一系列的步骤，他们中间的绝大部分已经是工人阶级的一部分。必须尽一切努力最充分地动员和发挥知识分子的现有力量，同时尽一切努力尽可能迅速地给以进一步的改造、扩大和提高，使这种改造、扩大和提高的速度和规模能够真正符合我们国家的各方面伟大发展的巨人式的步伐。应该防止和纠正两种倾向。目前在知识分子问题上的主要倾向是宗派主义，但是

同时也存在着麻痹迁就的倾向。前一种倾向是，低估了知识界在政治上和业务上的巨大进步，低估了他们在我国社会主义事业中的重大作用，不认识他们是工人阶级的一部分，认为反正生产依靠工人，技术依靠苏联专家，因而不认真执行党的知识分子政策，不认真研究和解决有关知识分子方面的问题；对于怎样充分地动员和发挥知识分子的力量，怎样进一步改造知识分子、扩大知识分子的队伍，提高知识分子的业务能力等迫切问题，漠不关心。后一种倾向是，只看到知识界的进步而不看到他们的缺点，对他们过高地估计，不加区别地盲目信任，甚至对坏分子也不加警惕，因而不去对他们进行教育和改造工作，或者虽然看到他们的缺点，但是由于存在着各种不应有的顾虑，因而不敢对他们进行教育和改造工作。毛泽东在这次会上也讲了话，提出要进行技术革命、文化革命；要搞科学，要革愚昧无知的命。搞这样的革命，没有知识分子是不行的。他号召全党同党外知识分子团结一致，为迅速赶上世界科学先进水平而奋斗。①

会议之后不久，中央政治局通过《中共中央关于知识分子问题的指示》，指出我国知识分子基本上已经成了为社会主义服务的工作人员，知识分子已经成了劳动人民的一部分。1956 年 4 月下旬，中央政治局扩大会议在讨论毛泽东《论十大关系》报告的过程中，提出要把政治思想问题同学术性质的、艺术性质的、技术性质的问题区分开来；为了发展文化和科学，要贯彻毛泽东过去分别提出的"百花齐放、百家争鸣"的方针（以下简称"'双百'方针"）。

1956 年 3 月，中共中央向全国各地下发了《法学研究十二年规划（草案）》。华东政法学院和复旦大学法律系等单位组织了讨论，杨兆龙也有机会对法学研究工作的基本任务、机构的建立和发展、法学博士和硕士的培养、计划实现的具体措施、法学研究的中心问题等方面提出了意见。1956 年 9 月 17 日，由上海市各政法单位领导、社会知名人士、法学界、法律界代表参加的上海市法学会筹备委员会第一次会议在上海文化俱乐部召开，时任上海市高级人民法院院长魏明主持会议。魏明首先传达了《上海市哲学社会科学学术委员会筹备委员会制定的法学 12 年远景规划》中关于"将上海法律学术界组织起来的提议"，接着提出了由有关人士共同酝酿而成的"上海市法学会筹委会"名单。

---

① 参见《中共中央召开关于知识分子问题会议》，《人民日报》1956 年 1 月 30 日第 1 版。

然后，与会人员就是否成立上海市法学会进行座谈、讨论。大家一致认为，法学理论、司法实践和法律法规等方面都有很多学术性问题需要研究探讨，上海人才济济，却各居一处，相互并无组织联系，上海市法学会应立即成立，以适应"百花齐放、百家争鸣"的形势。经魏明提议，大家推举江庸、王造时、雷经天、魏明、陈文彬、杨兆龙为上海市法学会筹委会的召集人，曹漫之为秘书长。

1956 年 12 月 30 日，上海市法学会成立大会在上海市检察院召开。大会由魏明主持，华东政法学院院长雷经天致开幕词，曹漫之报告学会筹备经过。时任中共上海市委书记处书记的魏文伯和上海市副市长的许建国都出席了成立大会，分别代表中共上海市委、市政府表示祝贺并提出殷切希望。大会一致通过《上海市法学会简章》，雷经天、江庸、罗家衡、薛笃弼、王造时、杨兆龙等 33 位理事候选人全部当选为理事。1957 年 1月 17 日，上海市法学会首届理事会第一次会议在高安路 9 弄 3 号召开，推选会刊《法学》编辑委员会由王文升、王绎亭、方行、刘焕文、李树棠、洪文澜、徐盼秋、曹漫之、杨峰、杨兆龙、潘念之 11 位委员组成。同年 2 月 14 日，上海市法学会常务理事会举行了第一次会议，聘请杨兆龙、刘焕文、余承修、姜兆良、王文升等筹备刑法学术委员会。

可以说，1956 年到 1957 年是杨兆龙心情最为愉悦的时光。但是，好景不长，1957年夏季开始的反右派斗争的严重扩大化使他再次坠入深渊。

第六章　在 1957 年上半年整风
运动中的"鸣放"

　　沐浴着 1956 年党中央决心加强社会主义民主法制、落实知识分子政策、提出"双百"方针等带来的春风，杨兆龙的地位有了改变。杨兆龙在 1976 年呈交浙江海宁县委统战部的《自传》中写道："一九五七年四五月间，魏文伯约我谈话，对我颇加赞许，嗣后，陆定一同志（时任中共中央宣传部部长——笔者按）来沪，我被邀座谈，魏文伯同志对我做了一番介绍，并说了不少赞扬的话。旋柯庆施又约我座谈并赴宴，我向他力陈苏联法学制度的一些优点，由是引起新闻界的注意。"各位领导鼓励他打消顾虑、向党建言，并对他在"肃反"中所受的委屈表示遗憾、致歉。新闻界闻讯后频频向杨兆龙约稿或采访。他的心扉向党和社会敞开了，从 1956 年年底到 1957 年上半年，他主要围绕如下问题发表了一系列文章和谈话：

一、剥削阶级的法律、旧社会过来的法律职业人员经过改进、改造是可以为社会主义法制事业服务的

如前所述，中华人民共和国成立初期的司法改造和法律院系调整使一大批旧社会过来的法律职业人员（以下简称"旧法人员"）失业或转行，像杨兆龙这样的进步人士也未能幸免。这一亲身经历自然会使杨兆龙进行深入的理性思考。

1956 年 12 月，杨兆龙在《华东政法学院学报》（《法学》杂志前身）第 2 期发表了《法的阶级性和继承性》一文，该文旨在通过论证不同阶级的法律具有继承性来为旧法人员在新中国可以转变为新法人员寻找理论依据。他开头即言："法律有阶级性——这是大家所熟知的，至于法律有无继承性，则大家的认识并不一致，恐怕至今还有很多人根本否认或怀疑法律有继承性。否认或怀疑法律有继承性的论点，固然不止一种，但是最常听到的乃是以法律的阶级性为根据的理由。例如，我们常听到人说：旧社会的法律具有旧社会的反动阶级本质，因此和新社会的阶级要求不合，不能由新社会继承，是应该全部摒弃的……这样的说法是否对或是否全对，可留待后面讨论。但由此可以看出，在许多人看来，法律的继承性是决定于它的阶级性，所以要解决法律的继承性问题，必须先进一步研究法律的阶级性。这种情形在法律思想及法律科学方面也同样地存在着。"显而易见，杨兆龙这篇文章实际上是对当时司法改造、法律院校调整中出现的歧视所谓"旧法"和"旧法人员"问题的理论思考。当时流行的看法是，不同剥削阶级之间的法律有继承性，而无产阶级的法律和任何剥削阶级的法律没有继承性，因为无产阶级要消灭剥削制度，无产阶级专政只能在彻底打碎旧的国家机器之后建立。所以，旧法人员属于旧的国家机器的一部分，必须把他们从无产阶级专政的国家机器中清除出去。杨兆龙这篇文章着重阐明阶级性中也有共同的内容，社会主义的法律对资产阶级的法律具有明白无误的继承性。他举例说：

罗马法是奴隶社会里发展出来的东西。但是后代各种类型国家的法律中都有很大部分是从它的老的规范中直接或间接演变出来的，就是苏联的法律也不能完全例外。因为罗马法的编制和规范在中世纪以后是被大陆及英美各国在不同的程度上吸收了的，而近

代资本主义的法典对苏联的立法在某种程度上也起了一些参考作用。据苏联民法学家璐维次基教授表示，苏联民法中有些名词和概念是发源于罗马法的，研究了罗马法，才能更好地理解它们。

法国拿破仑时代所制定的各种法典，一方面吸取了法国习惯法及封建王朝时代的立法经验（如海商法等），另一方面又吸取了过去法学著作中的研究成果，以后间接或直接流传到别的国家，也被广泛地吸收。这些法典在形式上对社会主义国家的立法也有一定的影响。

在人民民主国家中，有个别国家在新政权成立后仍然利用着人民民主政权成立前的立法。如德意志民主共和国成立后一直利用着希特勒以前的《民法典》《刑法典》及《民事诉讼法典》，不过对旧法典作了一些补充和修改，旧的《刑事诉讼法典》直到1952 年 10 月才废止。波兰在新政权成立后仍然利用 1932 年《刑法典》，仅作了某些补充和修改。当然，德、波二国在法律方面所作的这些补充和修改大部分是关键性的，具有主导作用的。不过，这可以很好地说明资产阶级的法律规范中有许多是可以被社会主义国家吸收或继承来为新社会服务的。

最后，杨兆龙得出结论：法律的继承和任何法律体系的形成发展以及任何阶级统治的成功，有着永远不可分割的关系。

1957 年 3 月 14 日，上海市法学会召开关于杨兆龙《法的阶级性和继承性》一文的学术讨论会。参加会议的有华东政法学院、复旦大学法律系、上海法律学校的教师和上海市各政法机关的法律工作者以及社会上的法律界人士共 50 余人。会上，杨兆龙就自己的论文作了扼要的介绍。与会者对法律的阶级性应如何解释，社会主义国家的法律对于非社会主义国家的法律有无继承性等产生了意见分歧，并进行了争论。大体上，受过欧美法律教育的学者对杨文持肯定态度，而受苏联法学影响的人士则持相反的批判态度。

在这次会议上，杨兆龙针对别人的批评再次阐述了他的观点。第一，法律本身像遗产一样可以继承。旧的法律与新的法律之间有积极和消极的两种联系，积极联系是指旧法律规范有部分可用，消极联系是指旧法中有坏的东西，应该抛弃。第二，法律有阶级性，它是统治阶级意志的体现，这是总体而言。但是，法律中有个别规范是有进步意义的。①

1957 年 5 月 3 日，杨兆龙在上海市委召开的知识分子座谈会上作了发言。5 月 4 日，《新民晚报》作了报导，标题是"歧视老一辈，令人有点心寒"。他说，有的青年教师，对老教师的要求很高，一定要事事精通，一事未通就是"饭桶"。青年教师对老教师的估计不够正确和公允，比如，对老教师的著作、学位、学衔，他们不承认，可对某些新归国的人却又承认。评级时，说老教师思想改造后"断过气"，停顿了几年，硬要给他们打个八折。有时领导为照顾老教师，从青年教师那里分几门课给老的上，他们就大闹。杨兆龙还谈到 1954 年党报上的一篇社论，该社论在谈了半天应该如何尊敬老教师之后拖了一句：我们要培养我们自己的教师。他说，老教师看了真有点心寒。

5 月 8 日，杨兆龙应约在上海《文汇报》发表了《法律界的党与非党之间》一文，指出过去的司法改革是有一定的收获的。可是，改革的结果却是将大批非党的司法工作人员（尤其是审判人员）调出司法机关之外。这些人中，一小部分是年老的，大部分是少壮者和青年。他们都是 1949 年后被留用或录用的，都经过审查，一般讲来政治上没有什么严重问题。与此同时，司法改革后在职的司法干部中有一部分也是旧司法官或旧法出身的，由于他们是党员，1949 年后就担任司法部门的总的或部门的领导工作。如果司法部门在司法改革以前有毛病的话，主要的责任应该由这些同志承担。这些同志中有的业务水平固然很高，但有的并非如此；至于他们的政治水平，在党的不断教育下，是比党外的一般人士要高一些。但是，这些情形是否就足以说明他们和被调出去的党外人士相差得如此之大，以至于前者可以担任司法部门的领导职务，而后者只能被改派到火葬场、医院等处去做杂务呢？关于大量地把一些未受过法律专业训练的人调进司法机关做司法业务工作，杨兆龙说，他们有的不懂法律，中文水平也很低，甚至连独立写判决书的能力都没有。法律是为统治阶级服务的，因此我们必须重视它的政治性。但是，这不过是问题的一面。法律还有它独特的内容和技术，不是任何人都懂得的。

1957 年 5 月 9 日，上海市委召集法学家举行座谈会，杨兆龙就法学研究工作中如何

---

① 这次发言后来被收入上海市法学会 1957 年 10 月编印的《杨兆龙反动言论集》，第 16 页。

贯彻"百家争鸣"有关的问题作了发言，表达了对法律院系调整后教过旧法的教师地位的不满。他说，大部分旧社会过来的老教师被迫改行、转业，少数被留在法律院系的老教师却没有机会担任实际教学工作。而苏联、东欧社会主义国家的科学院院士及大学教授中，有不少是旧法出身的法学家。因此，他建议要发挥老法律科学工作者的积极性。在学校的，要让他们教书；在科学研究机关的，要让他们参加科学研究的领导工作；在政法部门的，要让他们参加工作，担任适当职务。第二天，《光明日报》对此作了报道。

前面已有所阐述，杨兆龙对让旧法人员转行的批判是不完全妥当的，他低估了有些旧司法人员的政治立场和旧的法律意识是不会轻易转变这一现状的存在。但是，杨兆龙坚持法律有继承性、旧社会过来的法学教授不应转行等，是正确的。旧司法人员和旧社会过来的法学教授是有一定区别的。一是两者的政治立场有区别，前者大都属于旧的统治阶级阵营的人，后者大都属于中间立场人士；二是两者的知识体系有区别，前者确实主要是国民党"六法"，而后者虽然无可避免地要熟悉"六法"，但更多的是一些法学原理、现代法学知识。因此，让不肯转变政治立场、思想观念不能转变的旧司法人员转岗是必要的，但对旧社会过来的法学教授则不应大规模地让他们失去法学教育岗位。

二、必须尽快制定社会主义基本法典

据记者陈伟斯在《法律咨询》（1988 年第 4 期）发表的《杨门浩劫》一文中披露，1957 年 3 月，上海新闻界处在贯彻"双百"方针的热潮中，《新闻日报》决定组织一批有分量的文章，以响应毛主席在宣传会议上讲话的号召。副总编对陈伟斯说："现在开展'双百'，大家都要行动起来，你作何打算？"陈伟斯刚刚在"肃反"中吃过苦头，心有余悸，只是默默地向副总编眨巴着眼睛。副总编似乎看透了他心里的想法，露出了微笑："是产生了消极的思想？"对方仍是沉默。副总编大声地笑起来："要化消极因素为积极因素嘛，你怕什么？"陈在"肃反"运动中曾被作为"对象"，对此确有切肤之痛。因此，他想到当前的中国还没有法律，无法可依，出现了大量的错案冤案，许多积极因素都随之化为消极。于是，他力陈这一主张：组织一篇有关中国应及时立法、颁布各种重要法典的文章，以便有法可依。说是这样说，他估量对这个"刀把子"上的问题,副总编大概是不敢"放"的。"行!"不料副总编竟然一口同意:"找谁写这篇文章?""当然找杨兆龙——他在市委座谈会上已做了发言,柯老还宴请了他……"陈伟斯提出了建议。他还是不放心,特地写了一篇《报道提纲》呈请领导审批。事后,这篇提纲上签满了报社领导的名字。这使他打消了最后一点迟疑,兴冲冲地赶到位于昆山路的杨兆龙家里。在会客室里,一个古稀老人正一边读报,一边用红笔在报上画圈圈,他是杨的岳父。当他知道客人是记者时,眉开眼笑地说:"'双百'方针就是好!人人都应该献计献策。"

正说间,一个挺拔、斯文的学者模样的人从里面走了出来,他的两道乌黑的浓眉使陈伟斯一眼就认出他是杨兆龙。"我要说的都见报了,说实话,我不会再发表任何文章,请原谅。"杨兆龙开门见山地挡了驾。"令岳父也说应该要人人献计献策。""那么请他老人家去写吧。"杨兆龙哈哈大笑。"现在是'鸣放'的春天,报社领导认为你是一位造诣高深的法学家,因而要我来约稿。当前中国没有正式的法典,没有完整、稳定、统一的法律,你不认为是社会主义建设中一个紧迫的问题?""实不相瞒,我是惊弓之鸟,不想再上当了。"杨兆龙坚决地说,"这篇文章很重要,但我不想写,可以请王造时写,他比我有权威。"杨兆龙于是谈起金陵大学吴贻芳敦请他提"土地改革要依法进行"而引发风波的往事。陈伟斯说:"这次'鸣放'就是要解决这些问题,否则怎么能说现在是知识分子的'春天'?"但杨兆龙还是有礼貌地谢绝了陈伟斯的约稿。

陈伟斯并不就此罢休,他拿出了报社领导在《报道提纲》上的签字,杨兆龙还是不肯答应。可是,他像着魔似的频繁地造访杨宅,三番五次的恳谈后,杨兆龙终于改变初衷,按照《报道提纲》挥笔疾书。1957 年 5 月 9 日,《新闻日报》在头版的位置刊出了他的大作《我国重要法典为何迟迟还不颁布?——社会主义建设中的立法问题》。

杨兆龙在 1973 年提交浙江海宁县委统战部的《自传》中说:"当余在华政学报上发表《法的阶级性和继承性》一文后,曾引起全国法学界注意。一九五七年四五月间,……未几,《新闻日报》《文汇报》相继派记者向余约稿。后经再三约稿,余允为《新闻日报》撰写《社会主义建设中的立法问题》。"时任《新闻日报》编委的冯英子 20 世纪 90 年代向陆锦璧披露,当时他值夜班,市委通知发表文章要"加温,再加温",故将杨文主标题改为"我国重要法典为何迟迟还不颁布?"5 月 9 日,杨兆龙见到报纸后甚为惊讶和不满，他只是在作学术上的讨论，并非责问政府，但已无可奈何。"陈伟斯当时是《新闻日报》的美术组组长，因为奉命组织了杨兆龙的文章，被打成右派。……我知道，杨兆龙的文章是他去组织的，是经过我手发排的。我当然也通读了这篇文章，觉得一个国家要走上正轨，非讲法治不可。然而，要求法治竟然违反党的纲领，我是无论如何想不通的。"

杨兆龙的文章指出，共产党1949年2月废除国民党"六法全书"是对的，因为当时国民党统治集团还未完全屈服，还想标榜旧"法统"以及和人民政府对抗。从1949年成立到1957年，我们立了不少法规，取得了一定的成绩。但是，与其他社会主义国家相比，我们还差得很多。例如，与人民基本权利的保障和一般社会关系的调整有最密切关系的刑法典、刑事诉讼法典、民法典、民事诉讼法典等还没有颁布。什么是合法的，什么是违法的，什么不是犯罪，什么是犯罪以及应如何处罚等，一般人都无从知道，就是侦查、检察、审判人员也没有统一明确的标准足资遵循。这就使得法律制度建设在整个社会主义建设中变成了最薄弱的一环。

文章还指出，苏联、东欧的社会主义国家对制定重要法典比中国要重视。例如，1917年十月革命一成功，苏俄在该年年底就成立了法典起草机构。后因为受到帝国主义的干涉和内战的影响，在列宁的两次督促下，1922年，苏联在一年之间就颁布了五部重要法典：《刑法典》《刑事诉讼法典》《劳动法典》《土地法典》《民法典》；1923年，苏联颁布了民事诉讼法典；1924年，苏联颁布了《宪法》。

为什么中华人民共和国成立后没有像其他社会主义国家那样积极制定自己的法典？杨兆龙认为，这是因为人们对这项工作有十种错误的看法。他对此一一列举并作了点评：

（1）认为自己有一套（如老解放区的那一套），只要将这一套搬用一下就行，不必有这么大的改革，因此不必急急乎立法。这种看法忽略了一点，即过去那一套，在当时那样的环境中虽然可用，在现在这种要求高的环境中未必都行得通，我们必须制定一些法律来建立各种新的更适合需要的制度。

（2）认为中国的情况特殊，别的国家，甚至如苏联等国的立法可供参考之处很少，必须靠自己创造出一套经验来作为立法的根据，在这种经验未创造出以前，不应轻易立法。这种看法的缺点在于：① 过分强调中国的特殊性而忽视了社会主义国家间很大程度上的共同性和类似性；② 过分相信自己的创造能力，没有想到专靠自己创造经验而不吸取别国的经验是会限制并推迟自己发展和进步的。

（3）认为主张立法，尤其主张及早系统地立法，就是旧法或"六法"观点，甚至于就是立场有问题。这种论调，我在一位高级干部处听到过，我们只要略微看看苏联及其他兄弟国家的情况就知道它是如何幼稚可笑。

（4）认为只要懂得"政策"，有了正确的"立场、观点、方法"就可以解决法律问题；司法及一般政府机关如果有了可靠的干部，虽无法律也没有关系，因此应先培养干部，晚进行立法。这种看法的缺点在于：① 误认政策、立场、观点、方法就是法律，而不知法律的内容是比较具体而专门的，它和政策、立场、观点、方法并非完全相等；② 没有把干部的培养和法律制度的改善充实都看作建立发扬社会主义民主和法治的基本要件；③ 没有注意到在现代这样复杂社会里，在绝大多数的场合，一般老百姓，没有法律的明确规定是不大能辨别合法与违法的。

（5）认为中国正在大的变化过程中，尚未定型，不妨等到发展得更完备些，即情形比较稳定些的时候，再加紧立法，借收一劳永逸之效。这种看法的不正确性表现在：① 没有研究为什么别的社会主义国家在大的变化过程中积极地进行立法工作；② 不知道大的变化过程是一直在进展的，是相当长的，在这个悠长的过程中，我们不能没有比较完备的法律，以资遵循；③ 忽视了法律在国家的发展变化过程中的积极推动作用，以为没有法律可以顺利的、健康的发展变化；④ 误认为立法必须一劳永逸，而不知它是应该随时配合国家的需要，随时加以修改的，要想订立一种一劳永逸的法律是不可能的。

（6）认为在国内外现阶段的动荡局面中政府应该有可能灵活地应对各种局面，现在如果制定一套完密的法律，难免限制政府机关的应付事情的灵活性。因此某些法律，如刑法典、刑事诉讼法典、民事诉讼法典等，不马上制定出来，也无多大害处。这种看法的主要错误在于：① 没有考虑到政府机关那种无明确法律限制的办事的"灵活性"有时颇足以破坏社会主义的民主与法治，从而影响人民对政府的信仰；②把解放了八年的中国还当作一个基本上没有上轨道的，需要用什么特别方式来治理的国家；③忘记了在社会主义国家，无论在什么时候，无论对什么人（哪怕是反革命分子）都必须"依法办事"，给坏人以应得的制裁，给好人以应有的保护。

（7）认为中国从老解放区那种水平发展到现在这样的立法水平，已经跨了一大步，我们应该表示满意，不应该要求过高。这种看法既反映了一种不应该有的自满情绪，又低估了人民政府的工作能力和水平，更没有考虑到广大群众的迫切要求。

（8）认为中国缺乏能胜任法律起草工作的法学家，老的有旧法观点，新的又未完全成熟，最好再等待一个时期再展开立法工作。这种看法是不足取的原因是：①它没有研究别的社会主义国家，尤其苏联，是如何克服困难，发挥老的法学专家的力量来推动立法工作的；②未做详细调查而把中国的法学家，尤其是老的法学家的能力和水平估得很低，实际上这是一个对某些法学家的信任与否的问题，并非法学界中有无人才的问题。

（9）认为在较短时期内不可能将各种重要法律都制定出来，这种看法没有考虑到兄弟国家的立法经验，缺乏事实依据。

（10）认为立法工作过去既然已经拖迟了好几年，现在不必着急，不妨再拖迟几年，将工作做得彻底一些。这种看法反映出一种无原则的容忍精神，它没有考虑到：①过去我们对于某些重要法律的起草并没有动员一切可能动员的力量在那里继续不断地深入地进行；如果照过去那样因循下去，再拖迟十年也不能解决问题；②某些重要法典迟出来一天，在六亿人口的中国会使多少人遭受到多么大的损害。

这些话被此后一系列"左"的运动实践所证实，他是有远见、有良知的。六十多年前，在多少人"癫狂柳絮随风去，轻薄桃花逐水流"的时候，他就赤诚地呼吁"制定法典""罪刑法定""无罪推定"这些在今天被彻底接纳的法律思维。我们除了表示深深的敬意，还能说什么呢？

杨文刊出后，《新闻日报》内部的人都说这是难得的好文章。有人说："《新闻日报》如请法律顾问，就得请杨兆龙。"1957年5月20日，《新闻日报》编辑部邀请法学工作者举行关于杨兆龙呼吁加快立法的文章的座谈会。翌日，该报在头版发表报道，称杨文见报后"受到读者及有关方面的广泛注意。为了进一步引起党和政府重视这个立法问题，本报编辑部特于昨天下午举行座谈会，就杨兆龙教授的专文发表意见。会上情绪活跃，发言热烈，大家对目前法律科学的落后状况和加强社会主义法治的问题都作了恳切的发言。"与会者的发言于同年 6 月上旬在《新闻日报》上分四天全部发表。

杨兆龙在会上发言指出：苏联、东欧人民民主国家的立法经验已经证明，在三年五载内基本完成重要法典或法律并不违反任何规律。我国某些重要法典未及时完成在何种程度上可以归责于客观原因？在最初的二三年中，即"暴风雨"基本还未过去的时期，虽然对于立法的基本完成不可避免地起一些推迟作用，但如果我们能够吸取苏联及其他兄弟国家的立法经验，尽主观上可尽之努力，我们并不难在过去七八年中基本完成某些重要法典或法律。因为所谓"过渡时期经济基础不稳定""过渡时期缺乏经验""过渡时期人们思想意识的不断发展""革命初期的暴风雨""每个国家有它的具体特点"等情形在苏联及其他兄弟国家也未尝不存在；就苏联来讲，这些情形可能还严重得多；可是，苏联及其他某些兄弟国家并没有因此而推迟立法工作的基本完成。我国某些重要法典的未及时完成是否由于我们对立法的要求高？杨兆龙认为：虽然有些人对立法有正确的严格要求，但也有不少人对立法并不是真有高的要求，而是持有一种缺乏法律科学根据的庸俗的经验主义看法，因此对真正的法学专家往往缺乏信任，或对他们起草的法案轻易挑剔，而自己却拿不出一套正确的东西出来。这只要看《刑法》等起草的经过便可知道。人民政府成立不久，即着手起草《刑法》等基本法律，但几年过去了，还没有正式的《刑法》等正式法典出现。难道这些法律的制定真止难得不得了吗？并不见得。因为关于这些法律苏联及别的兄弟国家已经积累了许多经验可供我们参考，只要能很好地吸取这些经验，结合我国的具体情形，动员适当的力量来认真起草，那就不难如苏联及某些人民民主国家那样在三至五年内完成这项工作。况且，即使我们对立法的要求真是高的，也不应该以此为迟缓立法的正当理由。

我国某些重要法典不及时完成和颁布，会不会成为制造社会不安与矛盾的一个重要因素？杨兆龙认为：会的。董必武在八大的报告中曾指出："法制不完备的现象如果再让它继续存在，甚至拖得过久，无论如何不能不说是一个严重的问题。"问题的"严重性"表现在哪里呢？至少有两点：一是建立社会主义的民主与法制，必须要有一套基本完备的政府与人民共同遵守的法律作为政府（包括一般行政、公安、检察、审判等机关）办事以及人民生活和行动的依据，否则政府可以随便行动，而一般人民却无所适从；政府机关内部尽管可以有几百几千种指示、办法、总结、规章、通告等，一般人民却知道得很少；政府机关的人员即使胡作非为，一般人民也无法判断其有无法律根据；这种违反民主法治的基本要求的情况是足以导致人民的不满并可能进而引起不必要的矛盾的。二是过去几年来所发生的错捕、错押、错判、错执行等事故以及一般行政机关的错误措施与"无法可依"或"无完备精确的法可依"实际上有很大的关系，这已经在人民中间造成了相当的不安以及对政府的怀疑。

　　会后不久，杨兆龙致信最高人民法院院长董必武，提出有关社会主义立法问题的十二条意见。这封信经由《新闻日报》驻京办事处转交，但却被有关方面截留，后来被当作反面教材公之于世。① 这十二条意见的具体内容是：第一，民法、刑法、民事诉讼法、刑事诉讼法等社会主义基本法典，如果在过去几年中加紧起草，能否早一些完成和颁布？或者说得更具体一些，能否已完成和颁布？第二，过去在起草这些法典的工作上存在哪些缺点？今后如何补救？第三，过去那种起草方法是否已经做到动员国内可动员的法学专家的力量？某些法典的起草工作似乎只有某些对法学并无精深研究的党内人士在那里指挥掌握，这样做是否妥当？第四，民、刑事诉讼法主要规定审理及执行民、刑案件的各种程序，照各国经验来看，并没有什么太大的具体特殊性，某些人士以中国的特殊性及经验的缺乏等作为延缓完成的正当理由，对不对？第五，《刑法》已有草案，但分则部分（即规定何种行为或不行为构成犯罪以及应如何处罚的部分）规定较为简单，且有些概念很不明确，量刑幅度（即一种罪名的最高刑与最低刑之间的差距）太广，似乎还有修改的必要，主要部门是否已考虑到这一点？第六，听说《民法》正在起草，不知有无总的计划？大约要到何时才能起草完成？第七，在起草法典工作方面，我国究竟有哪些特殊问题？我们过去有未做一些准备解决这些问题的具体工作？这种准备工作做得够不够？是否太慢？是否有"坐而言，不起而行"的毛病？第八，中央主管部门过去对苏联及其他人民民主国家的立法经验及内容有否做过系统深入的研究？专靠我们自己创造

---

① 参见傅季重：《对杨兆龙十二条反动纲领的驳斥》，载《法学》1958 年第 1 期。

经验而不吸收别国的经验能不能顺利完成立法？这样的做法是否科学？第九，过去大家似乎很强调在革命的暴风雨时期不可能制定民刑法典及民事刑诉讼法典，但苏俄在十月革命以后"暴风雨"既厉害而又延续较久，却在五年内完成和颁布了各种重要法典，这说明我们过去那种说法并不正确。第十，1949 年以来，我国各级法院和检察机关已经积累了不少经验，应该及早将这些经验系统地整理出来，向全国人民公开并供立法参考。不知这种工作已做到什么程度？大家尤其渴望的是最高人民法院的裁判案例及指示汇编，不知何时可以刊出？第十一，过去所发生的错捕、错押、错判、错执行等事故在何种程度上与上述重要法典不及时颁布有关？第十二，全国检察院、法院的司法人员中有不少是不懂法律并且文化水平很低的，过去在司法方面造成不少混乱现象，今后似应有一番根本的改造。您的意见如何？显而易见，杨兆龙是想通过这封信询问董必武对新中国立法的看法，以印证自己的观点是否妥当。但是，这封信是否被送达董必武办公室，他是否阅过，现已不得而知。人们获知这封信是由于傅季重后来发表在《法学》上的《对杨兆龙十二条反动纲领的驳斥》。

　　1957 年 6 月 8 日，杨兆龙在上海民盟政法工作座谈会上说，建立社会主义民主和法制不是空谈，要有一套办法。比如，防止官僚主义要有一套办法，若没有行政诉讼制度，如何进行纠正官僚主义工作呢？①

　　平心而论，中华人民共和国成立初期究竟是否具备制定法典条件，是一个正常的见仁见智的认识差异问题，党内意见也不统一。董必武在党的八大所作的发言中认为应该尽快制定重要法典，但周恩来 1957 年在国务院《政府工作报告》中指出："在国家建立之初，特别是在过渡时期，政治经济情况变动很快，在各方面都制定带有根本性的、长期适用的法律是有困难的。例如民法、刑法，在生产资料私人所有制的社会主义改造没有基本完成，社会主义所有制没有完全确立以前，是难以制定的。在这种情况下，国家颁布暂行条例、决定、指示等等来作为共同遵守的工作规范，是必要的、适当的。只有在这些条例、决定、指示行之有效的基础上，才可以总结经验，制定长期适用的法律。

---

① 这次发言后来被收入上海市法学会 1957 年 10 月编印的《杨兆龙反动言论集》，第 36 页。

就是资本主义国家的法律，在初期也是不完备的，也是经过很长时期才逐渐制定出来的。生产资料私有制的社会主义改造已经基本完成，社会主义所有制已经确立，国家在各方面工作的实践中也取得了一定经验，这就使我们有可能在总结过去经验的基础上，在整理过去已有法规的同时，制定社会主义的各种法律，例如刑法已经有了初步草案，民法和治安管理处罚条例也在由有关方面草拟中。"因此，不管认为当时制定法典的条件是否成熟，都不是反对制定法典，都属于正常的思想认识问题。

三、对敌专政要受法律约束，通过和平斗争也可以产生无产阶级专政

1957 年 2 月，在上海市法学会召开的"民主与专政"问题座谈会上，杨兆龙主动作了发言。① 他说，无产阶级专政是否有民主、法治的问题，资产阶级学者有许多误解。斯哥拉的政治经济学教科书中说，苏联的制度与民主是抵触的。牛津大学有个教授写了一本法律理论，把无产阶级专政与独裁相提并论。最近，苏联《共产党人报》刊登了两篇文章，阐明社会主义民主的伟大和它的批评者的无力，批判了加拿大的一本民主、自由与马列主义的书。美国加利福尼亚某大学教授在翻译上文的注解中说，布尔什维克的社会主义集团是赞成恐怖政策的。十月革命没有经验，难免有缺点，不奇怪。法国大革命也有许多缺点。列宁说，专政是不受法律限制的，不以法律为根据的。但是，在其他著作中列宁又说，专政按照拉丁语的说法，不过是工人阶级获取领导权来领导广大劳动人民推翻剥削阶级，巩固社会主义制度。照后一种说法，工人阶级取得领导权不完全靠强力。而且，列宁的两种说法是有矛盾的。于是，许多资产阶级学者就利用这一点进行歪曲宣传。实际上，民主早在古希腊就成为最好、最重要的东西——自由、平等。后来，有人主张民主应是一种公民参政制，而且应是多数人参政。例如，英国女皇说，为多数人谋福利就是民主。林肯认为，民主主义就是人民的、通过人民、为人民政治。有

---

① 这次发言后来被收入上海市法学会 1957 年 10 月编印的《杨兆龙反动言论集》，第 15 页。

人认为选举很重要，选举才民主；有人主张政党制、议会制，还提出个人与国家关系、公务员与人民地位平等。这说明，过去的民主从各个不同角度来看，都应重新地批判研究。社会主义民主，基本上是合乎要求的。平等是建立在经济基础之上的，广大人民参政，尊重民意，如宪法连里弄居民都能参与讨论，选举也很普遍。个人与整体的关系最初很模糊，苏联也是如此，但近十年来已改正，个人利益得到重视，同时也很重视法治，这才是真正的民主。苏共二十大提出，离开民主就没有法治，离开法治也没有民主。关于资本主义国家的民主情况，在意大利墨索里尼和德国希特勒法西斯时代，他们说民主就是个人是没有地位的，一切都属于国家。也就是说，普通的资产阶级也是没有地位的，民主、国家只属于墨索里尼、希特勒集团。他们说领袖即可代表人民意志，领袖的一举一动都代表人民，好像我国封建时代的皇帝（天子）。至于通过议会斗争和平过渡到社会主义，并非说没有斗争。苏联有些人同意意大利共产党领导人陶里亚蒂的说法，认为通过和平斗争也可以产生无产阶级专政。列宁对专政的第二种说法是可取的。

杨兆龙对民主、专政与法律的关系的探讨，属于学术研究范畴。改革开放之后，一部分学者认为，列宁所说的无产阶级专政不受法律约束，是指无产阶级在夺取政权时不能受反动阶级法律的束缚；有些学者则认为列宁的这句话是不对的。杨兆龙说无产阶级专政不仅可以通过暴力革命实现，也可通过议会斗争和平地实现。这也是个学术探讨问题。20 世纪 60 年代，围绕和平进入社会主义等问题，中苏之间发生过一场大论战。我方持反对态度，认为赞成苏联者是修正主义。改革开放之后，邓小平在会见来访的苏共领导人戈尔巴乔夫时说："多年来，存在一个对马克思主义、社会主义的理解问题。从一九五七年第一次莫斯科会谈，到六十年代前半期，中苏两党展开了激烈的争论。我算是那场争论的当事人之一，扮演了不是无足轻重的角色。经过二十多年的实践，回过头来看，双方都讲了许多空话。马克思去世以后一百多年，究竟发生了什么变化，在变化的条件下，如何认识和发展马克思主义，没有搞清楚。绝不能要求马克思为解决他去世之后上百年、几百年所产生的问题提供现成答案。"[1] 可见，杨兆龙探讨的问题属于正常的研究，而非政治立场问题。

---

[1] 《邓小平文选》（第三卷），人民出版社 1993 年版，第 307 页。

四、加强社会主义法治必须具备四个条件

1957 年 5 月 10 日至 20 日，中共上海市委召开宣传工作会议。杨兆龙虽未应邀发言，却认真地写了发言稿①，表达了他参加会议的喜悦之情："这次有机会出席中国共产党上海市委员会宣传工作会议，感到非常兴奋。使我兴奋的原因主要有三个：（1）这次的宣传会议以及即将开展的党的整风运动乃是人民政府成立以来最伟大的发扬民主的运动，是符合于广大人民要求的；（2）在这次的宣传会议及党内整风的基础上党群间的矛盾将很快地消除，而代之以起的是人民内部更进一步的空前大团结，使社会主义的建设能更顺利地全面展开；（3）我在会议中不但听到许多宝贵的意见，并且还获得了自己发表意见的机会，这是令人兴奋的。"不过，会议最后没有安排他发言。他的发言稿的中心是"想就今后建立社会主义法治提供几点不成熟的建议"，并提出加强社会主义法治必须具备四个条件：一是完备精确的法律，二是法律的严格遵守及正确执行，三是适当的工作干部，四是高度发展的法律科学。

杨兆龙认为，所谓法治需要"完备精确的法律"，就是要"通过立法加强保障人民权利"。过去几年的立法工作虽有成绩，但也存在如下几方面的问题：一是有时因强调集体利益而不免忽视个人利益；二是过去所颁布的法规中关于政府机关组织和职权者比较多，而关于一般公民的相互关系者比较少，因而涉及公民权利及相互关系的一些问题时缺乏明确的规定；三是法规的灵活性有时不免太大，某些刑事法规对犯罪的概念有时规定得不明确，量刑幅度有时太大，民刑审判中法官的自由裁量权过大。针对这些问题，今后应采取如下措施：第一，制定比较完备的民法典、民事诉讼法典、刑法典、刑事诉讼法典等并做到：确立罪刑法定原则，废除类推解释；确立无罪推定原则；民事、刑事诉讼方面酌采三审制度，使得有些重要案件能得到最高人民法院的审理。第二，建立行政诉愿制度和行政诉讼制度。第三，改进立法技术，保证法律的完密性、正确性、稳定性和统一性。

---

① 该发言稿后被收入上海市法学会 1957 年 10 月编印的《杨兆龙反动言论集》，第 28—31 页。

在保证法律的严格遵守及正确执行方面，杨兆龙认为存在三个问题：一是《宪法》的某些规定尚未得到彻底贯彻。《宪法》有二十几次提到"依照法律""根据法律"等，但是相关法律还没有依照《宪法》的规定或配合《宪法》的要求如期制定出来。二是有些宪法原则还没有能够通过普通法律进一步条文化、具体化。如《宪法》第 17 条要求一切国家机关必须依靠人民群众，第 87 条虽然规定公民有言论、出版、集会、结社、游行、示威等自由，但这些都欠具体化。三是没有很好地贯彻执行某些普通法律的原则。这从司法部门的一些错捕、错押、错判的案子可以看出。董必武在中共八大的发言已经提到这一点。

在法律人才的培养、改造和使用方面，杨兆龙提出，经过计算，我国需要培养法律人才 67853 人。但是，过去在培养法律人才方面，我们存在两个缺点：一是对于培养新生力量的目标及方法缺乏正确的认识，略偏重于司法部门法律工作者的培养。二是法律专业水平的要求太低。

实际上，杨兆龙关于社会主义法治的四个必备条件（完备精确的法律、法律的严格遵守及正确执行、适当的工作干部、高度发展的法律科学）的阐述是完全正确的。时隔 57 年之后的 2014 年，党的十八届四中全会通过《中共中央关于全面推进依法治国若干重大问题的决定》，提出"形成完备的法律规范体系、高效的法治实施体系、严密的法治监督体系、有力的法治保障体系，形成完善的党内法规体系"。这和杨兆龙的观点并没有抵触的地方，表明他对法治理论确有很深的造诣。同时，杨兆龙指出当时法治存在有时因强调集体利益而不免忽视个人利益；颁布的法规中关于政府机关组织和职权者比较多，而关于一般公民的相互关系者比较少；法规的灵活性有时太大，某些刑事法规对犯罪的概念有时规定得不明确，量刑幅度有时太大，民刑审判中法官的自由裁量权过大等问题，就是在今天也没完全消除。他建议制定比较完备的基本法典，确立罪刑法定原则，确立无罪推定原则，酌采三审制度，建立行政诉愿制度和行政诉讼制度，改进立法技术，保证法律的完密性、正确性、稳定性和统一性等，在改革开放之后基本都被付诸实施。他提出要完善与《宪法》配套的法律的建议，与当下贯彻落实依宪治国的方针也十分吻合。

五、主张刑事诉讼要遵循无罪推定原则

1957 年 5 月底，杨兆龙在复旦大学第四届科学论文报告会上以"刑事法律科学中的无罪推定与有罪推定问题"为题作学术报告，目的"是要对无罪推定的理论及其实践作比较全面系统的研究，对有罪推定的研究主要是为了更好地划清两者的界限"。该报告由三大部分组成：第一部分为无罪推定和有罪推定的一般性质及理论；第二部分为无罪推定和有罪推定的历史发展；第三部分为无罪推定的具体运用。他通过介绍苏联对无罪推定原则的肯定态度及其研究成果，表达了自己对无罪推定原则内容的看法：一是有罪的举证责任属于侦查、检察和审判机关人员；刑事被检举人对自己的无罪有举证的权利，但无举证的义务。二是在犯罪的调查、侦讯、追诉及审判程序中，调查、侦讯、追诉及审判人员既应收集有罪证据，也要注意无罪证据。三是被检举人在一切刑事的调查、侦讯、追诉及审判程序中应享有合法诉讼保障，在未被证明有罪前，他作为一个无罪公民所享有的基本权利不应遭到不必要的限制；不合理的法定证据制度应予废除；刑讯、逼供、骗供、诈供、套供、疲劳讯问等采证方法必须禁止，拘捕、羁押等强制措施不可滥用。四是被检举人的无罪，必须有充分无疑的有罪证明才可以推翻，如果对于被检举人的有罪尚不无疑义，应认为被检举人无罪，为无罪的判决。五是关于被检举人有罪的主张或认定，必须做到具有绝对的真实性，即不以"概然的"或"相对的"真实为根据。六是在被告人的有罪未经充分证明前，侦查、追诉及审判机关不得有被告人有罪的确信，不得用检举、起诉的决定和有罪判决的方式将这种无根据或无充分根据的确信表达出来。

关于实行无罪推定原则的意义，杨兆龙认为，无罪推定原则是民主原则在法律实践中的体现，体现了法治主义。它对有罪的认定提出了严格的条件，保障了公民在诉讼上的权利；能够保障人权，发扬人道主义精神；能够增强人民的安全感，增进他们对政府的信任，从而巩固国家的政权。因此，实行无罪推定原则于公于私都是有利的。

应邀听讲的法律界人士对杨兆龙的学术报告反应甚佳。专门赶到复旦听讲座的时任华东政法学院讲师的叶孝信会后对别人说："杨兆龙真博学呀！"原复旦大学法律系学生卜宗商四十年后回忆道："同学们听了杨先生的学术报告反应非常热烈，感到真是闻所未闻、茅塞顿开。事后，学生们联名'上书'，强烈要求校方尽快让杨兆龙、孙晓楼、陈仁炳等几位著名法学家开课。"

六、社会主义法律不完全是阶级压迫的工具，它也是同一阶级内部维持纪律的工具

1957 年 6 月 3 日，杨兆龙在复旦大学教师座谈会上发言。主要内容是：党的整风在什么情况下进行的，希望党员都能理解，党外人士也要理解。刚才杨副校长讲，过去在民主革命运动中党外人士也出过力，流过血汗，大家都很感动，他也很感动。这一点，领导同志了解，下层不了解，愈是下层愈不了解。院系调整时本人不敢来复旦，以为复旦马列主义水平高。可以说，这不是马列主义，而是教条主义。复旦的教条主义很严重，外文系严重，法律系更严重。如讲法律是阶级压迫的工具，这定义是否要改一改？镇压对象只有百分之几，百分之九十几的人民要不要法律？可见，法律又是同一阶级内部维持纪律的工具。但是，在法律系他不敢多提，不然修正主义的大"帽子"要压下来。《再论无产阶级专政的历史经验》① 出来以后，法律系除了教条主义，又多了个修正主义。由于写了一篇有些创造性的文章，法律系就给他戴了个"修正主义"的"帽子"，作为一个刚翻身的教授他实在吃不消。还有，青年教师把老教师到底当作什么人看？是普通人、特种人还是要死的人？这几年给些肉吃算了呢，或是你还有十年好活、给草料吃吃？这样对待人不人道，太残酷。人总是要老的，青年教师也要老的。理科教师也不要神气，十年之后红色专家会出来接替你们。党员对党外人士的确有架子，尤其是学校里负责的党员同志，和人在一桌吃饭，出去就不认识了。这对青年党员的影响很不好。党的制度也有问题，民主集中制事实上没有民主，党员没有独立思考，光奉命办事。把这种作风带到系里来，就如小媳妇出身的婆婆，虐起人来更厉害。此外，对评级评薪和工作安排希望上面能认真检查一下，有那么多安排不当的人。法律系有教授参加

---

① 这篇文章是根据中共中央政治局的讨论，由《人民日报》编辑部写成的专论。

科学讨论会，系里想报作教员，问人事处，人事处说是校长没有批下来。校长日理万机，人事处是干什么的？许多制度也要研究一下，如教授看病有两种待遇，问人事处，说是限于制度，无法变动；而有的制度又可以大开其后门。这些事实是有思想根源的，那就是：看人打发。

七、中华人民共和国成立以来的政治运动没有很好纳入法治轨道

杨兆龙在该次教师座谈会上还提出了一个大问题：中华人民共和国成立以来历次运动的成绩到底如何？有好有坏，不能都肯定。如都肯定成绩，还检查什么错误？要检查错误，第一，希望大家检查一下历次运动的合法性，尤其是"肃反"运动。否则，要法院、检察院是干什么的？第二，希望检查一下有无坏分子乘机报复。①

实际上，杨兆龙关于中华人民共和国成立初期的一些政治运动出现过一些错误整人的偏差与党中央的判断基本上是吻合的。例如：

关于 1950 年的镇压反革命运动。1950 年 10 月 10 日，中共中央发出《关于镇压反革命活动的指示》。从 1950 年 12 月开始，全国大张旗鼓地开展了镇压反革命运动。1951年 2 月，中央人民政府公布《惩治反革命条例》。对这场运动，中共中央党史研究室认为："大张旗鼓地镇压反革命，是在新中国成立之初，敌我矛盾还很突出的条件下进行的一场尖锐的对敌斗争。由于当时司法体制和审判程序不够健全，一些地方的镇反工作中出现过错捕、错杀等偏差，中央及时发现并作了纠正。"② 此外，还应指出的是，镇反是 1950 年 12 月开始的，而《惩治反革命条例》却是在 1951 年 2 月才公布的，这也是一个法治方面的瑕疵。

关于 1951 年 12 月至 1952 年 10 月的"三反"运动，中共中央党史研究室认为："'三反'运动，是党在全国执政以后保持党政机关的廉洁，反对贪污腐败的初战。'三反'运

---

① 这次发言后来被收入上海市法学会 1957 年 10 月编印的《杨兆龙反动言论集》，第 32 页。

② 中共中央党史研究室：《中国共产党历史·第二卷（1949—1978）》（上册），中共党史出版社 2011 年版，第 49 页。

动采取群众运动的方式，决定于当时的历史条件和历史经验。在追查贪污犯即'打老虎'阶段，由于推广'作出具体计划，定出必成数、期成数，并根据情况发展追加打虎数字'的经验，要求对于贪污嫌疑的人'大胆怀疑，收集材料，试行探查'，许多地方和部门曾发生过过火斗争的偏差。党中央察觉后及时作了纠正。在'打虎'进入高潮的时候，毛泽东提出必须注意防止逼供信；在法庭审判、追赃、定案阶段，提出必须实事求是，是者定之，错者改之，嫌疑难定者暂不处理。1952 年 4 月，中央人民政府公布实施《中华人民共和国惩治贪污条例》，明确规定了有关贪污问题的处理方针、办法、步骤及批准权限等，使有关的处理工作进入法庭审判程序。"① 这表明，"三反"运动一开始确实存在错误整人的偏差，后来被纠正。运动开始时没有制定法律，也存在法治方面的瑕疵。

对于 1955 年 7 月到 1957 年 7 月的"肃反"运动，中共中央党史研究室一方面充分肯定成绩，另一方面也指出存在扩大化问题："据 1957 年 7 月 18 日《人民日报》社论公布的数字，这次"肃反"运动在国家机关、人民团体、共产党、各民主党派内部，清查出反革命分子 8.1 万人，其中现行反革命分子 3800 多人。全国各类机关中有一批人历史上曾与反革命分子有牵连，经过"肃反"和审干弄清了问题，洗刷了污点，分别作出结论。这样既扩大了人民内部的团结，又堵塞了反革命分子利用这些弱点进行破坏活动的漏洞，对党和国家的事业发展是有利的。由于当时对阶级斗争尖锐的程度估计的过重，有些问题政策界限不清，致使一些地方和部门发生斗争面过宽、处理过重等偏差。在"肃反"运动后期，中央要求认真进行检查，对错斗、错捕、错关、错判的人做好甄别平反工作。但由于受到 1957 年夏季以后出现的反右派斗争严重扩大化的影响，这一甄别工作基本上被搁置下来。"② 这次运动提出的原则是"以事实为根据，以政策为准绳"，而不是"以法律为准绳"，这在法治上是有瑕疵的。另外，"三反"运动还规定了5%的打击指标，这很容易犯扩大化错误。

---

① 中共中央党史研究室：《中国共产党历史·第二卷（1949—1978）》（上册），中共党史出版社 2011 年版，第 161 页。

② 同上书，第 301 页。

八、建议恢复政治系

1957 年 6 月 8 日，杨兆龙在上海市民盟政法座谈会上发言提出，政治学科和法律学科的命运前些时候都被否定了，不过法律系已经恢复，政治系还没恢复。[①] 恢复政治系要经过坚决斗争。政治系很难在五分钟内被人重视。有人讲，没学政治的人，政治工作也搞得很好。究竟好否？须看整风。法斯特政治史翻译了，苏联已开始重视了，政治学可能在苏联要抬头。中国有政治学者，能恢复政治系最好。政治系在法国巴黎大学不单设，在美国的大学与法律系是分设的，这是进步的。恢复政治系是必要的，我们过去强调阶级本质、阶级观点，否定了政治学。加强政治学科和人才培养有很大的现实意义。我们过去强调建设人才，但不注意培养管理人才。在资本主义国家，一是技术人才，二是管理人才，二者同等重要。中国的国家集中管理特点更需要管理人才。不设立政治系，管理人才问题如何解决？人事工作只管历史、阶级出身好不好，评薪评不好，有些设备都不知道如何使用。政治系、法律系之间的界限是什么，如何划分呢？他认为，牵涉"法"的课程两个系都要开，如宪法、行政法、民法、刑法，政治系也要学，这些课程两系可以合并。

九、知识界要贯彻"百家争鸣"方针

1957 年 5 月 1 日，杨兆龙在接受《光明日报》记者采访时提出，知识界要积极贯彻"百家争鸣"方针。他说，高校教师的特点之一就是喜欢发表意见，这是因为他们有一定的专业研究，遇到与专业有关的问题就要发言。同时，高校是追求真理的地方，作为为人师表的教师，感到有追求真理的责任。提出不同意见绝不等于反对政府反对党，可是过去有人爱用这样的逻辑。不平则鸣，过去没有"鸣"的地方，知识分子与党和行政之间就产生了距离。党中央和毛主席再一次鼓励大家"放"，什么意见都能说出来，以

---

① 原载于上海市法学会 1957 年 10 月编印的《杨兆龙反动言论集》，第 36 页。

前的距离是会缩短甚至消弭的。因为大家不大习惯争鸣，开始"放"的时候免不了有"放"过头的现象，但不能因此而怀疑"放"的方针。他认为"只能放不能收"的提法很对。事实上，收也收不了。争鸣要很自然地养成习惯，随时随地有人提意见，对方听了也没有不愉快的表现，民主空气将会大大发扬起来，对各种工作都会产生很大好处。达到这一步，要做许多工作，主要是党和行政要从各种行动中让人看出欢迎争鸣，不把教师当外人。

杨兆龙还说，目前在法律领域开展"百家争鸣"还很困难，主要是这门科学不被重视，这几年对发表法律问题的看法定出了许多清规戒律。人们只强调法律科学的政治性，而很少理解法律科学的专门性。因此，对这门科学的老教师重视不够。当时，领导法律科学的部门和从事法律科学教育的不一定真正懂得法律科学，搞法律工作的人也有不少人不懂法律。因此，要发挥老法律科学工作者的积极性，在学校里的要让他们教书，在科学研究机关的要让他们参加科学研究的领导工作，在政法部门的要让他们参加工作、担任适当职务。同时，法律科学研究机构还没建立，许多老法律科学工作者还没能回到学校教书，在政法部门中老的法律工作者很少，并且不都是有职有权。法律科学著作发表的园地很少，专著出版更成问题。应该鼓励法学家多做科研工作，更重要的是给论著以发表的园地。在百家争鸣中，还希望领导方面注意法律科学方面存在的问题，如法律系课程、法律学科的教学方法等，都还没有经过很好的讨论研究。我们应该一方面向苏联学习，另一方面根据本国各学校的情况总结出一套经验来，进行一些有效的改革。

在上海市委召壮的知识分子座谈会上，杨兆龙发言说，有些青年教师害怕"百花齐放、百家争鸣"，怕一"放"之后，他们过去那一套简单化的教条主义理论吃不开了，所以在开始"放"时，他们常用"围剿"的方式反对不同的意见。①

杨兆龙在 1957 年整风运动期间发表的上述九个方面的言论有着国际国内背景：苏共二十大赫鲁晓夫所做的秘密报告促使社会主义国家反思民主法制方面的经验教训；中共八大对社会主义民主法制的重视，尤其是董必武在党的八大会议上的发言，提出了

---

① 参见杨兆龙：《歧视老一辈，令人有点心寒》，载《新民晚报》1957 年 5 月 4 日。

"有法可依，有法必依"的依法办事方针。正是在这样的形势鼓舞下，杨兆龙站出来为民主法制鼓与呼。整风运动初期，中央领导人陆定一、中共上海市委领导人柯庆施等亲自接见并宴请他，鼓励他"鸣放"，这也是他放下过去的恐惧而向党"交心"的原因。从内容上来看，杨兆龙的九大主张没有背离党的八大决议和董必武在党的八大会议上所作的发言内容。而且，而后的实践也证明他的主张大多是正确的，有些（如资本主义国家的人民经过和平斗争也可以进入社会主义社会）主张有待实践检验，但至少不能说是错误的言论。

关于杨兆龙提出的剥削阶级的法律、旧社会过来的法律职业人员经过改造是可以为社会主义法治事业服务等主张，完全符合马克思主义的法学观点。作为世界上第一个社会主义国家的开创者列宁，在这方面的论述颇多：

"历史的发展是迂回曲折的。现在出现了这样的情况：正是德国人，除了体现残暴的帝国主义，同时又体现了纪律、组织、在现代机器工业基础上的紧密协作以及极严格的计算与监督的原则。""而这正是我们所缺少的。这正是我们要学会的。这正是我们伟大革命由胜利的开始经过许多严重考验而走向胜利的结局所缺少的东西。这正是俄罗斯苏维埃社会主义共和国不再做又贫穷又衰弱的国家，而永远成为又强大又富饶的国家所需要的东西。"①

"要学习自己的实际经验，也要向资产阶级学习。他们善于保持自己的阶级统治，他们有我们不可缺少的经验；拒绝吸取这种经验，就是妄自尊大，就会给革命造成极大的危害。"②

"乐于吸取外国的好东西：苏维埃政权＋普鲁士的铁路秩序＋美国的技术和托拉斯组织＋美国的国民教育等等等等＋＋总和＝社会主义。"③

关于杨兆龙提出的必须尽快制定社会主义基本法典的主张，已被后来的中国社会变迁证明是完全正确的。毛泽东在1962年3月22日批示："不仅刑法要，民法也需要，现

① 列宁：《当前的主要任务》，载《列宁全集》（第34卷），第77页。
② 列宁：《在全俄水运工人第三次代表大会上的讲话》，载《列宁全集》（第38卷），第241页。
③ 列宁：《〈苏维埃政权的当前任务〉一文的几个提纲》，载《列宁全集》（第34卷），第520页。

在是无法无天。没有法律不行，刑法、民法一定要搞。不仅要制定法律，还要编案例。"①

　　粉碎"四人帮"之后，邓小平非常急切地要求立法部门尽快制定基本法典。1978年 10 月，他在与有关领导同志商议对中国工会第九次全国代表大会上的讲话稿修改问题时谈道：法制确实需要建立和健全，民法、刑法要搞，但过去都没有搞成。领导人说的话就叫法，不赞成领导人说的话就叫违法，这种状况不能继续下去了。除了搞刑法、民法、诉讼法以外，还要搞经济立法，如工厂法。② 在 1978 年党的十一届三中全会召开前夕的中央工作会议上，邓小平发表了《解放思想，实事求是，团结一致向前看》的讲话，指出："为了保障人民民主，必须加强法制。必须使民主制度化、法律化，使这种制度和法律不因领导人的改变而改变，不因领导人的看法和注意力的改变而改变。现在的问题是法律很不完备，很多法律还没有制定出来。往往把领导人说的话当做'法'，不赞成领导人说的话就叫做'违法'，领导人的话改变了，'法'也就跟着改变。所以，应该集中力量制定刑法、民法、诉讼法和其他各种必要的法律，例如工厂法、人民公社法、森林法、草原法、环境保护法、劳动法、外国人投资法等等，经过一定的民主程序讨论通过，并且加强检察机关和司法机关，做到有法可依，有法必依，执法必严，违法必究。国家和企业、企业和企业、企业和个人等等之间的关系，也要用法律的形式来确定；它们之间的矛盾，也有不少要通过法律来解决。现在立法的工作量很大，人力很不够，因此法律条文开始可以粗一点，逐步完善。有的法规地方可以先试搞，然后经过总结提高，制定全国通行的法律。修改补充法律，成熟一条就修改补充一条，不要等待'成套设备'。总之，有比没有好，快搞比慢搞好。此外，我们还要大力加强对国际法的研究。"③ 1980 年 1 月 6 日，邓小平在《当前的形势和任务》讲话中指出："在建国以来的二十九年中，我们连一个刑法都没有，过去反反复复搞了多少次，三十几稿，但是毕

---

① 转引自赵苍璧：《在法制建设问题座谈会上的讲话》，载《人民日报》1978 年 10 月 29 日第 2 版。

② 参见中共中央文献研究室编：《邓小平年谱（一九七五——一九九七）》（上），中央文献出版社 2004年版，第 394 页。

③ 《邓小平文选》（第二卷），人民出版社 1994 年版，第 147 页。

竟没有拿出来。"①

　　关于杨兆龙提出的民主和法治不可分割、通过和平斗争也可以产生无产阶级专政的主张，现在看来，"民主和法治不可分割"已成定论。1978年12月，邓小平在中央会议上的讲话中指出："为了保障人民民主，必须加强法制。必须使民主制度化、法律化。"②1987年7月，邓小平在会见外宾时指出："中国的民主是社会主义民主，是同社会主义法制相辅相成的。"③至于杨兆龙提出的通过和平斗争也可以产生无产阶级专政的主张，虽与20世纪60年代中苏论战中我方坚持的只有通过暴力革命才可以产生无产阶级专政的观点不同，但今天看来，也属于是一种正常的探讨意见，算不上反党言论。邓小平1986年5月16日接见戈尔巴乔夫时说，应该说，从20世纪60年代中期起，中苏关系恶化了，基本上隔断了。这不是指意识形态争论的那些问题，这方面我们也不认为自己当时说的都是对的。多年来，存在一个对马克思主义、社会主义的理解问题。从1957年第一次莫斯科会谈到60年代前半期，中苏两党展开了激烈的争论。邓小平算是那场争论的当事人之一，扮演了不是无足轻重的角色。经过二十多年的实践，回过头来看，双方都讲了许多空话。马克思去世以后一百多年，究竟发生了什么变化，在变化的条件下，如何认识和发展马克思主义，没有搞清楚。绝不能要求马克思为解决他去世之后上百年、几百年所产生的问题提供现成答案。列宁同样也不能承担为他去世以后五十年、一百年所产生的问题提供现成答案的任务。真正的马克思列宁主义者必须根据具体的情况，认识、继承和发展马克思列宁主义。根据邓小平的这一论述我们可以看出，杨兆龙提出的通过和平斗争也可以产生无产阶级专政的主张，属于正常的学术探讨。

　　关于杨兆龙提出的加强社会主义法治必须具备四个条件的主张，即完备精确的法律、法律的严格遵守及正确执行、适当的工作干部、高度发展的法律科学，经过实践证明，这些完全是正确的。董必武在党的八大会议上的发言中提出了"有法可依，有法必依"，改革开放后邓小平在董必武的两句话之后加了"执法必严，违法必究"两句，形

①　《邓小平文选》（第二卷），人民出版社1994年版，第243页。
②　同上书，第146页。
③　《邓小平文选》（第三卷），人民出版社1993年版，第249页。

成了改革开放初期"有法可依,有法必依,执法必严,违法必究"的社会主义法制建设十六字方针。杨兆龙当年提出的四个法治条件中的前两个已包含其中。关于第三个条件"适当的工作干部",1980 年 1 月 6 日,邓小平在《当前的形势和任务》讲话中指出:"现在我们的干部不是多,像我们这么大的国家,各行各业,一千八百万干部,就绝对数字来说,并不算多。问题是干部构成不合理,缺乏专业知识、专业能力的干部太多,具有专业知识、专业能力的干部太少。比如现在我们能担任司法工作的干部,包括法官、律师、审判官、检察官、专业警察,起码缺一百万。可以当律师的,当法官的,学过法律、懂得法律,而且执法公正、品德合格的专业干部很少。"[1] 1981 年 9 月 4 日,邓小平在接见美国最高法院首席大法官沃伦·伯格以及美国国际交流署代表团、美国绘画展览代表团时指出:"中国同美国相比,中国法律太少,法官、律师等司法人员太少。我们必须制定必要的法律,同时培养司法人才。"[2] 同时,邓小平强调一定要严格按照条件和标准选拔司法人员:"一般资本主义国家考法官、考警察,条件很严格,我们更应该严格,除了必须通晓各项法律、政策、条例、程序、案例和有关的社会知识以外,特别要求大公无私、作风正派。"[3] 关于第四个条件"高度发展的法律科学",1985 年 6 月,在同彭真谈话时,邓小平强调:"我们从建国以来就对法律学校注意不够。在一些国家,大学毕业以后还要学习法律专科。经济发达国家的领导人当中,许多是学过法律的。建设一个社会主义法制国家,没有大批法律院校怎么行呢?所以要大力扩大、发展法律学校。"[4] "一个法律学校,一个管理学院,要发展,要扩大。这个问题也很重要。很多国家的政府领导人中,许多是学过法律的。我们在'文化大革命'把法律学校搞掉,这是不对的。建国以来我们对这个问题重视不够。"[5]

---

① 《邓小平文选》(第二卷),人民出版社 1994 年版,第 263 页。

② 中共中央文献研究室编:《邓小平年谱(一九七五——一九九七)》(下),中央文献出版社 2004 年版,第 767 页。

③ 《邓小平文选》(第二卷),人民出版社 1994 年版,第 286 页。

④ 彭真:《论新时期的社会主义民主法制建设》,见任建新主编:《社会主义法制建设基本知识》,法律出版社 1996 年版,第 86 页。

⑤ 中共中央文献研究室编:《邓小平年谱(一九七五——一九九七)》(下),中央文献出版社 2004 年版,第 1055 页。

关于杨兆龙提出的刑事诉讼活动中要遵循无罪推定原则，联合国《公民权利和政治权利国际公约》第 14 条第 2 款规定了无罪推定原则："凡受刑事控告者，在未依法证实有罪之前，应有权被视为无罪。"中国政府于 1998 年 10 月 5 日在纽约联合国总部签署了该公约，并多次宣布将实施该公约。在 1997 年《刑事诉讼法》修改之前，中国不采用无罪推定或有罪推定原则，而采取"以事实为依据，以法律为准绳"的原则。1997 年《刑事诉讼法》第 12 条明确规定："未经人民法院依法判决，对任何人都不得确定有罪。"虽然该规定中没有出现"推定"或"假定"无罪的规范性表述，但却含有无罪推定的精神。同时，该法第 200 条第 3 项中还相应规定了疑罪从无原则："证据不足，不能认定被告人有罪的，应当作出证据不足、指控的犯罪不能成立的无罪判决。"此外，《刑事诉讼法》还规定被告人不负自己是否有罪的举证责任，而是要求控诉方承担举证责任。这些规定表明，1997 年《刑事诉讼法》已经吸收了无罪推定原则的主要内容。

关于杨兆龙提出的社会主义法律不完全是阶级压迫的工具，它也是同一阶级内部维持纪律的工具的观点，邓小平 1978 年 12 月 13 日在《解放思想，实事求是，团结一致向前看》讲话中充分肯定了这一主张："国家和企业、企业和企业、企业和个人等等之间的关系，也要用法律的形式来确定；它们之间的矛盾，也有不少要通过法律来解决。"①

关于杨兆龙提出的中华人民共和国成立初期的政治运动没有很好纳入法治轨道的看法，邓小平在 1980 年 8 月 8 日《党和国家领导制度的改革》讲话中指出："旧中国留给我们的，封建专制传统比较多，民主法制传统很少。解放以后，我们也没有自觉地、系统地建立保障人民民主权利的各项制度，法制很不完备，也很不受重视，特权现象有时受到限制、批评和打击，有时又重新滋长。"②

关于杨兆龙提出的要恢复政治系的主张，邓小平在 1979 年 3 月党的理论工作务虚会上指出："政治学、法学、社会学以及世界政治的研究，我们过去多年忽视了，现在也需要赶快补课。"③

关于杨兆龙提出的知识界要贯彻"百家争鸣"方针的主张，邓小平 1979 年 10 月 30

---

① 《邓小平文选》（第二卷），人民出版社 1994 年版，第 147 页。
② 同上书，第 332 页。
③ 同上书，第 180—181 页。

日《在中国文学艺术工作者第四次代表大会上的祝词》中说："我们要继续坚持毛泽东同志提出的文艺为最广大的人民群众、首先为工农兵服务的方向，坚持百花齐放、推陈出新、洋为中用、古为今用的方针，在艺术创作上提倡不同形式和风格的自由发展，在艺术理论上提倡不同观点和学派的自由讨论。"①

关于杨兆龙对有些党员盛气凌人、歧视党外人士的批评，与党中央的看法也大体相同。杨兆龙的上述发言听起来很尖锐，但大体上是没有问题的。1957 年 5 月 16 日《中共中央关于对待当前党外人士批评的指示》指出："自从展开人民内部矛盾的党内外公开讨论以来，异常迅速地揭露了各个方面的矛盾。这些矛盾的详细情况，我们过去几乎完全不知道。现在如实地揭露出来，很好。党外人士对我们的批评，不管如何尖锐，包括北京大学傅鹰化学教授在内，基本上是诚恳的，正确的。这类批评占百分之九十以上，对于我党整风，改正缺点错误，大有利益。从揭露出来的事实看来，不正确地甚至是完全不合理地对党外人士发号施令，完全不信任和不尊重党外人士，以致造成深沟高墙，不讲真话，没有友情，隔阂得很。党员评级、评薪、提拔和待遇等事具有特权，党员高一等，党外低一等。党员盛气凌人，非党员做小媳妇。在学校我党干部教员助教讲师教授资历低，学问少，不向资历高学问多的教员教授诚恳学习，反而向他们摆架子。以上情况，虽非全部，但甚普遍。这种错误方向，必须完全搬过来，而且越快越好。无论文教界和其他方面，凡态度十分恶劣，已为多数群众所不信任的同志应当迅速地调动工作，以党外资历深信誉好的人员充任，或以胜任的党员充任，以利团结党内外，改进工作。最近一些天以来，社会上有少数带有反共情绪的人跃跃欲试，发表一些带有煽动性的言论，企图将正确解决人民内部矛盾、巩固人民民主专政、以利社会主义建设的正确方向，引导到错误方向去，此点请你们注意，放手让他们发表，并且暂时（几个星期内）不要批驳，使右翼分子在人民面前充分暴露其反动面目，过一个时期再研究反驳的问题。"② 杨兆龙的上述言论应该属于文件中所说的"百分之九十以上"的批评，而非反党倾向的"右翼分子"。

---

① 《邓小平文选》（第二卷），人民出版社 1994 年版，第 210 页。
② 中央文献研究室编：《中共中央关于对待当前党外人士批评的指示》，载《建国以来重要文献选编》（第十册），中央文献出版社 1992 年版，第 272 页。

第七章 反右派斗争中对杨兆龙的
揭发与批判

一、杨兆龙被划为右派

1957 年 6 月，党中央开展反右派斗争。7 月，一名中央领导同志来上海，亲自到复旦大学看了群众的反右大字报，当场指出杨兆龙、王造时、孙大雨等人应该划为右派。这名领导随后在上海市干部会议上就整风、反右问题发表了讲话，点了包括杨兆龙在内的上海知识界几个人的名。不久，杨兆龙即被复旦大学划为右派。他的工资从每月 300 元降到每月 35 元。之后，他先后被迫参加了复旦大学法律系全系大会、复旦大学全校大会、上海市九三学社大会、上海市法学会大会等，接受群众对他的批斗。曾经做过律师、闻名上海滩的他，却不能为自己辩护一句。当时的复旦大学法律系学生卜宗商在其 1995 年撰写的《我的"右派"和"反革命"生涯》（未刊稿）对此记述如下：

1957 年 5 月 8 日《文汇报》登了他的文章《法律界的党与非党之间》，在师生中引起很大反响。系领导赞扬杨先生开了个好头，初步揭露了法学界的矛盾，要大家对杨先生在文章揭露的矛盾展开广泛的讨论。

5月28日是人民解放军1949年解放上海的纪念日，复旦将这一天定为校庆日。1957年校庆前后三天，复旦举办了多场热烈而隆重的科学讨论会。法律系的学术研讨尤为引人注目，许多老教授打破了多年沉默，参加科学讨论会介绍自己的学术观点。杨兆龙介绍的"无罪推定"观点吸引了校内外很多听众。我作为曾在法院工作过的一名调干生，第一次听到无罪推定，感到特别新奇，咀嚼着与我们司法实践中的"不先入为主"的异同。主持科学讨论会的是法律系主持工作的副主任袁成瑞，他充分肯定杨兆龙积极从事学术研究和带头"鸣放"的精神，几乎是一片赞扬，没有半点谴责。此前杨兆龙关于法的阶级性和继承性的论文已引起争论，袁主任认为这是正常的事，符合"双百"方针。

（1957年）6月8日《人民日报》发表《这是为什么？》社论后，复旦的反右派斗争也拉开了序幕。复旦党委一下子点了六个人的名字进行批判，他们是孙大雨、陈仁炳、王恒守、张孟闻、王造时、杨兆龙。批判的浪潮一浪高过一浪。在6月17日上海市法学会的批判会上，青年教师辜世才责问杨兆龙：'你说过翻身，要翻什么身？打倒了还要翻身！'言辞咄咄逼人。6月21日，杨西光指责杨兆龙是极右分子，出现批斗升级的征兆。

在对杨兆龙批判的过程中，我的内心惶恐不安。我也认为杨兆龙有些话说得并不错，所以我写文章表示赞同。有些学术论点我说不清楚是与非，叫我如何批判呢？但我相信党，党要开展反右派斗争，我就要积极参加。在这短暂的几天中，我不仅仅在全校师生大会上发言怒斥杨的右派反动言行，而且了解到杨是九三学社成员，奉命请来了上海九三学社主委卢于道教授作了批判杨兆龙的报告。6月27日，法律系再次召开大会批判杨兆龙。杨兆龙听完'振聋发聩'的批判先行离开后，系总支书记杨峰总结杨兆龙有三大'罪行'：'一、以反对教条主义为名宣扬修正主义，否认法律的阶级性而大谈法律的继承性。如果照他的办，就要瓦解人民民主专政。二、杨兆龙实际上提出一个反党的方案，作了组织部署。杨兆龙已承认和王造时联合（其实从未承认过，两人本来不认识），王造时从反官僚主义下手，杨兆龙从法制上开刀。三、杨兆龙使用了一些手段，挑拨党群关系、司法部门新老干部的关系以及学校内文科与理科的关系。杨兆龙反党是蓄谋已久的，定他为右派不仅仅根据他写了几篇文章。王造时和杨兆龙都是国民党反动派的台柱子，王造时留学过英国，做过国民党军队的教官；杨兆龙留学过美国，是曾经批准杀害革命烈士王孝和的凶手之一，是帝国主义分子实用主义法学家庞德的得意门生和在中国的代理人。王造时的罪行要比杨兆龙轻。'杨峰似在下结论，最后又似提疑问：国民党撤退去台湾前，派人给杨兆龙夫妇送去了机票，他不走，留下来干什么？杨峰这次的揭露，果然起到了一箭双雕的作用，既孤立了杨兆龙，也调动了大家同右派斗争的积极性。

从 1957 年 6 月开始，报刊杂志也展开对杨兆龙右派观点的揭发与批判。

1957 年 6 月 15 日，《文汇报》刊发的《是帮助党整风，还是别有用心——王造时继续散布反党言论》一文提到，"杨兆龙的（政法形势）一团糟论调，罗竹风等表示不能同意"。之前的 6 月 12、14 日，《文汇报》分别邀请上海市法学会、上海市政协政法组共百余人就如何进一步贯彻"百家争鸣"方针座谈。向哲濬、罗竹风、潘念之、赖彭城等在发言中批判、驳斥了杨兆龙认为政法形势一团糟、只有工农干部退出司法机关才行的观点。向哲濬认为，1949 年以来，政府颁布了一系列法律，说无法治显然是不对的。叶孝信认为，《宪法》是根本法，我国早就公布了《惩治反革命条例》《土改法》《婚姻法》等法令，所以不是没有法治。罗竹风认为，1949 年以来，我国不但一直有法治，而且是好的法治。法治的好坏可以从社会秩序、民主权利来衡量，国民党反动统治时期什么法典都有，可是拿社会治安来说，上海过去是冒险家的乐园；拿民主权利来说，国民党反动派为了镇压爱国志士也制定了一个法律，这种法制表面上虽完整，实质上却是陷害爱国志士。

1957 年 7 月 2 日，《文汇报》刊发的《上海右派罪恶集团开始暴露》称，杨兆龙是资产阶级右派向人民民主法制进攻的急先锋。他充任这样的角色，是"章罗（章伯钧、罗隆基）联盟"的上海"指挥部"给他派定的，这个"指挥部"进行反党反社会主义的阴谋活动是"有纲领、有最严密组织和分工的"。分配给它的骨干分子王造时和杨兆龙的任务就是"进攻司法工作"。杨兆龙曾经得意忘形地说:"原来计划好分工和合作,王造时准备借反官僚主义着手,我则法制开刀。"①

1957年7月12日,《文汇报》刊发《杨兆龙承认一贯反党,但对反党具体行为避而不谈》的报道,认为杨兆龙对他同右派分子王造时等勾勾搭搭的关系和反党反社会主义行为都没有具体交代。在上海市法学会7月11日下午继续召开的反右派分子座谈会上,刘焕文、魏冀征、范扬等在发言中都指出,杨兆龙的交代不能令人满意。他们一致要求杨兆龙老老实实向人民彻底交代自己的反党反社会主义的具体行为。其实,杨兆龙在1957年之前和王造时没有来往。1957年"鸣放"期间,党号召知识分子提意见,他们两人都在复旦大学工作、都是名人,开会时难免相遇,只是对时局见解比较一致,但根本谈不上什么"结成了反党小集团"。

在1957年7月全国人大一届四次会议上,司法部部长史良作了《全体司法干部团结在党的周围,彻底打垮右派分子的猖狂进攻》的发言,点名批判了罗隆基、黄绍竑、谭惕吾、王造时、杨兆龙、杨玉清等人。

1957年第8期《学术月刊》上丁丁撰写的《上海法学界集会驳斥王造时、杨兆龙右派谬论》一文和《文汇报》上徐保璟、林关金撰写的《上海法学界人士坚决与右派作斗争,继续驳斥王造时和杨兆龙》一文都指出,连日来,上海市法学会许多会员不断打电话、写信和送稿件给法学会,一致驳斥右派分子王造时、杨兆龙的反党反社会主义言行。

上述文章还透露,杨兆龙仍然没有检讨自己的错误。复旦大学顾维熊、华东政法学院傅季重、上海市法学会洪文澜和朱鸿达、上海市政协委员周伯敏、华东政法学院刘焕文、复旦大学孙晓楼等都希望杨兆龙等人赶快认真、深刻地进行检查。顾维熊说,王造时、杨兆龙已经站在敌我矛盾的边缘,必须掌握自己的命运,及早回头,否则是很危险的。社联主席雷经天根据大家的要求,提出组织学习的办法:全市会员将各按系统成立三个分组,继续开展反右派斗争。

1957年7月4日,《文汇报》刊发了署名"本报记者"的文章《法西斯信徒杨兆龙》,

---

① 转引自张懋:《驳斥杨兆龙》,载《政法研究》1957年第8期。

主要观点为：第一，杨兆龙当过国民党最高检察署代理检察长等要职，凡是枪杀共产党员和爱国人士都要经他批准。革命、爱国是违反他的"法"的，即国民党的"法"。难怪他屡屡呼吁要检查1949年后历次政治运动的合法性，尤其是"肃反"运动的合法性。这样批判杨兆龙是不合乎事实的，因为杨兆龙担任代理最高检察长，是地下党南京市委为了营救关押在监狱里的"政治犯"而劝其担任的。第二，杨兆龙推崇法西斯主义，为蒋介石献计献策。例如，在《司法改革声中应注意之基本问题》一文中，杨兆龙引用法西斯分子墨索里尼的"名言"，推崇意大利和德国纳粹的"法治"："意国首相墨索里尼尝有名言：'无法律之政府，能促成专制；无法律之民族，必至陷于无政府、紊乱、而完全瓦解状态'。"实际上，该文写于1935年，第二次世界大战（以下简称"二战"）尚未爆发，轴心国与同盟国两大阵营没有出现，不能把杨兆龙引用几句墨索里尼的话就说成标榜法西斯主义。又如，在《党化司法之意义与价值》一文中，杨兆龙认为，"党化司法"是建立在党的主义上的司法，司法当然应该照国民党的主义去办理，担任司法职务者应该了解党的主义。事实上，"党化司法"是孙中山根据自己的训政思想而提出的一项主张。1924年，孙中山在广州创设广东法官学校，目的在于"养成一般深明党义、适合国情与世界潮流之司法人才，用以整顿司法，以为收回领事裁判权之预备"。① 因此，不能因此就说杨兆龙是在向蒋介石献计献策。第三，杨兆龙以前"主子赏识飞黄腾达"。杨兆龙任伪教育部参事时，得到陈立夫的青睐。任伪资源委员会专员时，曾为国民党起草过《军事征用法》《军事征用法施行细则》和《国家总动员法》。任刑事司司长时，包庇汉奸，延期执行周佛海死刑，使之因"特赦"而改为无期徒刑。他还包庇日本战犯，冈村宁次被赦，他曾参与其事。许许多多共产党员被屠杀，都经过他签字盖章。此外，庞德是美国实用主义法学权威和哈佛大学法律系主任，杨兆龙是庞德的门生和哈佛大学的法学博士。庞德曾来中国当顾问，到全国各地讲学，杨兆龙亲自陪同当翻译，在中国传播"毒素"。

笔者认为，这些批判文字根本不符合事实。陈立夫的确曾经赏识过杨兆龙，但当陈

---

① 参见李在全：《国民党"司法党化"的滥觞》，http：//jds. cssn. cn/xwkx/zxxx/201605/t20160506_3334489. shtml，2015年10月13日访问。

立夫托人把机票送到杨家并再三劝说他去台湾时，他并没有听从陈立夫的劝说，而听从共产党的话留在了大陆。杨兆龙起草的《军事征用法》《军事征用法施行细则》和《国家总动员法》都是抗战所需要的法律。至于处理周佛海、冈村宁次等这样级别的战犯，杨兆龙哪里会有权力决定?! 事实上，杨兆龙1945年奉命成立战犯罪证调查室，担任主任，领导七百余名工作人员，搜集日寇侵华罪行材料三十余万件。初步调查与审查工作由各地司法机关协办，经杨兆龙审定后，将部分重要战犯案件呈送远东国际军事法庭，其余战犯案件送交国民政府成立的战争罪犯处理委员会。国内战犯案件则分别于南京、上海、北平、武汉、广州、徐州、济南、太原、沈阳、台北等地审理。这些都表明杨兆龙对审判战犯的坚定立场和贡献。庞德教授是纯粹的学者，没有反共政治背景，陪同他讲学并探讨改革中国司法问题，怎能说是传播"毒素"呢？杨兆龙被特赦出狱后在向浙江海宁县委统战部提交的《自传》中把这段历史说得很清楚："我当时曾起草《战争罪犯审判条例》，主要根据纽伦堡国际军事法庭之经验落笔。但是，所有这些努力结果都没有起作用，因军事委员坚持对战犯的审判应由军委会及国防部组织军事法庭来进行。对此，我无力反对，故只得撒手。后来南京成立战犯审判法庭，即与我无关。一九四八年该庭竟作出释放头号战犯之岗村宁次决定，舆论哗然，我也极为气愤。" 如此可知，当时对杨兆龙历史的歪曲完全是胡编乱造、凭空想象而已。

《法学》1957年第4期刊登了多篇揭批杨兆龙、王造时右派言论的文章。具体包括：

复旦大学陈文彬教授的《杨兆龙与庞德的关系》。陈文认为，杨兆龙和庞德的关系包括四个方面：一是二人之间的思想相同。庞德是实用主义，特别反对马克思主义（笔者按：不知道陈教授此言的依据是什么），杨兆龙也是如此。二是庞德竭力反对马克思主义关于法的阶级性的定义，杨兆龙也是如此。三是庞德主张法律的功能性，杨兆龙承其衣钵，否定新中国的一切。四是庞德主张资本主义的立法路线，杨兆龙就主张资本主义的法律有用。文章最后指出，杨兆龙是庞德的学生，庞德做过蒋介石的顾问，是反共最得力的人物，当时杨兆龙给他做翻译，这说明临近中华人民共和国成立时杨兆龙还在公开地为反动派做事。因此，杨兆龙与庞德是否还有政治上的勾结，杨兆龙还必须交代清楚。

梅耐寒（单位不详）的《杨兆龙——蒋家忠臣、庞德信徒》一文严重歪曲杨兆龙的历史，对其进行了人格侮辱。梅文指出，杨兆龙是一个一向以进步人士和法学及权威自居的人，他口口声声说留在大陆是为社会主义服务，不熟悉他的底子的人很容易被他的假象所迷惑。但是，杨兆龙既是一只狐狸，就难免会露出尾巴：他不是进步人士，也不是法学权威。在旧社会，他就是屠杀人民的刽子手，在这次右派集团向党的猖狂进攻中，他又成为一个急先锋。第一，杨兆龙是蒋家王朝的忠臣。他在国民党官场上一直是青云直上，在任伪职期间坏事做尽。任伪教育部参事时，曾运用特务、流氓手段镇压了西北大学和朝阳法学院的学生爱国运动；① 在伪刑事司和检察署任职时，许多共产党员和进步人士都在其"硃"笔下丧身丢命，王孝和烈士就是其中之一。② 第二，反动法学家庞德的信徒。庞德是美国最反动的社会法学派的鼻祖，杨兆龙是他的学生，回国以后曾大力宣扬其反动学说。第三，全力向人民法制进攻，一心企图复辟资本主义。杨兆龙在南京大学法律系任教时说说过："国民党'六法全书'好像一把刀子，反动派可以拿它屠杀人民，今天人民也可以拿它杀反动派。"杨的这个观点和他 1956 年年底写的《法的阶级性和继承性》一脉相承，都是公开反对党中央废除"六法全书"的决定。杨兆龙发表的《法律界的党与非党之间》是公开反对党和政府的司法改革和院系调整决定，把党与旧法人员的政治关系说成是党与非党的关系，把党对旧法人员的改造政策说成是宗派主义，破坏工农审判员的威信。法学界虽然三番五次地指出他的理论的错误，他却反唇相讥，说别人读书少，不懂马列主义。我们千万要注意，不要以为杨兆龙在右派集团中的资历浅而小看他，他对人民的仇恨根深蒂固，他挑拨煽动群众手段的恶辣是不比任何一个右派分子差的。在反右派斗争中，我们决不能放过这个老奸巨猾的野心家。

《法学》1957 年第 5 期"上海法律界反右派斗争报道"专栏刊登了吴耀辉的《上海法律界继续驳斥"右派分子"王造时、杨兆龙》一文。吴文指出，杨兆龙在"大鸣大放"中还撰写了"十二条意见"，企图通过《新闻日报》记者、右派分子陈伟斯转给最高人民法院院长董必武，要求董必武院长公开答复。③ 这十二条质问虽然因反右派斗争

---

① 这完全是无中生有的事情。

② 这也是无稽之谈，事实正好相反，杨兆龙救出了关在监狱里的上万名共产党员和进步人士。

③ 杨兆龙女儿杨黎明告诉笔者，杨兆龙没有要求、也不可能要求董必武院长公开答复，他俩比较熟悉，杨兆龙仅仅是想请教一下董院长。

的展开而来不及再次向董院长提出，但杨兆龙企图夺取我国立法和司法领导权的野心已经活跃着了。① 吴文还称，杨兆龙借科学研究为名，在复旦大学科学讨论报告会上所做《刑事法学中的无罪推定与有罪推定的问题》的报告，诬指我国实际流行着"有罪推定"，妄图为他捏造的"错捕、错押、错判、错执行"及"检查'肃反'运动的合法性"的叫嚣提供"理论根据"。杨兆龙在他的反党反社会主义言行被揭露后，虽不得不承认自己是"右派分子"，但仍然说自己是"没有什么动机"，是"被人利用"，并把自己描绘成"只有言论、没有行动的扩大意义上的'右派分子'"。同时，他还要弄两面派手法，一面在会上表示认罪，一面又在会外到处说"报上揭露我的问题不是事实"，只因"我说话很有权威，才被当作右派斗争"。

外面对杨兆龙的批判浊浪翻滚，他回到家里也不平静。妻子沙溯因对外界的批判极感震惊，她不相信丈夫会反党，觉得他可能思想认识上有错误，因此她也对丈夫施加压力，要他检讨自己，快点回到党的立场上。重压之下，杨兆龙作了不少检讨。1957 年 7 月 12 日《文汇报》刊发的《杨兆龙承认一贯反党，但对反党具体行为避而不谈》指出，上海市法学会于 7 月 10 日召开反右派分子座谈会，杨兆龙在会上说，经过大家几天来对他的帮助，揭露和批判了他的反党反社会主义言行，他已经发现自己错误的严重性。他在《文汇报》和《新闻日报》上分别发表的《法律界的党与非党之间》《我国重要法典为何迟迟还不颁布？——社会主义建设中的立法问题》两篇反动文章，对党和社会主义的确起了很大的危害作用。文章中许多事例都是和事实不符的。他之所以会犯这样严重的错误并不是偶然的，而是和他过去的反动经历分不开的。过去他长期在国民党政府任职，做过伪司法行政部刑事司司长、代理最高检察长等，反动政府的每一份罪恶，其中都有他的一份。1949 年后，党和人民政府还让他当南京大学教授，他还当过东吴大学法学院院长，现在又在复旦大学当教授。可是，由于他的反动立场还没有完全改变，反动的思想还很顽固，对思想改造、院系调整、司法改革等一系列运动，他都和党站在对立的立场。虽然杨兆龙做了一次次的检讨，但已无济于事了。

---

① 笔者认为，有关方面扣押杨兆龙的信件已经违反了 1954 年《宪法》第 90 条"通信秘密受法律的保护"的规定，还擅自将其公开，就更为不妥了。

大体而言，1957 年反右派斗争中对杨兆龙的一系列批判会，先是用"左"的理论批判他的学术观点，后来逐渐发展到揭露甚至伪造其所谓"历史问题"。一开始气氛尚算平静，到后来就无限上纲上线，营造出一种"不杀此人不足以平民愤"的舆论声势。

改革开放之后，不少参与过批判杨兆龙的人都对当年的做法表示内疚。1957 年反右派斗争时期担任复旦大学法律系党总支书记的杨峰在改革开放后接受记者采访时说："我对把杨兆龙先生在法学界讨论法学理论和帮助党整风座谈会上的言论作为右派言论给予批判，深感内疚和遗憾。当时有句话叫作'要当法律家就要先当政治家'，我认为不全面。我认为在当法律家之前应当先做人。这一条掌握不好，会终生遗憾。反右时保持清醒头脑很不容易。"① 改革开放以后担任华东政法学院院长、对杨兆龙家人平反昭雪做出巨大贡献的徐盼秋，后来当面向杨黎明表示当年对杨兆龙的批判的"歉意"。改革开放以后担任华东政法学院副院长的陈鹏生教授对笔者说，当年领导布置他写批判杨先生的文章，他就积极去写了，后来感到很对不起法治先知者杨先生。孙晓楼教授是杨兆龙儿子的干爹，无奈之下也批判了几十年的朋友杨兆龙，其本人最终也被复旦大学定为"中右""内部控制"对象。其实，当年积极参与批判杨兆龙的人，许多并非发自内心，更多不过是"自保"或"听领导的话"而已。

关于杨兆龙 1957 年被划为右派的具体理由，由于复旦大学的档案不对外公开查阅，我们无法得知。根据报章对他的批判，主要如下：

一是所谓攻击"肃反"运动。杨兆龙说过"肃反"运动是必要的，成绩是主要的，但问题也不少，要考虑一下解放以来的历次政治运动的合法性。虽然他并没有从根本上否定"肃反"运动的必要性和正确性，但认为合法性不够。其实，这个意见并没有什么不妥。中央文件和罗瑞卿的有关讲话也对"肃反"运动采取"成绩是主要的，缺点（扩大化）是次要的"态度。同时，杨兆龙对"肃反"运动有所不满，与其自身经历密切相关。"肃反"运动期间，复旦大学准备报请上海市"肃反"运动领导小组逮捕杨兆龙，法律系党总支奉上之命逼他交代如何杀害王孝和烈士、如何攻击土改运动等，都是歪曲事实的罪名，将他往"死"里整。他能不伤心愤怒吗？他怎能接受呢？他的小儿子杨定

---

① 何勤华主编：《中国法学家访谈录》（第一卷），北京大学出版社 2010 年版，第 179—180 页。

亚对我说，"肃反"运动期间，杨兆龙回到家里依然情绪非常低落，有时吃着晚饭会突然哭泣甚至放声大哭。1957年整风运动期间，柯庆施和复旦大学领导都对"肃反"运动时对他的不公正态度做了检讨，杨兆龙对上面领导不好说什么，只好说"复旦法律系办得最糟糕"，以发泄内心对其所受的不公正待遇的不满。这都属于一个常人能够理解的情理之中的事。

二是所谓抹杀社会主义建设成就。主要证据就是杨兆龙批评新中国的重要法典还没有制定出来。作为一个法学家，呼吁尽快制定社会主义法典是正面的、积极的建设性态度。而且，提出尽快制定重要法典是响应党的八大加强法制精神的号召而发声的，与董必武在党的八大会议上的发言几乎完全一样。更重要的是，他本来不愿公开发表什么，是在陆定一、柯庆施等领导鼓励以及《新闻日报》再三催促下才发表的，因此说杨兆龙抹杀社会主义建设成就是毫无根据的。而且，像杨兆龙这样遭遇的不止一人。如武汉大学法律系马克昌教授，在"鸣放"期间，武大恰巧有一个人大代表要去出席人民代表大会，通过广播问大家有没有提案，有的话就提出来。马教授就写了"希望尽快制定《刑法典》"这样一个提案交给了她，其中写道："新中国已经建立这么多年了，我们国家还没有刑法典，这使得法院审理案件没有依据，给审判工作带来不便，希望尽快制定刑法典。"结果，这个提案变成了"对法制的攻击"，马教授被划成了右派。①

三是认为旧法有继承性、旧法人员可以为社会主义建设服务。杨兆龙认为不同社会形态的法律有继承性，学过旧法、从事过旧法教研和司法活动的人可以转变立场，为新的法制事业服务。因此，他对轻视老教授、对旧法人员过多否定的做法不满。为了从理论上论证自己观点的正确，他写了有关法的继承性等学术文章。同时，他在有关整风会议上批判宗派主义、教条主义、主观主义，实际上表达了对有关方面对旧法人员的武断做法的不满。到了反右时期，杨兆龙的这种言论都被认为是旧阶级、旧势力的反扑。类似杨兆龙这种情况的一般都被划成了右派。

四是在整风运动期间与王造时结成所谓"反党集团"。由于中央层面上出现了一个所谓"章罗联盟"，所以各地在反右派斗争中都很注意有无右派小集团问题。但是，杨兆

---

① 参见何勤华主编：《中国法学家访谈录》（第一卷），北京大学出版社2010年版，第3—4页。

龙和王造时的确没有结成小集团,他俩在 1949 年前没有打过交道,1949 年后同到复旦工作,由于参加一些统战会议而结识,后由于观点有较多一致而来往。整风运动期间,两人曾一道应邀参加市委宣传工作会议,王觉得杨加强法制的想法很好,曾想让他到政协和民盟讲一讲,但最后没去成。笔者和他们两人的后人都很熟悉,他们都否认两人有什么密切交往,不知道报纸上凭什么说他们是右派小集团,估计是一些人捕风捉影、凭想象而得出的。只要谁和那个右派的观点类似,就马上推定他们是联盟,这在当时好像是种习惯做法。比如,华东政法学院教授陈鹏生 1957 年整风、反右时在上海市人民检察院工作,他看到华东政法学院一些出身不好或有海外关系的毕业生不能分配到法律部门工作,而是去当公交车售票员、保管员、采购员等,感到这是不尊重法律人才。所以,"鸣放"时期他就写了一篇《为什么不让政法专业学生务正业?》,投给了《光明日报》。该报发表后给他回了一封信说:"你写得很好,反映的情况也很重要,我们已经将你的文章转给了国务院人事局,希望得到重视。"国务院人事局阅后也给陈鹏生写了一封信:"文章写得不错,已将该文转交给上海市委,希望纠正这种错误。"陈鹏生看后高兴得不得了,还请几位当事人吃了饭,说这种不正常的日子要结束了。结果过了几个月,他从外面回来,就看见上海市检察院大楼批判他的大字报铺天盖地,说他写给《光明日报》的文章是"大毒草",是跟罗隆基里应外合。可他当时连罗隆基是谁都不知道,就被划成了右派。①

五是所谓历史问题。熟悉杨兆龙历史的是地下党南京市委的同志,他们当中的许多人后来或遭遇不幸,或英年早逝。更为重要的是,一些人对白区地下党员存在严重的不信任,加上阶级斗争扩大化思维的作怪,没有人主动向健在的地下党南京市委的同志了解杨兆龙的历史。据原上海市检察院干部房群回忆,"肃反"运动时,复旦大学报给市委"肃反"领导小组的关于杨兆龙历史问题的材料,竟然只字未提杨兆龙奉地下党南京市委之托释放关押在国民党监狱里的"政治犯"一事,对杨兆龙有利的材料一份都没有,多亏他从其他渠道了解到杨兆龙对中国革命的贡献,才建议领导不予逮捕。在 1957 年反右派斗争中,按照阶级斗争扩大化的思维方式,很容易认为杨兆龙的一些批评建议

---

① 参见何勤华主编:《中国法学家访谈录》(第一卷),北京大学出版社 2010 年版,第 264 页。

根源于他属于国民党旧法人员的阶级立场。事实上，出身好坏是 1957 年划分右派分子的一项重要标准。据中国人民大学教授王作富回忆，中国人民大学法律系教师中被划成右派的有 12 名，刑法教师有孔钊、朱华荣、黄守礼三人，其中孔钊被定为极右分子并送劳动教养，原因之一就是他在以前当过"伪乡长"。① 中国政法大学巫昌祯教授回忆说：1957 年整风期间，家庭背景有问题、个人出身有问题或者与台湾香港有关系的，经常发表一些言论的，爱提意见的，对现实有所不满的，往往就被划成右派。② 西南政法学院教授李昌麒回忆说，在反右运动中，只要是有留学背景的老师都会受到或大或小的冲击。比如，曾经留学日本的赵念非教授因发表了一篇"不要动不动就往阶级出身上联系"的言论，就被打成了"反革命分子"；曾经留学日本的余群宗教授因为蒋介石接见过他，再加上他老是习惯性地使用一些旧时用语，如不称"同学们"而称"同胞们"，于是有人就上纲上线地说他怀念国民党的统治，就将他划成右派。后来才知道蒋介石不是单独接见他，而是接见了一批成都高校的著名教授。③

　　反右持续了大约一年，到 1958 年 6 月基本结束。从 1959 年开始到 1964 年，先后分五批摘掉了一些右派分子的"帽子"，但大多未予改正。对于这场反右派斗争，中共中央《关于建国以来党的若干历史问题的决议》作出了两点结论，一是开展反右派斗争是必要的。"这一年在全党开展整风运动，发动群众向党提出批评建议，是发扬社会主义民主的正常步骤。在整风过程中，极少数资产阶级右派分子乘机鼓吹所谓'大鸣大放'，向党和新生的社会主义制度放肆地发动进攻，妄图取代共产党的领导，对这种进攻进行坚决的反击是完全正确和必要的。"二是反右派斗争犯了严重扩大化的错误。"反右派斗争被严重地扩大化了，把一批知识分子、爱国人士和党内干部错划为右派分子，造成了不幸的后果。"

　　关于开展反右的必要性，笔者赞成国内主流意见，即开展反右在当时是必要的，只是后期犯了严重扩大化的错误。

---

　　① 参见何勤华主编：《中国法学家访谈录》（第一卷），北京大学出版社 2010 年版，第 42 页。

　　② 同上书，第 274、275 页。

　　③ 同上书，第 162 页。

先说必要性问题。在 1957 年整风运动中，除了对党的工作作风中的官僚主义、宗派主义、主观主义的各种具体表现及危害的大量批评意见之外，有许多意见涉及对党的领导地位、对社会主义基本制度、对党的对内对外方针政策、对中华人民共和国成立以来的历次政治运动等重大问题的根本评价。有的高校学生仿效英国海德公园式的"民主讲坛"，多次设置讲演台，开辩论会、控诉会等，每天晚上都有数百人甚至上千人参加。在北京大学的控诉会上，有人把斯大林"肃反"扩大化的错误与中国的"肃反"运动相联系，诉说运动中的遭遇，引起学生的很大波动。有人说，对共产党的缺点不能用改良主义的方法，而要像匈牙利那样直接采取行动。会后，有学生要求上街游行。学校的正常教学秩序已经很难维持。还有一小部分学生企图将北京大学局部事件产生的影响扩展到社会，他们分头到北京各大学和天津、济南等地的大学去联络，并通过书信将大字报寄往全国各地的高校，企图造成一个全国性的运动。1957 年 5 月 26 日的《光明日报》、5 月 27 日的《文汇报》分别对上述事件作了报道。全国各地高校一部分学生起而仿效，一时间大字报铺天盖地。5 月中下旬，极少数人把共产党在国家政治生活中的领导地位攻击为"党天下"，公然提出共产党退出机关、学校以及公方代表退出合营企业，要求"轮流坐庄"，妄图取代共产党的领导；他们极力抹杀社会主义改造和建设的成就，否定社会主义制度的优越性，把人民民主专政的制度说成产生官僚主义、宗派主义和主观主义的根源。毛泽东认为反右派斗争主要解决三个问题：社会主义革命和建设的成绩究竟好不好？走社会主义道路还是资本主义道路？要不要共产党来领导？[①] 事实证明，1957 年，反对社会主义制度和党的领导的敌对势力确实存在，对极少数右派分子的猖狂进攻予以反击，借以教育广大党员和人民，是正确和必要的。反右派斗争在全国人民中间澄清了根本的大是大非，稳定了新建立起来的社会主义制度。如果放弃这种斗争，不在问题发生的范围内鲜明地击退极少数右派分子的进攻，就会造成思想上和政治上的严重混乱。在这方面，党所取得的经验是具有长远意义的。应该指出，从中华人民共和国成立到社会主义改造基本完成，在短短的七年里实现这样深刻的社会变革，不能不引起

---

　　① 参见中共中央党史研究室：《中国共产党历史·第二卷（1949—1978）》（上册），中共党史出版社 2011 年版，第 452—454 页。

社会各阶级、各阶层的不同反应，人们对这个变革需要有一个观察、适应的过程。在一些人的心目中，中国要不要共产党领导和要不要走社会主义道路的问题，实际上并没有完全解决。一小部分人仍有崇尚西方资本主义政治和经济制度的倾向。在国际国内政治气候的影响下，这种倾向就会突出地表现出来，以致发生极少数人向党、向社会主义的进攻。对反社会主义的倾向进行反击和斗争，事实上是不可避免的，也是完全必要的。只有坚决地反对一切脱离社会主义的言论行动，在人民中间进行坚持党的领导和社会主义道路的教育，才能顺利地推进建设社会主义的事业。

金冲及指出，社会上本来就有极少数人对共产党和社会主义制度抱有敌对情绪。极少数右派分子这时错估了苏共二十大和波匈事件后的国际形势以及社会上人民内部矛盾上升的国内形势，乘机发表攻击中国共产党和社会主义制度的言论，企图给人造成一种强烈的印象：似乎中国共产党各级领导发生的问题不是局部的，而是全局的，因此他们要求另行成立"政治设计院"，要求"轮流坐庄"。局势发展到这个地步，是令人吃惊的。当时担任中共中央统战部部长的李维汉，在隔了近30年后将这些极少数右派分子的言行概括为六条：第一，他们错估了形势，攻击共产党的领导。说什么"现在学生上街，市民跟上去"，"形势非常严重"，共产党已经"进退失措"。第二，他们攻击社会主义制度不如资本主义制度，没有优越性，污蔑国内"一团糟"。第三，他们全盘否定社会主义改造和社会主义事业的成绩，否定历次政治运动。攻击"两点论是教条"，说"历次运动失败的居多"，"'肃反'的偏差和错误很大很大"，叫嚷要为反革命"平反"，煽动社会上的反动分子起来，"由各方面造成舆论"。第四，他们反对农业合作化、资本主义工商业的社会主义改造、粮食统购统销等社会主义改造的根本政策。攻击"现在政治黑暗，道德败坏，各级机关都是官僚机构，比国民党还坏。人民生活降低，处于半饥饿状态"。他们反对社会主义新闻事业，鼓吹资产阶级的新闻路线，提出私人办报、办新闻社。第五，他们不但夸大党的工作中的缺点和错误，攻击讲优点成绩的人是歌功颂德，造成一种只许讲缺点错误，不许讲优点成绩的空气，而且把官僚主义说成是社会主义的产物和代名词，把宗派主义说成是无产阶级专政的产物和代名词，把主观主义、教条主义说成是马克思主义的产物和代名词。第六，他们反对工人阶级的领导，否认工人阶级和资产阶级的本质区别，不承认资产阶级分子有继续改造的必要性。公开提出共产党退出机关、学校，要求公方代表退出公私合营企业，叫嚣"根本的办法是改变社会制度"。①
1957 年 6 月下旬，周恩来在国务院全体会议上曾经感叹地说："我们用整风鸣放、和风
细雨、团结批评团结的方法，是为了发展我们的国家，建设我们的国家。""有些朋友竟
然看成漆黑一团，觉得波匈事件以后，中国也差不多了。""有人认为船要沉了，天要黑
了，另有打算，那就出了轨了。我们料到会发生一些错觉，但没有料到这样多，这样激
烈，原则性问题都出来了。"②

不仅政界人士这样看，学界也有不少人这样看。一向敢于直言的北京大学校长马寅
初，在中央统战部召开的座谈会上说："目前有些批评不够实事求是，有否定一切的现
象。从团结的愿望出发，不能光讲坏处，好处一点不说……这是无法令人心服的，也不
好共事。"针对一些人说党与非党之间要"填沟拆墙"，马寅初说："单纯批评党委制不好
是不对的，党委制好的地方也要表扬。'墙'必须从共产党和民主党派、无党派人士两
方面拆，单靠一方面拆是不成的。"③复旦大学校长陈望道在中共上海市委召开的宣传工
作会议上，也批评一些人把公正地肯定中国共产党领导下取得成绩的人嘲笑为"歌德
派"，他说：中国革命的胜利得来不容易，不能让这种状况发展下去。著名经济学家、
北京大学陈岱孙教授在 1957 年 6 月 3 日的《文汇报》上发表文章，题目是《教授治校，
今日不适宜采用》，反对高校摆脱党的领导的主张。

改革开放后，不少学者也认为当年开展反右是必要的。北京大学法律系教授魏振瀛
回忆说，1957 年"鸣放"时，确有极少数人反对党的领导，因此反右并不是没有理由。
换个角度来说，这也是中华人民共和国成立后不久巩固政权的需要。当然，也存在扩大
化的现象。④ 笔者认为，由于 1957 年反右错划了 50 多万个右派，给他们本人和家庭、
给我们的国家带来严重不幸，因此人们对 1957 年反右扩大化的危害性认识得比较清楚，
但容易因此把开展那场斗争的必要性也全盘否定掉。所以，我们有必要防止以一种倾向

① 参见李维汉：《回忆与研究》（下），中共党史资料出版社 1986 年版，第 646 页。
② 参见金冲及：《二十世纪中国史纲》（第三卷），社会科学文献出版社 2009 年版，第 859、860 页。
③ 参见《各民主党派负责人在统战部继续召开的座谈会上提出尖锐批评和改进工作的积极建议》，载
《人民日报》1957 年 5 月 16 日。
④ 参见何勤华主编：《中国法学家访谈录》（第一卷），北京大学出版社 2010 年版，第 407 页。

掩盖另一种倾向、从一种极端滑向另一种极端，不能说 1957 年开展反右完全错了。在社会主义制度国家各方面的优势尚未彻底、全面超过资本主义的时候，怀疑社会主义道路、怀疑乃至否定共产党领导的思想和行为是难以避免的，开展有利、有理、有节的斗争是必要的。正如《关于建国以来党的若干历史问题的决议》所说的那样："在剥削阶级作为阶级消灭以后，阶级斗争已经不是主要矛盾。由于国内的因素和国际的影响，阶级斗争还将在一定范围内长期存在，在某种条件下还有可能激化。既要反对把阶级斗争扩大化的观点，又要反对认为阶级斗争已经熄灭的观点。对敌视社会主义的分子在政治上、经济上、思想文化上、社会生活上进行的各种破坏活动，必须保持高度警惕和进行有效的斗争。" 1957 年整风运动期间极少数人反对社会主义道路、反对党的领导的言行，改革开放初期的资产阶级自由化思潮等，都表明在中国整个现代化过程中防止全盘西化倾向、坚持四项基本原则是一个长期的战略任务。

1957 年 4 月 27 日，中共中央发出《关于整风运动的指示》，决定在全党进行一次以正确处理人民内部矛盾为主题，以反对官僚主义、宗派主义和主观主义为内容的整风运动。整风运动随后展开。在整风过程中，极少数右派分子乘机鼓吹所谓"大鸣大放"，向党和新生的社会主义制度放肆地发动进攻。6 月 8 日，中共中央发出由毛泽东亲自起草的《关于组织力量准备反击右派分子猖狂进攻的指示》，《人民日报》发表题为《这是为什么？》的社论，号召开展对右派分子的斗争。在全国范围内开始了一场大规模群众性疾风暴雨的反右。1957 年 7 月，毛泽东写了《一九五七年夏季的形势》一文，把我们同右派分子的矛盾由最初的人民内部矛盾改变为敌我矛盾，右派分子"是反动派"，"资产阶级右派和人民的矛盾，是对抗性的不可调和的矛盾"。1957 年 8 月至 9 月，中央先后下发了《关于反对资产阶级右派斗争中应注意的事项的通知》《关于对右派分子不宜过早地作组织处理的指示》《关于在工人、农民中不划右派分子的通知》等具体政策来指导反右。但是，由于长期以来以政策代替法律、以群众运动代替司法的传统观念和做法，更由于法律不完备、既无法可依又难做到依法办事，反右带有较大的随意性。开始的四个月对什么是右派分子都没有统一的标准，各地分别拟定标准，实行中又畸轻畸重，而且主要是偏重，把正常善意的批评也当作向党和社会主义的进攻，甚至连对基层党支部书记提意见都被视为反党，被判反革命罪。① 此观点在法学界具有代表性，笔者也赞成。与此同时，法学界对反右扩大化与轻视法治的关系分析不够。

反右是不是"引蛇出洞"的阴谋？根据当事人的回忆，1957 年 5 月中旬之前不是，此后确有"引蛇出洞"的意思。据李维汉回忆，中央发动反右有一个酝酿和发展的过程。在召开民主党派、无党派民主人士座谈会时，毛泽东并没有提出要反右，这两个座谈会也不是为了反右而开，不是要"引蛇出洞"。对两个座谈会反映的意见，李维汉都及时向中央常委汇报。5 月中旬，在汇报到第三次或第四次时，已经"放"出一些不好的东西，什么"轮流坐庄""海德公园"等说法都出来了。毛泽东警觉性很高，说他们这样搞将来会整到他们自己头上，决定把会上"放"出来的言论在《人民日报》发表，并且指示：硬着头皮听，不要反驳，让他们"放"。在这次汇报后，李维汉才开始有反右的思想准备。那时，蒋南翔对北大、清华有人主张"海德公园"受不住，毛泽东要彭真给蒋打招呼，要他硬着头皮听。当李维汉汇报到有位高级民主人士说党外有些人对共产党的尖锐批评是"姑嫂吵架"时，毛泽东说：不对，这不是姑嫂，是敌我。早在 1957 年 1 月 18 日省市自治区党委书记会议上的讲话中，毛泽东就着重考察分析了一年来国内外形势的变化。他说："在一些教授中也有各种怪议论，不要共产党呀，共产党领导不了他呀，社会主义不好呀，如此等等。……是不是想复辟？"及至听到座谈会的汇报和罗隆基说现在是马列主义的小知识分子领导小资产阶级的大知识分子、外行领导内行之后，他就在 5 月 15 日写出了《事情正在起变化》的文章，发给党内高级干部阅读。文章提出："最近这个时期，在民主党派和高等学校中，右派表现得最坚决最猖狂……我们还要让他们猖狂一个时期，让他们走到顶点。"对于为什么要把"大量的反动乌烟瘴气的言论"登在报上，他回答说"这是为了让人民见识这些毒草、毒气，以便锄掉它，灭掉它"。直到这个时候，毛泽东才决定开展反右派斗争。② 李维汉在 6 月上旬召开了工商界人士座谈会，不断扩大与会人数，还主动邀请了北京的吴金粹、天津的董少臣、上海的李康年等一些人到会"鸣放"。这些人后来都被划为右派。这个做法实际上

---

① 参见韩延龙主编：《中华人民共和国法制通史（上）》，中共中央党校出版社 1998 年版，第 523 页。

② 参见李维汉：《回忆与研究》（下），中共党史资料出版社 1986 年版，第 647 页。

是将"引蛇出洞"的一套用于人民内部，混淆了敌我。这个教训是深刻的。

关于反右派斗争所犯的严重扩大化错误，主要有二。

一是右派分子的数量过大。1957 年 6 月 29 日，中央指示，右派中需要在各种范围点名批判的，北京大约 400 人，全国大约 4000 人。这已经不是主要批判政治思潮，而是着重于具体点名批判，尽管人数还有所限制。同时，该指示还要求，对那些仅有右派言论但并无右派行动的人，不要轻率地扣以右派"帽子"。但是，仅仅过了 10 天，中央指示准备点名批判的人数又扩大了一倍。全国右派骨干名单从 4000 人增加到 8000 人。在报纸上点名批判的人数，也从允许占右派骨干总数的 3% 逐步增加到 10% 左右。8 月 1日，中共中央发出《关于继续深入反对右派分子的指示》，要求"极右分子登报的人数，也应适当增多。不是百分之几，也不是百分之十，而是要按情况达到极右派的百分之二十、三十、四十或五十"。该指示强调，反右派斗争要深入开展，一方面向地县两级(城市向区级和大工矿基层) 展开，另一方面又必须在中央一级和省市自治区一级各单位深入地加以挖掘。这样，右派分子将继续被发现和挖掘出来，人数将逐步增多。在深入挖掘时期，再也没有规定过全国的控制数字。到 9 月八届三中全会召开时，全国已划出右派 6 万余人。当时估计的右派最多有 15 万人左右。随着形势的发展，一些单位还规定了划右派的具体数字指标，而上面规定的指标在下面一些单位也被突破了。1957 年冬至 1958 年春，在全国中小学教职工中开展反右派斗争，仅小学教员中就有 10 万多人被划为右派。到 1958 年夏季反右派斗争结束，整个运动历时约一年，全国共划出右派 55万多人。据中国政法大学巫昌祯教授回忆，当时划右派有个问题，各单位有比例，百分之多少。就算是个小单位，也得有几个。一个都没有，那领导就要受批评了，说你有右倾思想。有个领导找不出谁是右派来，就向上面说"我算一个右派吧"。他根本不知道划成右派有什么后果，就把自己报上去了。结果他就成了右派，接着一切后果就来了，什么劳动改造啦，开除党籍啦。获改正以后他自己说了，他当时成为右派是自己把自己报上去的。①

二是错误地重新划分了阶级关系。例如，对同共产党长期合作并且早已宣布具有阶

---

① 参见何勤华主编：《中国法学家访谈录》(第一卷)，北京大学出版社 2010 年版，第 278 页。

级联盟性的民主党派，在反右派斗争后简单地宣称"他们过去和现在都是资产阶级政党"；把在 1956 年年初已宣布为工人阶级一部分的知识分子重新戴上"资产阶级知识分子"的"帽子"；对已交出生产资料、处于由剥削者向劳动者转变过程中的工商业者，断言"他们基本上没有抛弃资本主义的反动立场"。①

关于反右派斗争扩大化的原因，国内主流意见认为主要有二：②

一是混淆了敌我矛盾同人民内部矛盾的界限。由于当时情况复杂，卷进去的人情况各有不同，属于敌我矛盾的情况是极少数，大量的属于人民内部矛盾。同时，也确有一些处于敌我矛盾边缘、拉一拉就可以过来的人，还有一些一时难以分清属于哪类矛盾的人，以及一些情绪偏激但并不是出于敌意或者只是对本单位领导提了一些尖锐意见的人。但是，这几种人中的许多人都被划成了右派，打击面严重扩大。在决定发动反右派斗争之初，毛泽东在《事情正在起变化》中认为，反右派斗争主要还是针对一种政治思潮的批判，不是要把许多人划为右派分子。1957 年 6 月 8 日，中央在发出《关于组织力量准备反击右派分子猖狂进攻的指示》的时候，也还是设想，大鸣大放、反击右派的整个过程，做得好，有一个月左右就足够了，"将空气完全转变过来"，然后转入和风细雨的党内整风。7 月 1 日，毛泽东在为《人民日报》写的社论中也曾提出："在猖狂进攻的右派被人民打退以后，整风就可以顺利进行了。"可是，这些把这场斗争限制在较小范围和较短时间的最初设想，很快就被大大突破了。6 月 26 日，周恩来在全国人大一届四次会议作政府工作报告，仍把右派分子的问题放在人民内部矛盾的范围。而同一天，中央的一份党内指示认为，右派分子同人民的矛盾"实际上有些已经超出了人民内部矛盾的范围。但是，还需要按照情况的变化，加以分析，才能分别确定。目前不要说得太死"。7 月 1 日，毛泽东为《人民日报》撰写的社论《文汇报的资产阶级方向应当批判》虽已认定右派为反共反人民反社会主义的资产阶级反动派。但是，7 月 11 日，中共中央批转统战部《关于划分左、中、右的标准的建议》还在讲"人民内部划分左、中、

① 参见李维汉：《回忆与研究》（下），中共党史出版社 2013 年版，第 650 页。
② 参见中共中央党史研究室：《中国共产党历史·第二卷》，中共党史出版社 2011 年版，第 457—460 页；李维汉：《回忆与研究》（下），中共党史出版社 2013 年版，第 641—655 页。

右"，认为只是右派里面有一部分极右分子，这些极右分子中的一部分在政治上已经处于敌我界限的边缘。到毛泽东发表《一九五七年夏季的形势》一文时，关于反右派斗争的矛盾性质，开始被明确为"反共反人民反社会主义的资产阶级右派和人民的矛盾是不可调和的敌我矛盾"。这样就把右派分子从人民中划出去，列入敌我矛盾的范围。关于划分右派分子的标准，中央曾一再提出限于反对社会主义和反对共产党，而把一般的历史上的老账、个别问题的意见和学术性的问题撇开。10月15日，中共中央下发了一个统一的《关于划分右派分子的标准》，规定："在根本立场上并不反对社会主义和党的领导，而只是对于局部性的工作制度，局部性的不属于根本原则的政策，工作中的问题，学术性的问题，共产党的个别组织、个别工作人员表示不满，提出批评的人，即使意见错误，措辞尖锐，也不应划为右派分子；同样，在根本立场上并不反对社会主义和党的领导，而只是在思想意识上有某些错误的人，也不应划为右派分子。"但是，这个标准10月15日才正式下发，而当时的气氛强调深挖猛打、反对温情主义，在掌握政策上又有"宁左勿右"的倾向，因此，并没有执行划分右派分子时严格区分和处理两类不同性质矛盾的政策。吉林大学法律系教授李放回忆说，1957年整风运动开始之前，一个学生问他看点小说好不好，他说可以的，看小说可以拓宽知识面。那个学生说班上一个党员认为不行，看小说是"专业思想不巩固"。于是，李放写了一篇杂文《教学生活随笔》，说明学法学的人应该看看文学。文章在学校校报发表时，题目被改成《取消禁忌》。反右时，一些人认为李放反对那个党员的意见就是反对党总支，把他划成了右派。[①] 华东政法大学教授苏惠渔说，1957年，他在北京大学法律系读书，有一个很要好的同学叫丁锁荣，是一名烈士子女，因为跟党支书的关系不太好被打成右派，实在不太像话。[②] 后来，北大还是给他毕业了，把他分配去了老家江苏金坛。还算幸运，老家的领导都是他父亲的战友，生活上对他有些照顾。但是，政治运动一来，还是要审查批判他。直到"文革"结束他才被彻底改正，后来还做了当地司法局副局长。

被划成右派分子的人，不仅政治上受到严厉批判，而且组织上、行政上也要分不同

---

① 参见何勤华主编：《中国法学家访谈录》（第一卷），北京大学出版社2010年版，第155页。

② 同上书，第224、225页。

情况进行处理。实际上，戴上右派"帽子"的约55万人，轻则降职降薪、留用察看，重则送劳动教养，有些人还被同时开除公职、开除学籍；凡是共产党员、共青团员的，均被开除党籍、团籍。

　　二是习惯于采用阶级斗争为纲的思维方式。1957年前后，否定和反对社会主义制度的政治思潮的客观存在，证明意识形态领域内的这种斗争确实没有随着生产资料私有制社会主义改造的基本完成而自然结束。但是，怎样正确地观察和判断意识形态领域各种矛盾的不同性质，怎样处理好这个领域的斗争，是个非常复杂的问题，在这方面党还缺乏经验。尽管在整风运动开始以后，党中央反复强调不要用对敌斗争的方法来处理人民内部矛盾，但是在出现极少数右派分子进攻的这种事先没有估计到的复杂局势的时候，由于长期激烈的阶级斗争历史形成的政治经验，党的领导人还是习惯地作出有很大一批右派分子向党向社会主义猖狂进攻的判断，从而走上开展对敌斗争的大规模群众性政治运动的熟路，把思想和言论有着某些片面性但却是真诚地帮助党整风的人错当成右派分子处理，把本应在一定范围内进行并主要采用解决思想问题的方式来进行的斗争扩展成全党、全国范围的"一场大规模的思想战争和政治战争"①，把历史转变时期新出现的大量人民内部矛盾特别是意识形态领域的人民内部矛盾误判为敌我矛盾并进行错误的处理，这就不可避免地导致了反右派斗争严重扩大化的错误。这一点，不少普通党员是认可的。例如，北京大学法律系教授杨敦先说，中华人民共和国成立初期，大学里那些1949年前大学毕业的人瞧不起被称作"老八路"的共产党，对于共产党的工作并不合作。对这些人应该通过说服教育来解决，从思想认识、意识形态上解决问题，但开展一场政治运动，使民主的发扬受到挫折，是不妥的。②

　　关于反右派斗争扩大化导致的严重后果，主要有三：

　　第一，许多同党有长期合作历史的朋友，许多有才能的知识分子，许多政治上热情但尚不成熟的青年，还有党内许多忠贞的同志，由于被错划为右派分子，经受了长期的

---

　　① 《中共中央关于加紧进行整风的指示》，1957年6月6日，转引自中共中央党史研究室：《中国共产党历史·第二卷（1949—1978）》（上册），中共党史出版社2011年版，第460页。

　　② 参见何勤华主编：《中国法学家访谈录》（第一卷），北京大学出版社2010年版，第194页。

冤屈和磨难，不能在社会主义建设中发挥应有的作用。这不但造成他们个人及家庭的悲剧，也给整个党和国家的事业造成巨大损失。杨兆龙就是其中的一个典型。他在中华人民共和国成立前听从党的指示，营救了上万名地下党员，本来是一心一意加入社会主义建设队伍的，但硬是被推到了敌人阵营，本人和全家都惨遭不幸。

第二，反右派斗争的严重扩大化，使党探索适合中国情况的建设社会主义道路的良好开端遭受挫折。在党的建设方面，同毛泽东发动整风运动以形成生动活泼的政治局面的主观愿望相反，运动给党内政治生活带来的是消极影响。在经济生活方面，农业合作社中一些适合当时农村生产力情况的有益探索，在反右派斗争中遭到严厉批判；重新放开一点私营经济的新设想被弃置；关于经济发展速度的反冒进被看作接近右派的言论受到批判。在政治思想和文化生活方面，社会主义民主与法制建设以及"百花齐放、百家争鸣""长期共存、互相监督"两大方针的贯彻执行都受到极大损害。

第三，改变了党的八大关于我国社会主要矛盾的正确论断。毛泽东在八届三中全会的讲话中指出，人大讲目前敌我矛盾基本上解决了，这种诊断也对，但只能是在经济方面的，如从政治方面、思想方面看，就不能这样说了。他认为："无产阶级和资产阶级的矛盾，社会主义道路和资本主义道路的矛盾，毫无疑问，这是当前我国社会的主要矛盾。"党的八大二次会议根据毛泽东的意见进一步断言："整风运动和反右派斗争的经验再一次表明，在整个过渡时期，也就是说，在社会主义社会建成以前，无产阶级同资产阶级的斗争，社会主义道路同资本主义道路的斗争，始终是我国内部的主要矛盾。"并认为我国社会有"两个剥削阶级和两个劳动阶级"，右派分子同被打倒了的地主买办阶级和其他反动派被称为一个剥削阶级，"正在逐步地接受社会主义改造的民族资产阶级和它的知识分子"被称为另一个剥削阶级；工人和农民是两个劳动阶级。这样，知识分子很大程度上被列入第二个剥削阶级的范围。这种完全离开社会成员在社会生产中所处的地位，特别是同生产资料的关系所作的阶级划分，在理论和实践上都不符合社会主义改造基本完成后我国社会结构的实际状况，不利于社会主义的政治建设和社会发展。

从法治的角度来看，反右派斗争扩大化对社会主义民主法治的破坏主要表现为以下几点：

第一，缺乏确定右派分子的法律划分标准，开了政策治国之先例。反右派斗争从发动到最后对右派分子的处理，依据的都是中共中央文件和《人民日报》社论。反右派斗争于 1957 年 6 月 8 日正式发动。当天，中共中央发出了毛泽东起草的《关于组织力量准备反击右派分子的猖狂进攻的指示》，并在《人民日报》发表了毛泽东撰写的社论《这是为什么?》。7 月 1 日，毛泽东又撰写了《文汇报的资产阶级方向应当批判》的《人民日报》社论。这样，就形成了全国性的反右派斗争。7 月，中共中央在青岛召开省市委书记会议，讨论毛泽东撰写的《一九五七年夏季的形势》，进一步部署反右派斗争。10 月 15 日，中共中央发出《关于划分右派分子的标准的通知》，统一了划分右派分子的标准：（1）反对社会主义制度。（2）反对无产阶级专政，反对民主集中制。（3）反对共产党在国家政治生活中的领导地位。（4）以反对社会主义和反对共产党为目的而分裂人民的团结。（5）组织和积极参加反对社会主义、反对共产党的小集团；蓄谋推翻某一部门或者某一基层单位的共产党的领导；煽动反对共产党、反对人民政府的骚乱。（6）为犯有上述罪行的右派分子出主意、拉关系、通情报，向他们报告革命组织的机密。同时，该通知还列出了划为极右分子的四条标准和不应划为右派分子的六种情形。实际上，在这一标准公布前各地已划了不少右派；标准公布后，由于规定仍较为原则、不易把握，因此未能得到正确的理解和执行。

1958 年 1 月，中央统战部会同中宣部、中组部等有关部门提出《对一部分右派分子处理的初步意见》，报中央转发各地参考。不难看出，反右派斗争是在《人民日报》社论和中共中央文件指导下进行的，缺乏法律依据。但是，中央对此种不妥不但没有觉察，反而觉得它是一种成功的经验。1958 年 8 月，在成都召开的各大经济区协作主任会议上，毛泽东说："法律这个东西没有也不行，但我们有我们的一套，还是马青天那一套好，调查研究，就地解决问题。……不能靠法律治多数人。民法、刑法那么多条谁记得了。宪法是我参加制定的，我也记不得。……我们的各种规章制度，大多数、百分之九十是司局搞的，我们基本上不靠那些，主要靠决议、开会，一年搞四次，不靠民法、刑法来维持秩序。人民代表大会、国务院开会有他们那一套，我们还是靠我们那一套。

刘少奇提出，到底是法治还是人治？看来实际靠人，法律只能作为办事的参考。"①

　　尽管党的政策是法律的灵魂，但涉及具体的权利义务，还是要靠法律来调整。但是，自1957年反右派斗争开始，大跃进、人民公社化、"四清"等政治运动都习惯于采用政策指导、通过大规模群众运动的方式来进行。重政策、轻法律的观念愈来愈重，政策治国而非法律治国的倾向愈来愈严重。这样做是背离党的八大会议精神的。党的八大通过的政治报告强调："在革命战争时期和全国解放初期，为了肃清残余的敌人，镇压一切反革命分子的反抗，破坏反动的秩序，建立革命的秩序，只能根据党和人民政府的政策，规定一些临时的纲领性的法律。在这个时期，斗争的主要任务是从反动统治下解放人民，从旧的生产关系的束缚下解放社会生产力，斗争的主要方法是人民群众的直接行动。因此，那些纲领性的法律是适合于当时的需要的。现在，革命的暴风雨时期已经过去了，新的生产关系已经建立起来，斗争的任务已经变为保护社会生产力的顺利发展，因此，斗争的方法也就必须跟着改变，完备的法制就是完全必要的了。""为了正常的社会生活和社会生产的利益，必须使全国每一个人都明了并且确信，只要他没有违反法律，他的公民权利就是有保障的，他就不会受到任何机关和任何人的侵犯；如果有人非法地侵犯他，国家就必然出来加以干涉。我们的一切国家机关都必须严格地遵守法律，而我们的公安机关、检察机关和法院，必须贯彻执行法制方面的分工负责和互相制约的制度。"

　　第二，未经法律程序，就宣布一部分公民为"有罪"的"反共反社会主义的资产阶级反动派"。1957年7月1日《人民日报》发表毛泽东撰写的社论《文汇报的资产阶级方向应当批判》，宣布了右派的性质及处罚政策："资产阶级右派就是前面说的反共反人民反社会主义的资产阶级反动派，这是科学的合乎实际情况的说明。这是一小撮人，民主党派、知识分子、资本家、青年学生里都有，共产党、青年团里面也有，在这次大风浪中表现出来了。他们人数极少，在民主党派中，特别在某几个民主党派中却有力量，不可轻视。这种人不但有言论，而且有行动，他们是有罪的，'言者无罪'对他们不适

① 全国人大常委会办公厅研究室编著：《人民代表大会制度建设四十年》，中国民主法制出版社1991年版，第102页。

用。他们不但是言者，而且是行者。是不是要办罪呢？现在看来，可以不必。因为人民的国家很巩固，他们中许多又是一些头面人物。可以宽大为怀，不予办罪。一般称呼'右派分子'也就可以了，不必称为反动派。只在一种情况下除外，就是累戒不戒，继续进行破坏活动，触犯刑律，那就要办罪。惩前毖后，治病救人，化消极因素为积极因素，这些原则，对他们还是适用。另有一种右派，有言论，无行动。言论同上述那种右派相仿，但无破坏性行动。对这种人，那就更要宽大些了。"据此，右派分子统统都被视为有罪；在此基础上，又区分有言论、有行动和有言论、无行动两类右派分子。而按照当时实施的 1954 年《宪法》第 78 条和第 81 条之规定，一个公民是否有罪、是否遵守法律，应由人民检察院通过行使检察权和人民法院通过行使审判权来决定。[①] 但是，关于右派分子划分多少的指标以及具体划定谁是右派，都是由右派分子所在单位决定的，明显违反了罪刑法定的基本法律常识。不仅如此，1957 年反右派斗争扩大化也严重冲击了国家司法机关。北京大学法律系教授由嵘说，1957 年夏季开始的反右派斗争使法制建设遭到很大挫折，法院系统被打乱。到 1958 年，公、检、法不分家，三块牌子，一套班子，程序、法律的执行都取消。[②] 中国人民大学法律系教授吕世伦说，1952 年司法改革后形成了一种体制，国家司法机关的地位从高到低依次是：公安、检察、法院、司法行政机关。四机关中以公安为首，每个地方政法党总支书记都是由公安局局长担任的，开会由公安局长主持。这套体制保持了很长时间。[③]

不经严肃、严格的法律程序就判定一个人是否有罪，很容易发生少数人的恣意专断。山东大学法律系教授乔伟 1957 年在吉林大学法律系被划成右派，他说："我从不认为是共产党把我打成了右派。我的冤案是党内的不肖分子，是那些嫉贤妒能的投机者假借党的名义向我发泄个人私愤。"[④]

---

① 1954 年《宪法》第 81 条第 1 款规定："中华人民共和国最高人民检察院对于国务院所属各部门、地方各级国家机关、国家机关工作人员和公民是否遵守法律，行使检察权。……"第 78 条规定："人民法院独立进行审判，只服从法律。"

② 参见何勤华主编：《中国法学家访谈录》（第一卷），北京大学出版社 2010 年版，第 62 页。

③ 同上书，第 87 页。

④ 何勤华主编：《中国法学家访谈录》（第三卷），北京大学出版社 2013 年版，第 77 页。

不经法律程序就认定一个人是敌人、是右派，严重背离了党的八大会议精神。大会通过的、刘少奇所作的政治报告指出："在今后，我们的公安机关、检察机关和法院仍然必须同反革命分子和其他犯罪分子进行坚决的斗争。但是如上所说，这一斗争必须严格地遵守法制，并且应当根据目前的新情况，进一步实行宽大政策。"

第三，没有规定右派分子的申请复议或申诉权利。1954 年《宪法》第 97 条规定："中华人民共和国公民对于任何违法失职的国家机关工作人员，有向各级国家机关提出书面控告或者口头控告的权利。由于国家机关工作人员侵犯公民权利而受到损失的人，有取得赔偿的权利。"1957 年至 1958 年期间，被划定为右派的约 55 万人，其中半数以上失去了公职，相当多数被送劳动教养或监督劳动，有些人流离失所、家破人亡。① 但是，他们却申诉无门，没有权利救济渠道。

第四，违反了法不溯及既往的一般法律常识。整风运动是 1957 年 4 月开始的，所谓右派分子的言行是发生在 1957 年 4 月至 1957 年 5 月底。而中共中央出台的《关于划分右派分子的标准的通知》是在 1957 年 10 月 15 日确定的，不符合法不溯及既往的一般法律常识。同时，这些右派分子绝大多数都是只有言没有行，不属于《惩治反革命条例》的惩治对象。根据中共中央的意见，1957 年 8 月 1 日，经一届人大常委会第 78 次会议批准，国务院出台了《国务院关于劳动教养问题的决定》（以下简称《决定》），第一次以行政法规的形式，确立了劳动教养制度。根据《决定》，以下四种人可处以劳动教养：（1）不务正业，有流氓行为或者有不追究刑事责任的盗窃、诈骗等行为，违反治安管理、屡教不改的；（2）罪行轻微，不追究刑事责任的反革命分子、反社会主义的反动分子，受机关、团体、企业、学校等单位的开除处分，无生活出路的；（3）机关、团体、企业、学校等单位内，有劳动力，但长期拒绝劳动或者破坏纪律、妨害公共秩序，受到开除处分，无生活出路的；（4）不服从工作的分配和就业转业的安置，或者不接受从事劳动生产的劝导，不断地无理取闹、妨害公务，屡教不改的。《决定》规定的劳教对象的范围太宽、太广，基本上可以把任何一个有点缺点、错误的人送去劳动教养。而且，《决定》是在反右派斗争临近尾声时出台的，全国约 55 万右派分子中，有 45 万至 50 万

---

① 参见李维汉：《回忆与研究》（下），中共党史资料出版社 1986 年版，第 651 页。

人被送劳动教养。也就是说，被打成右派分子的，被判刑、送劳改的是少数，继续留单位的也是少数，绝大多数是被送去劳动教养了。显然，对右派分子适用《决定》也不符合法不溯及既往的法律常识。

第五，批判了不该批判的法律思维和观念。本为 1954 年《宪法》和《人民法院组织法》所规定的一些民主法制原则，却在反右派斗争中遭到批判。例如，辩护制度、律师制度被批判为"替坏人说话，敌我不分，为阶级敌人开脱、掩护"；"中华人民共和国公民在法律上一律平等"被指责为"抹杀法律的阶级性，同反革命讲平等"；强调依法办事和司法机关依法独立行使职权被批判为"法律至上"的资产阶级观点，是"不要党的政策，搞法律孤立主义"，是"右派分子借口审判独立反对党的领导，以法抗党"；主张"法治"是对抗乃至取消党的领导。原西南政法学院赵念非教授 1956 年为一起诈骗案中一个女骗子做辩护律师，反右时就批判他站在反革命的立场，把他划为右派。① 据中国人民大学法律系教授吕世伦回忆，右派多产生于两个部门；一是新闻界，因为他们写东西，暴露事实，揭露社会黑暗面；二是法律界，尤其是刑法学界，很多人被划成右派，如高铭暄教授的导师、时任最高人民法院刑庭庭长贾潜，复旦大学的杨兆龙等。因为刑法学界主张无罪推定等源自西方的法律原则，被认为是为罪犯开脱罪责，是为反革命服务的，持此类观点的人都被划为右派。② 据中国人民大学法律系教授孙国华回忆，1957 以后越来越"左"，批右派批到后来就是政治上压倒。本来，法律不能脱离政治，这个是对的，但批着批着就用政治代替法律，就不讲法律了。说"党的政策是法律的灵魂是对的"，但只说"党的政策就是法，是我们最好的法"就否定了法律的价值了。法理学这门课程，到 1959 年的时候，大概就剩下"党的领导、群众路线、对敌专政"这三条了，内容就成了三句话：党的政策就是法，开会也是法，人民日报社论也是法。1957 年年初，中国人民大学编了《国家与法权理论》，花皮的，可惜根本就没用上就反右了。一反右就不用这本教材了，学校临时组织编写了《驳右派》作为教材。③ 中国政法大学教授巫

---

① 参见何勤华主编：《中国法学家访谈录》（第一卷），北京大学出版社 2010 年版，第 188 页。
② 同上书，第 87 页。
③ 同上书，第 100、101、102 页。

昌祯回忆说，反右之后政治空气更"左"了，连婚姻都要讲政治：婚姻以爱情为基础，爱情以政治为基础，最终以政治为基础。那时，党团员结婚都是要申请，由领导批准的。一旦党团组织调查认为你俩不合适，就可以不同意你们结婚。所以，《婚姻法》虽然规定了婚姻自由，但是这种自由有一定限度的。如果你爱人是右派、你是党员，**那你就可能要选择离婚**；不离婚，你就会受到影响。人都得考虑大局，你还有事业呢，不能为他/她牺牲一切。当时，中国政法大学有两个男人被划成了右派，两人的妻子都是党员，革命群众就贴出大字报，问她们是要党籍还是要丈夫。实在没办法，其中一个在压力之下就离了婚。两人办完离婚手续从法院走出来就抱头痛哭，感情是很好的，无可奈何呀！那时，男的是右派、女的不是右派的，离婚的比较多，因为男的是家里的顶梁柱啊。如果男的不是右派、女的是右派，那还好一点。那时还是父系占主导的关系，查五代、查三代一般都是查父亲的。① 西南政法学院杨和钰教授对丈夫被划成右派想不通，认为他不是右派。于是，1958 年增加右派名额时，就把杨和钰也划成了右派。党的十一届三中全会以后对全国的右派进行甄别，给杨和钰的改正决定是"杨和钰没有'鸣放'"。②

　　第六，侵犯了公民正当言论表达权和隐私权。据西北政法大学穆镇汉教授回忆，反右时，宪法教研室有一位老师叫金永健，在课堂上和"鸣放"时他都没有什么右派言论。但有一次在宿舍里，他和同住的窦国锋晚上议论时下的问题，谈到了匈牙利共产党总书记拉科西，金永健说了句"拉科西这人'左'得不行，爱整人"。尽管是私下说的，但被窦国锋汇报上去了，他就被划成了右派。还有一位教国际法的老师，因为他方言太重，又口齿不清，所以讲不了课。他有记日记的习惯。他在日记里抱怨找不到对象，在西安待着太没劲，上课上不了，说话人家听不懂，等等。结果这个日记被发现了，他就被认定为持"灰色人生观"，开始没把他定成右派，但后来为完成 3% 的指标只好把他补进去了。③

---

① 参见何勤华主编：《中国法学家访谈录》（第一卷），北京大学出版社 2010 年版，第 275 页。

② 同上书，第 188、190 页。

③ 同上书，第 399 页。

法律的一大功能就是防错和纠错。实体法是告知人们什么能做，什么不能做；程序法是告知人们违反实体法之后，执法和司法机关将按照什么样的方法、步骤和期限纠正违反实体法的行为。因此，实体法是防错法，程序法是纠错法。遗憾的是，划分右派既没有实体法规定，也没有程序法规定，反右派斗争扩大化的错误就难以避免了。

二、对杨兆龙学术观点的批判

1957年反右派斗争时期，除了对杨兆龙的会议发言、历史、交往活动等进行"揭批"之外，还对杨兆龙的一些学术观点展开了批判，主要集中在以下几个方面的观点：

（一）对法具有继承性的批判

第一，针对杨兆龙所持的诸如"不得杀人，杀人者处死刑或徒刑""不得盗窃财物，盗窃财物者处徒刑或死刑"等法律规范可以为不同的阶级服务，从而表现出不同的阶级性和继承性的观点，梅文秋在《杨兆龙否定法律阶级性的反动性》①（以下简称"梅文"）一文中批驳，奴隶主阶级、封建贵族和地主等可以任意杀死奴隶、平民，但后者绝对不可以杀死前者，否则就要被处死刑、株连三族等。在资本主义社会，资本家杀死工人的，审判官和检察官从来就没有判处杀人者死刑。

笔者认为，梅文的这些论述不符合历史事实。马书山指出，被史学界视作定论的可以"任意"杀死奴隶的观点与上古世界的历史事实不符。无论是在古巴比伦、新巴比伦还是古代埃及、巴勒斯坦、印度、中国、希腊、罗马，我们都能找到不可以任意杀死奴隶的证据。用人做牺牲、殉葬或角斗士不能证明可以任意杀死奴隶。在刚进入国家的一些民族和地区，主人杀死奴隶可以不受追究，这是由于政权形态太原始，对私人事务无力干涉。而在政权进入到较发达的形态后，一般情况下，主人对奴隶生死的决断权就消失了。② 梅文说封建贵族和地主可以任意杀死平民，也不符合实际。例如，古代中国《唐

---

① 原载于《法学》1957年第6期。
② 参见马书山：《古代奴隶可以"任意杀死"说质疑》，载《齐鲁学刊》1989年第4期。

律疏议》规定了犯罪的贵族、官僚拥有议、请、减、赎、官当等减免特权，这一方面固然表明贵族和地主与平民在法律面前不平等，但另一方面也表明他们无权进行任意杀人等犯罪。至于梅文说在资本主义社会资本家杀死工人后审判官和检察官从来就没有判处杀人者死刑，显然是信口胡说。

第二，针对杨兆龙关于法律规范可以分为阶级性色彩较强的主导性规范和阶级性色彩较弱的辅佐性规范（如程序法）两部分的观点，梅文批驳，实体法和程序法的内容和形式都是统一的，因而不存在主导性和辅佐性规范的区分。

笔者认为，梅文否认程序法相对于实体法而言阶级性色彩较弱的观点是不妥的。因为程序法相对实体法具有相对独立性，程序具有独立、限权、公开、防错、辩论等自身特点，这些在改革开放之后都已被学界认同。

第三，针对杨兆龙提出剥削阶级尤其是资产阶级国家的法律不只是一个阶级性而是多个阶级性的统一的观点，梅文批驳，同一个国家的法律只有一个阶级性，即便是多个阶级联合掌握政权，也一定是以其中某一个阶级为主。

实际上，梅文的这种批驳与杨兆龙的观点没有什么矛盾，杨兆龙也没有认为在法律有多个阶级性的情况下，其中就没有一个占据主导地位的。

第四，针对杨兆龙所持的由于劳动人民的反抗，统治阶级不得不作出一定让步，因而会制定出对劳动人民有利的法律规范的观点，梅文认为，统治阶级在作出一定让步、制定一些对劳动人民有利的法律规范的同时，必定会制定另外一些限制乃至取消对劳动人民有利的法律规范。劳动人民由于不掌握生产资料所有权，没有一定的物质基础，因此即使统治阶级制定了对其有利的一些法律规范，劳动人民也无法行使对其有利的法律权利。

此观点值得商榷。认为劳动人民没有一定的物质基础，无法享受对其有利的法律权利，这不符合事实。正是由于奴隶阶级的反抗，奴隶主阶级才把奴隶变成隶农，隶农可以拥有小块土地的使用权，而且奴隶主不可以随意杀死隶农；正是由于农奴阶级的反抗斗争，领主制度才逐渐转变为地主制剥削方式；正是由于工人阶级的反抗斗争，人们才逐渐拥有了普选权、结社权。事实上，许多普通工人确实去投票了，工会也确实可以去和资本家为权益而谈判，一些竞选者为了争夺选票不得不向工人许下更多的承诺。

第五，针对杨兆龙的一些法律规范可以为不同统治阶级继承的观点，潘念之在《驳杨兆龙关于法律继承性的谬论》①（以下简称"潘文"）一文中认为，不同社会的剥削阶级的法律由于都是以私有制为基础，它们之间当然可以继承，但由于社会主义社会是以公有制为基础，因此社会主义社会的法律与剥削阶级社会的法律不存在继承关系。

潘文的观点从逻辑上似乎站得住脚，但却是脱离实际的。由于社会主义国家都是在落后的资本主义国家基础上建立的，不可能也没有实行纯粹的公有制，借鉴以往社会的法律是不可避免的。比如，有关市场经济的法律，社会主义国家不但要借鉴，有的还要严格遵守，如 WTO 规则。社会主义制度和资本主义制度的关系不是趋同关系，但也不是对立并行关系，而是交叉前行关系，那些交叉点往往是社会主义制度需要借鉴资本主义制度的地方。同样，资本主义制度在其演进中也借鉴了不少社会主义制度的因素，以致西方一些学者说是马克思主义延缓了资本主义的衰败，因为二战后西方资本主义国家从《资本论》和苏联社会主义国家中吸纳了不少对它们有用的东西。

第六，针对杨兆龙列举苏联、东欧社会主义国家曾经沿用旧法的事实，以说明法具有继承性的观点，潘文反驳，苏联、东欧社会主义国家沿用的旧法是经过重大修改的。如对于 1877 年《民事诉讼法典》，东德曾经颁布了 20 个修改法令，对旧条文的补充解释有 30 多个布告、39 条命令。这些事实证明资本主义的旧法是不能和社会主义原则相适应的。潘文还斥责杨兆龙强调法的继承性是"政治阴谋"，认为他虽然没有写出他的政治目的，但他实际上是说我国过去废除"六法"是错的，他要继承的是国民党的反动法统。

叶孝信、江振良在《必须彻底废除伪六法》② 一文中指出，俄国无产阶级在 1917 年十月革命前没有夺取政权，从而不可能制定任何法律。中欧和东南欧国家的无产阶级革命在很大程度上是在苏联击溃德国法西斯匪帮的帮助下取得胜利的，在此之前它们同样没有政权，从而也不可能制定任何法律。无产阶级在掌握政权初期不可能立即着手制定一套适应形势发展的法律，因此不得不暂时地援用一些未经废止且与新政权的法规、革

---

① 原载于《法学》1957 年第 6 期。
② 原载于《法学》1957 年第 4 期。

命的信念和法律意识以及社会主义法律意识等不抵触的旧法规。例如，苏俄1917年11月24日颁布的《关于法院的第一号命令》（以下简称《命令》）根据无产阶级革命必须彻底砸烂旧的国家机器的原理，宣布废除全部剥削阶级的法并建立苏维埃司法体系和苏维埃的法，暂时地、有条件地援用旧法只是《命令》的非本质的例外。即使如此，这个文件从讨论到正式颁行，都遭到反革命势力的疯狂抗拒。如在1917年12月9日的人民委员会会议上，左派社会革命党人即叫嚣应完全废除这个文件。沙俄大理院为此作出特别决议，企图禁止各审判机关采用《命令》。彼得堡律师机构为此举行紧急会议并通过决议，认为《命令》是未被承认的政权机构发布的，不具有法律效力，所有律师机构的成员仍应继续在沙皇法院中工作。旧的司法机构仍以已被推翻的临时政府的名义继续作出刑、民事判决。最后，在革命武装的协助下，新政权才得以关闭旧法院和旧律师机构。这些以旧制度为命根子的老爷们对《命令》的刻骨仇恨，正说明了其基本和主要的革命内容。然而，杨兆龙在介绍苏联经验时恰恰把这点忘了。事实上，在《命令》具有法律效力的短短七个多月中（1917年11月24日至1918年7月20日），苏俄各地革命司法机关在处理刑、民事案件时，仅仅是在一两个月中，除了极罕有的例外情况，全都依据全俄中央执行委员和人民委员会的法令以及革命信念和社会主义法律意识。不独如此，各地在接到《命令》之前，即根据革命群众的倡议，主动地开始撤销老旧的司法机关，创立新的革命法庭。列宁指出，这说明革命群众已经走上正确的道路。唯其如此，1918年7月20日颁布的苏俄《关于法院的第三号命令》明文废除全部旧法。这一原则在1918年11月30日颁布的苏俄《人民法院条例》和1919年3月苏共八大通过的新党纲中继续得到确认。可见，苏俄当年暂准有条件地援用旧法只是在当时条件下的权宜之计，而彻底废除全部旧法则是无产阶级政权对待旧法的基本原则，一旦条件成熟，立即付诸实施。然而，正是这一点，更为右派分子所不愿也不敢介绍。和苏联及其他社会主义国家不同，中国共产党在夺取全国政权之前，已经有了二十多年革命根据地的经验，有了革命政权和革命法制，因此，我们完全有可能在取得全国政权的前夜立即宣布废除全部旧法。革命的道路不同，废除旧法的具体步骤亦异。杨兆龙对苏联废除旧法不感兴趣，将正面文章反做了，竟然指责我们把旧法废除了。

叶、江二人的文章还提出，杨兆龙在自己的文章中强调"苏联民法中有些名词和概念是发源于罗马法的", 法国拿破仑时代制定的各种法典在形式上对社会主义国家的立法也有一定的影响, 并以此来说明法的继承性。叶、江二人认为, 法典的形式、名词和概念同具体的法是两回事。前者可以说是历史范畴内的, 可以考虑是否继承和如何继承, 如法典一般有总则与分则, 有章、节、条、项、款, 社会主义法律可以沿用, 但这和杨兆龙所指出的在事实上具有强烈阶级性的法可以继承的观点毫无相同之处。按照杨兆龙的意思, 除非社会主义国家否定一切, 凭空杜撰出一套旷古未有的法的名词和概念, 异想天开地设计出一套与众不同的法的形式, 不然就得承认社会主义国家已经"继承"了旧法。

笔者认为, 叶、江二人的文章是比较注重摆事实、讲道理的, 如果杨兆龙可以就该文再作解释, 那就是正常的学术争鸣了。可惜的是, 杨兆龙当时已被剥夺发言的权利, 只能默默地看着别人批判他。需要指出的是, 即使以上文章中列举的列宁在十月革命初期有选择地沿用旧法律的事实能够站住脚, 也不能完全抹杀社会主义法律可以继承一些旧法的理据。难道在旧法时代依据旧法结婚形成婚姻关系, 废除旧法之后该等婚姻关系就不存在、需要重新去登记结婚了吗? 难道依据旧法对杀人犯所作的判决在旧法废除之后就要全部纠正吗? 可以纠正一部分, 但不可能把所有的都推翻。任何社会都必须维持必要的秩序。

雷经天在《捍卫马列主义法学, 驳斥右派分子的谬论——在上海市第二届人民代表大会第二次会议的发言》① 一文中认为, 杨兆龙提出 " '六法全书'好像一把刀子, 既然反动派可以拿在手里杀人民, 今天人民也可以拿在手中杀反动派", 抹杀了以私有制为基础的资产阶级法律和以公有制为基础的无产阶级法律的本质区别。这两种法律没有共同的本质, 是不可能等同起来的。杨兆龙说法律具有技术性, 但他忽略了法律的形式和技术必须为政治服务, 服从于它的政治实质。新的法律概念必须通过创造新的术语来表达, 有的虽然沿用旧的语汇但已具有不同的内容。社会主义法制的形式和技术正随着社会主义法律的建立而建立, 旧法技术和旧法思想对于社会主义法律是没有多大意义的。右派分子抹杀资产阶级法律和无产阶级法律的本质区别, 强调法律的技术性, 并因

---

① 原载于《法学》1957 年第 5 期。

而得出只有"旧法学专家"才能立法，才能审判，才能从事法学教育，这完全是为了窃取我们的法律阵地而作的谬论，必须予以严厉指斥。

《法学》1957 年第 4 期刊发了叶萌的《打退"右派分子"向人民法制的进攻》（以下简称"叶文"）、1957 年第 6 期刊发了傅季重的《驳杨兆龙"过分强调法律的政治性忽视了它的专门性和科学性"的谬论》（以下简称"傅文"），都与法的继承性有关。针对杨兆龙 1957 年 5 月 8 日发表的《法律界的党与非党之间》一文提出"重视法律的政治性并不等于可以忽视法律的专门性和科学性"，叶文批驳，法律是不能脱离政治的，有什么样的政治就有什么样的法律，杨兆龙鼓吹法律超越政治的观点是模糊法律性质、欺骗人民的一个手法。傅文则批判，杨兆龙提出的这个问题不是学术问题，而是具有重大的政治阴谋。他妄想解除革命法律工作者的思想武装，使我们堕入脱离政治、脱离政策、脱离群众的陷阱，以资产阶级的法学来代替马列主义法学，以反动的法律来顶替社会主义的法律，以杨兆龙式的法学家来代替有坚定阶级立场的革命干部，从而使旧法复辟，使共产党下台，把中国拖回到资本主义、殖民主义的老路上去。笔者认为，傅文已经不是学术探讨的态度了，纯粹是上纲上线的错误批判。

王绎亭、高呈祥、李峻勇、叶松亭在《论法律与政治的关系——驳右派分子杨兆龙所谓"法律不能跟政治走"的谬论》① 一文中提出，法律的专门性、科学性与法律的政治性是一致的，是不可分割的。法律的阶级性是法律科学性的表现，同时也是法律的专门性的表现。

法律的阶级性、政治性是不可置疑的，杨兆龙没有否认这一点，只是认为此外法律还具有专门性和科学性。其实，这应该是没有争议的。1954 年，毛泽东在《关于中华人民共和国宪法草案》中就明确指出："有人说，宪法草案中删掉个别条文是由于有些人特别谦虚。不能这样解释。这不是谦虚，而是因为那样写不适当，不合理，不科学。在我们这样的人民民主国家里，不应当写那样不适当的条文。（这）不是本来应当写而因为谦虚才不写。科学没有什么谦虚不谦虚的问题。搞宪法就是搞科学。我们除了科学以外，什么都不要相信，就是说，不要迷信。""搞宪法就是搞科学"是毛泽东明确说过

---

① 原载于《法学》1958 年第 1 期。

的，法律具有科学性，这应该是没有问题的。

（二）对杨兆龙"希望检查一下历次运动的合法性，尤其是'肃反'运动"观点的批判

杨峰在《论专政的必要性和肃反的合法性——驳杨兆龙否定肃反成绩、攻击人民民主专政的谬论》①一文中强调，"肃反"运动是有法律依据的。例如，1951年2月，中央人民政府颁布了《惩治反革命条例》；1954年9月，全国人大一届一次会议通过的《宪法》第19条规定了"镇压一切叛国的和反革命的活动，惩办一切卖国贼和反革命分子"；同年12月，一届人大常委会第三次会议通过了《逮捕拘留条例》。

李仲成在《驳斥"右派分子"杨兆龙对肃反运动的诬蔑》②一文中指出，"肃反"是按照宪法和法律办事的。1954年《宪法》第19条第1款规定："中华人民共和国保卫人民民主制度，镇压一切叛国的和反革命的活动，惩办一切卖国贼和反革命分子。"1955年7月30日，全国人大一届二次会议通过《关于发展国民经济第一个五年计划的决议》，规定了"各级国家机关和全国人民必须充分地提高革命的警惕性，肃清一切公开的和暗藏的反革命分子，粉碎国内外敌人对我国社会主义建设和社会主义改造事业的破坏活动"。因此，"肃反"运动具有合法性。杨兆龙说，有法院、检察院在，中央成立的十人领导小组和各地成立的五人领导小组就是非法的、多余的，这是反对党对"肃反"工作的领导。中央和各地的领导小组是领导"肃反"运动的群众性的核心组织，它们不是国家机关，在实际工作中也没有代替公安、司法部门去直接处理案件，行使审判权，这怎么会是违法的呢？中国共产党是通过各级党委来领导政权的，难道党具体地通过各地党委组织的五人领导小组来掌握政策、领导肃反"运动"是不合法吗？公安机关的搜查、扣押邮件电报、逮捕、拘留等工作都是严格遵守《逮捕拘留条例》的，因此不能说"肃反"工作不合法律。

笔者认为，虽然有这些法律规定，但能否严格遵守仍是一个问题，而且这些法律往

---

① 原载于《法学》1957年第4期。
② 原载于《法学》1957年第6期。

往都是些原则性规定，不符合刑事法律必须清晰的要求。其实，杨兆龙说的"肃反"运动中存在错捕、错判问题，是党和政府当时已经承认的。时任公安部部长罗瑞卿在中共八大所作的大会发言中说，"肃反"斗争的规律是：在暗藏的敌人的一切破坏和可疑征象没有发生的时候，人们总是容易麻木不仁，缺乏警惕。而在一旦发生反革命的破坏或者反革命破坏的可疑征象已经出现的时候，因为没有准备，又容易惊慌失措，感到特务如麻，草木皆兵，往往把某些类似反动言论、行动的思想错误或工作错误同反革命的破坏活动混同起来，因而夸大了敌人，容易发生过火行动。而在纠正了过火行动以后，麻痹情绪又容易重新抬头。在群众性的"肃反"斗争中，这种变化的转换，有时是很快的。由于存在这一规律，因而"肃反"斗争就容易发生"右"的或"左"的偏向。在1950年10月以前的大半年中，全国公安机关对反革命分子的破坏活动打击不力，发生过"宽大无边"的右倾错误。1951年镇压反革命运动高潮的后期，由于领导控制不严和某些地方基层组织不纯，因而在某些地方发生过程度不同的粗糙草率的左倾错误，捕了一些可捕可不捕的人，也杀了极少数可杀可不杀的反革命分子，甚至错捕了个别好人。在1954年春季到1955年春季的一年左右的时间中，由于过高估计了对反革命分子打击的程度，对国内反革命残余势力还有相当数量的事实估计不足，因而又曾在短时期内放松了对残余反革命分子的打击，表现为认识落后于客观实际的右倾保守思想。在1955年下半年开始的"肃反"运动中，也发生了一些缺点和错误。在社会上捕了一些本来可以争取投案自首的反革命分子，甚至错捕了个别的好人。在机关内部，某些单位也有斗争面过宽的缺点，斗了少数不该斗的人。这些左右摇摆的现象，大多是发生在斗争形势转变的关头，说明我们掌握情况不够深入，贯彻中央的方针政策不够稳当。

在这次发言中，罗瑞卿一方面表明绝大多数公安机关和公安人员都坚持了党的政策，表现是好的，另一方面也坦诚地列举了存在的问题：一是少数公安机关和某些人员存在的严重强迫命令、脱离群众的旧警察作风。曾经因此发生过违法乱纪、破坏政策的错误，甚至发生过刑讯逼供的犯法行为，在群众中造成了十分恶劣的影响。二是我们在遵守法制的问题上，也还存在着缺点。在《逮捕拘留条例》公布以后，有些地方捕人还没有完全做到按照规定的时间向检察院办理批准逮捕的手续，有些地方捕人后没有及时通知家属。在对罪犯的管理中，存在偏重生产、忽视教育的缺点，个别地方甚至还有打骂犯人、虐待犯人的问题。三是我们在侦查、警卫等项业务工作上也还存在着某些形式主义、神秘主义的偏向，以致有些地方造成了脱离群众的不良影响。上述缺点和错误说明我们公安机关还存在着严重的主观主义、官僚主义的作风，某些干部还有极端危险的骄傲自满情绪。①

（三）对杨兆龙关于立法工作、司法改革和院系调整中忽视旧法人员作用观点的批判

潘念之在《驳杨兆龙关于法律继承性的谬论》② 一文中认为，旧法统的继承必然跟着旧法人员的复辟。杨兆龙痛恨司法改革和院系调整把旧法人员排挤出去。他曾大声疾呼，党和政府"不信任党外的法学人才，不敢放手使用他们"；"法律界的矛盾就在于党与非党之间"。在立法方面，他认为法典起草工作"只有某些对法学并无精深研究的党内人士在那里指挥掌握"，而主张动员旧法专家。在司法方面，杨兆龙硬说掌握审判大权的工农干部"既不懂法律并且文化水平也很低，甚至连独立写判决书的能力都没有"，而主张旧法人员复位。在政法教育方面，杨兆龙反对"采取党内干部及年轻助教或讲师教课制"，而主张旧法专家来培养青年。最后，杨兆龙提出"最后通牒"："现在全国检察院及法院的检察人员、审判员中有不少是不懂法律并且文化水平很低的，过去在司法方面造成不少混乱现象，今后似应有一番根本的改革。"杨兆龙这分明是要我们共产党人退出司法工作的阵地，交出人民民主专政的武器了！

潘念之长期从事政治学和法学研究，对我国政治学和法学基本理论的建设和普及贡献卓越，被誉为法学、政治学领域的开拓者，时有"北张（友渔）南潘（念之）"之称。上海解放后，他先后任上海工商联常务委员、华东军政委员会参事室副主任、中央华东局统战部政治处处长等职。但是，他对杨兆龙的批判全是政治推断，不讲法理。

笔者认为，这样批判杨兆龙重视旧法的批判地继承、旧法人员的改造利用等正确观

---

① 参见中共中央办公厅编：《中国共产党第八次全国代表大会文献》，人民出版社 1957 年版，第 272—285 页。

② 原载于《法学》1957 年第 6 期。

点，不太像一个著名法学家的水平，可能是为形势所迫，不得已而为之。他 1953 年被开除党籍，在反右派斗争中，为求自保，他很可能不得不抛弃学术规范，统统在政治上批倒了事。

江振良在《不允许"右派分子"破坏我国的立法路线》① 一文中说，我们的立法工作中并不存在杨兆龙所说的庸俗的经验主义现象。杨兆龙认为我们太过强调过去的革命工作经验、方式，不重视立法。但是，人民民主专政国家的法律在本质上是和过去的旧法相对立的，根本不能依靠几个法学家抄袭旧法来解决我们的立法问题。同时，科学地总结革命斗争的经验，指导革命的行动，这也是人民民主的立法路线所要求的做法。此外，我们的立法工作事实上没有排斥旧法专家的参与，但如果让我们专门依靠旧法专家来立法，那是办不到的，那不符合人民民主的立法路线。杨兆龙之所以提出由旧法专家来立法，就是企图把那些旧法专家拉进立法部门，篡夺党对立法工作的领导权，让旧法逐步复活起来，达到复辟资本主义的目的。

叶萌在《打退"右派分子"向人民法制的进攻》② 一文中说，杨兆龙提出"我国重要法典为何迟迟还不颁布"，原因之一就是不重视旧法人员的作用，这实际上是反对党和人民政府的立法路线，反对人民法律应该通过革命实践去创造，而主张由所谓"法学家"来东抄西袭地闭门造车。其实，他们这一套办法在中华人民共和国成立初期已经试过，事实证明他们的"杰作"一钱不值。例如，不久以前被揭发的国务院法制局财贸法规组副组长、右派分子吴传颐曾负责起草某一项法规，但起草好了却没有用。原来他所起草的这一项法规完全贯彻了旧法思想，简直就是国民党同一名称法规的翻版。在中华人民共和国成立初期的若干年内，我们的任务是用群众的直接行动来摧毁旧制度，进行彻底的社会改革。在这种情况下，如果任凭主观愿望颁布完备的法典，当然不能切合实际，而且会束缚群众的手足，限制群众的直接行动。

杨兆龙呼吁要让旧法人员归队，说他们对业务有专门研究，政治上没有什么问题，办案并非毫无成绩，业务能力还是比工农干部出身的审判员强的，不让这些人归队是宗

---

① 原载于《法学》1957 年第 5 期。
② 原载于《法学》1957 年第 4 期。

派主义的表现。叶文对此批驳指出，马克思主义认为，对反动统治者的国家机器必须打碎，而不能原封不动地加以利用，因此一定要废除旧法，一定要让旧法人员离开专政机关。杨兆龙说把旧法人员调离司法机关，另外进行工作安排是不公平的。其实，党和政府也不是一开始就这样做的。在1952年之前，曾经有二三年的时间，我们给予旧法人员以实际行动来证明自己能否继续留下来做人民司法工作的机会，但结果表明他们当中虽然一部分是有进步的，但许多人辜负了人民的期望，他们非但不愿改造，反而利用职权为非作歹、贪赃枉法，在审判中包庇地主、反革命，甚至把反革命开枪拒捕说成是"正当防卫"；在审理婚姻案件时维护封建婚姻制度，迫害妇女，并用"法不溯及既往""已失时效""暴乱未遂"等旧法观点为敌人开脱，刁难人民。因此，1952年，全国范围内开展了司法改革运动。这个运动是人民司法工作的一个转折点，它纯洁了组织，批判了旧法观点。事情很清楚，旧法人员中间也有不少很好的同志，对于他们早已不适用"旧法人员"的名称，其他人员也各有不同的进步。为发挥他们的积极性，如果工作上有困难，自可个别地请求适当的调整，但绝不是什么"归队"问题。如果笼统地提出旧法人员"归队"，旧军队、旧警察也会要求归队，还成何体统？所以，右派分子的"归队论"实际上就是反革命复辟论。

雷经天在上海市人大二届二次会议上发言说，杨兆龙说"复旦大学的法律系办得一团糟，复旦大学法律系是学华东政法学院的，华东政法学院是学中央政法干校的。茅草棚的底子，建筑不起高楼大厦"。意在恢复已被淘汰的旧法律院校，让旧法人员"翻身""归队"。这是不可能的。因为旧法学者过去学的是资产阶级各派的法律，他们既未体验工人阶级的生活，又未接触马克思主义的理论，有的甚至一直是社会主义的坚决反对者。旧法学者如果没有经过彻底的思想改造，没有根本抛弃旧法观点而从头学习马克思主义的法学理论，是无法在新的政法院系讲课的。在马克思主义法学的教学岗位上，对旧法学者而言，只是改造、学习以及视具体情况而适当安排工作的问题。杨兆龙的"归队"说是错误的，旧职位已经跟着旧制度一同被革命的洪流摧毁，他们是无队可归的。①

---

① 参见雷经天：《捍卫马列主义法学，驳斥"右派分子"的谬论——在上海市第二届人民代表大会第二次会议的发言》，载《法学》1957年第5期。

叶文指出，杨兆龙叫嚷政法院系调整错了，说"复旦法律系办得最坏，是公安机关、法院作风"，"政法学院是培训班"，认为产生这种情况的原因是把老教授挤走了，把旧法内容改掉了。叶文批评道，让旧中国的政法院系培养出忠于社会主义的司法干部是不可能的，因此必须对旧政法教育进行彻底的改革。在政法教育的改革中，调整原来在旧大学任教的教授的职位，让他们有一个改造的过程是完全必要的。因为旧的法律被废除了，他们熟悉的一套不适用了，新的知识尚未掌握，他们如何能够胜任新的教学工作呢？我们也承认目前教学质量还不是很高，但这是与苏联的教学质量对比而言的，这是相对的。决不能抹杀我们几年来在教学质量上的巨大成绩，比起旧中国的政法教学质量，我们是进步得多了。更确切地说，我们与旧政法教育的对比，不是高与低的问题，而是革命与反动的问题，两者是根本不同的。右派分子污蔑党和老干部不懂科学，认为要由他们来办学，这是要消灭人民法制而让资本主义法治复辟。

程瑞锟在《驳斥"法律界的党与非党之间"》[①]一文中谈了三个问题。第一，杨兆龙否定司法改革。事实是，1949 年 5 月上海解放时，军管会为了安定革命秩序、保护人民利益，经过短短两个多月的筹备，就创立了上海市人民法院，接管了旧社会原来设在上海的各级法院工作人员和档案。此后三年，在共产党领导下，处理好了几万起案件，取得了一定的成绩。这是应该肯定的一面。杨兆龙抹杀司法改革的意义，提出党与非党之间的矛盾，是讲不通的。第二，杨兆龙丑化工农干部。杨兆龙说法院工农出身的审判员不懂法律（实际上是不懂国民党的"六法全书"），中文程度差，不能独立写判决书。这些观点已被很多先生根据视察本市司法机关亲身了解的情况而驳斥。如果我们从阶级立场上来看，让一大批从"五反"运动中涌现出来的工人积极分子参加法院工作，从思想和组织上纯洁了法院队伍，铲除了资本主义旧法观点最后的据点，政治意义是不可低估的。第三，杨兆龙歪曲了司法改革中对旧法人员的正确安排。司法改革中批判旧法观点是严肃的，对旧法人员的安排是积极恰当的。调出法院的旧法人员，学习期间工资照发，学习期满后都愉快地走上新的工作岗位。而且，调出法院的旧法人员原来也不都是学习旧法的，调往其他单位后反而能学以致用，发挥所长。例如，杨兆龙的弟弟杨东明

---

① 原载于《法学》1957 年第 4 期。

本来是学兽医的，由于与杨兆龙的关系，在国民党统治时期被安排在法院当书记官，1949 年后留在人民法院当书记员，司法改革中他被分配到苏北国营农场当兽医，发挥所长，是再恰当不过的。虽然有极个别分配不当的，但在时机恰当时也是可以调整的，不能引申为党对非党人员的歧视。

实际上，根据党的传统，我们不应该只因出身是旧法就把旧法人员大面积地扫地出门。1936 年 12 月 12 日西安事变和平解决后，为了让红军将士懂得和平解决西安事变的道理和全面抗战的问题，毛泽东在陕北红军大学里作了一次重要报告。他运用陕北老百姓赶毛驴上坡的事例生动地比喻说，老百姓让毛驴上坡有三个办法：一拉、二推、三打。在对待蒋介石抗日的问题上，我们就要像对毛驴上坡一样，他不愿上山，不愿拿枪打日本，我们怎么办呢？就得向老百姓学习，采用对付毛驴的一套办法，拉他和推他，再不干就打他一下。西安事变就是这样，打了他一下，他会上山抗日的。在解决全面抗战的问题上，党贯彻了这一实事求是的思想路线，针对国内消极派、投降派、顽固派的不同特点采取不同的工作方针，团结一切可以团结的力量，建立了全民族统一抗战阵线，取得了抗日战争这一中国近代以来民族解放战争的第一次完全胜利。那么，对待愿意留在新中国为新的法制事业服务的人，难道我们就不能采取"一拉""二推"的办法吗？同时，实事求是地说，总有一些旧法人员是不可能转变立场、树立马克思主义法学观的。对这些人作转岗处理也是正常的。对此，前面已有所述。

（四）对杨兆龙关于无产阶级专政观点的批判

齐乃宽在《无产阶级专政是不受任何法律限制的政权——驳杨兆龙的无产阶级专政学说》①（以下简称"齐文"）一文中说，1957 年 2 月间，在上海市法学会召开的"民主与专政"问题座谈会上，杨兆龙提到列宁关于无产阶级专政的定义，即"专政是直接凭借于强力而不受任何法律限制的政权"，把列宁这一定义转译成"专政是无限制的，不以法律为根据的暴力的政权"，并进一步提出，列宁的这一定义容易让人以为无产阶级专政忽略民主、专政不以法律为根据、迷信暴力等。齐文认为，第一，列宁的无产阶

---

① 原载于《法学》1957 年第 4 期。

级专政理论没有忽视民主。列宁在批驳考茨基的"专政就是毁灭民主"的谬论时指出，专政并不毁灭人民民主，而是毁灭反动阶级的民主。无产阶级专政是真正的人民政权，实现了真正的民主，而对于被推翻的剥削者来说，它是一种暴力即专政。第二，列宁所说的专政不受任何法律限制，并非在说专政可以脱离任何法律，列宁针对的是资产阶级政客认为的法律是万能的、神圣不可侵犯的以及无产阶级不能违反资产阶级的法律。事实上，无产阶级专政的确不能受任何资产阶级法律的约束。第三，列宁说无产阶级专政不受任何资产阶级法律的约束，并非意味着它也可以不受无产阶级法律的约束。无产阶级专政不受任何法律限制与无产阶级专政必须贯彻法治原则是两个问题。

雷经天在上海市人大二届二次会议上发言说，杨兆龙提出社会主义民主是社会主义法治的指导原则，同时还是它的内容。杨兆龙意在把法律当作体现人民内部的民主生活的工具，而不是主要是阶级专政的工具，或过去偏重于专政，今后应偏重于民主，是完全错误的。因为法律是阶级专政的有力工具，有了阶级专政才有法律。任何法律都是为了保护统治阶级的特权和镇压被统治阶级的反抗，从这两个方面来实现阶级专政。①

杨峰认为，杨兆龙提出"讲法律是阶级镇压的工具，这定义是否要改一改？""中国今天镇压对象只有百分之几，百分之九十几的人民要不要法律？""可见法律又是同一阶级内部维持纪律的工具"。杨峰对此批判道，"法律是阶级镇压的工具"这句话不是法律的定义，而是指法律的本质。法律的定义是：法律是经国家制定或认可的、体现统治阶级意志的、由国家强制力保障其适用的行为规则。只要有国家的存在，法律就仍然是阶级镇压的工具。杨兆龙作为"反动透顶的法学家、臭名远扬的实用主义法学派头子庞德的信徒"，不是不知道法律是阶级镇压的工具的道理，而是故意在理论方面对人民的法律进行恶毒的攻击，企图使人民在敌人面前放下武器，束手就擒。②

事实上，仔细琢磨杨兆龙的意思就可以发现，他强调的是两点：一是在无产阶级掌权之后，对敌人的专政应该受到法律的制约，不能随意镇压敌人。这一点是不错的。因

---

① 参见雷经天：《捍卫马列主义法学，驳斥"右派分子"的谬论——在上海市第二届人民代表大会第二次会议的发言》，载《法学》1957 年第 5 期。

② 参见杨峰：《论杨兆龙篡改法律定义的本质》，载《法学》1957 年第 5 期。

为中国人民解放军总部1947年10月10日发布的《关于重新颁布三大纪律八项注意的训令》中就有一条是"不虐待俘虏"。在无产阶级掌权之后，敌人就是我们的俘虏，要依法保障其权益。二是法律对人民内部的犯罪分子也是适用的。敌人越来越少，而人民内部的犯罪分子相应地会显得越来越多，所以不能只把法律视为对敌专政的工具。杨兆龙的这一观点是不错的。1957年2月，毛泽东在《关于正确处理人民内部矛盾的问题》讲话中明确说过，人民中间的犯法分子也要受到法律的制裁。

（五）对杨兆龙关于加快社会主义立法步伐观点的批判

江振良在《不允许"右派分子"破坏我国的立法路线》[①]一文中提出，自人民政权建立之后，就存在着两条不同的立法路线。一条是人民民主的立法路线，它是在共产党领导下，在民主集中制原则指导下的人民群众的立法路线。其办法是，由党和政府根据工人阶级的阶级意志，实事求是地总结革命斗争的经验，提出初稿，并在这个基础上经过人民群众的广泛的民主讨论（或征求意见）和立法机关的审议通过后定稿，成为正式的法律，颁布施行。另一条是资产阶级的立法路线，是在资产阶级操纵下的、由少数上层分子（即资产阶级及其走狗）包办的闭门造车的立法路线。其总方针是少数人独裁包办的、继承旧法制的方针，其办法是由资产阶级聘请、收买一些他们称心如意的法学家或立法委员，根据有利于资产阶级统治的原则，搜罗和抄袭本国或外国的旧法制，并在这个基础上稍微补充、修改后编成法典；在国会或立法院审读通过后便成为正式法律，颁布施行。杨兆龙主张的是第二条立法路线。我们是否如同杨兆龙所说的那样，制定法典太迟了呢？不是。不可否认，我们是缺乏一些急需的比较完整的基本法律，如民法、刑法、诉讼法等，但不能就此得出结论说我们没有法制。中华人民共和国成立后，我们颁布了诸如《宪法》《土地改革法》《婚姻法》《镇压反革命条例》等法律法规。应该指出的是，在革命的暴风雨时期，法制不够完备的状态是一种不可避免的正常现象。因为革命的暴风雨时期的主要任务是发动群众直接行动，破坏反动秩序，建立革命秩序，不能使法制不利于人民群众的斗争。同时，革命时期的形势千变万化，法制客观上必须经

---

① 原载于《法学》1957年第5期。

过一个从简单到复杂、从通则到细则、从单行法到法典的过程。不顾这些特殊情况，而责难我们"迟迟不颁布法典"是没有道理的。

王召棠在《驳"右派分子"关于人权保障问题的谬论》①一文中提出，制定法典只是立法的形式之一，立法是根据实际需要而确定的。当社会具体情况需要一整套的刑法典、民法典时，国家就制定刑法典、民法典；还不需要制定法典时，就会颁布一些暂行条例、决定、指示等来作为共同遵守的规范。这样才是最符合群众利益的。因为在这个时期，政治、经济各方面的变化很大，阶级斗争界限很明显，群众需要的不是复杂而难以理解的条文，而是简单明了、便于掌握的政策、法令，这样才能既及时保障自己的利益，又能推动革命运动的深入发展。所以，在革命的暴风雨时期不颁布一套"完备而专门化的法典"，正是从保障人民利益出发的，并不是"没有完备的法典就不能保障人民的基本权利"。

1956年9月，刘少奇在党的八大报告中明确指出："现在，革命的暴风雨时期已经过去了，新的生产关系已经建立起来，斗争的任务已经变为保护社会生产力的顺利发展，……制定完备的法制就是完全必要的了。"周恩来1957年在国务院《政府工作报告》中指出："在国家建立之初，特别是过渡时期，政治经济情况变动很快，在各方面都制定带有根本性的长期适用的法律是有困难的。例如民法、刑法，在生产资料私人所有制的社会主义改造没有基本完成，社会主义所有制没有完全确立以前，是难以制定的。在这种情况下，国家颁布暂行条例、决定、指示等等来作为共同遵守的工作规范，是必要的、适当的。只有在这些条例、决定、指示行之有效的基础上，才可以总结经验，制定长期适用的法律。"

笔者认为，刘少奇、周恩来说得合理。因为法律只能调整稳定的社会关系，在社会关系处于激烈动荡的时期，是无法制定法典的。但是，杨兆龙批评没有及时制定基本法典，属于学术争议，出发点是为了社会主义制度的完善，不属于反党反社会主义。况且，这不是他一个人的看法，当时许多法律工作者都持有这种观点。董必武在党的八大会议上的发言中也呼吁要尽快制定重要法典，杨兆龙十分佩服董必武，他其实也是想附

---

① 原载于《法学》1957年第6期。

和一下董必武的观点。

（六）对杨兆龙关于法治建设中存在"只要政策，不要法律"观点的批判

王绎亭、高呈祥、李峻勇、叶松亭在《论法律与政治的关系——驳右派分子杨兆龙所谓"法律不能跟政治走"的谬论》① 一文中认为，杨兆龙批评新中国法制建设中存在"误认政策就是法律""只懂政策不懂法律""以政策代替法律"等问题，完全是歪曲事实。一是党和政府从来没有说过政策就是法律；二是解决法律问题必须懂得党和国家的各项政策，否则任何法律问题都是不能解决的。政策是法律的灵魂，法律是政策的条文化，法律是实现政策的主要工具，政策对法律具有决定性的指导意义。人民政法工作的办事原则是：有法律规定的，就依据政策、按照法律规定办事；没有法律规定的，就依据政策办事。这是我国法制的特点。

党的政策是法律的灵魂，法律是党的主张的法律化，这无疑是正确的。关键问题是，党的政策一定要通过立法部门依法制定为法律方具有普遍约束力。因为党的政策严格说来只对党员有约束力，对非党员是没有约束力的。列宁早就指出，共产党既不能立法，也不能执法。所谓政法机关的办事原则是有法依法、没有法依照政策的观点，不是依法治国、依法执政的正确理念。

总体而言，1957 年反右派斗争中对杨兆龙学术观点的批判，少部分属于正常的学术探讨。比如，对中华人民共和国成立之后是否应立即制定基本法典的争议，对苏联、东欧社会主义国家究竟是怎样对待旧法的争议，等等。但是，大多数是不太讲道理的，就是简单地从政治上扣个"帽子"，然后把人骂倒。当然，多数人是奉命而作或是借批判自保。

有人说，"百花齐放"是指无产阶级范围的"香花"齐放，不包括资产阶级的"毒草"。笔者对此有疑问，从生态平衡的观点来看，香花和毒草是并生并存的，只让香花开放，不让毒草生存，是不符合生态规律的。此外，"香花"和"毒草"有时又是相对的，即此时被视为"毒草"，彼时则可能被证明是"香花"。毛泽东 1957 年 2 月在《关

---

① 原载于《法学》1958 年第 1 期。

于正确处理人民内部矛盾的问题》中指出："为了判断正确的东西和错误的东西，常常需要有考验的时间。历史上新的正确的东西，在开始的时候常常得不到多数人承认，只能在斗争中曲折地发展。正确的东西，好的东西，人们一开始常常不承认它们是香花，反而把它们看作毒草。哥白尼关于太阳系的学说，达尔文的进化论，都曾经被看作是错误的东西，都曾经经历艰苦的斗争。我国历史上也有许多这样的事例。同旧社会比较起来，在社会主义社会中，新生事物的成长条件，和过去根本不同了，好得多了。但是压抑新生力量，压抑合理的意见，仍然是常有的事。不是由于有意压抑，只是由于鉴别不清，也会妨碍新生事物的成长。因此，对于科学上、艺术上的是非，应当保持慎重的态度，提倡自由讨论，不要轻率地作结论。我们认为，采取这种态度可以帮助科学和艺术得到比较顺利的发展。""马克思主义也是在斗争中发展起来的。马克思主义在开始的时候受过种种打击，被认为是毒草。现在它在世界上的许多地方还在继续受打击，还被认为是毒草。在社会主义国家里，马克思主义的地位不同了。但是就是在社会主义国家，还是有非马克思主义的思想存在，也有反马克思主义的思想存在。在我国，虽然社会主义改造，在所有制方面说来，已经基本完成，革命时期的大规模的急风暴雨式的群众阶级斗争已经基本结束，但是，被推翻的地主买办阶级的残余还是存在，资产阶级还是存在，小资产阶级刚刚在改造。阶级斗争并没有结束。无产阶级和资产阶级之间的阶级斗争，各派政治力量之间的阶级斗争，无产阶级和资产阶级之间在意识形态方面的阶级斗争，还是长时期的，曲折的，有时甚至是很激烈的。无产阶级要按照自己的世界观改造世界，资产阶级也要按照自己的世界观改造世界。在这一方面，社会主义和资本主义之间谁胜谁负的问题还没有真正解决。无论在全人口中间，或者在知识分子中间，马克思主义者仍然是少数。因此，马克思主义仍然必须在斗争中发展。马克思主义必须在斗争中才能发展，不但过去是这样，现在是这样，将来也必然还是这样。正确的东西总是在同错误的东西作斗争的过程中发展起来的。真的、善的、美的东西总是在同假的、恶的、丑的东西相比较而存在，相斗争而发展的。当着某一种错误的东西被人类普遍地抛弃，某一种真理被人类普遍地接受的时候，更加新的真理又在同新的错误意见做斗争。

这种斗争永远不会完结。这是真理发展的规律，当然也是马克思主义发展的规律。"①

如果"香花"和"毒草"彼此纠葛在一起，那怎样识别、对待"毒草"呢？毛泽东指出："百花齐放、百家争鸣这两个口号，就字面看，是没有阶级性的，无产阶级可以利用它们，资产阶级也可以利用它们，其他的人们也可以利用它们。所谓香花和毒草，各个阶级、阶层和社会集团也有各自的看法。那末，从广大人民群众的观点看来，究竟什么是我们今天辨别香花和毒草的标准呢？在我国人民的政治生活中，应当怎样来判断我们的言论和行动的是非呢？我们以为，根据我国的宪法的原则，根据我国最大多数人民的意志和我国各党派历次宣布的共同的政治主张，这种标准可以大致规定如下：（一）有利于团结全国各族人民，而不是分裂人民；（二）有利于社会主义改造和社会主义建设，而不是不利于社会主义改造和社会主义建设；（三）有利于巩固人民民主专政，而不是破坏或者削弱这个专政；（四）有利于巩固民主集中制，而不是破坏或者削弱这个制度；（五）有利于巩固共产党的领导，而不是摆脱或者削弱这种领导；（六）有利于社会主义的国际团结和全世界爱好和平人民的国际团结，而不是有损于这些团结。这六条标准中，最重要的是社会主义道路和党的领导两条。提出这些标准，是为了帮助人民发展对于各种问题的自由讨论，而不是为了妨碍这种讨论。不赞成这些标准的人们仍然可以提出自己的意见来辩论。但是大多数人有了明确的标准，就可以使批评和自我批评沿着正确的轨道前进，就可以用这些标准去鉴别人们的言论行动是否正确，究竟是香花还是毒草。这是一些政治标准。为了鉴别科学论点的正确或者错误，艺术作品的艺术水准如何，当然还需要一些各自的标准。但是这六条政治标准对于任何科学艺术的活动也都是适用的。"② 因此，对何为"香花"何为"毒草"的判断，正常的办法是辩论，真理越辩越明，思想认识的问题只能是通过说服教育来解决。

毛泽东提出的区分"香花"和"毒草"的六条政治标准是及时和必要的，但它毕竟只是原则或政策，而非内涵、外延清晰的具体操作规范。立法部门应该根据这六条政

---

① 中共中央文献研究室编：《建国以来重要文献选编》（第十册），中央文献出版社 1992 年版，第 88、89、90 页。

② 同上书，第 93、94 页。

治标准制定具体可行的法律实体标准和程序认定标准，否则就难免会发生操作者高下由心的情况。在相当长的一段时期内，党习惯用原则、政策解决一些重大问题，而不习惯用清晰的法律规范解决问题，这是欠缺法治思维的一个重要表现。

重政策，轻法律，以政策代替法律的习惯，与党在长期战争环境中领导革命所养成的习惯有关。一件事情来了，老百姓总是问，这是不是党的政策？毛泽东曾说，中央给你们的就是政策。其时，农村根据地长期被敌分割，交通不便，党中央给各地的只能是政策。革命根据地的政权也有些法律，但有限，也很简单。就全国范围来讲，法律是国民党的或外来侵略者的。如果要讲法律，就不能革命，就是维护三大敌人的统治。那时，对反动统治阶级要"无法无天"，在人民内部则主要讲政策。这是一个历史阶段。大多数革命战争时期成长起来的干部，或多或少也养成了那个时期的一些工作习惯。政策被当作革命胜利的法宝，政策和策略是党的生命。而法律被当作反动阶级压迫的工具，革命的人民就是要"无法无天"。这种观念即使在共产党领导人民取得自己的政权后，在很长时期内也没有多大改变。即习惯用政策并能将政策娴熟地运用自如，法律却一直被忽视，甚至常常被置于受批判的地位。

政策之所以被提到很高的位置，被党成功地运用于领导战争和国家建设，是因为政策有其异于法律的特点。政策的特点在于：（1）决策的果断性。由于政策的决策通常是由领导层的少数几个人作出的，基本上是一个会议或者至多是几天的会议就能制定一项政策。所以，制定政策比制定法律快速、果断得多。（2）灵活性。包括制定政策的灵活性和运用政策的灵活性。由于政策是少数领导人制定的，可以根据新的情况和需要迅速改变。所以，很多人觉得政策多变。同时，政策是比较原则的，它只对需要解决的问题提出一个目标、原则或计划，运用起来比较灵活。（3）执行效应快。政策传播快捷而又广泛深入。它的传播渠道主要是两种：一是新闻媒体和其他宣传工具，如报纸、广播、电视以及标语、板报等，可以把政策直接带到千家万户。二是发文件，开会传达。如果说前者是广泛向群众宣传，后者则是重点让执行、运用政策的干部和骨干掌握政策。由于政策常常通过开会等方式面对面地传达，这些方式具有既快捷又能强化接受的作用。由于政策能够通过上述途径很快被广大干部群众掌握，因此它往往很快就会收到执行的效果。（4）政策很适应党的领导方法。共产党的领导方法是民主集中制，严格的上下级领导关系；依靠庞大的执行政策的干部队伍；宣传鼓动，发动群众；等等。这些方法使得党能够灵活、方便、有效地实行领导。

任何社会都需要政策，政策有其特有的作用和使命。它具有一种方向性、阶段性，能够起指导性作用。没有政策就没有社会的有目的发展，也没有法律的适时制定和实施。问题是它不能过于膨胀和泛化，不能充斥整个社会或者排斥法律的作用。实际上，政策的特性决定了它根本不可能取代法律的作用。这是因为，法律具有广泛的民意基础，具有明确的规范性和可操作性，具有稳定性和后果的可测性。而过于依靠政策将使社会处于一种缺少明确的行为规范和准则，缺少有效的秩序和稳定发展状态。① 法律则具有安定性，可以使人免于恐怖，可以使人预知自己的行为后果。因此，和平时期须以法治为常态。

---

① 参见蔡定剑、刘丹：《从政策社会到法治社会——兼论政策对法制建设的消极影响》，载《中外法学》1999 年第 2 期。

第八章 经历人生至暗时刻

一、被 捕

据原复旦大学法律系学生卜宗商回忆，反右期间对杨兆龙学术观点的批判，多数人内心是不服气的，有种"欲加之罪，何患无辞"的感觉。但是，当组织上抛出杨兆龙解放前"杀害王孝和"的"历史事实"时，人们确实感到震惊，因为此前人们都把他当作"释放共产党'政治犯'的名人、进步人士"看待。为此，卜宗商专门到已被划为右派的杨兆龙家里询问，杨兆龙简单地告知他那只是不知情的例行会签而已，而且此事在1952年思想改造运动中已作了说明，"肃反"运动后也有结论。

更加严重的是，"肃反"时的老问题又冒出来了：杨兆龙解放前夕为什么留在大陆？他是不是潜伏特务？杨黎明对笔者说："1957年以后，我们家就被人盯着了，当时家里甚至有窃听器，我们都不知道。保姆也是公安局派来的。而且，不光父亲被盯，我也被盯了。那时，我在杭州，有两个难友来跟我说：'杨医师，他们叫我盯着你。'后来，我还算运气好，右派'帽子'摘掉了。但实际上，他们对我们家的监视从来没放松。有一次，我母亲拎了个小皮箱来看我。同室的人就被叫去，问里面是什么东西，是不是炸弹，有没有反动的东西……"

1958 年 4 月，杨兆龙被取消教授职务及工资待遇，每月只有生活费 35 元，并被限期迁居。据当时同为右派的华东政法学院副教务长、20 世纪 20 年代就入党的王亚文回忆，杨兆龙被强迫去抬石头，劳动改造，以致咯血住院，病情迁延近两年。

1959 年，复旦大学法律系与华东政法学院合并成立上海社会科学院，杨兆龙改由该院管理。1960 年，杨兆龙的生活费增加到每月 100 元。这年年初的一个夜晚，东吴大学法学院 1952 届毕业生王平生与杨兆龙在上海市江苏路路口公交车站偶遇。杨兆龙说："他们待我还好，给我 100 元一月，不做事。"双方满腹言辞，但不敢多叙，匆匆而别，杨兆龙挥手叮嘱王平生"多多保重"。两人未曾料及，师生此别实成永别。杨家以为天气渐渐由阴转晴了，但没想到一场更大的风暴在向他们袭来。

杨兆龙在东吴大学法学院任教时，有个学生叫饶大笏，曾担任学生自治会主席，因而和杨兆龙认识。饶大笏结婚时，杨兆龙担任证婚人，倪征𣈱担任主婚人。此后，杨、饶交往更密。饶大笏的同事张良俊表面上是个服刑期满释放人员，担任会计的同时担负公安机关委派给他的通过饶大笏接近杨兆龙的秘密任务。为什么说张良俊是表面上刑满释放呢？因为中华人民共和国成立之初，在刑事案件侦查中利用情报人员（包括狱侦耳目）侦破案件、获取证据是政法机关常用的一种手段。这些人被称为"卧底""耳目""线人""眼线"等。改革开放前，设置耳目主要是侦破土匪、恶霸、特务、反动会道门、反动党团骨干等案件。改革开放后，国家对狱侦耳目的使用进行了规范。1984 年，公安部门制定并下发《刑事特情工作细则》，规范使用狱侦耳目制度。1997 年，司法部制定并下发《狱内侦查工作规定》，明确指出"狱内耳目是监狱从在押罪犯中建立和使用的秘密力量，是在干警的直接管理下，收集掌握罪犯思想动态和重新犯罪活动线索，获取罪证、侦查破案的专门手段之一，是狱内侦查工作的一项重要业务建设"。因此，张良俊很可能是一个服刑未满、能帮助公安机关破案立功则可减刑的耳目。而饶大笏性格开朗，从无防人之心，不加思考和怀疑便视张良俊为朋友。张多次在饶面前表达对杨兆龙的崇拜和渴望面见之意，后饶便介绍他与杨相识。从那以后，张良俊就经常独自一人到杨家拜访，表达对杨兆龙遭遇的莫大同情和对政府做法的愤慨。

杨黎明也是后来才知道个中原委："1973年后，我才从卜宗商处知道这个张某是一个劳改释放人员，负有特殊使命。他和饶大笋是中华医学会的同事，饶对张的特殊身份却毫不知情。后来，我偶然得知中华医学会的一个负责人也是因为上了张某的当被关进了监狱。张某与我父亲来往，就是企图诱使我父亲逃离中国，以便在实施过程中把我父亲当场逮捕，处以重刑。"据杨黎明回忆，张良俊总是说同情杨兆龙的话，慢慢骗取了杨兆龙的信任。他总是说："杨先生，你这样的人才，在大陆受这样的委屈，实在太不应该。"后来就进一步问："杨先生，你受了这么大的委屈，怎么没想过出去？"杨兆龙说："我若想出国，1948年早已成行，何待今日？现在绝无此意。"张并且试探说："我有两个朋友在广州的渔船上，他们可以在出海捕鱼的时候把你带出去，只是纯粹为了要些经济报酬。"杨兆龙说："这不行，这是要被杀头的。"再说，杨兆龙是被蒋介石通缉的，他的后路已经被断掉。

1960年夏天，已被打成右派的卜宗商接到通知，他被分配到新疆生产建设兵团。卜宗商不愿意去，他说："不是我怕苦，我实在是舍不得年迈的祖母、多病的母亲和两个未成年的弟弟。无论我如何哀求，学校就是不肯改变分配方案，甚至要我全家一同迁往新疆。"卜宗商到杨家求助，杨兆龙十分同情卜，万般无奈之下，遂告知卜他有个叫张良俊的朋友，或有办法帮他去香港求学。于是，卜宗商去见了张良俊。张在自己家里接待了他，告诉他有个在晨风旅行社工作的人，也是杨兆龙的学生，对杨先生的遭遇很同情，因此愿意帮助杨先生及其亲友出境。卜宗商说此事重大，要再回乡商量一下。张本来不想让卜回家，让他就在上海候消息，但卜执意回去。张只好敦促他早日回沪。卜回到家后只说自己要去新疆，隐去了张良俊的"善举"。家人表示不愿随他去新疆，并劝他到新疆后找机会早点回老家。

卜宗商回到上海后又去见了张良俊，张神情紧张地说形势很紧，全市正追查"中庸党事件"，约他到杨家具体商谈决定。1960年7月5日，张、卜一起到达杨家。张要卜去广州德政北街找一个叫王家琪的人，由王送他去香港或澳门。卜说自己在香港或澳门举目无亲，去了无法生存。杨兆龙说："你去那里读书，如果需要帮忙的话，我可以给你介绍几个人。"并顺手在一张纸上写了几个过去的朋友的名字，给了卜。

张良俊向卜宗商提出："我帮了你这个忙，你要给我2000元报酬。"卜说自己是个穷学生，没有钱。张就让卜先打个欠条，等到香港有了钱再还回来。卜于是提笔写道："兹因急需，借得人民币贰仟元整，六个月后归还。"写完后，张又要杨兆龙签字作保。

卜宗商走出杨家后，并没有按照张良俊的要求立即去火车站买票，而是在附近的马路上徘徊、思忖。他感觉张良俊这个人不像是一个古道热肠、仗义而行的人，不能这样轻易地信任他。于是，卜宗商又返回杨家，向杨兆龙表示他决定不去香港，而是服从组织派遣去新疆。杨说，既然你决定不去，那就赶快回学校表个态度，给学校留个好印象。杨还提醒卜去张良俊那里取回那张欠条，以免留下后患。

卜觉得杨的提醒有道理，急忙赶到张良俊家索要那张欠条，并明确告诉张他决定不去广州，而是要回学校。张对卜不去广州很恼火，硬是不肯将欠条退还给卜，一会儿说不见了，一会儿用别的话搪塞。二人纠缠了很久，张良俊说"既然不去广州，欠条自然失效"，还说"我会烧掉的"。事后，卜宗商猜测那张欠条早已不在他手里，而是交给什么部门了，故而只好如此应付。

卜宗商回到学校后，便积极整理去新疆的行装。学校决定7月10日为去新疆的毕业生办理行李托运，毕业生们定于11日乘车西行。

7月9日晚，卜宗商再次去向张良俊要那张欠条，张却摸出了一张火车票，塞在卜口袋里说"大丈夫做事不要出尔反尔，你再考虑考虑！如果去，这张票可以用；如果不去，就退票把钱还给我。我还有事，要出去。"然后，把卜强行推出门外，张自己也出了门。卜决定去火车站退票，此时他忽然发现，该车票是到江西省南昌市南昌县向塘镇的票。但是，卜宗商为了能到火车站站台买到一点食品而犯了个致命的错误：那个年代食品短缺，但凭一张火车票可以买两张站台票、凭一张站台票可以在火车站买两个不要粮票的面包。卜宗商过去曾经几次通过买短途车票（如上海站至真如站）的办法买些食品累积起来，然后邮寄或托人带给农村的亲人。所以，这次他也想利用张良俊给的火车票先买站台票，再买食品。

1960年7月10日清晨，卜宗商和其他赴疆的同学一道忙着搬运行李，去上海北站办理托运，系主任李润玉等来看大家，卜宗商对李说："我晚上回来有事向你汇报。"他微笑着点点头。事后，卜宗商承认"这是我犯下的又一个致命的错误，为什么不当时就向他报告这些事呢？我以学校—上海—国境之间相距那么遥远，只要我人在上海，怎能说我偷越国境呢？况且不是我要去，是别人要我去，而我一再拒绝。再说事情已过去了几天，大概也没有危险了。我很自信，但自信过分就是失误。"傍晚，卜宗商来到火车站，老远就看见张良俊站立在车站入口处，虎视眈眈地在寻找什么。张看见卜后点点头，露出诡谲的神色。卜径直走到食品柜前，正欲购买食品，突然有人拍其肩，说有事要找他谈谈。卜起初以为是购买食品遇到了麻烦，但在他被几个人带进一间办公室核对姓名后却被告知："你被捕了！"随即要他在逮捕证上签字。此时，卜宗商非常冷静，看见签发逮捕证的日期是 1960 年 7 月 5 日，听见旁边有人打电话"一切很顺利"，他终于明白为什么 5 日签发了逮捕证要拖到今日才逮捕他。因为当时还没有抓到他逃跑的证据，要经过精心安排，才成功上演这场"逃跑"的戏。

卜宗商自认为没有什么罪，主动将认识杨兆龙的经过以及同张良俊接触的情况和盘供出。审讯者将张良俊交上去的那张欠条和从卜身上搜出来的杨兆龙给卜写的那张纸条让卜宗商辨认，然后对他说："你如果不认识杨兆龙，就不会当右派；当了右派后，如果不与杨兆龙往来，也不会有今天的下场。"卜宗商顿时明白他和杨兆龙的关系已招来大祸。那名审讯者还提了一句："他们（指杨兆龙和张良俊）也没有好下场！"卜宗商想，只有杨兆龙、张良俊两人有告发之嫌，将来出狱后一定要搞清这事。出狱后，他果真亲自跑到杨家、张家进行调查。杨家的邻居告诉他，杨家已家破人亡，邻居还把杨黎明当时在浙江海宁的地址给了他。他又找到张良俊的家，问张太太："张先生还好吗？"张太太说："还好，只是有点高血压。今天外出了。"此后，他特地到浙江海宁看望杨黎明，详述了他受害的经过。

卜宗商被捕后过了几天，换了一名审讯员继续审讯他。该审讯员不再问被捕当天交代过的事情，而是着重要他交代参加"杨兆龙叛国投敌集团"活动的情况。卜极为震惊地申辩："这完全是没有的事！

"你没有参加他们的组织，他们能送你出国吗？"该审讯员问。

卜答："我没有出国。这纯粹是你们的圈套。"该审讯员听了一怔，问卜有何根据，卜说："我被你们抓来就是根据。"

后来，卜又被审讯多次，都是要他交代参加"杨兆龙叛国投敌集团"活动的情况，卜都无话可说。

有一天，该审讯员改变了策略，说卜如果好好交代参与"杨兆龙叛国投敌集团"活动的情况，就可以放他出去；如果抗拒，则先关他十年，再判二十年徒刑。卜觉得自己不能因为身陷囹圄、渴望自由而捏造事实欺骗政府和陷害别人，因此再一次坚持他没有参加杨兆龙的组织，也没有发现杨兆龙有什么特务活动。

以上是卜宗商自述的经过。但是，有一份材料显示，卜宗商在看守所中开始是对抗、不认罪，后来他承认自己被划成右派后想去国外。这份材料的大意是，卜宗商主动告诉杨兆龙他想去印度，因为中印是友好国家。卜想去印度驻沪领事馆，请他们收留他，并办理去印度的手续。杨认为这很危险，觉得卜应该偷渡到澳门①，具体可以找张良俊帮忙。张良俊告诉卜宗商，他有一套偷渡办法。杨兆龙说，到了澳门可以去找国民党特派员。同时，张良俊检举，卜宗商不服从学校分配，与其师杨兆龙商量，让印度驻沪领事馆设法帮助其出境。杨于 1960 年 7 月 5 日将卜宗商介绍给张良俊，托张设法通过广州的关系帮助卜偷越边境进入澳门，然后卜可以去找国民党在澳门的机构给他介绍工作。卜愿出 2000 元代价作为酬劳，并已写好欠条。此外，这份材料还显示，卜宗商在反右后仍不服罪，表现恶劣，要求所谓平等，在监督劳动时煽动旁人磨洋工，散布谬论，如说"匈牙利事件"内因是主要的。

1961 年 6 月 20 日，卜宗商被押到上海福州路一间法庭。庭内只有 4 个人：法官、检察官、书记员和卜。上海市人民检察院分院的起诉书（〈60〉沪检刑诉字第 543 号）如下："被告卜宗商，化名王宗海，男，二十六岁，江苏镇江人。逮捕前在上海社会科学院读书。② 因反革命案，于一九六〇年七月十日为上海市公安局依法逮捕。现侦讯终结，移送本院起诉。""经本院检察查明：被告卜宗商是一个资产阶级右派分子，一贯反抗社会主义革命，敌视、破坏社会主义建设。一九五七年，被告趁整风运动之机进行了一系列的反抗社会主义活动，反对社会主义的政治制度和国家的基本政策。经过严肃斗争和宽大处理，仍坚持反动立场，抗拒改造，一九六〇年竟图谋偷越边境，进行叛国活

---

① 关于偷渡前往澳门还是香港，不同的人、不同的材料中讲法不太一致。

② 卜宗商入校时为复旦大学法律系。1958 年，复旦大学法律系、华东政法学院等合并成立上海社会科学院。所以，起诉书说卜被捕前在上海社会科学院读书。

动。""综上所述，被告卜宗商，坚持反动立场，抗拒改造，进行叛国活动，已触犯《中华人民共和国惩治反革命条例》第十一条所列举的罪行，应依法制裁。为此，本院特提起公诉，请予惩处。"

对卜宗商的审判进行得简单而又短暂，用现在的标准衡量，连简易程序都没有做到，只要求卜回答起诉书中指控的罪行。卜宗商拒不承认进行叛国活动，要求和张良俊、杨兆龙对质，但被置之不理。法庭当庭宣判卜宗商有期徒刑 9 年。大约过了一个星期，卜宗商收到上海市中级人民法院的刑事判决书："被告卜宗商，在 1957 年整风运动时，乘机向党进攻。在成为右派分子后，仍不思悔改，于 1960 年夏天偷越边境进行叛国活动。被告在潜逃途中被我公安机关查获逮捕。""本庭认为：被告卜宗商是一个进行叛国活动的现行反革命分子，捕后狡赖罪行，应予从严惩处。兹根据《中华人民共和国惩治反革命条例》第十一条的规定，特判决如下：判处被告卜宗商有期徒刑玖年。"

卜宗商身上所发生的这些事情，杨兆龙当时毫不知情。张良俊向杨兆龙谎称卜宗商已安抵香港，并在几天后又出示一封卜给杨的感谢信（卜后来说他根本没有写过，大概是别人模仿他的笔迹伪造的），这使杨对张更加深信不疑。

1964 年，因为杨兆龙的"归案"，卜宗商终于可以和家里通信了，此前谁都没有他的音讯。卜出狱后发现，杨家已经家破人亡，而张良俊平安无事，他就明白了。他千方百计打听到了杨黎明在浙江海宁的地址，特意过去跟她讲了这些事。杨兆龙则是一直到1975 年 12 月 15 日特赦、1976 年到海宁后才知此事。杨兆龙在看守所时，承办人告诉他："张良俊和你一样，花岗石的脑袋，死不肯交代。"所以，他一直以为最对不起的人是张良俊。出狱后，杨黎明告诉他："你最对不起的人是卜宗商和饶大笋，他们都被捕和判刑了。"他说："卜宗商早到了香港了！饶大笋有什么事？"杨黎说："你完全被蒙在鼓里了。"后来，卜宗商又特意去海宁看望杨兆龙，受骗上当的师生二人抱头痛哭。此是后话。

在卜宗商"安抵香港"之后，杨兆龙正在上海交通大学读书的小儿杨定亚因为受杨兆龙牵连而被划为右派。在上海县七宝镇劳动考察两年多后，学校又通知他到新疆去劳动。沙溯因觉得杨定亚患有十二指肠溃疡，曾因大出血休克而抢救。再说，他大学只读了一年，他那么聪明，不能继续读书真是太可惜了。如果去新疆，既断了复学之路，还可能小命不保。沙溯因为此愁肠百结。杨兆龙遂告知她卜宗商去香港之事，并说如果实在舍不得儿子的话，只有走卜宗商的路。沙溯因大惊："他不是去新疆了吗？"她此时方知他之前为卜宗商与张良俊联系之事。

杨兆龙夫妇的爱子之情，以及脑海里"万般皆下品，惟有读书高"的传统观念促使沙溯因下定决心，向张良俊提出请他送杨定亚通过香港到美国读书（沙溯因事后曾说："如果我不同意，就绝不会有这事。"）。张良俊欣然答应，并问杨定亚到美国找谁念书，杨兆龙说找哈佛大学法学院庞德老师吧。

张良俊挑了一个日子，让杨定亚去到广州，住进他指定的宾馆。几天后，张良俊指定的联络人告知杨定亚，目前没有机会，让他先返沪。不久，上海交通大学为杨定亚摘去右派"帽子"，并允许其复学。这实际上是为了进一步查清所谓"杨兆龙叛国投敌集团"究竟还有哪些成员而实施的欲擒故纵的计策。

这样过了两年多，并未发现"杨兆龙叛国投敌集团"还有什么成员。1963 年 9 月 23 日晚上，突然有自称是居委会组长的人敲杨家的门，说是要查卫生。进门后，七八个便衣警察直奔楼上，见到杨兆龙就说："杨兆龙，你被捕了！"杨兆龙问："什么事？""你自己知道！"然后，他们就把杨兆龙铐上手铐带走了。沙溯因追上去，给丈夫披上一件外套。大约五分钟后，又有警察上门对杨定亚说："你跟我到派出所去谈谈吧！"杨定亚出门后，看到街上停着两辆警用吉普车，他就明白了。民警带他上了后一辆车，出示了逮捕证。

饶大笋作为"杨兆龙叛国投敌集团"的同案犯也于同晚被捕，但直到 1971 年才被判决，其间一直无人通知其亲属。1974 年，饶的女儿的工作单位——上海协大祥绸布店的领导告诉她饶大笋已去世，并说他犯了重罪。饶的罪行有三：一是参加了"杨兆龙叛国投敌集团"，进行变天活动；二是与杨兆龙共同策划叛国投敌活动；三是收听外台（敌台）。上海市高级人民法院 1979 年 12 月的《刑事判决书》（〈79〉沪高刑复字第 2696 号）作了如下判决："饶大笋，男，一九三六年生，四川省璧山县人，原系上海市结核病中心防治所职工，住本市盛泽路五弄三号。饶大笋一案，由中国人民解放军上海市公检法军事管制委员会于一九七一年六月二日以反革命罪判处有期徒刑十五年。一九七三年病亡。经本院复查查明，饶大笋系杨兆龙的学生，在三年自然灾害期间，曾收听外台广播，讲过一些错话。其后，因同情杨兆龙的政治遭遇，又曾受托为谋求杨子出国求学问题效力，尚未构成犯罪，原判以大肆散步反革命言论及积极参与叛国投敌罪论处是错误的，应予纠正。为此，本院特重新判决如下：一、撤销中国人民解放军公检法军事管制委员会（71）沪公军审刑字第118号判决；二、对饶大笏宣告无罪。"

饶大笏的妻子根本不知道他究竟犯了什么罪，也未料到1963年一别竟是这对年轻夫妻的永诀，而且她什么都无法知道。在1979年12月上海市高级人民法院为饶大笏改正后，她所在的上海市第五人民医院出于人道给了她3000元抚恤金。

杨兆龙被捕后不久，某上海市领导在一次政协会议上放风："杨兆龙写信给联合国，要求联合国出兵干涉中国内政，因此被捕。"1975年杨兆龙特赦出狱后，杨黎明曾问父亲可有此事，杨兆龙答曰："若真有此事，我还能活着出来吗？"在杨兆龙被捕之后，沙轶因从南京出差来沪时曾对姐姐沙溯因说："这次龙哥可出大事了，他勾结外国反动势力。"

回过头去看，当年将杨兆龙定为"叛国投敌"犯罪分子的"逻辑"是：第一步，杨兆龙呼吁加强法治就是反对党的领导、攻击社会主义制度、否定解放后历次政治运动的合法性等，因此他是右派分子。第二步，杨兆龙成为右派分子绝非偶然，他当过国民党代理最高检察长，有历史根源。杨兆龙之所以留在大陆，或者是想跟着国民党去台湾，后因没搞到机票而没去成；或者是有机会去台湾和国外，但受国民党指示而潜伏下来进行破坏活动。第三步，为了搞清楚杨兆龙是不是潜伏下来的特务分子，就要有相关的证据来证实。于是，有关部门就通过张良俊"导演"了杨兆龙送学生卜宗商、送儿子杨定亚"叛国投敌"的"折子戏"。

在今天看来，这完全缺乏逻辑。第一，杨兆龙呼吁加强法治是响应党的八大号召。第二，杨兆龙之所以响应党的号召，是因为他早在中华人民共和国成立前就相信新中国也需要他这样的法学人才，他依然可以施展自己的才能。同时，他生性是个热心人，同情并喜欢帮助弱者，因此他答应地下党南京市委的要求，相机营救三名已被判决的中央大学学生，这才违背心愿去担任国民政府末任代理最高检察长，并借机下令释放一大批"政治犯"。第三，因为党在1957年以后背离了八大所确立的正确路线，把呼吁加强法治错误地视为"攻击党的领导"，杨兆龙因而被错打成右派。第四，杨兆龙是一个教师，他有爱护学生之心；他是一个父亲，有爱子之心。当他看到学生、儿子因为自己而受牵连，被打成右派，他难过、自责。因此，当张良俊说有机会出去，鼓动他送学生、儿子"偷越国境"以达读书目的时，一介书生的他信以为真，觉得出去读个书，又不是搞政治活动，于情于理都说得过去。中国历来是"天理""人情"高于"国法"，西方也历来坚持自然法高过人间法。因此，杨兆龙想送学生、儿子偷越国境去读书，是不得已而为之，道义上无可非议。

杨黎明曾在发给笔者的电邮中说："我父亲的冤案，主要冤在有人违背法律底线以及用了反人道的手法，设陷诱其坠入。这种做法，即使在古代，也是不允许使用的。《唐律疏议》规定：'诸诈教诱人使犯法，及和令人犯法，即捕若告，或令人捕、告，欲求购赏，及有憎嫌，欲令入罪；皆与犯法者同坐。'但在大讲阶级斗争的疯狂年代，这种手法却是被特许的。"

就杨黎明提出的问题，我对侦查耳目、侦查陷阱等问题进行了调研和思考。为侦破案件而使用"耳目"或者用入狱的犯人作为"线人"，在中国有着悠久的历史。《孙子兵法》就有专门的《用间篇》。对于侦查耳目的称呼，古时有"游士""探事人""细作""侦候""探马"等，国民政府时期有"特务""通讯员""调查员"等。在世界上的其他国家和地区，也设有侦查耳目制度。

在中国香港地区廉政公署就设有秘密侦查制度。根据这一制度的规定，秘密侦查通常是指侦查人员在不暴露自己身份或者意图的前提下，针对具体案件的犯罪嫌疑人或者与犯罪嫌疑人关系密切的知情人员就案件的有关问题所进行的侦查活动，包括使用特情和耳目搜集犯罪情报、外线跟踪监视、秘密化妆侦查、秘密潜伏守候、秘密搜查取证、秘密辨认识别、秘密逮捕突审等手段。使用"线人"应当慎重，必须保证其人身安全。与便衣警察规则一样，禁止"线人"诱发他人的犯意。专司打击贪污犯罪侦查职权的执行处在秘密侦查方面的主要任务之一就是细心策划以"线人"及"卧底"进行的调查，物色发展"线人"的渠道主要有两个：投诉人和有各种复杂背景的人士。确定"线人"必须建立完整的内部登记档案。"线人"的情报只能为调查人员取证提供指引，不能作为证据。物色、处理"线人"有关工作的基本做法是：(1)处理"线人"事宜必须由两名职员共同进行，以便相互照应。其中，一人为第一处理人，另一人为第二处理人。第一处理人负责与"线人"进行具体事项的谈判，第二处理人则负责监视周围环境，发现可疑情况及时应对，以免出现对"线人"不利的情况。两名职员之间是合作关系，对于"线人"事宜的处理有时可能出现冲突，因此相互之间必须进行全面、充分的沟通。（2）处理"线人"事宜必须时时、处处小心谨慎。由于"线人"的社会背景一般极其复杂，不是普通人，因此要求两名处理人必须具有丰富的社会阅历和侦查经验，必须能够从许多细节方面如"线人"的身体语言察觉到"线人"所提供情报的真实程度。（3）在处理"线人"事宜的过程中，不能让"线人"控制。尤其是不能与"线人"有任何私底下（包括金钱上、生意上）的来往。（4）在与"线人"进行电话联络时，尽量使用不能被监控的电话（如公共电话），在谈话时尽量使用暗语。（5）在与"线人"会面时，尽量选择僻静的场所，尤其是不能去警察太多的地方。要用最快的速度进行谈话记录。不方便时就用脑记，谈完以后再作出完整的记录。（6）更换处理人时要尽量避免出现"线人"对新处理人不信任的情况。（7）建立与"线人"之间的良好关系，包括对其家庭或身体出现各种问题时给予必要的关切。当然，更重要的是建立与"线人"之间的诚信，尤其是提供准确情报后的酬金问题必须解决好。

中国内地和香港地区使用侦查耳目的相同之处是不得诱惑他人产生犯意。《公安机关办理刑事案件程序规定》第 262 条第 2 款规定："隐匿身份实施侦查时，不得使用促使他人产生犯罪意图的方法诱使他人犯罪……"与香港地区不同的是，在内地，"线人"如果立功，是可以减刑的，而香港地区则只能给予奖金；在改革开放前内地在政治领域也可使用侦查耳目，而香港地区主要是在打击毒品犯罪等较少领域使用侦查耳目。

在美国的司法实践中，对侦查耳目经历了一个从宽容到规制的过程。联邦调查局于 1910 年成立后，就开始将这种诱惑性手段运用于刑事侦查中，并为当时的法律所容许。但是，后来有人对此提出质疑，认为警察设置的圈套实际上是在引诱原本清白的人进行犯罪活动，是设置陷阱让人往里面跳，这种侦查陷阱不仅有违道义，还违反了《宪法》第四修正案，构成非法搜查。最早对侦查耳目进行规制的案例是 1932 年的索勒斯（Sorrells）案。该案发生在美国的"禁酒法时期"。装扮成旅行者的侦查员在与索勒斯交谈中，得知二人在第一次世界大战（以下简称"一战"）时曾在同一部队，于是便借战友情再三纠缠索勒斯，要求其提供威士忌。索勒斯虽极不情愿，但难违战友之情，最终向其提供了威士忌，随即遭到逮捕和起诉。一审和二审都对索勒斯作出了有罪判决，但联邦最高法院的法官认为，决定本案的关键在于"国家是否应处罚由于侦查人员的行为而制造的原本清白的公民所实施的犯罪"，"如果被告人以'陷阱'为由主张无罪，那么理应接受相关的个人行为与品格调查，如果调查结果仍使被告人处于不利地位，那也只是抗辩的性质自身招致的结果而已。"据此，联邦最高法院作出了撤销原判、发回重审的裁决，从而首次以判例确认了"陷阱抗辩"（entrapment defense）。然而，对于是否构成陷阱的依据，几位法官内部稍有分歧。以主审法官休斯（Hughes）为首的多数派认为，陷阱抗辩旨在禁止执法人员通过"引诱无辜者犯罪进而对其惩罚"的方法来进行刑事侦查，因此陷阱抗辩应考察被告人有无犯罪的意图或倾向；罗伯茨（Roberts）等少数法官则认为，"对于因政府自身的侦查行为鼓励的犯罪，法院应该关闭对该罪进行审理的大门（即驳回起诉）"，从而将考察的焦点集中于政府的行为是否在诱导犯罪。1958年的谢尔曼（Sherman）提供毒品案，是因侦查陷阱而导致警方败诉的另一标志性案例。在该案中，侦查机关的耳目在一家诊所治疗毒瘾时，遇到了也在那里治疗的谢尔曼，遂隐瞒自己的真实身份，多次要求对方提供毒品。谢尔曼再三推辞，但最终还是为他弄到了几包毒品，因此被逮捕。联邦最高法院的判决援引了索勒斯案中沃伦（Warren）法官的话，即"决定陷阱抗辩是否成立，必须在坠入陷阱的'轻率的清白者'（unwary innocent）和'轻率的犯罪者'（unwary criminal）之间划一条界线"，撤销了地方法院对谢尔曼的有罪判决。参与该案审理的多数法官与索勒斯案的多数法官观点一致，认为判决理据应以被告人有无犯罪倾向为标准。

在1978年的托戈（Twigg）制造毒品案中，美国联邦第三巡回法院首次采纳了正当程序抗辩。在该案中，侦查人员与友人托戈共谋制造毒品，侦查机关提供了制造器材、原料和场所。托戈在与该侦查人员共同提炼出6磅毒品后，遭到了逮捕和起诉。审理该案的法官认为，侦查机关的行为完全是以起诉虽有犯罪前科但过着平静生活的被告人为目的，"我们不能容忍执法机关所实施的行为和对由此诱发的犯罪所作的起诉"。法官们认可了被告人提出的正当程序抗辩，从宪法角度批评了国家执法机关诱使清白的公民犯罪的极端行为。由于正当程序抗辩超越了传统的关于陷阱抗辩的主客观之争，将政府行为纳入合宪性角度进行考虑，更严格地限制了侦查陷阱的实施。因此，在诱惑侦查频繁发生的20世纪七八十年代之美国，正当程序抗辩对于防止诱惑侦查的滥用，抑制侦查权力的恶性扩张，起到了积极的作用。由此，对侦查陷阱进行法律规制逐渐成为司法界与法学界的共识。为此，美国司法部制定了《关于秘密侦查的基准》（Attorney General's Guidelines on FBI Undercover Operations）。该基准在注意不与正当程序原则和"陷阱之法理"相抵触的前提下，明确规定了诱惑侦查的许可基准、申请程序的实施期间，从而实现了以法律制度的形式对诱惑侦查的规制。①

美国从对诱惑侦查的过于宽容到陷阱抗辩限制，再到将之纳入宪法的正当程序抗辩，体现了刑事诉讼中打击犯罪与保障人权之间的矛盾。这种矛盾围绕着诱惑侦查权的行使和抑制，展现了国家权力与公民权利之间微妙的互动关系。

现代国际社会对侦查耳目制度采取的一般态度是只允许它在特定领域使用，并加以限制（规制）。许多新型的犯罪（诸如贩毒、行贿、伪造货币、组织卖淫、网络犯罪等）具有高度的隐蔽性和高超的反侦查手段，对社会治安危害极大，对传统的侦查提出了巨大的挑战。诱惑侦查的产生正是更有效打击犯罪的需要，并被实践证明是一种非常有效的侦查手段。因此，包括美国在内的许多国家都在一定程度上承认诱惑侦查的合法性。但是，笔者注意到，许多国家对侦查耳目的激励措施是给予一定数目的奖金，而非像中国这样以减刑为筹码；许多国家是在坚持无罪推定的前提下设置侦查耳目的，而非像中国这样迄今没有明确而全部地吸纳无罪推定的精神。因此，中国很容易出现像杨兆龙这样被侦查陷阱所害的好人。

用张良俊这样争取立功减刑的罪犯作为对杨兆龙设置侦查陷阱的侦查耳目，这一做法值得商榷：第一，设置陷阱，诱惑侦查。在阶级斗争扩大化思维的影响下，侦查机关简单地猜测，杨兆龙原来是国民党政府高官，中华人民共和国成立前不逃离大陆，必定是潜伏特务。基于此，侦查机关派张良俊到杨兆龙身边，先诱惑杨兆龙"叛逃"，遭拒后又设计鼓励杨兆龙介绍学生"叛逃"，并假借所谓"叛逃"学生的名义写信给杨兆龙说"叛逃成功"，从而继续引诱爱子心切的杨兆龙夫妇把儿子交给张良俊以"叛逃"。这完全是引诱犯罪、有罪推定的做法。第二，违反了非法证据排除的要求。盲目认定侦查耳目立功，等于变相鼓励狱侦耳目为了达到立功以减刑的目的而利用各种手段，如逼供、设置

---

① 参见吴丹红：《美国规制诱惑侦查的法理评介》，载《国家检察官学院学报》2001 年第 3 期。

陷阱等非法收集证据行为，并有可能造成证据虚假，从而造成冤假错案，与设立侦查耳目的初衷背道而驰。

对于狱侦耳目滥用的后果，法学界多有批评。2009年，中国犯罪学会副秘书长、中国政法大学教授王顺安在谈及看守所问题时，曾向《南方周末》记者表示：在看守所监舍里安排"耳目"，可以获取破案线索和维护看守所秩序，但由于公安机关强调高效率的侦审合一，往往会滥用"耳目"。同时，这些"拐棍"和"耳目"，均容易形成牢头狱霸。①

笔者认为，在"耳目"进行卧底接触当事人之前，若当事人根本就没有实施过任何不法行为，而"耳目"为了立功主动提出犯意，引发当事人产生犯意并进而实施犯罪行为，则这种侦查行为是不合法的。其中，犯罪行为情节较轻的，可以不认为是犯罪，不追究刑事责任；若当事人实施了严重的犯罪行为，则"耳目"应当与当事人共同承担刑事责任，"耳目"是教唆犯，当事人是实行犯，"耳目"可以酌情从轻处罚；侦查人员未能有效指导"耳目"的行为，造成当事人实施严重犯罪行为的后果的，应承担渎职责任。

程序的法治化，首先应当是侦查权力的法治化。侦查权力必须合法地行使。侦查的合法界限在于侦查的必要性与保障人权之间的平衡，诱惑侦查的底线在于不能设置陷阱、不能诱人犯罪。改革开放前滥用侦查耳目是阶级斗争扩大化思维的产物，带来的严重后果就是上演了一出又一出把好人变成"坏人"的悲剧，这永远值得后人深思！

二、看守所里的八年羁押

杨兆龙1963年9月23日被逮捕，在看守所里被羁押近八年（直至1971年6月2日）之后，法院才作出判决。其实，1958年夏秋之交的时候，杨兆龙已经听说要逮捕他。他在1969年1月10日的一份为别人写的证明材料中写道："1958年夏秋之交，我在复旦大学法律系开会时因高血压晕倒，经复旦介绍到第四人民医院门诊部看病，当时

---

① 参见刘长：《狱侦耳目》，载《南方周末》2011年12月8日第A05版。

是由我爱人陪同我去的。这时彭先捷①也在看病，他替我要求内科傅（？）主任替我看病，傅知道我是右派，不肯答应，但当时傅没有告诉我这一点，隔了一个时期才告诉我。不过，他当时曾告诉我，法律系助教徐仁（名字可能记错，从华东政法学院毕业，可向复旦了解）曾对他说，我的案子要送司法机关处理，他叫我注意。我觉得这种话不可靠，没有管它。关于这一点，过去我在交代中曾提起过，可查此地（第一看守所）的交代材料。至于我在第四人民医院住院，是在1958年十（？）月底，那时彭不知道我住院，也根本没有来看我。"

在看守所里，曾经身为国际刑法学会副会长、中国刑法学会会长、中国比较法学会会长的著名刑法学家杨兆龙，一开始说自己没有推翻社会主义政权的行为，只是对一些具体的政策有不同的思想认识。但是，仅仅在被羁押一个月后，他却逐渐认罪。再往后，更是几乎审讯人员让他承认什么罪，他就赶快承认有什么罪。这是什么原因呢？笔者根据手头各方面的材料，作出以下几点分析：

（一）为了不让妻子沙溯因、儿子杨定亚和学生饶大笏、陈嘉晋、徐澄宇等受更多的牵连，或者说为了减轻他们的"罪责"

在刚被捕后的几次审讯中，杨兆龙是尽量保持沉默的，很少应答。但是，在被审讯了五六次之后，他却有点主动了。因为偷渡这件事直接涉及其妻子沙溯因、儿子杨定亚以及他的学生饶大笏、陈嘉晋、徐澄宇等，还有他此时还认为是自己好朋友的张良俊。他判断这些人都会被抓，此案就面临一个主犯、从犯的刑事责任分配问题，所以他觉得自己应该尽量多地承担责任。此外，审讯人员也会或多或少、真真假假地向他透露其他人对他的"揭发"，使他觉得自己若是继续保持沉默，会对"揭发者"不利。

与杨兆龙同时被捕的小儿子杨定亚，当时只有二十岁出头，经历非常简单，毫无政治斗争经验，根本没有"反侦查""抗拒审讯"的能力，加之他内心觉得自己有不正确的"偷渡犯意"和中止的"犯罪行为"，没有听说过也不可能具备公民有权抵抗不合理的所谓"法"的正当权利意识，因此他坦诚地向警方"认罪"。而且，令人敬佩的是，他

---

① 彭先捷曾先后在复旦大学、华东师范大学外文系任教，和杨兆龙是复旦大学外文系的同事。

没有把责任推到父母身上，而是明确地表明"偷渡"是他自己决定的，不是父母强加给他的，父母和别人只是应他请求而帮助他"偷渡"的。他是学理工的，虽不具有主犯、从犯等法律知识，但能从道义角度站出来承担主要责任，很不容易。笔者经历过"文革"，看到过非常多的人在危急关头发疯似地把责任推给别人，力证自己的"清白"。而能够大义凛然地承担主要责任以保护别人的人，实在是凤毛麟角！

作为举报人的张良俊对杨兆龙的揭发最多：杨兆龙诉说共产党"过河拆桥""不讲信用"，骗他留下来却又不把他当人看；他主动要张良俊去联系帮助偷渡的"蛇头"；他主动要张良俊把卜宗商弄到香港，然后再去美国，为此还为卜作担保；他主动要张良俊把杨定亚弄到香港；为推翻社会主义政权，他组织了饶大笏、陈嘉晋、徐澄宇等多人参加的叛国投敌集团，并作了细致的分工；等等。

"杨兆龙现行反革命案"涉及饶大笏、卜宗商、陈嘉晋、徐澄宇、杨定亚等人，被定为共同犯罪，杨兆龙是"主犯"，其他人是"从犯"。这些人与杨兆龙同时被捕，他们在看守所里出于不同的原因，向审讯人员分别作了如下供述：

饶大笏的供述要点为，杨兆龙对其子女受他牵连而被划为右派非常不满，从而萌生偷渡出国的想法。之后，杨就联系了挪威驻沪领事馆的熟人。不成之后，杨就让张良俊帮忙。杨说过，在1958年三个孩子被补划为右派后，他绝望了，曾经想偷渡出境，一切都准备好了。后来，杨想到如果自己一人逃走，家人将没法正常生活，肯定会受到牵连。同时，偷渡这条路风险很大，考虑再三，他才没走的。从这时开始，杨经常收听"美国之音"，有时甚至到了废寝忘食的地步。

卜宗商的供述要点为，他偷渡出境的事情是杨兆龙策划的。杨还向他介绍了自己的海外关系，并给予他金钱资助。杨兆龙向他灌输了不少对共产党不满的思想。

徐澄宇的供述要点为，杨兆龙让他积极收集新疆等地对政府不满的信息材料，有机会向世界揭露。杨认为，在反右期间，政府用了引诱的手段让他上当。杨对"右派集团"的提法表示反感，认为右派没有什么"集团"，仅仅是思想不满而已。杨被划为右派后，感到共产党不讲交情——他是因为地下党南京市委做了工作才留下来的，当时党组织对他是有承诺的，但后来对他的地位、待遇都不管了。杨认为，他一跤跌下来，主要是因为解放初期得罪了当时在南京市后来到上海市工作的某领导，否则像他这样营救了那么多地下党员的人，解放后不会只是做一名教授，而是会成为一名高级官员。杨认为，如果不去台湾而去美国，他起码也当上教授和院长了。

杨定亚的供述要点为，偷渡是本人作出的决定，不是父母及其他人逼迫的结果，起因是 1960 年 9 月上海交通大学要把他分配到新疆。杨定亚决定偷渡的原因有两条：一是觉得此去新疆就要永远失去学习机会，任何前途都没有了。二是常年患胃溃疡，担心身体不能适应新疆的环境。因此，杨定亚想脱离这个环境。

当杨定亚把偷渡的想法告诉父亲后，杨兆龙对他说："自从你们兄妹三人受我牵连，在 1958 年被补划为右派之后，我对政府的幻想破灭了，这是要对我杨兆龙满门抄斩呀。你以前还有幻想，在学校里拼命劳动想摘掉右派'帽子'，现在不应再抱幻想了。所以，我现在答应你，决定帮你出去。卜宗商经我介绍已经偷渡出去，这次还是请张良俊帮忙从澳门把你弄出去，你出去后好好读书。"

杨兆龙要儿子到美国之后攻读法律，认为不搞法治的国家长久不了，等到改朝换代、重视法律了，杨定亚就可以回国从事法律职业。但是，杨定亚和母亲沙溯因觉得杨兆龙的主张是幼稚的，而且杨兆龙固执暴躁，所以他们不与他争论，决定去美国还是读理工好。

杨兆龙让杨定亚伪装成胃出血住进上海市第四人民医院病房，以拖延去新疆的行期，等待张良俊与广州联系妥当后就动身去广州，再偷渡到澳门。

为掩盖杨定亚偷渡投敌的犯罪活动和避免影响家人，沙溯因提出，杨定亚要事先写一封伪装自杀的"遗书"，交她保管。等到杨定亚动身去广州后，由沙溯因携带这封信赶往南京，把此信交给她的朋友何浩峰，再由何把这封信寄到上海杨家。这样就制造了杨定亚自杀失踪的假象。

对于杨定亚偷渡到澳门后的出路，杨兆龙要他通过美国驻澳门的领事机构与美国哈佛大学法学院的庞德联系。杨兆龙特地用英文为儿子起草了一封给庞德的信和一份到澳门后与美国驻澳门领事的谈话稿。给庞德信的内容大意是："我是杨兆龙的儿子，我们一家由于在解放时来不及跑而留在大陆。在历次运动中，我的一家都受到了政府的打击和迫害，希望庞德帮助我办理去美国的一切手续，我想去哈佛读书。"与美国驻澳门领事的谈话稿是采用一问一答形式写的，大意是：我的一家在解放后的历次运动中都受到了迫害，在反右中都带上了右派'帽子'。""我父亲写了一些对大陆地区粮食、工资政策方面不满的文章。""请求美国驻澳门领事机构帮助我与庞德取得联系。"杨兆龙还给杨定亚介绍了他在美国的十几个熟人朋友，其中有一个是台湾地区蒋介石政府派驻在联合国的工作人员。

1962 年夏天，杨兆龙对家人说，像这样胡乱整人的局面，维持不了多久是会发生大乱的。如果局势混乱不堪的话，要往美国逃。偷渡出境后，可以找台湾地区蒋介石政府的驻外人员郝更生①、杭立武②等搞护照。

既然上述人员作了以上供述，杨兆龙若再保持沉默已不可行。

（二）"认罪"并尽量揽责

在法院 1971 年判决之前，由于"同案犯"的交代、审讯者的威慑、当时运动形势的严酷等多重压力，杨兆龙承认了审讯人员加给他的"罪行"，希望能够"坦白从宽"。同时，我们不难发现，杨兆龙"认罪了"，也没把责任往别人身上推卸，而是尽量揽在自己身上。

实际上，正是"同案犯"、学生饶大笏"引狼入室"，把张良俊介绍给单纯的杨兆龙，才引发了后来的卜宗商、杨定亚"偷渡、叛国"。但是，杨兆龙在交代和饶大笏"共同犯罪"时，承认自己是"积极主动"的。他说，"我 1959 年对饶大笏讲过，我心里非常不高兴，顶好离开这个环境，我叫饶大笏去问问他的同学潘某（在瑞典领事馆工作）③ 是否可以

---

① 郝更生，原名郝延浚，因幼时顽皮溺水，死而复生，故改名更生。1899 年生于江苏淮安，早年赴美国哥伦比亚大学学习土木工程，后感于中国人体格孱弱，遭外人讥笑，转而就读于美国春田学院，专攻体育。学成回国后，先后在北京、东北及山东等地大学担任体育教授。曾负责主办国民政府第三届、第六届和第七届全国运动会。1932 年任国民政府教育部体育督学，同时兼国民体育委员会主任委员，掌管全国体育行政。大陆解放前夕随国民党去了台湾。

② 杭立武，安徽滁县（今滁州）人。1923 年毕业于金陵大学，1929 年获英国伦敦大学博士学位。归国后受聘为中央大学政治系教授兼系主任。1931 年转任中英庚款董事会总干事达十数年。其间并创立中国政治学会及中英文协会。抗战期间任国民参政会参议员、美国联合援华会会长。1944 年任国民政府教育部常务次长。两年后调任政务次长。1949 年出掌南京政府教育部，后随国民党去台湾。1956 年起历任"中华民国"驻泰国、老挝、菲律宾及希腊诸国"大使"，兼驻联合国教科文组织"首席代表"。1991 年病逝。

③ 关于饶的同学潘某所在领馆，杨兆龙在不同场合的说法不太一致，有时说是挪威，有时说是瑞典。

通过瑞典领事馆和瑞典轮船设法逃往海外，但潘某回说没有办法。故未成。后又听饶大笏说，他的同事张良俊以前在晨风旅行社做过，我就让饶大笏将张良俊介绍与我认识，我企图通过张良俊设法与广州联系，然后偷渡到国外。后因怕连累母亲和家庭，故未逃跑。我的出逃目标是，到澳门后，凭我以往的地位和社会关系，可以先打几个电报给他们，如香港大学的钱清廉，我就可以到香港。我到香港会引起'轰动'的，因为我是从大陆去的，知道大陆的情况。会有人来问我，或者叫我去做报告，我当然会去做报告，我只讲坏的、反宣传。我想，只要到海外后得到自由，生活是不成问题的。"在另一次审讯中，杨兆龙说："1959 年，我认为在这里受压迫，想逃跑到国外去。我开始对饶大笏说，打听一下有没有办法出去。他有个朋友潘仪芬，在挪威领事馆工作，预备通过领事馆和挪威轮船混出去，但没弄成。"

在学生卜宗商"偷渡、叛国"一事上，杨兆龙说，卜宗商只是提出要自己帮助他不去新疆，但没有主动提出过"偷渡"，是杨兆龙出的主意。他交代说："1960 年暑假，我的学生、复旦大学法律系的卜宗商，是个右派，常来往我家。因毕业要被分配去新疆，他不愿去，就来对我说要我帮忙。我就说有个张良俊，有办法可以偷渡。我因基于反动思想，就拿出二三十元钱，资助其逃跑。我叫卜宗商逃到香港后，可以去找我的朋友钱清廉，钱是香港大学教授，让卜将我的情况告诉钱。另外，我叫他到港后，可以去投靠联合国难民救济委员会和美国领事馆。"在另一次审讯中，杨兆龙交代说："我有个复旦的学生卜宗商，他是右派，我因专题讲座认识他。有一年，他要从社会科学院毕业被分配到新疆建设兵团去，他不愿意去，就来找我想办法。我就把卜介绍给张良俊，帮助他出走。"他在判决前最后一次审讯时还对警方说，1960 年他曾经资助右派学生卜宗商出去投靠帝国主义机构、联合国难民救济委员会和蒋匪驻澳门专员公署。

在学生陈嘉晋"偷渡、叛国"一事上，杨兆龙也把责任揽在自己身上。他交代说，陈嘉晋想逃跑，是他和张良俊联系后，张答应替陈想办法的。

在儿子杨定亚"偷渡、叛国"一事上，杨兆龙更是把责任尽量揽在自己身上。他交代说："1960 年，我的小儿子杨定亚因右派被送去劳改。为了逃避劳动改造，我主动提出叫他逃往国外。我先对妻子沙溯因说，张良俊有办法可以叫杨定亚偷渡出去，我妻子对儿子说后，他有犹豫。后来，我们三人就当面商量，我说要去就要快点进行，故决定让杨定亚去试一试偷渡逃跑。之后，我找张良俊说明情况，张答应与广州方面联系。因杨定亚英文不好，我替他拟就了两份英文文稿：一份是杨定亚到美国驻澳门领事馆与领事交谈文稿，详细内容我已记不清，大致是杨定亚和国内各项运动的情况；另一份是我写给美帝国主义分子庞德的信，告诉庞德我在国内受委屈的情况。总之，两份英文文稿是反动的。"在一次审讯中，他说："我要补充交代我的反革命罪行，如果杨定亚逃跑偷渡成功，我们商定以他的'自杀'为掩护，还写了一封'遗书'。1957年反右以后，我认为我的家庭受到的打击面太广，我是右派，三个孩子也是右派，故希望有一天改变处境，我有'有朝一日改变这个局势'的想法。"在另一次审讯中，杨兆龙交代说："我儿子杨定亚逃跑是我出的主意，我先对妻子沙溯因讲了，之后他们同意的。我叫他在经济上找台湾的姑母想办法，在前途问题上，可以去香港找钱清廉和到美国去找庞德，改行学法律，将来为反动政权服务。"

在看守所关押期间，杨兆龙并不知道张良俊的真实身份，以为他也是同案犯，所以，在交代"偷渡"一事涉及他时，杨兆龙也主动承担责任。他交代说："我是在反对政府、反对共产党的反动思想支配下企图逃往国外的，我就想脱离这个环境。我想逃跑，开始是想通过外国轮船，偷偷地上船，但行不通。后来，饶大笏介绍张良俊与我见面后，我就托张去联系是否可能偷渡出去。"

涉及学生王璧田时，杨兆龙同样没把责任推向他。他交代说："1962年上半年，有个以前东吴的学生王璧田来看我，他是从宁夏来的，上海户口报不进，他依靠母亲生活。王璧田来看我的时候，讲了一些宁夏生活艰苦的情况，当时我说过'这个情况倒有意思，可以记下来'这样的话。"另一次审讯中，他交代说："王璧田跟我讲西北的艰苦和宁夏少数民族的生活情况时，我叫王记下来，将来总有一天形势变了可以派用场。我让他学法律，收集资料，学好本领，作长期打算，将来可以派用场。这些都是变天思想的表现。我叫饶大笏学法律也是这个意思。我说过的，将来总会有用的，这个意思也是变天。"

在涉及大儿子杨任远时，杨兆龙也是把责任揽在自己身上。他交代说，他在报上看到杭立武是蒋匪常驻泰国的"大使"，对杨任远说过，将来必要时可以去找杭立武。

唯一例外的是，在涉及妻子沙溯因时，杨兆龙似乎交代了对她不利的材料。他说：

"她本来是靠拢党的，到上海后党和组织对她仁至义尽，评她为一级教师。反右以来，开始她对我被扣上右派'帽子'还没有什么不满的情绪。后来，我的两个儿子、一个女儿也被扣上右派'帽子'和劳动教养后，她对政府有了不满情绪，认为这种情况不知到什么时候才能改变，故希望政治制度有所改变。她虽然认为蒋介石进攻大陆不会有效果，但仍是希望蒋匪来，因为来了就会有比现在更自由的生活好过。中苏有分歧时，苏联国内实行一些扩大民主，她认为是好的。我们对苏美是否合作还没有把握，除非苏联出卖东欧。"杨兆龙为什么对妻子有揭发行为呢？笔者猜测，这是为了减轻儿子杨定亚的"罪责"，由两个老人承担责任，让儿子少受点罪。

1969 年，有关方面到看守所了解杨的昔日同事彭先捷的政治表现情况，杨兆龙没有为了"立功"而胡乱揭发，他写道："彭先捷同我在复旦大学外语系 1955 年至 1956 年同过事。1956 年下半年起，我调到法律系教书，他调到华东师范大学外文系教书。我们两人在政治上没有关系，平时也没有什么接触，我们之间没有讲过什么反动的话。在到复旦去之前，他和我只在上海私立院校结束办事处（隶属于上海市高教局）一起学习过几次，那是上海所有私立院校教师都在一起的学习，我与彭没有交谈过。在复旦时，我有时帮他备课（他不教俄文，但须参加俄文备课小组，他俄文基础很差）。除此而外，我们很少接触。"

（三）肉体伤害

在被关押期间，杨兆龙的身体也遭受了不应有的折磨。他直到去世时还有醒目的手铐反铐印疤痕（日本式手铐，手一动，铐就会更紧一点，以致越来越紧，嵌到肉里，导致皮肤受伤化脓，留下疤痕）足以说明这一点。

1975 年杨兆龙被释放后，杨黎明问他是否在看守所里挨过打。他说，有一次管教人员让他们写歌颂毛主席的诗歌和文章，他就写了内容为赞颂毛主席功绩的古体诗，管教人员看不懂，就脱下鞋子抽了他几十记耳光，顿时血从嘴涌，他的脸肿了几十天。

（四）"认罪"态度端正

杨兆龙相信政府的"坦白从宽，抗拒从严"政策，而且按照当时的政治斗争习惯，越是给自己多扣"屎盆子",越是把自己说得罪恶滔天,就越能证明自己是认罪态度好。所以,当后来听到自己被判处无期徒刑时,他无论如何也没想到会判得这样重。事实上,不管杨兆龙怎样"深挖自己的反动思想",审讯者还是认为:"杨犯被捕后仍顽固坚持反动立场,在监狱内继续散布反革命言论,尤其不能容忍的是,继续恶毒攻击我党中央,罪行极为严重。据此,拟将杨兆龙依法判处无期徒刑,并没收其全部财产。"

关于"偷越国境"的目的,杨兆龙一开始坚持就是为了改变艰难的生活环境,能够到境外去读书或教书。后来则按照审讯者的要求,改变为"偷越国境"是"反革命"性质。

关于帮助学生卜宗商"偷越国境"一事,杨兆龙起初认为是"帮忙性质""帮学生找个学上",后来则承认是犯罪。他对审讯人员说:"这件事是我不好,原来我把它看成是简单的帮忙性质,事实上这是反动的、反政府的。现在我很懊悔。"

据杨兆龙的一个狱友透露,杨兆龙有一个信条:一个人在被强迫自认其罪情况下所作的供述,是没有法律效力的。到了判决前夕,杨兆龙对自己的言行愈来愈上纲上线。以下杨兆龙的供述中,估计很多部分是言不由衷的,是为了得到从宽处理违心而言的。

第一,杨兆龙主动坦白自己因对环境不满,也曾想出国。他对审讯者说,1958年5月之后,他的工资由三百多元减到三十多元,心里产生了很大的对立情绪,就想换个环境。他叫饶大笏去问问他的同学潘仪芬(在挪威领事馆工作),能否通过挪威领事馆和挪威轮船设法逃到海外,但潘仪芬回话说没有办法,故未成。1959年,他又听饶大笏说他的同事张良俊过去在晨风旅行社做过,他便企图通过张良俊偷渡出境,后因害怕连累老母亲和家庭而取消了这一念头。他个人逃跑到国外的意图是脱离中华人民共和国的统治,享受那种所谓的"自由民主生活"和对中华人民共和国进行污蔑、诽谤、攻击。如果蒋介石请他,给他适当的位置,他会考虑接受;对于蒋介石复辟后收拾残局的问题,他也有考虑。他看了一些经济学的书,是有想法的。他认为困难很多:(1)粮食问题,他认为粮食不成问题,有美帝的剩余物资支援。(2)土地问题,他觉得蒋介石在反攻大陆之后会将土地分给老百姓。(3)被政府没收的房产问题,是不是可以还原主?(4)工厂企业问题,可以像英美国家一样,把一部分国有企业私有化。(5)金融、经济问题。(6)人才问题。(7)公安、司法方面,宜采取宽大政策。公职人员只要能够为反动政府效忠、服务,就予以宽大处理。以上这些问题,是他认为蒋介石反攻大陆后会遇到的。他个人希望蒋介石反攻后可以过上自由的生活。

第二，杨兆龙主动坦白自己有变天的"反动思想"。他对审讯者说，1958 年以后，他认为他的家庭受到打击面太广，他是右派，三个孩子受他牵连也成了右派，他心里因此希望有一天能够"改变局面"。1959 年下半年开始，他经常收听"美国之音"和"莫斯科之音"，把收听来的消息散布给大家并和他们互相交换信息，这也是加强其变天思想。他曾对人说过，要养好身体，如果共产党政权垮台，换一个政权，他就可以做点事情。他认为如果共产党的政权不做好事，会有一种制度来代替它，资产阶级政权、修正主义的也要比现在的好一些。他有反动思想，觉得蒋介石反攻大陆后能够改进的话，就可以和他们过上比较自由的生活。他认为在共产党领导下自由范围太窄，民主太窄，统一战线太窄。这也是反对政府、反对共产党的变天思想吧。他想逃离大陆，一是脱离中国共产党的控制，过资产阶级自由民主的生活，并对中华人民共和国进行污蔑、诽谤、攻击。二是到澳门投靠美帝国主义领事馆。三是到香港找以前的老朋友，找香港大学的钱清廉。四是找美帝国主义分子庞德和霍尔。庞德是他留美时的老师，二人关系不同一般，他曾经介绍庞德到中国给蒋介石政府当司法顾问；霍尔是他留美时期的老同学。他还说过，有美国的支持，只要打开一个缺口就能成功；美国不帮蒋介石，是因为时间不到，时间一到是会帮忙的。他希望有一种政治制度代替共产党政权，认为资产阶级的蒋介石政权可以代替它。他希望继续教书，因为教书可以把他的反动学说灌输给学生，同时也能够积累些钱出国，进行反党反共宣传，为自己积累资本。

第三，杨兆龙把支持学生和儿子出国求学说成是"基于变天思想的需要"。他说，1959 年他准备逃往境外，以及后来资助卜宗商、教唆小儿子逃跑，这些当然都是反对政府、反对共产党的政治问题，是反对政府的叛国投敌罪行。他对学生和儿子说过，让他们耐心点，将来总有一天会找到工作的。他说的"将来总有一天"，其意思也是变天，共产党不给他们工作，将来总有一天会有工作的。他说要养好身体，要看看伟大时代的到来，这个意思也是变天。

实际上，在阶级斗争扩大化的"左"的岁月，想偷渡出境的人很多。据目前可以查阅的文件统计，从 1955 年开始出现逃港现象起，深圳历史上总共出现过 4 次大规模的逃港潮，分别是 1957 年、1962 年、1972 年和 1979 年，共计约 56 万人（次）；参与者来自广东、湖南、湖北、江西、广西等 12 个省、62 个市（县）。逃港者多为农民，也包括部分城市居民、学生、知识青年、工人甚至军人。从政治成分看，普通群众居多，也有共青团员、共产党员甚至领导干部。有一份来自深圳市的数据表明，截至 1978 年，全市干部中参与逃港者共有 557 人，逃出 183 人；市直机关有 40 名副科级以上干部外逃。而当时对偷渡者的打击是异常严厉的。凡不经合法手续前往香港者，都被视为"叛国投敌"，被抓到就处以收容。①

逃港的最主要原因是贫穷和饥荒，躲避政治上的迫害也是主要原因之一。著名音乐家马思聪就是极具代表性的一位。1966 年"文革"开始后，时任中央音乐学院院长的马思聪饱受凌辱。1967 年 1 月，他借到深圳演出的机会，铤而走险，乘船逃往香港。他抵达香港的第二天，全港的报纸和电台都报道了这一消息，从而掀起了一场以知识分子和知青为主体、长达 10 年的逃港浪潮。②

1967 年 4 月 12 日，美国国务院公布，时任中央音乐学院院长马思聪逃出中国大陆，经香港地区赴美避难，他和夫人及两个孩子一起被美国批准避难。此后不久，马思聪在纽约公开露面，并在寓所接待外国记者，发表了题为《我为什么逃离中国——关于"文化大革命"的可怕真相》的讲话。原文如下："我是音乐家。我珍惜恬静、和平的生活，需要适宜工作的环境。况且，我作为一个中国人，非常热爱和尊敬自己的祖国和人民。当然，我个人所遭受的一切不幸和中国当前发生的悲剧比起来，全是微不足道的。'文化大革命'在毁灭中国的知识分子。去年夏秋所发生的事件，使我完全陷入了绝望，并迫使我和我的家属成了逃亡者，成了漂流四方的'饥饿的幽灵'。如果说我的行为在某种意义上有什么越轨的地方的话，那就是我从中国逃跑了……"

1971 年 7 月，美国总统安全事务助理基辛格从中国返回美国，周恩来托其向马思聪转达："我平生有两件事深感遗憾，其中之一就是马思聪 50 多岁背井离乡去美国，我很难过。"1980 年 6 月，马思聪胞弟夫妇应中国文化部邀请，在北京和上海举办独奏音乐会。

---

① 参见林天宏：《深圳大逃港事件：很多偷渡者在半路被边防战士击毙》，http://history.people.com.cn/GB/205396/13427185.html，2017 年 7 月 11 日访问。

② 同上。

时任统战部部长乌兰夫接见他们，并请他们转达对马思聪夫妇的邀请。1982 年，马思聪在重庆时结识的"非常重要的老朋友"、时任中央音乐学院领导的李凌，就马思聪"问题"向中央写报告，邓小平、胡耀邦表示：欢迎马思聪回来看看。1984 年 10 月，中央音乐学院向公安部、文化部提交了三份报告：《关于对我院原院长马思聪先生落实政策问题的请示报告》《对马思聪"叛国投敌"案的平反结论意见》和《关于给马思聪先生彻底平反的决定》。同年 12 月 31 日，公安部作出《关于对于中央音乐学院党委为马思聪"叛国投敌"案平反意见的决定》。1985 年 2 月 6 日，文化部发出《关于给马思聪平反的通知》。同年 2 月 12 日，时任中央音乐学院院长、书记等一起署名，向身在美国的马思聪发出彻底改正的公函。马思聪记下日记：春天逐渐又回来了，祖国也逐渐走近了。1985 年农历大年初二，马思聪会见第一个前来采访他的中国记者，万分感慨地说：苏武牧羊 19 年啊！

从马思聪"叛国投敌"案的改正可以看出，改革开放后，党中央实事求是地处理了当年因政治原因而偷渡境外的案件。因为这类偷渡者在那个阶级斗争扩大化的岁月里几乎失去了生存权，偷渡实在是被逼无奈。如同当年安徽凤阳小岗村的 18 位农民为了生存，偷偷搞了大包干一样。在现代社会，公民拥有用手投票和用脚投票权。当不能合法地迁徙时，为了生存，他们只能用脚投票，冲破法律而偷渡。人权是目的，其他的都是手段；保障人权是法律的宗旨，公民对不能保障人权的法律拥有一定的抵抗权。杨兆龙对于偷渡的理念正是这样，他支持、协助学生和自己的儿子偷渡，不仅是一种道义，更是实践现代法治理念的勇敢行动。

三、失去人身自由的 4463 个日夜

杨兆龙 1963 年 9 月 23 日被逮捕，被羁押在看守所里长达近八年。在 1971 年 6 月 2 日上海市中级人民法院作出判决后，他才由上海第一看守所被递解到提篮桥监狱。直到 1975 年 12 月中央特赦在押的国民党县团级以上人员，他才结束漫长的铁窗生活。其间，他一共挨过了 4463 个日夜。

法院判定杨兆龙的罪名是历史反革命和叛国投敌两大罪，判决书中认定的犯罪事实

是：（1）积极策划并指使他人逃往国外，叛国投敌。1959 年 5 月以来，杨兆龙与饶大笏积极策划逃往美国，建议美国国务院大力支持蒋介石反攻大陆，推翻我人民民主政权，并拟以国际刑法学会中国分会会长身份去联合国发表反革命宣传。1960 年夏季，杨兆龙先后指使其学生卜宗商、陈嘉晋逃往香港，拟投靠蒋匪特务钱清廉①等。1960 年 11 月，杨又指示其子杨定亚逃往海外，拟投靠美帝驻澳门总领事馆，并为其子杨定亚亲笔草拟了投靠美帝驻澳门总领事馆的谈话提纲和写给美帝国主义分子庞德的信稿两份，出面为杨定亚与美蒋特务挂钩搭线。（2）拉拢人员，策划配合蒋匪反攻复辟。杨妄称国民党来后，他就可以当上部长甚至院长。杨还拉拢右派分子徐澄宇、王壁田和坏分子饶大笏等人，煽动他们"行动起来"，指使他们将所谓的"共产党黑暗材料"写成文稿，待蒋匪反攻过来后，一篇篇刊登出来。杨还先后多次与饶大笏、张良俊等共同密谋，制定了"收拾残局"的计划。（3）杨在任伪司法行政部刑事司司长期间犯有严重的反革命罪行，王孝和烈士就是经杨亲笔签字后被杀害的。（4）杨犯被捕后仍顽固坚持反动立场，在监狱内继续散布反革命言论。尤其不能容忍的是，杨兆龙恶毒攻击、污蔑我党中央，罪行极为严重。据此，依法判处反革命犯杨兆龙无期徒刑，并没收其全部财产。

据杨黎明回忆，法院原来是准备判处杨兆龙死刑的。她去上海市第一看守所询问被扣押家产之事时，一名接待人员很随意地说："你是杨兆龙的女儿吗？他死了，早就死了呀！"杨黎明说明明上午刚接探视过他，此人打电话核实后告诉杨黎明："哦！后来改判为无期了""那我家财产呢？""财产嘛，全部没收了！""怎么没通知我和我哥？""没有你们的财产嘛！""不！有我哥的存款，还有我叔寄存的东西！""那你去提意见吧！"20 世纪 80 年代初期，北京的一个知情人也告诉过杨黎明："原来是判死刑的，后来改判了。"

1975 年 12 月 15 日，中央对国民党县团级以上人员进行特赦。杨兆龙在失去人身自由 4463 个日夜之后，终于获赦出狱。他是怎样以一个囚徒的身份度过那 12 年多的铁窗生活的？

---

① 钱清廉，江苏昆山人，近现代法学家。20 世纪 30 年代留学英国，在牛津大学获法学博士学位。归国后历任浙江省政府秘书、国民党中央党部秘书、中央大学法学院院长、法律系主任，江南大学法学教授、秘书长，中山大学法学院长、政治学系主任，储安平主编的《客观》杂志编辑。中华人民共和国成立前夕赴香港，任香港大学校长。

（一）杨兆龙在被捕后的较长一段时期内是不认罪的，并批评当时一些无法无天的现象

杨兆龙在被捕入狱初期，对极左思潮特别是"文革"期间那些无法无天的事情表达过强烈不满，因而遭到批斗等迫害。

杨兆龙在1971年下半年所写的一份思想改造总结中说："我自1963年被捕至判决之日为止，有时违反监规，有时抗拒管教，改造表现一贯很坏，这说明我不认罪、不服法，对自己所犯的罪行没有痛恨的决心。"

杨兆龙一案的"同案犯"卜宗商在狱中也知道杨兆龙因对"文革"不满而遭受批斗。他在一份回忆材料中说："1968年，在'抓革命促生产'的热潮中，我因抢救机器故障轧断了左手三只指头，在监狱医院里断指再接未成功，由医院转到病监继续治疗。医院与病监近在咫尺，通常出院的病犯一通知出院就会立即离开，因为不需办离院手续和整理物品。但医院没让我立即离开，要我留在医院大半天，又吃了一点病号饭。别人笑我口福好，我也不明白是什么原因。直到傍晚我回到监狱才知道，上午狱里开了一个批斗犯人的会。听人议论，这个被批斗的人是复旦大学的一名教授，历史上犯了那么严重的罪，现在还狗胆包天诬蔑'文化大革命'。我侧面打听这个教授的样貌，他们说此人个子不高，两道浓眉，戴金丝边眼镜，我断定此人是杨先生。"

1972年的一份对杨兆龙表现的监狱鉴定材料这样写道："一、主要罪恶：解放前长期充任反动要职，犯有起草反动法令、参与杀害共产党员、镇压学生运动等反革命罪行。（笔者按：杨兆龙于1947年年初出国考察欧美司法制度，1947年9月22号回国，1947年南京等地发生全国性'五·二○'血案时，杨兆龙身在国外；1949年南京'四一'惨案发生时，杨兆龙恰巧正在按照地下党南京市委的指示积极营救关在监狱里的共产党'政治犯'）""解放后，坚持反动立场，一九五七年猖狂向党进攻，被定为右派分子。嗣后，不思悔改，竟然于一九五九年策划偷渡，阴谋叛国投敌，书写反动文章，拟定反革命计划。又积极指使他人叛国和收集、书写反动资料，妄图为蒋帮复辟效劳。被捕后，在审理期间有恶毒攻击污蔑我党中央的反动言论。""二、改造表现：投入改造初期不认罪，对判处无期心中不服。服刑期间，觉得年老多病，有活不了多久就要死了等错误思想；在学习发言时鼓吹苏修的核讹诈。在犯人中吹嘘自己的丑恶历史,经教育和多次批斗后有所认识。"

(二) 转变态度

杨兆龙1971年被判决入狱之后,监狱管理人员一方面对不服判决的杨兆龙进行批斗、惩罚,另一方面又对他进行只要好好服刑即可得到宽大处理、不一定把牢底坐穿的政策教育,并对他的疾病给予了一定的治疗。特别是其子杨定亚于1973年9月刑满释放,使得杨兆龙渐渐产生了努力改造、争取减刑、回到亲人身边的期盼。于是,他就违心地按照当时的形势要求去进行一些迎合局的政治表态,并按照狱方要求作出积极学习、积极劳动、积极批判自己的所谓"罪行"甚至揭发其他犯人违规等行为。

入狱后的杨兆龙已经完全明白,白沙等1948年代表南京地下党组织作出的承诺此时已没有丝毫价值。此时没有任何人可以帮他的忙,连沙轶因也不能,他只有靠自己的"表现"去实现早日恢复自由的目标。

判处无期徒刑,当然出乎作为刑法专家的杨兆龙的意料。他在被判决后的1971年下半年的思想改造总结中说:"在1971年的上半年,我虽然觉得我的罪行很严重,但对于它对党的危害性认识不足,以为对自己判刑不会过重。所以,我对自己的改造缺乏自觉性,不认真对待。等到1971年6月2日判决之日,我听到判处无期徒刑,大吃一惊,心里颇为不服。"他愤怒地抗议过,绝望过。

杨黎明回忆说:"我弟弟1971年6月给我来信说,他被判了10年徒刑,他(杨黎明的丈夫陆锦璧)则被判了20年(因写了'告全国人民'的万言书,抨击历次'左'的运动,尤其是'文革',替所有无辜的受害者鸣不平,提出拨乱反正的十条治国政见等),街上也张贴了布告。我想我父亲怎么没有消息呢?便给提篮桥监狱写信。我估计他在那里。我说我希望你们给我父亲接见家属的权利,这是每个犯人都应该有的权利;家属的会见,也是为了更好地促进犯人的思想改造。后来,我在上海的表舅母来了信,信中附有父亲给她的信,要求她去看他,并带十个咸鸭蛋。表舅母说,按理,父亲在1936年曾营救过她的女儿杜永康(因共党嫌疑被国民党逮捕,解放后在一机部任人事处长),现在我父亲落难,她绝对应该去,但如何能到居委会去打证明?她为难极了。这样,我的判断就被证实了,我父亲确实在提篮桥。整整一年,他连会见家人及与家人通信的权利都被剥夺了。1972 年 2 月，我去探监。我以为会见总要叫名字的，加之里面又很嘈杂听不清，故听到叫我的会见号码，我一时反应不过来。后来边上的人说：是不是在叫你啊，我一看手上的那张纸条：9 号！就赶紧进去，但 10 分钟的会见时间已经被耽误了 5 分钟。隔着铁丝网，父亲见到我和我女儿，泣不成声：'无期啊！'我只能劝他要有信心，会提前出来的。隔壁的一个老太太号啕大哭，里面的老头在跺脚：'我又没死，你哭什么！'那个时候，我就希望会见快点结束，我实在受不了，也想大哭了。他问我家里人的情况，我就骗他说：妈妈也好，弟弟也好。我再次去探望时，遇见父亲的一个学生（他去看他 16 岁的'反革命'儿子），他告诉我，我父亲在里面吃了不少苦头（包括被殴打、长时间的背铐）。因为他儿子是小组长，什么都看到了。

"直到 1980 年，我们才知道父亲被改判无期的原因。1971 年 5 月，一次就枪毙了 51 个'反革命'。其中有一个叫陆洪恩，是上海交响乐团的指挥，他患了精神分裂症，见红就撕，'红宝书'也被他撕。监狱医院鉴定他没有精神分裂症，虽然精神病总院的一位姓殷的专家持相反意见，但寡不敌众。最后，陆被以'恶攻'罪枪决了。这事使海内外舆论大哗，影响很坏。所以，后来中央就规定：判处高级知识分子和统战对象死刑必须经过中央批准。据说，我父亲的事也惊动了毛泽东和周总理。这样，我父亲于 1971 年 6 月被判无期徒刑，法庭同时宣布剥夺他的上诉权。他作为国际刑法学会副会长、精通刑法的法学家，并曾冒险将万余'政治犯'（包括不少中共党员）营救出狱的人，竟遭到如此对待！他如何能容忍这种藐视法治、践踏人权的暴行?! 父亲出狱后，当然首先要看望母亲，我们一再骗他，说母亲在南京姨妈家。这如何骗得过?! 后来，我告诉他，母亲已于 1966 年中风去世。父亲痛哭失声。实际上我还是瞒了他，没让他知道母亲是在对现实和未来都绝望之下自尽的。我转告了母亲的话：'你爸爸不知何时才能判决，如果我见不到他，你要转告他，是我害了他——我不该不顾他的前途，硬把他留在大陆；我不该轻率地把全家的命运都交给一个孩子（指我小姨妈，1948 年时她才 27 岁）。我对不起他！'父亲说：'不要说了！我们本是恩爱夫妻，这一切都是命中注定！'此时，他已是一个伤病缠身的 73 岁的老人，手腕上明显地留着累累伤痕。而作为一个有尊严的、享誉世界的一代法学名家，他心中的创伤、痛苦又怎能平复?! 1980 年给他正式平反的时候，我父亲已经含冤去世了！"

杨黎明带着女儿去提篮桥监狱看望杨兆龙，看到自已可爱的外孙女，杨兆龙的求生愿望随即增强。特别是他参加了几次监狱里的宽严大会，知道即使被判无期徒刑，但若积极改造，也可减刑。这就使他决心适应监狱的改造活动，以早日得到减刑，并回到亲人身边。

杨兆龙在 1971 年年底的一份思想改造总结中写道：

在认罪服法方面，我曾有过许多错误思想。后来经过反复思考，并经过政府历次的教育和同犯们的帮助，我才认识到自己犯罪的严重危害性。我犯的主要罪行是唆使叛国投敌。首先，我自己有叛国投敌的思想，因为如果不赞成叛国投敌，我就不会唆使别人这样做。这是一种极严重的对于祖国的敌对行为。这是我的资本主义复辟思想的一种表现方式。因为我若有机会叛国投敌，一定会对我国加以种种诬蔑，把无产阶级专政形容得"一无是处"，而相反地把资产阶级专政理论说得十全十美。一句话，对资产阶级的罪恶大为称颂，对无产阶级的优点大为贬低。这是挖社会主义祖国的墙脚，是最卑劣的手法。其次，我自己虽然没有逃避祖国无产阶级专政的行为，但有逃避无产阶级专政的思想，我曾唆使别人逃避祖国的无产阶级专政。我的资本主义复辟思想，将使他们对祖国进行种种诽谤，进行种种反宣传，对祖国持敌对情绪，使其他不明了祖国情况的人们对祖国发生误解，从而盲目地跟着挖祖国的墙脚。虽然这些人没有走掉，但是我的用心是很恶毒的。再想到这些被我唆使叛国投敌的人本来是纯洁的青年，可是因为受了我的影响而变成反革命分子。我使他们走上犯罪的道路，阻碍了他们自己的前程。我的罪恶的后果的危害性真是罄竹难书。再加上解放前后，我在教书及写文章的时候，替反动政府及修正主义宣传种种封、资、修的黑货，毒害许多青年。尤其是在反右前夕，我散布的反动言论及所写的荒谬文章危害特别深远和广泛，仅凭这一点，就应该重重处罚。但是，政府并没有论我的罪，还希望我自己觉悟。无奈我作恶犯罪的劣根性颇深，毫不觉悟，又进而有唆使别人叛国投敌的行为，所以政府才忍无可忍地将我逮捕法办，并且，我自 1963 被捕至判决之日为止，有时违犯监规，有时抗拒管教，改造表现一贯很坏，这也说明我不认罪，不服法，对自己所犯的罪行没有悔恨的决心。政府为了挽救我，对我处以无期徒刑，是要防止我再犯罪、触动我的灵魂深处，使我积极争取改造成为新人，并不是要将我一棍子打死。论我的罪行，虽处死刑都不为过。政府处我以无期徒刑，已经是宽大了。经过一系列的思考，我认识到，处我以无期徒刑是十分应该的。可是虽有这种认识，我仍然很消极。我有黄昏思想，觉得年老多病，活不了多久，就快要死亡，等不到改造好就要与世长别了。我只是怨恨自己为什么犯罪，落得这样的下场。而没有多从积极争取改造方面去加以考虑。有时，我身体好一些或听了政府的教育和思想改造讲用会等的启发，我的精神便振作起来，也想积极争取改造。但是，一遇到我犯了罪错，小组同犯批评我稍微尖锐一些，我就又觉得我这个人"一无是处"，不会改造好了。我根本没有按照毛主席的指示，用一分为二的观点分析事物，我把整个人都全盘否定了。因此，我怨恨自己的思想又抬起头来。尤其是当我发病昏倒的时候，怕死的心理笼罩着我，特别厉害，觉得自己等不到改造好就要死亡的思想又占了上风，我又怨恨自己不该犯这样严重的罪行。有时，我有过一天算一天的思想，别的犯人有混刑期的思想，我连混刑期的思想都没有，因为我是判无期徒刑的，无期可混。由于有这样的思想，在某些方面我就不肯费很大气力去争取改造。最近三个多月来，我加紧学习了毛主席的著作，略有心得，并且我的身体也好了一些。同时，我想到国内外形势空前大好，对自己的改造是十分有利的，再加上政府历次的教育和多次宽严大会及讲用会的启发，我的思想开朗起来了，放下了我背上的包袱。我觉得这样混下去，是没有前途的，是辜负政府对我的期望的。我已认识到我的唯一出路是靠拢政府，抛弃一切消极思想，切实争取改造，别的路都是死路。今后的努力就是要巩固这种看法。以上所说的一方面是投入改造以来的思想，另一方面是半年多来我的思想转变的过程，再一方面是我对各种错误思想的纠正最后达到的正确看法。

我的这种不积极改造、过一天算一天的思想，看上去似乎是消极改造的思想，对改造似乎是没有积极反扰作用的，实际上并不是这回事。我不积极争取改造，就是对于判决不满，对于改造不努力，对政府的教育不服从，对政府对于犯人改恶从善都有前途的政策不相信的表示。这是在坏的方面起了极大作用的恶劣态度。这种态度是有它的阶级根源、思想根源、社会和家庭根源的。在阶级方面，从很早时期起我就受资产阶级的影响，到了成年以后，就一天一天地走上国民党帮凶的道路，骑在人民头上，毒害许多人。这种资产阶级的毒害，在我身上到犯罪前夕发展到了顶点。在思想方面，我有自高自大、自私自利、出人头地的思想。因此，对于政府的处理和同犯们的帮助，凡是不合我的意见、利益的，我就不容易接受。有时需要经过长时期的大力的教育和帮助，我才能悔悟过来。在社会和家庭方面，我所接触的人，大部分是资产阶级的。而且，社会方面器重我更养成我骄傲自满、爱好虚荣的习惯，以及处处突出我个人第一的思想。由于无产阶级专政不允许我这种思想存在和发展，我对它由不习惯而产生不满，由不满而滑到破坏专政、走上犯罪的可耻道路。这些总起来把我养成极为反动的知识分子，自以为了不起，对于政府有些措施最初持敌对的态度。等到后面，看到形势一天比一天好，觉得自己估计错了就后悔莫及，但又不积极争取改造。所以，我的态度是始则积极反抗，继则消极抵制，而不是心悦诚服地争取改造。我的世界观基本上是旧的，并在各种地方都暴露出来了。直到最近，我才有一些转变，但是这种转变很微小。这不过是我改造过程中万里长征的第一步。今后还要继续大大地努力。

我在遵守监规纪律方面曾有过许多罪错。我曾和人争吵，破坏了监房秩序，妨碍睡觉、学习和劳动。我曾有过早起的习惯，妨碍了别人的睡眠。我曾在早上活动过多，妨碍了别人做事。这些虽然我竭力争取改掉，但有时还是在无意中重犯这类毛病。这是由于我自私自利的资产阶级思想有时支配着我，做出损人利己的事情来。这些事，看上去似乎是"小事"，实际上是世界观没有改造好的大事。因为所谓"小事"都改不了，大事怎么能改得了呢？更重要的，我平时对于检举揭发罪错有情面观点，有怕得罪人、怕报复的观点，有年老多病、需要照顾的观点，有"爱惜羽毛"、少事为妙的观点，因此对于有些严重性的罪错不及时检举揭发，或者检举揭发后不坚持斗争。我这种毛病是相当严重的，是包庇罪错，是十足的资产阶级思想的表现，也是旧世界观没有改造好的突出表现。

在劳动方面，我毫无成绩可言。在6月2日判决以后，我就积极争取劳动，在一监拆纱头，为期将近一个月，没有什么成绩。我6月28日到八监以后，也积极争取劳动。那时大家都在捡云母片，我还能勉强应付，产量也逐步上升了。后来改为剥开云母片，我由于眼睛不好，把云母片戳破了，做出来的东西不合规格，我自认不行，就不再剥云母片了。我觉得有些失望，因为劳动是一个人改造的重要的方面，我没有劳动，就不能全面地改造。但是，我若积极争取劳动，是有希望立功减刑的。我没有这样做，认为自己是永远不能剥开云母片的了，就死心塌地放弃剥开云母片的工作。后来又因眼睛出血，看不清东西，连捡云母片都不参加。这是我借口客观因素，不争取劳动的表现。因此，我就抄写我所没有的学习资料，藉以补我记忆力之不足，这也是一种学习。但是，我忽略了体力劳动这一方面，我没有劳动赎罪的体会，不能真正得到改造。尤其是我是一个反动的知识分子，多年来养成好逸恶劳的习惯，要纠正这种坏习惯，非劳动不可。……这几个人的身体条件不比我好，只比我坏，他们既能克服困难，在劳动中做出成绩，我为什么不能呢？于是，我当天表示要求掌握犯给我剥开云母片的劳动。掌握犯同意了。我试做了两天，第一天，我的开不薄，一直重做；第二天，我居然开薄了；我两天共开了四五钱，生产检验犯①认为我经过锻炼是可以做得好的。可见，从前我的不能剥开云母片的想法是错误的。主要的毛病不是我实际上不能剥开云母片，而是我思想上不愿剥开云母片。我相信，如果继续不断地努力，我会克服困难，好好生产的。

1972 年改造规划：在 1971 年改造的基础上，订出 1972 年的进一步改造的规划如下：1. 认真学习毛主席著作，争取背诵十来篇光辉著作，并多多联系实践，尽可能做到结合思想，在讲和写的过程中要重视，在引用毛主席的著作时要尊敬，不再有讲错、读错、漏读、漏写等情形。2. 在认罪服法方面，要巩固积极争取改造的信心和决心，不让消极改造的思想再侵蚀我的头脑，要坚决相信毛主席的伟大教导："在我们伟大的社会主义制度下，只要改恶从善，都有自己的前途。""对于一切反革命分子，都应当给以生活出路。""不给出路的政策，不是无产阶级的政策。"自己犯了罪错，要坦白交代和承认。虚心接受批评，过去那种骄傲自满情绪，应该去掉。对尖锐的批评，不应该因为批评尖锐而觉得自己"一无是处"，因而悲观丧气，消极起来。平

---

① "掌握犯"是狱中给犯人派活的犯人，"检验犯"是狱中检查犯人生产的产品质量的犯人，他们又被称为"事务犯"。

时要经常地以毛泽东思想对照自己的言行。3. 要严格地遵守监规纪律，要坚决拥护无产阶级专政，低头认罪，服从管教，不乱说乱动，不与人争吵，尤其要与坏人坏事做斗争，遇有违犯纪律、破坏改造言行，当随时检举揭发。4. 积极争取劳动，克服身体上的一切困难，做出好的成绩，以赎自己的罪行，尤其是端正自己的劳动态度，力戒为劳动的劳动及为不正当的目的而劳动的思想。

1974年，杨兆龙较之以往更加积极认罪和"改造"。原因主要有二：一是他在这一年患了高血压，得到了狱方的积极治疗和在劳动方面的关照，杨兆龙对此心存感激。他在1974年的思想改造总结中写道："我因为患过中风，血压高，手脚动作不便，并且手发抖，剥云母片有困难，监狱管教人员规定我可以不参加劳动。"二是他的小儿子杨定亚于1973年9月被释放出狱。这一切使他争取"好好改造"、早日减刑出狱的愿望更加强烈。

他在1974年的思想改造总结中写道：

这次学习，如此隆重，如此优遇，可见政府关怀犯人的改造，无微不至。我们犯人感激之余，唯有发奋学习，聊以报答政府对我们殷切的期望。这次学习要根据政府简单扼要、少谈理论、多谈重要事实的指示。兹将许队长要我们谈的问题分四点说明如下：

第一，对形势的看法。在反右以前，我对于国内的制度，虽觉得有它的优越性，但在自然灾害那几年，我有不满情绪时常暴露。现在认识到，那时我以资产阶级个人主义为出发点，没有考虑到苏联修正主义和美帝国主义勾结一道欺负我国，企图变中国为它们的殖民地的危害性，我不仅没有想帮助政府解除困难，反想远逃国外。虽然我因老母在世，不忍心抛弃她而打消意图，但过年后，我又因小儿子被分配到新疆工作而不满，并想办法送他和一个学生到外国去。他们虽没走成，但充分说明我思想反动，只看到个人利益，不惜破坏社会主义祖国，更恬不知耻地要下一代再去受帝国主义奴化教育。这是极大的犯罪行为，被判刑是我罪有应得，而且政府是宽大的。这份感激永生难忘！过去我由于站在资产阶级立场去看形势，是不可能正确的。通过多年政府、队长苦口婆心的教育，特别是我学习马列和毛主席著作以后，我的世界观得到改造，对形势的看法与以前截然不同。今天的中国仅仅经过二十多年改造建设，已改变过去一穷二白的面貌，并且成为世界强国，受到各国称誉，体现伟大领袖毛主席英明正确的领导，做中国人值得自豪。老牌美帝国主义和苏修社会帝国主义再不敢欺负我国。现联合国已经在我国和第三世界各国控制之下，苏美两霸当年任意操纵联合国作为它们侵略工具的时代已一去不复返了。我国国内形势也是一片大好。过去我之所以看着一团糟，全是由于"私"字作怪，对自己有利就是好，否则，再好也说坏。"名利"害了我，没名没利我不干，有名有利我抢着干。这种资产阶级"利己多欲"世界观，是再可耻没有的了。过去我抱着这种反动的世界观，怎么能相信共产党呢？这必然导致我走上犯罪的道路。过去我有时也为人民做点有益的事，就觉得了不起，实际上不过是沽名钓誉而已。改造好与坏，世界观转变是个关键。

第二，对罪行的认识。我过去犯罪是与我反动世界观分不开的。我在解放后对人民政府许多措施看不惯，初时忍耐不响，后来逐渐发展到任意说粗话诋毁。等到被宣布为右派之后，不仅不思悔改，反变本加厉，攻击人民政府不给"言论自由"，指责为什么发表了两篇关于司法制度和教育制度性质的文章就被认定为犯罪，并宣布我为右派。还推卸责任说是《文汇报》和《新闻日报》编辑部派党员来请我写的，不应看作我的过失。这种思想一直在头脑里。再加上戴上右派帽子后，各种待遇都不同，工资被停，身体有病，还要劳动，觉得"太不自由"。其实，我这些想法都是错误的。按照我的逻辑，只准资产阶级统治的自由，不准无产阶级专政的自由；只准资产阶级有压迫广大人民的自由，有可以胡作非为的"特权"。这种想法是帝、修、反一贯强加于弱小的霸道说教，是反动的。我后来知道我的这些荒唐谬论和行为是犯罪的，但又错误地认为解放前曾替人民做过一些有益的事，政府会从宽处理，便不认真反省认罪。后来虽有所提高，但不料竟判我无期徒刑。故入监改造后，思想搞不通，消极悲观，想到自己年已六十，身患高血压和心脏病，不会久活，将死狱中。后来经过队里长期教育，才明白刑期是活的，在于自己争取，只要认真改造，政府是会给予宽大的，于是改造信心与决心逐渐树立起来。现在我认识到自己所犯罪行非常严重，举其要者可分以下几点说明之：（1）假如我的逃亡计划得以实现，势必引起中外注意，许多资产阶级分子要拍手叫好，并要当新奇新闻广为宣传、污蔑。(2) 毒害我小儿子。如果他真的逃到国外（还有那个学生）受洋奴教育，可能将变为美帝、苏修侵略的工具。回看这些罪行，幸而我们都被捕法办，否则其影响是不堪设想的。所以，我对政府的无期判处是心服口服的。(3) 对政策的认识。被捕后，我对政策也是糊里糊涂，不求理解。判决后，通过学习，我也还是半知半解。直到不久前，经队长教育，我才懂得它的重要性。故改造劲头大起来，加快了前进的步伐。今年12月5日被调到此地来学习，经过队长和诸位队员的教育，我感到兴奋，决心努力改造。政府对我的关心，使我衷心感激，终生难忘。毛主席教导我们"改恶从善，都有自己的前途"，在我们每个要求改造的犯人身上都有落实的机会。(4) 今后怎样做人。我认为今后要时时想着毛主席、共产党对我的伟大教育、改造的大恩惠，要好好做人，要认真学习马列、毛主席著作，并将它们作为继续改造世界观的锐利武器，要竭力对国家、人民做出贡献，以报答政府的宽大之恩。

第三，我在学习方面的罪错是很多的。一是我学习不努力，容易有自满情绪，因而放松学习。二是我借口年老多病，有时不克服困难，不加紧学习。三是有时我讲话不当，对于引用毛主席语录，容易有讲错、写错、漏字等情形，这是不尊敬毛主席、不严肃对待学习的态度。四是我在平时常责备人家不把毛主席著作放在适当的地方，而我自己有一次却将《毛主席著作选读（甲种本)》放在了极不适当的地方，这是对毛主席不恭敬的表现。五是有一次在学习小组中竟用轻视学习的词汇称呼学习，这是污蔑学习的表现。六是我有一次在控诉蒋介石反动政府对外政策时，引用了蒋匪帮惯用的"攘外必先安内"这句话，污浊了学习气氛。又有一次，我在说苏联对于我国拒绝参加它提议召开的五个核大国会议时，替苏修的核讹诈做了宣传。七是没有把学习毛主席著作当作改造自己的首要任务看待。我最初以解放前为人民做过一点事情者自居，通过批林批孔的学习，我才明白自己实际上是混进民主人士队伍内的可恶的投机分子。解放后，看到自己没有得到什么"名位"，就想另找出路。我应该无条件地接受改造。不过，我觉得自己年纪大了，又身患中风，有跟不上形势的感觉。今后天气暖和些，我要补足这个缺点。

1974 年年底，杨兆龙所在的小组给他写了如下鉴定意见："在政府教育下，经过批林批孔、罪行批判以及学习和思想改造，有进步。他患有高血压、中风病，但自学较认真，结合认罪服法以及旧的思想观点进行批判，一年中长期坚持写批判稿，曾受中队大会表扬。学习、发言先写发言稿。对歪风邪气敢于揭发，相信党的政策，表示要积极争取自己的前途。缺点是个性较急躁。小组希望他认真学习马列、毛主席著作，认清大好形势，争取自己的前途。"管教干部给他的鉴定是："该犯通过批林批孔教育，对自己的罪行能做到自我批判。一年来的思想改造有些进步和提高，能带病自学毛主席著作，结合认罪服法对旧的思想进行批判，比过去有较大的好转。"

杨兆龙是 1975 年 12 月 15 日被释放出狱的，1975 年 12 月 13 日，他向狱方提交了最后一份"思想改造总结"。他在这份总结中写道：

今年是不平凡的一年，对内对外我们祖国都有更进一步的发展。它不但在国内科学发达，工农业突飞猛进，为世界上少有的繁荣昌盛的国家，而且在国际事务方面，它的威望远在其他强国之上。在这种情况下，我虽是犯罪分子，改造的信心和决心特别强；我虽然已经年衰多病，觉得改造的前途充满希望。去年曾写了年中小结，将那一年上半年的收获与缺点，尤其是自从批林批孔运动开始以来的收获与缺点作了概括的汇报。在那次小结之后，又接着写了一篇近二万字长的"思想汇报——二十五年来我的思想转变"这篇总结材料，对二十五年来的思想转变大略地提了一提。这次年终总结，必须将这两次总结材料作概括的叙述并就最近几个月来的新的认识加以补充。

第一，关于认罪服法方面的收获及缺点。关于认罪服法方面，我自 1972 年开始即逐渐认识自己过去的罪错，对过去的违法行为深感后悔，但觉得自己年纪太大，深恐不能出狱。后经过历次大课及宽严大会的实况教育，我才相信只要自己认真改造，刑期是活的。尤其是通过听宽严大会的报告，获知有好多起判处无期徒刑的犯人获得释放和减刑的情况。这对于我有极大的鼓舞力。尤其是我的小儿子前年 9 月被释放出狱，成为新人，并且被安排在仪表厂工作，这说明政府的政策在不断地落实。所以，自前年下半年以来，我的改造信心越来越强。去年一年中，由于批林批孔运动的逐步深入，我的觉悟也随着提高。

…… ……

第二，关于批林批孔方面的收获及缺点。在这方面，我觉得去年一年，比以往几年做的好，详细的情形已在去年的批判稿、学习心得、发言稿等中说明，兹摘要概括如下：在学习过程中，我认识了法家的进步性、创造性、唯实主义等，与儒家的复古性、倒退性、天命论等形成鲜明的对比。就拿最突出的采行法家路线的秦始皇而论，我最初因受孔丘的"克己复礼"的流毒，竟认为他是个中国历史上最著名的"暴君"。经过去年一年的学习和批判，我在这方面一反以前的看法，认为他是中国历史上第一个最伟大的采行法家路线的政治家。举其要者，他统一中国，废除秦以前的奴隶主贵族制，置全国于中央的统一集权制度下，他统一文字、货币、度量衡，北伐匈奴，重用法家，等等。这些事在现在看来似乎并不稀奇，但在二千多年以前实际上是一个人间奇迹。孔丘的复古性、倒退性、天命论等，一味梦想恢复西周时代奴隶主贵族的分封制，实际上将中国闹得一塌糊涂。名义上中国在西周时代是一个统一的国家，实质上那时的周天子不过是各诸侯所推选出来的盟主，没有什么实权。各诸侯在其本国范围内可以各行其是，丝毫不受周天子的拘束。等到战国时期，周天子连名义都不存在了，中国实际上成了一群弱小国家的总和，如不是秦始皇真正统一中国，中国的分裂局势不知要到什么地步。孔丘生在春秋末期，那时的时代总趋势是分封制的垮台，各诸侯国家已成为独立的国家，奴隶主制度已开始崩溃，但是孔丘漠视时代总趋势，还提倡克己复礼、倒退到西周的旧的所谓统一的分封制。这是幻想，事实已经驳斥了孔丘那一套顽固的说教。

…… ……

儒家思想里充满了读书做官、成名成家、看不起劳动人民的观点，法家则与此相反。我从小就受儒家思想的影响，认为"万般皆下品，惟有读书高"的观点是正确的。我最初所谓"读书"，就是读孔孟及其徒子徒孙的"经典"及其注释，对于文法科颇为注意，对于理工科不及对文法科的注意。到长大之后，这种思想才逐渐改变过来，但是关于做官发财、成名成家的儒家思想没有改变。由于这种名位思想的存在，解放后我才会觉得自己没有自由发挥能力的机会并因此而犯罪。殊不知社会主义社会是"公"字当头，一切都要服从整体的需要，要考虑社会、国家的要求，而将个人的名位思想扫除得干干净净。入监以后，我对于这一点逐渐明了，尤其是经过去年一年的学习，对于此点有了更明确的认识。所以，批林批孔运动对于我的认罪服法起了很大的作用。批林批孔的收获还多着呢，因为篇幅的限制，这里只讲个大概。

批林批孔运动还要持久、广泛地深入开展，现在不过是刚刚开始，我在此方面存在的缺点还很多，举其要者，约有以下几点：（1）对于整个学习而言，没有能够做到深入，学习努力不够。（2）对于有些方面没有进行应有的了解，如毛主席的军事思想，不肯花工夫深入研究。由于这个缘故，对于林彪的资产阶级军事路线也没有研究。（3）对于儒法斗争的历史经验知道得很肤浅。（4）许多问题，如父母子女关系问题、朋友问题、待人接物问题、男女关系问题等，还没有接触到。

第三，我对修正主义思想和崇洋思想有了更进一步的认识。去年以前，我对修正主义思想和崇洋思想只有初步认识。经过去年一年的学习，我对于这两种思想更有厌恶之感。我在解放前本有崇洋思想，对欧美的科学及工业发明真是佩服得五体投地。我认为中国非学欧美国家不可，尤其是政治制度，我觉得非参照欧美不可。所以，我读书要进教会学校及国外学校。回国之后，我无形中做了欧美各国的义务宣传员。举一例，拿欧美的议会制度及多党制度而论，虽然它们有许多缺点，不能代表广大人民的意思，但我还是觉得它们是可取的、民主的。解放后，这种思想虽然略微改变一些，但我又渐渐地对修正主义制度产生了兴趣。在1963年被捕之前，我认为苏联的制度是真正的社会主义制度，我国即使不学习欧美，至少也应该学习苏联。所以，我努力地研究苏联的法律和文艺等。这是因为苏联的制度有许多方面和欧美资本主义国家的相同或相似。换句话说，苏联的制度已变成修正主义的制度，实质上是走上了资产阶级的方向。在反右前夕，我竭力宣传苏联的制度好，我认为苏联的法律、文艺及教育制度等和欧美大体相似，可以效仿。比如，苏联的大学也分本科、硕士、博士教育等，法律也保护一般人的"权利"，文艺也主张不分阶级地描写各方面的人物及事情。我误认这是真正的社会主义，所以走上犯罪的道路。到被捕前夕，我虽然知道苏联的制度不大对头，但没有晓得它事实上是社会帝国主义。入监以后，经教育和学习，我终于明白，苏联不但压迫剥削着非社会主义国家，还压迫剥削社会主义国家，并创造许多谬论，如"社会主义大家庭论""国际生产分工论""有限主权论"等，以掩盖其所作所为。近年来，苏联的外交官员及专家披着"善良朋友"的外衣，处处颠覆其他国家的政府，如捷克斯洛伐克的被侵占就是一个很明显的例子。苏联由社会主义变为修正主义后，必然会变成帝国主义。去年上半年，对于崇洋思想，我写了五六篇批判帝国主义的稿子，我的认识是帝国主义在华的一切活动都是于中国人民不利的。去年以来，我对修正主义及崇洋思想的危害有了进一步的认识，在以后漫长的岁月里我对于这方面当特别提高警惕。

第四，对于国内外新事物有了更进一步的认识。二十五年来，国内外的新事物很多，有些简直可以称为人间奇迹，但最初我因为受旧思想的拘束，看不清它们的前途。有些明明是光明的事物，我却认为它们没有好处。在被捕及服刑期间，我的认识逐步提高。……解放后，尤其是在文化大革命后，对于我国以及整个社会主义和被压迫国家的发展有利的国内外新生事物还多得很，因限于水平我知道得不够全面，以后还要继续学习。从上面的例子不难看出，毛主席教导我们的"只有社会主义才能救中国"是绝对正确的。同时，我们也可以明了，只有社会主义才能救全世界。此外，我们从上面这些例子也不难看到，我国及世界某些方面的发展，只有在毛主席的英明领导下才有可能。我因此从心底里觉得毛主席真伟大。

第五，关于我在遵守监规方面的收获及缺点。在遵守监规方面，我有一极大的缺点，即未能遵照规定参加劳动。我因为患过中风，手脚动作不便，并且手发抖，剥云母片有困难，所以没有参加。虽然这种事是政府照顾我，可我内心实在感到不安。不过，我在一中队拆回丝尚能勉强应付。等将来病好些回到一中队，仍当继续劳动，以求更好的改造。此外，在注意周围的坏人坏事方面，去年一年曾揭发检举了七八件，但是仍不免有疏漏的地方。今年当在这方面作更进一步的努力。

两天之后，杨兆龙终于走出监狱的大门。1976年1月6日，他到达女婿陆锦璧的老家——浙江省海宁县庆云镇，和女儿杨黎明及一个外孙女、一个外孙一起生活。

基本上可以断定，杨兆龙在监狱里所写的那些认罪材料并非是他的真实心声。杨兆龙的狱友、复旦大学物理系学生李梧龄在网上发表的《不堪回首》一书中透露，杨兆龙当时写过一些迎合时政的文章，目的是争取机会减刑："我遇见他时，他已很衰老了，因为心脏病住在八号间里。他天天在写东西，我问他写什么，他说写歌颂秦始皇的文章，我就大不以为然，问他难道真认为秦始皇值得歌颂吗，他说当然不是，那我就说你又何苦破坏自己的一生名誉呢？他说：'任何在强制的条件下写的东西，在法律上都是无效的。我已判了无期徒刑，只有这一条路可争取了。'"

《麦田里的守望者》里有这样一句话："一个成熟男子的标志，是他愿意为某种事业卑贱地活着。"杨兆龙是一个真性情的人，他热爱生命和家人，在守住良知底线的前提下积极争取能够减刑、和家人团聚的机会。他在狱中的这句话最值得人们品味："任何在强制的条件下写的东西，在法律上都是无效的。"这是杨兆龙作出违心"悔罪"言行时的信条，莫非是老子"大智若愚"处世之道的写照？

第九章　艰难的改正

改革开放后，杨兆龙仍心有余悸，不敢要求政府为自己改正。杨黎明告诉笔者：
"1979 年春节后，局势已较明朗。我们兄妹三人都劝父亲申诉，他流泪摇头，并出示他
手腕上的累累伤疤，摇摇手，意思是不必再找苦头吃。于是，我们决定由我弟弟代他写
申诉材料。但是，这年 4 月 1 日他却病逝了。我们继续申诉，上海市高院则本着中央下
达的普遍复查的精神，对我父亲的案件重新立案，承办人为任寿苗。复查时间很长，我
们频频询问。约在 1979 年秋，任承办员说，我父亲的档案中没有对他有利的材料。我
们很奇怪。他为南京地下党组织做的事怎会没有相应的档案？""从房群所写的文章中
看，55 年时父亲的'有利材料'都在；但从二工大的党委书记张格所说的话中可以判断，
57 年反右时我父亲的'有利材料'已被冷藏。这些材料后来是否找出，我们不得而知。
此外，我家财产被封存时，第一看守所的公安人员顾忠诚说过：'你爸爸没有做过任何
有利于人民的事，这点有案可查！'还有一位科长说：'你家的财产都是不义之财，你应
该去自力更生！'"

当年给杨兆龙定的罪名有二，一是历史反革命罪，二是叛国投敌罪。鉴于当时的政

治环境，"叛国投敌罪"容易推翻，但对于"历史反革命罪"，因为当时的卷宗及其他材料里没有任何对杨兆龙有利的记载，也找不到相关证人，没法纠正。问题一时成为死结。

一、鞠华解开死结

恰在此时，杨兆龙的小儿子杨定亚偶然在《解放日报》上看到有关上海市司法局局长鞠华出席某一活动的消息。杨家人都知道鞠华曾担任过南京市法院的院长，杨兆龙当时任南京大学法学院教授，两人曾一起参加全国第一届司法工作会议。后来，鞠华从南京调到上海，先后担任最高人民法院华东分院办公室主任、华东司法部办公室主任、上海市司法局副局长等职；杨兆龙则在董必武的关心下调任东吴大学法学院院长。1979 年12 月中旬，中共上海市委决定恢复重建上海市司法局，批准成立由鞠华、戴启成、胡文楼、贾天戈 4 人组成上海市司法局筹备小组，鞠华任组长。1980 年 1 月，上海市司法局恢复，鞠华任局长。

于是，杨定亚向上海市高院刑庭提出，鞠华了解杨兆龙的情况，可否当证人，承办人说当然可以。杨定亚就写信给鞠华，请他为杨兆龙的历史作证。接信后，鞠华立即给杨定亚打电话，让他到家里一谈。鞠华得知杨兆龙的情况后，当即表示愿意到法院作证。鞠华向上海市高院介绍了他所了解的杨兆龙为党做过的贡献，认为杨兆龙属于起义人员，要求高院为杨兆龙改正。对于高院承办人员提出的杨兆龙与"王孝和案"的关系、杨兆龙为何担任国民党政府最高检察署代理检察长、怎样确认杨兆龙属于起义人员等一系列具体历史问题，鞠华建议他们向原地下党南京市委书记、时任上海社会科学院顾问的陈修良了解情况。这样一来，杨兆龙为国家、为民族、为中国共产党所做的历史性贡献终于重见天日。

在迫害杨兆龙的一些当事人当时还居于高位、为杨兆龙改正的阻力依然存在的情况下，鞠华为何敢于挺身而出为杨兆龙打抱不平？这是因为，鞠华虽然和杨兆龙经历不同，没有到国外留过学，不是学者出身，而是一个地地道道的"老革命"，但他却和杨兆龙有着共同的法治理念：主张无罪推定、有利被告、审判独立等，有着共同的遭遇：都是因为某些民主法治的言论而冒犯了原来在南京后来又到上海工作的高层领导。而且，鞠华不是法学科班出身，但其法学造诣在当时实属凤毛麟角。他在上海法律界的口碑很好，如改革开放后曾担任过上海市律师协会会长的王文正多次回忆鞠华对法律人才关心爱护的事情。

鞠华于 1958 年 4 月被划为右派，他的"罪恶"主要表现在：反对无产阶级专政，反对党对司法工作的领导，诋毁镇反和司法改革运动，支持右派分子向党进攻。具体包括如下"事实"：（1）对上海市 1955 年的镇压反革命运动不满。认为这场战役是"盲目凑数字"，"错案无底"，"把有用的东西也当作垃圾抛掉了"，"搞得人家妻离子散"；"1955 年的错误，是由于笼统地强调了敌情严重"。（2）对 1952 年到 1953 年的司法改革运动不满。认为上海的司法改革运动是"主观盲动，好大喜功"；"以左的情绪否定一切"；"对旧人员采取了是非不分，一脚踢开的办法"；"否定一切，连必要的审判形式和必要的技术工作也被笼统地否定了"。（3）主张审判独立。以"人民法院独立进行审判，只服从法律"为借口，反对党对司法工作的领导；经常散布"审判独立是实体的独立"；"党对法院的领导，只能是方针政策的领导，党委批案妨害了审判独立"。（4）说司法工作依靠群众办案是"过时的，农村中的一套，是游击习气"；"没有一点法律的严肃性，变成群众怎么说，我们就怎么判"；"现在要开调查庭办案"，再依靠群众办案，就"不正规，不合法了"。（5）主张法院的任务是"防错"，散布"无罪推定""有利被告"等言论。此外，"当人民群起围攻右派分子杨兆龙时，他（即鞠华）又与之勾勾搭搭，暗表同情"。①

1979 年，鞠华被错划为右派问题得到改正。上海市《法院简报》1979 年第 11 期《上海市司法机关错划右派的复查工作已经结束》指出：

> 根据中央［1978］55 号文件和市委有关指示，上海市高级人民法院对原市级司法机关所划五十一名右派分子进行了复查，最近已全部结束。除一名不予纠正外，其余五十名均属错划，全部得到改正（其中局级三名，处级三名，科级四名，一般干部四

---

① 参见孟杰、黄汝坚：《上海市政法战线上的反右斗争已取得巨大胜利》，载《法学》1958 年第 5 期。

十名）。

通过复查改正工作，使我们深刻认识到，反右派斗争是扩大化的，做法是粗糙的，教训极为深刻，值得认真加以总结。

一、不能背离党的政策，只按长官意志办事。复查情况说明，不以党的政策为准，简单地凭长官意志办事，是造成错划的重要原因。如三个局级干部被划为右派，其中二个是市委某个领导先点名、定调子，要下面报材料才划成右派的。点名的主要原因，是上面某个长官对人有偏见。如原司法局副局长鞠华同志，就是在一次党组会议上议论了当时市委主要负责人的家长式领导作风，整风、反右"补课"时，上面就抓住这个问题，说成是对党离心离德，硬要把他划为右派。

二、对人的处理要持慎重态度，实行"批判教育从严，组织处理从宽"的方针。反右派斗争的教训之一就是对人的处理太轻率、太随便。如三个被错划右派的局级干部中，有一个并无多少言论，仅仅因为另二个划了，若不划他，怕摆不平，结果把他硬拉上去了。还有一个同志，解放初因"特嫌"问题被审查过，一九五六年九月市公安局对此问题已予以否定。反右时，结合一般言论将其划为右派，还以反革命罪判处其有期徒刑八年。

三、一个单位的领导，特别是主要领导，要出于公心，能听得进不同的意见。在错划的右派中，有相当一部分同志是因为对本单位的领导提了一些批评意见。其中许多意见是善意的、中肯的，有的有些片面、偏激甚至有错误，但仍属思想认识问题。可是，在整风、反右中，由于某些领导没有出于公心，头脑膨胀，把批评自己当作反对自己，把自己当作党的化身，随意给人扣上了"恶毒攻击""妄图变天"等大"帽子"甚至定罪，把这些同志打成了反党反社会主义的右派分子。这种做法背离了我党大公无私、实事求是的优良传统，完全混淆了两类不同性质的矛盾。

这篇简报特别点到1958年鞠华被划为右派的重要原因是他在一次党组会议上议论了当时市委主要负责人的家长式领导作风，整风、反右"补课"时，上面就抓住这个问题，硬要把他划为右派。

二、陈修良对杨兆龙改正起了关键作用

鞠华虽然对上海市高院再三说明杨兆龙光荣的革命经历，但他历史上毕竟没有做过南京地下党的工作，无法作为证人提供证言，因此办案人员还是不敢轻易为杨兆龙改正。这时，鞠华想起已躺在华东医院病床上的陈修良。他立即向高院提出，应该马上请原地下党南京市委书记陈修良来为杨兆龙作证。

此时的陈修良，正在为她当年策反、之后却遭受不幸的一系列起义人员的改正问题四处奔波、上下呐喊。在上海市高院的车子将她接到法庭后，她心潮澎湃，慷慨陈词："杨兆龙是经我动员留下来的，并且他为党做了营救大批"政治犯"出狱的好事，被营救出的人员中有不少是共产党员。杨兆龙不仅无罪，而且有功。如果杨兆龙不留下来，而是去了国外，那就什么事都不会发生。我劝他留下来的结果是使他在历次运动中遭受打击和迫害，弄得家破人亡。我欠了杨家的债，现在我要还债。你们把我策反留下的人都打成了反革命，我们党的统战工作还要不要?!"陈修良愈说愈气愤，拍了桌子。她的证言一锤定音，彻底推翻了杨兆龙的"历史反革命罪"。

1980年1月8日，上海市高级人民法院将（79）沪高刑复字第2696号刑事判决书送达杨兆龙的儿女。判决书写道：

> 杨兆龙，又名杨一飞，男，一九○六年生，① 江苏金坛县人，原系复旦大学教授，住本市四川北路二三四○弄十八号。
>
> 杨兆龙一案，由中国人民解放军上海市公检法军事管制委员会于一九七一年六月二日以反革命罪判处无期徒刑，一九七五年特赦出狱，一九七九年四月病故。杨生前对原判不服，提出申诉。
>
> 经本院复查查明：杨兆龙原系旧司法人员，南京解放前夕，充任国民党最高法院检察署代检察长职务，曾接受我地下党的劝说，做了有益于中国人民革命的事。

① 杨兆龙实际出生于一九○四年，此处有差错，原文如此。

解放之后，将其历史问题向组织上交代，有关组织作过"不予处分"的结论。一九五七年被错划为右派，子女家属都受株连。杨为改善处境，谋求出路，曾托人设法送其子杨定亚出国求学。原判以历史反革命及叛国投敌罪判处无期徒刑，是错误的。是林彪"四人帮"极左路线破坏社会主义法制的结果，应予纠正平反。为此，本院特重新判决如下：

一、撤销中国人民解放军上海市公检法军事管制委员会（71）沪公军审刑字第117号判决；

二、对杨兆龙宣告无罪；

三、发还没收杨兆龙的财产。

上海市高级人民法院

一九七九年十二月

中华人民共和国成立后，陈修良一直念念不忘杨兆龙当年释放共产党"政治犯"的道义之举。即便在"文革"期间，在自己被整得死去活来之时，她也多次不避风险，提供证言，证明杨兆龙为共产党做了好事。例如，1967 年 6 月 29 日，陈修良在接受南京市军管会对沙轶因的一个外调时，手写了"关于沙轶因策反工作的一个问题"，具体内容如下：

1948 年下半年起，我们动员全党，找国民党军政要员的关系，进行策反起义工作。沙轶因向组织汇报了她的姐夫杨兆龙是伪司法部的司长。我们就委托沙轶因去试探杨的态度。据说杨有投诚之意，我们就打算利用沙做工作。营救政治犯工作由史永负责（当时搞情报策反工作，现在是全国政协任副秘书长），他后来大约是派白沙和沙轶因去和杨兆龙谈话（或者是通过王明远去谈的）。给沙的任务是通过其姐姐了解杨的政治态度，劝杨对政治犯要从宽判罪，能无条件放的即放，可放的即放。沙在杨面前没有正式暴露过党的关系，但我估计杨可能猜到她和我们有关系。我们就决定利用杨兆龙设法营救政治犯。全国有多少政治犯的数字，好像也是由杨提供的消息。和杨的具体谈判过程比较曲折，我现在已经记不起，最后结果是杨答应执行这个任务。

关于释放政治犯问题，我们坚持的原则是无条件释放，不许办理任何悔过手续。当时李宗仁正在和中央进行假和平谈判，李曾派人坐飞机到北平去和中央谈判，我们也派了一些新闻记者跟着去观察动静，并得知假和平谈判不会成功。后来，李宗仁又想和地下党拉关系，希望和平解决。我们得到这个消息后就开始动脑筋，想乘机营救政治犯出狱。

我们向李宗仁表示，和平问题我们（南京地下党）无权过问，只要求他无条件释放全国政治犯。记得后来是杨兆龙坐飞机到西南去和李宗仁进行交涉，其后就下令释放政治犯的。至于我们同杨兆龙直接谈判的人，在当时情况下势必是以党的名义出现的，否则杨兆龙是不肯听命而行的。介绍人可能是沙轶因。具体经过，因年代久了，记不清了，希望向史永和白沙调查。

1968 年 6 月 12 日，陈修良在接受南京大学专案组对朱成学、华彬清、李飞中华人民共和国成立前被捕以及通过李宗仁释放的情况的外调时，写了如下材料：

朱成学、华彬清、李飞三人被捕后，我们无法打听消息，也无法直接营救，因为狱中并无党的关系，他们在狱中的表现我们不知道。

1949 年年初，我们得知李宗仁要搞假和平，就通过沙轶因的关系，派了白沙（史永领导的）与沙的姐夫杨兆龙联系，要李宗仁有投诚的具体表示，无条件释放全国政治犯。后来，李宗仁就下令释放全国的政治犯。关在南京的共约有七十余名政治犯在解放前夕被全部释放了，朱成学等三人也是在这个时候陆续出狱。据我知道的，没有写自首书的手续，朱成学也不会例外。他们出来后，经学委审查认为没有问题，所以就恢复了党的关系。

党的十一届三中全会之后，陈修良到处收集有关杨兆龙的材料。她收集到了 1975 年杨兆龙出狱之后写给海宁县委统战部的《自传》，这也是笔者目前能够看到的唯一的杨兆龙手稿。她竟然还收集到了"文革"期间复旦大学红卫兵组织印发的小报《大会专刊·增刊》——《撕开杨西光"反右英雄"的遮羞布》。这篇所谓"檄文"在批判复旦大学党委书记杨西光时提到了杨兆龙："反共老手杨兆龙名之曰为复旦法律系教授，其实是蒋该死反动政府司法行政部刑事司司长、最高裁判官，血债累累，民愤极大。可是这样一个人，却在反右中受到杨西光再三包庇重用。他不惜一切，甚至采取捏造事实的卑鄙手段，硬要把杨兆龙打扮成'进步人士'，是国民党内的'起义人员'，是一个有真才实学的'法律教授'。根据现在初步查明的事实，所谓'起义人员'，只不过是来不及逃跑而已。"这张小报虽然充满不实之词，但却能使我们看到杨兆龙的清白光荣历史已被歪曲到何等地步，不乏史料价值。而陈修良能收集到这种资料，可见其用心费力之深。

1980年4月30日，上海社会科学院为杨兆龙举行了追悼会。陈修良亲自担任治丧委员会主任。悼词由陈修良亲自审定，由时任上海社科院法学所所长徐盼秋宣读。悼词如下：

今天，我们怀着沉痛的心情，在这里悼念杨兆龙同志。

杨兆龙同志于一九七九年四月一日在浙江省海宁县庆云镇因病医治无效逝世，终年七十五岁。

杨兆龙同志是江苏省金坛县人，出身于中农家庭。他早年在燕京大学哲学系和上海东吴大学法律系攻读哲学和法律等社会科学。曾任上海地方法院推事并兼任法学院教授。抗日战争前到美国哈佛大学、德国柏林大学研究法学。回国后，抗日战争期间任西北大学法学院院长、朝阳法学院教授；抗战胜利后，担任伪司法行政部刑事司司长和复旦大学、政治大学教授等职务，还去欧美考察过司法工作。一九四八年，杨兆龙同志与我党南京市委取得联系，经党组织同意，四九年初担任伪最高检察署代理检察长职务。在此期间，杨兆龙同志不仅掩护过我地下党员，并在党的指示下，抓紧当时和谈机会，追上已去广州的李宗仁，取得促使南京政府释放全国政治犯的巨大胜利，不少同志因此得以出狱获得了自由，保存了党的力量。南京解放时，杨兆龙同志又将伪最高法院检察署的机关档案移来上海，完整地进行了移交。他的这些弃暗投明的活动都证明了他确实是一个起义立功人员。全国解放后，杨兆龙同志曾被安排为南京大学教授和南京市第一届各界人民代表大会的代表，一九五〇年至五二年任东吴大学法学院教授、院长，一九五二年任复旦大学教授，一九五七年参加九三学社，一九五九年调入上海社会科学院工作，一九七五年任浙江省文史馆馆员。

杨兆龙同志三十多年来为法学教育努力工作。他一九五七年被划为右派是错误的，经复查已作了改正，恢复了政治名誉。一九七一年以历史反革命及叛国投敌罪被判无期徒刑，更是"四人帮"的任意加害，上海市高级人民法院已撤销原判，宣告无罪，并发还被没收的财产；所受株连的家属也都已经一一平反。

在全国解放前夕，杨兆龙同志能接受我党影响起义参加革命，并做出有利于革命的贡献，这种明智的、果断的选择是应该受到欢迎的。他在全国解放后愿意为革命法制建设出力的愿望，也是值得鼓励与怀念的。粉碎"四人帮"以后，在以华国锋同志为首的党中央的正确领导下，杨兆龙同志被划为右派的错误得到改正，被判无期徒刑的冤错案子同时被撤销、昭雪。在这样拨乱反正，全国工作着重点转移，经济建设和法制建设亟须加强的时候，也正是他本人的意愿有条件实行的时候，杨兆龙同志竟因年老多病医治无效和我们永别了，十分令人悲痛！尤其让人难忘的是：杨兆龙同志病休在家，在临逝前的去年三月份还念念不忘地一再"上书"，为我们的宝岛台湾回归祖国问题而出力谋划，为我国的法制建设提供建设性的意见，更加使人怀念不已！他的逝世，使我们司法战线失去了一个可以共同战斗的好同志。我们要化悲痛为力量，在党的正确领导下，为早日健全社会主义法制，为实现四个现代化而忘我地工作。

安息吧！杨兆龙同志。

陈修良觉得自己必须站出来宣传杨兆龙，让历史记住杨兆龙。这成了她去世之前的一项重要任务。杨黎明告诉笔者："我父亲平反后的一天，五姨沙轶因自东北来沪，到中山医院找我，建议我和她一起到华东医院去看望陈修良。病房中，陈老正在伏案写着什么。五姨为我作了介绍后，我便感谢她为我父亲提供了证言，因而案子才能立即峰回路转。她说：'这是我应该做的！是我害了你爸爸和你们一家。如果不是我硬要他留下来，你们全家可能都去了外国了，那就什么事都没有了。'陈老中气很足，说话果断。然后，她打开抽屉对我说：'你看这么多的申诉信，都是要求平反的。这里面有许多是'重庆号'起义的官兵，船到烟台时竟然被抓起来，一直关到现在！我要为他们申冤！沙文汉至今也未被平反，我还要到北京去找人。她又拍桌子了：哼！大不了再来一次'文化大革命'！"我问及她在嘉兴农场劳教之事，她说：'他们故意给我吃粗粮，以致我胃出血。'"后来，她还让老部下沙轶因给她提供当年怎样劝说杨兆龙释放"政治犯"的回忆材料，亲自撰写了《李宗仁释放政治犯轶事——怀念杨兆龙同志》《杨兆龙说服李宗仁释放政治犯》等文章。

在她的推动下，1957年整风运动期间劝说杨兆龙撰写评论新中国立法滞后问题的记者陈伟斯化名"秦岷"，在《法律咨询》1988年第4期发表了《杨门浩劫》。1998年10月，陈修良病重期间，江泽民总书记曾亲往华东医院探望。在被问及有何建言时，陈修良表示，希望中央坚持反腐倡廉和正确评价地下党的工作，其中特意提到了杨兆龙的功绩和不幸。

中央没有辜负陈修良的临终遗愿。1999年，八集电视文献纪录片《无名英雄》摄制完成。2000年1月下旬，中央电视一台于每晚黄金时段播出该片，展示了中共南京地下党组织长期被湮没不彰的历史功勋。其中，压轴的第八集着重介绍了杨兆龙的生平及其贡献，使国人得以通过荧屏回顾南京变幻的风云，一睹逝者生前的风采。

陈修良为什么会欣赏杨兆龙呢？因为他们都是有留学经历的高级知识分子，都有家国情怀。这也是杨兆龙为什么会相信以陈修良为代表的中共南京地下党的原因所在，因为杨兆龙看到的陈修良、白沙等南京地下党员既廉洁又富有才干，和国民党官僚的腐败形成了鲜明的对照。对待贫苦农民，共产党施行土地改革政策，得到绝大多数农民的拥护。而对待像杨兆龙这样的比较富有的知识分子、官员，则必须要有陈修良这样的高级知识分子以其人格魅力、理想信念去感动和争取。杨兆龙的命运就这样和共产党、陈修良密切联系到了一起。

陈修良对党的事业的最大贡献就是领导南京地下党配合解放军解放南京，杨兆龙在其中发挥了不可磨灭的作用；中华人民共和国成立后，陈修良频遭"左"的运动迫害，无暇关照因为她而留在新中国的杨兆龙。而杨兆龙当年在她领导的南京地下党的劝说下担任国民党政府最高检察署代理检察长的历史成了他被打成历史反革命、遭受迫害的主要原因。如果那时陈修良处境顺利，杨兆龙的历史怎么会被歪曲呢？最终，"解铃还须系铃人"，杨兆龙最后的改正多亏了陈修良的证明。此乃"成也萧何，败也萧何"，陈修良直到去世之前仍念念不忘杨兆龙等起义人员。

第十章　杨兆龙的学术思想

杨兆龙是一位具有中国传统上人经世致用风格的学者。他凭借精通八国语言、熟谙英美法系和大陆法系的深厚功力，围绕中国近代怎样从中华法系向新的法律体系转变、怎样从人治向法治转变等一系列法治现代化问题，作了大量研究，发表文字达三百万之多。由于当下中国法治现代化进程并未完结，中国法学并未完全脱离"幼稚"，他昔日提出的许多卓见如今依然熠熠闪光，能够给人以诸多启迪。

一、杨兆龙在法理学领域的建树

（一）关于法治的内涵

1. 法治与人治相辅相成，缺一不可

杨兆龙在《法治的评价》① 一文中提出，法虽是国家所必需的，但如果没有适当的

---

① 原载于 1937 年 2 月 15 日《经世》月刊。

人去运用它，它便会变成一个死的甚而至于坏的东西。人虽是国家所必需的，但如果没有法作为人的行为标准，人便难免举措失当。

笔者认为，法治和人治的关系，关键看你从什么角度来分析。杨兆龙在此文中是从人和法的关系的角度来分析的：法是人制定的，又是靠人实施的，因而法治当然离不开人治。但是，如果从统治者的意志和法律冲突时是法大还是权大的角度来分析，那就是法治和人治冰炭不相容。

2. 社会主义民主与法治密不可分

杨兆龙在《我国重要法典为何迟迟还不颁布？——社会主义建设中的立法问题》[①]一文中指出，社会主义民主和法治是不可分割的构成一个有机的统一体的东西，它们是一事的两面。因为社会主义法治是社会主义民主的构成部分，同时也是它的体现；社会主义民主是社会主义法治的指导原则，同时也是它的内容。无产阶级的专政，虽然对于阶级敌人不必讲民主，但在人民内部却必须实行真正的民主；至于法治，就是对于阶级敌人，也不应该有例外。社会主义法治和社会主义民主的这种有机联系及统一，乃是社会主义国家法律和政治制度的一个基本特点。实践中，社会主义民主的建立和发展，在许多场合，是非靠法律不可的。它要靠法律的制定将民主的原则变为具有强制力的行为规范，要靠法律的执行将法律中所包含的民主原则贯彻到实践中去。在这个意义上，社会主义法治的这一面往往显得更重要。因此，有些人特别强调社会主义法治的重要性。这种提法曾经引起一种错觉，以为在社会主义国家可以多谈法治、少谈民主，甚至可以只谈法治、不谈民主。实际上，这种看法是没有根据的。因为依照我们上面所说过的，强调社会主义法治的重要性也必然意味着相应地承认社会主义民主的重要性，否则就不可能有真正的社会主义法治。

杨兆龙这篇文章的可贵之处在于，提出了对阶级敌人也必须依法惩处，而不能随意为之；社会主义国家的民主要法制化。

3. 法治最重要的是遵守形式正义

杨兆龙在《法治的评价》一文中指出，世界上无论何种国家都不能没有秩序。若是

---

① 原载于 1957 年 5 月 9 日《新闻日报》。

没有秩序，便不能有任何政治经济或其他社会组织，因为组织和秩序是如形影之不可须臾相离的。单靠道德、宗教往往不能够维持住秩序，必须靠具有强制力的法律来补充它们才行。尤其是在需要改良或革命的国家，人民往往习惯于旧制度。若专靠道德、宗教等去感化他们，收效一定很慢，也许绝对不可能。这时候若要使新制度、新秩序站得住，便不能没有法律。所以，世界上没有一个健全的国家不具有相当的法治。推翻旧制度后，必定要建立一种新制度，以便创造一种新的社会秩序，而这种新制度和新秩序仍非有法律来维持不可。即便是和西洋先进国家不同的苏联等国家，尊重法治的精神也与西洋先进国家大同小异。美国总统的权限虽然比前扩大，但这种情况至少在形式上是根据法定的手续发生的。况且，人民原来在法律上所享有的救济权（即对于政府的不当或不法行为向法院请求救济的权利）并没有受什么限制；政府对法院的裁判仍是绝对服从。对于正处在内忧外患之中的中国，需要组织和秩序的程度恐怕比世界上任何国家都厉害些。也许中国所需要的"法治"在内容上和西洋那些典型的"法治"不同，可是这不足以成为反对法治的理由："法治"本身的价值并不因此而减损。杨兆龙认为，当时中国处于内忧外患之中，必须靠法律来组织社会、维持社会秩序，它比道德、宗教更有效率。

笔者深以为然。对于一个专制、人治已久的国家，首先要养成守护形式正义的法治习惯，然后在此基础上兼顾实质正义。

4. 法治既要防范专制主义，又要防止无政府主义；它对敌人和人民都适用

1938 年 1 月，杨兆龙在《司法改革声中应注意之基本问题》① 一文中指出，法律为专制之堤防、人事之机器、民治之基础。他还引用一位德国法学家的话说，无法律之政府将促成专制；无法律之民族则会陷于无政府、混乱之状态。

1957 年 6 月 3 日，杨兆龙在复旦大学教师座谈会上说："讲法律是阶级镇压的工具，这定义今天是否要改一改？中国今天镇压对象只有百分之几，百分之九十几的人民要不要法律？可见法律又是同一阶级内部维持纪律的工具。"

当时，学界一般只强调法治是为了约束公权，防止专制主义；政界一些人只强调法治要对敌人专政。杨兆龙对这两种看法都不赞成，他认为约束公权的同时也要约束人

---

① 原载于《经世》1938 年第 1 卷第 1 期。

民，人民内部不能没有纪律，否则会导致无政府主义。

5. 无产阶级专政要遵守法律

1957 年 2 月，杨兆龙在一次座谈会上对列宁提出的无产阶级专政不受法律限制的观点提出了质疑。列宁说，专政是不受法律限制的，不以法律为根据的。但是，列宁在其他著作中又说，专政照拉丁语的说法，不过是工人阶级获取领导权来领导广大劳动人民推翻剥削阶级，巩固社会主义制度。照此说法，工人阶级取得领导权是不完全靠强力的。两种说法是有矛盾的，而许多资产阶级学者就利用这点进行歪曲宣传。

1957 年 6 月 3 日，杨兆龙在复旦大学教师座谈会上说："解放以来历次运动的成绩到底如何？有好有坏，不能都肯定，希望大家检查一下历次运动的合法性，尤其是'肃反'运动。有法院检察院在，却脱离法制轨道去搞运动，还要法院检察院干什么？"

实际上，杨兆龙是从树立社会主义法律权威的角度，强调对敌人专政不能不依法进行，发动政治运动不能没有法律依据。改革开放后，围绕"严打"是依形势需要还是依照刑法和刑诉法进行，学界和政界曾产生争议。最后，邓小平拍板：要依法从重从快打击严重刑事犯罪分子。[①] 而杨兆龙很早就有了必须依法专政的理念。

6. 司法是决定中国历代治乱的两大标准之一

杨兆龙在《司法改革声中应注意之基本问题》一文中指出，纵观中外历史，政治修明、国家富强都与良好的司法互为表里。欧美国家如此，中国也是如此。决定中国历代治乱的一是赋税，二是司法。司法是中外各国立国之大本，它与一般政治的关系，如同演剧的主角与剧团。主角不善，则整个剧团为之减色。司法不善，则整个政治失其精彩，人民必定不会相信政府；若要人民信服政府，必须整饬司法。

笔者觉得，杨兆龙在这里对"司法是维护社会公平正义的最后一道防线"的道理作了他自己的表述：司法是决定中国历代治乱的要素之一，是中外各国立国之大本。杨先生应该是熟读了《水浒传》的，深知其中很多好汉因为司法腐败而被逼上梁山的道理，所以才作了以上阐释。

---

① 参见郭道晖、李步云、郝铁川主编：《中国当代法学争鸣实录》，湖南人民出版社 1998 年版，第 277—284 页。

7. 法治的心理基础是"知法"和"重法"

"知法"是指能把纸上法律变成现实中法律的法学修养,"重法"主要是指政府和领导干部带头守法。杨兆龙认为,"知法"不仅仅是指了解法律,更重要的是要具有让纸上的法律变成现实中的法律的法学修养。换句话说,在各种抽象的法律原则逐步具体化的过程中,我们要做许多造法工作:不但站在立法机关及制定规章、办法、命令的机关的立场要造法,就是站在解释或运用法律者的立场,也要造法。因为法律是常会犯疏漏、矛盾、含混、不合时宜等毛病的,补救这些毛病的工作实质上就是造法工作。法律虽不完美,只要有适当的"知法"的人去解释、运用它,它仍旧可以在社会生活中发挥良好的作用。在西洋法制史上,罗马的"市民法"和英美法系的"普通法"本来都是闭关保守时代的产物,都是重形式、范围狭窄、不能适合时代需要的法律,但因为在罗马有了一大批法官,在英国出现了衡平法裁判机关,这两种陈旧落伍的法律制度却因合理的解释与运用而获得新的生命,满足了时代的需要。

所谓"重法",就是真心诚意地奉行法律,使法律成为人们共同意识的一部分。这样,法律才可以从抽象原则变成活的制度。至于重法风气的树立,则有赖于政府和领导以身作则,使一般人由模仿而信仰、由信仰而习惯、由习惯而自然地见之于生活行动。

笔者认为,杨兆龙所言的"知法",不是普通人所说的了解法律,而是指法律职业人运用法律专业知识弥补法律漏洞的能力,这是当时一般人未曾论及的;杨兆龙所言的"重法",强调的是政府和领导要带头守法,这和现在我们所说的依法治国要抓住领导干部这个"关键的少数"不期而然。

8. 阶级敌人也有法律地位

杨兆龙在《我国重要法典为何迟迟还不颁布?——社会主义建设中的立法问题》一文中指出,无产阶级的专政,虽然对于阶级敌人不必讲民主,但在人民内部却必须实行真正的民主;至于法治,就是对于阶级敌人,也不应该有例外。在社会主义国家里,无论在什么时候,无论对什么人(哪怕是反革命分子),都必须"依法办事"。

这里最重要的是,杨兆龙指出了法治同样适用于阶级敌人。当时,其他人都说对敌人实行专政,而不说要用法治的观点和规定对待敌人,这是难能可贵的。改革开放后的1979 年 10 月 30 日,《人民日报》刊登了吾师李步云先生《论我国罪犯的法律地位》一文，提出罪犯也有未被法律剥夺而剩余的权利，因而要保障罪犯的权利。此文曾引发争议，一些人质问："罪犯还有权利，立场到哪里去了?!" 应该说，杨先生比李先生更早地意识到了这个问题。

（二）社会主义制度建立后必须尽快立法

杨兆龙并没有说新中国完全没有进行立法工作，他在《新闻日报》召开的一次座谈会上说过，人民政府成立以来的一贯政策是主张及时制定各种重要法律（包括民刑法典及民刑事诉讼法典在内）。这表现在：（1）1949 年 9 月 29 日通过的《中国人民政治协商会议共同纲领》（以下简称《共同纲领》）第 17 条关于"制定保护人民的法律、法令，建立人民司法制度"的规定（因为要保护人民，就必须制定有关人民基本权利的保障及一般社会关系的调整的民刑法典；要建立人民司法制度，就必须制定保障人民的诉讼权利及防止侦查、追诉、审判偏差的民刑事诉讼法典）；（2）1949 年 9 月 27 日通过的《中央人民政府组织法》第 18 条关于"政务院设法律委员会"的规定；（3）法律委员会在中华人民共和国成立初期（即 1949—1950 年）为民刑法典及民刑事诉讼法典的起草作出了巨大努力（到了 1950 年夏，已经有了两稿《刑法草案》，一稿《诉讼通则草案》，《民法典草案》也已在着手准备中。后来，由于大家的看法不一致，就将工作延搁下来）。

同时，杨兆龙认为新中国的立法速度还不够快，所以他在《我国重要法典为何迟迟还不颁布？——社会主义建设中的立法问题》一文中指出，1949 年 2 月大陆尚未全部解放时，中共中央即发出指示"废除国民党的'六法全书'"，并确定由华北人民政府训令各级政府"废除国民党的'六法全书'及一切反动法律"。同年 3 月，南京尚未解放时，新华社曾发表一个关于为什么要"废除伪法统"的解答。同年 9 月 29 日，由全国政协第一届全体会议通过的《共同纲领》第 17 条又正式规定："废除国民党反动政府一切压迫人民的法律、法令和司法制度，制定保护人民的法律、法令，建立人民司法制度。"这些行动明确了一个基本原则：过去国民党政府统治时代所颁布的法律应一律废除，由人民政府的有关部门制定新的法律，以资遵守。就当时国内的形势来讲，国民党统治集团还未完全屈服，还想标榜旧"法统"以和人民政府对抗。为端正大家的视听起见，采取这个原则也是可以理解的。为了贯彻这个原则，中华人民共和国成立八年来，我们曾一面坚决地肃清旧法的观点和影响，一面从事于新法的制定和推行。不过，我们八年的成就同欧洲人民民主国家在1952年左右所达到的一般水平相比，还差得很多。例如，平常与人民的基本权利的保障及一般社会关系的调整最有密切关系的刑法典、刑事诉讼法典、民法典、民事诉讼法典等还没有颁布。什么是合法的，什么是违法的，什么不是犯罪，什么是犯罪，以及应如何处罚等，在好多场合，一般人固然无从知道，就是侦查、检察、审判人员也没有统一明确的标准足资遵循。这就使得我国法律制度建设在整个社会主义建设中变成了最薄弱的一环。党的领导同志无疑早已注意到这一点，所以刘少奇和董必武在党的八大报告和发言中都指出今后立法工作必须很好地展开。

1. 苏联和东欧社会主义国家比中国重视立法

在列宁的领导下，苏俄对于立法一开始就特别重视。早在1917年年底，苏俄就在人民司法委员部里成立了一个法案及法典起草机构，它的任务是：（1）将革命政权建立后所颁布的法规（最初设想包括未经废止而可利用的旧法规在内）整理出一套法规汇编，将其中矛盾之处去掉；（2）起草当时所需要的法规；（3）起草法典。如果不是受帝国主义干涉和内战的影响，这些工作当然可以进行得很快。

保加利亚在1944年初步建立了革命政权以后，除及时颁布各种基本法及关键性的法规以外，还继续利用一部分旧的法规。这些旧的法规，有的是经新政权修改过的，如于1948年经修改而准许适用的1896年《刑法典》及1897年《刑事诉讼法》；有的是未经新政权正式修改过就继续适用的，如新政权初建立时未予废止或没有被新的法规替代的一般旧法规。后者的适用须不违反劳动人民的法律意识。因为保加利亚1944年《人民法院法》第9条曾这样规定："审判由法院根据理智和良心自由进行。"所谓"理智和良心"，在新政权下就是劳动人民的革命的法律意识。这种办法当然不完全符合新政权的要求。不过，为了不造成无法规可适用的脱节现象，在重要的法典及法规没有完全公布以前，保加利亚新政权并没有完全废除旧的法规。直到1951年11月，新的完整的《法院组织法》《检察机关组织法》《刑法典》《民事诉讼法典》及重要民事立法已经具备，以及1952年2月4日公布《刑事诉讼法典草案》，保加利亚才颁布法律，废止1944年9月以前颁布的一切旧法律。特别值得注意的是，保加利亚的法典和重要立法，在某些方面比苏联的更合理，表现了更高的立法水平。例如，关于刑事被告无罪推定的原则，在苏联的司法实践及法学理论中虽已得到广泛的承认，但尚未被规定为法律条文。而保加利亚在1952年2月4日公布的《刑事诉讼法典草案》中已率先将它订入。该法典第8条规定："刑事被告，未经证明有罪前，被认为无罪。他有诉讼防卫权。"这无疑为社会主义的立法树立了一个民主法治的先例，不能说不是一大贡献（1953年3月30日公布的阿尔巴尼亚《刑事诉讼法典》第12条也仿此例作类似的规定）。

捷克斯洛伐克的立法工作进展得比较快。从1948年2月工人阶级完全取得胜利开始，在短短的三年内，即截至1951年1月，国家的新《宪法》和重要法典，如《民法典》《民事诉讼法典》《家庭法》《刑法典》《刑事诉讼法典》等，以及有关法院组织的法令，都已公布。其中，其《刑法典》是社会主义国家中第一个废除刑法上的类推解释制度的（第二个是匈牙利1950年《刑法典》），也是第一个对刑法的原则及犯罪的构成要件与处罚作比较细密精确规定的。

波兰从1944年起就着手起草法典。1949年颁布了《刑事诉讼法典》，1950年颁布了《民法通则》（相当于民法典的总则篇）《家庭法》《著作权法》《普通法院组织法》《律师制度法》及一系列的劳动法。《刑法典草案》于1951年完成初稿并公布由各方面讨论，1956年上半年又将修正的草案公布展开全国性的讨论。同时，自新政权建立以来，一直局部地适用着1932年《刑法典》。

德意志民主共和国成立后，继续适用的旧法规最多。直到1956年，它还在不同程度上适用着1870年《刑法典》、1877年《民事诉讼条例》、1896年《民法典》、1897年《商法典》。其《法院组织法》及《刑事诉讼法》于1952年公布，在这之前适用1877年《法院组织法》及《刑事诉讼法条例》。1956年，其《刑法典》和《民法典》仍处于起草状态。

从以上可以知道，捷克斯洛伐克、波兰、德意志民主共和国都有一个共同之点：在条件许可的情况下加紧新的立法工作，同时，为了使人民有一定的法律规范可以遵循，在新的法规颁布以前不轻易废除暂时可用来为社会主义建设服务的旧的法律规范。

2. 新中国重要法典迟迟未能制定的十大原因

杨兆龙认为，与苏联、东欧社会主义国家相比，中国立法工作在某些方面进展较慢，主要原因是过去人们对这种工作存在着一些不正确的或片面的看法。这些看法主要地可归纳为下列十种：第一，认为自己有一套（如老解放区的那一套），只要将这一套搬用一下就行，不必有什么大的改革，因此不必急急乎立法。第二，认为中国的情况特殊，别的国家，如苏联等国的立法可供参考之处很少，必须靠自己创造出一套经验来作为立法的根据；而在这经验未被创造出来之前，不应轻易立法。第三，认为主张立法，尤其主张及早、系统地立法，就是旧法或"六法"观点，甚而至于就是立场有问题。第四，认为只要懂得"政策"，有了正确的"立场、观点、方法"就可以解决法律问题；司法及一般政府机关如果有了可靠的干部，虽无法律，也没有关系。因此，应先培养干部，晚进行立法。第五，认为中国正在大的变化过程中，尚未定型，不妨等到发展得更完备些，即情形比较稳定些的时候再加紧立法，借收一劳永逸之效。第六，认为在当时国内外动荡局面中政府需要灵活地应对各种局面，而如果制定一套完密的法律，就难免会限制政府机关应付事情的灵活性。因此，某些法律，如刑法典、刑事诉讼法典、民事诉讼法典等，不马上制定出来也没有什么大害处。第七，认为中国从老解放区发展到1957年，立法水平已经跨了一大步了，我们应该表示满意，不应该要求过高。第八，认为中国缺乏能胜任法律起草工作的法学家，老的法学家大都持有旧法观点，新的又未完全成熟，最好等待一个时期再展开立法工作。第九，认为在较短期间不可能将各种重要法律都制定出来。第十，认为立法工作过去既然已经拖迟了好几年，不妨再拖迟几年，将工作做得彻底一些。

杨兆龙认为，以上这些看法在过去曾或多或少地对立法工作的顺利、及时开展起了一些消极作用。在领导部门，它们可能会使某些人对立法（至少对某种性质的立法）不重视或缺乏信心，对立法起草工作不热烈支持和适当督促。在立法起草部门，它们可能会引起对工作要求的错误看法，对工作方法的无谓争论，对工作力量的不适当的调配，对劳动成果的不正确评价。在法律实践机关，它们可能会助长某些人强调经验、轻视立法的保守思想。在法律教学及研究机关，它们可能会使人产生一种对立法工作不愿关心或不敢关心的态度，从而使大家不能在立法问题上展开自由的讨论和批评或提出正确的意见和主张。为了积极开展立法工作，争取在最短时间内制定出各种重要法律，特别是与人民基本权利的保障及一般社会关系的调整最有密切关系的法律，我们必须纠正这些看法。

事实上，杨兆龙的上述观点已被证明是完全正确的。社会变革与健全法制虽有一定的矛盾，但并不是绝对不可调和的。2014 年 2 月 28 日，习近平在中央全面深化改革领导小组第二次会议上的讲话中强调，凡属重大改革都要于法有据。在整个改革过程中，都要高度重视运用法治思维和法治方式，发挥法治的引领和推动作用，加强对相关立法工作的协调，确保在法治轨道上推进改革。2014 年 10 月 27 日，习近平在中央全面深化改革领导小组第六次会议上发表讲话强调，要实现立法和改革决策相衔接，做到重大改革于法有据、立法主动适应改革发展需要。在研究改革方案和改革措施时，要同步考虑改革涉及的立法问题，及时提出立法需求和立法建议。实践证明行之有效的，要及时上升为法律。实践条件还不成熟、需要先行先试的，要按照法定程序作出授权。对不适应改革要求的法律法规，要及时修改和废止。要加强法律解释工作，及时明确法律规定含义和适用法律依据。

1957 年 5 月，杨兆龙在上海市委宣传部的一次座谈会上的发言中指出，我国过去几年的立法工作虽有不少成绩，但在某些方面还存在着一些片面性，主要表现在以下几个方面：

第一，有时因强调集体利益而不免忽视个人利益。有些人认为，个人利益是和整体利益完全或基本对立的；维护整体利益就不可能照顾个人利益，维护个人利益就会影响整体利益。因此，在制定法规时，对个人利益不免考虑得不够。实际上，在一个社会主义的国家，在一个没有剥削的国家，整体利益和个人利益是和谐地结合的；个人利益固然要通过整体利益的保障而得到保障，而整体利益也常须通过对个人利益的维护而体现出来。为了加强社会主义法治，必须将个人利益的保障提到一定的重要地位。

第二，过去所颁布的法规中关于政府机关组织及职权者比较多，而关于一般公民的相互关系者比较少，因此牵涉公民权利及相互关系的一些问题有时缺乏明确的规定。

第三，法规的灵活性有时不免太大。这主要表现在：一是某些刑事法规对犯罪的概念有时规定得不够明确，二是量刑幅度有时太大，三是对加重、减轻处罚的情节规定得不够具体，四是在民刑事审判上法院的自由裁量权比较大。

今后的努力方向应该是针对以上情况采取一系列的措施。具体包括以下几种：

（1）制定比较完备的民法典、民事诉讼法典、刑法典、刑事诉讼法典等，并须分别做到以下几点：

一是确立罪刑法定原则，废除类推解释。罪刑法定原则的主要内容是：无论何种行为，在它发生的当时，若法律不认为（即明白规定）是犯罪，则不得将其作为犯罪加以处罚。换句话说，司法机关决定某种行为是否构成犯罪，应以法律的明白规定为根据。类推解释的主要意义是：一种有社会危害性的行为，在法律上无明文的直接规定将它当作犯罪而加以处罚时，可以比照在严重性及种类上和该行为最相似的犯罪的条文加以处理（如苏俄《刑法典》第16条的规定）。换句话说，刑事法律无明文的直接规定为犯罪并应予以处罚的行为，在某种条件下（这种条件在司法实践中有时并不明确，很容易弄错）也可以被当作犯罪加以处罚。类推解释制度在德意志民主共和国、波兰、南斯拉夫、匈牙利、捷克斯洛伐克始终未被采用，其他人民民主国家，如保加利亚、罗马尼亚等最初虽曾采用它，后来也已经将它废除。20世纪30年代，苏联学者中就有人反对过这个制度；苏共二十大以后，主张废除者更多。所以，罪刑法定原则已成为在社会主义国家获得广泛承认的刑法基本原则。

二是确立无罪推定的原则。这个原则的主要含义有三：第一，刑事被告（包括犯罪嫌疑人、被检举人）在未被充分证明犯罪以前，推定为或认为其无罪；第二，刑事被告对自己的无罪不负举证责任，侦查、检察与审判机关及其工作人员对刑事被告的有罪应负举证责任；第三，当刑事被告的有罪存在疑义时，应判决其无罪。它是苏联刑事法上一个基本原则，在欧洲人民民主国家也已得到广泛的承认。

三是在民事及刑事诉讼方面酌采三审制度，使有些重要案件能得到最高人民法院的审理，给予当事人尤其是刑事被告以更多的保障。这样的做法，不但可以纠正省市以下法院的错误裁判，而且还可以通过最高人民法院的裁判保证法律的统一解释。

（2）建立行政诉愿制度及行政诉讼制度。行政诉愿制度的主要内容可大体归纳如下：一是行政机关的行政处分或行为（包括行政命令及发布的行政决定等）如有违法或不当情形，有利害关系的公民可在一定时期内向该机关或其上级机关表示不服，请求予以撤销或改变（这种表示就称为"诉愿"）。二是如该机关不愿撤销或改变原处分、其上级行政机关又不能满足诉愿人的要求，一般可提起再诉愿，即向再上级行政机关申诉。三是诉愿与再诉愿均依照一定的法律程序而进行；受理机关不得拒绝受理或拖延不理，它们须如期作出决定。

行政诉讼制度比诉愿制度更正式一点，其主要内容可大体归纳如下：一是有利害关系的公民如认为行政机关的行政处分、诉愿或再诉愿的决定违法（某些国家还包括"不当"在内），可向行政法院或具有行政法院性质的机关正式提起行政诉讼，请求予以撤销或改变；二是行政法院或具有行政法院性质的机关审理这类案件，须依照一定的诉讼程序（大体类似于民事诉讼程序）。这两个制度都可以在某种程度上防止行政机关的官僚主义以及违法或不当行为，社会主义阵营的某些国家有的已经逐步推行，有的正在考虑采用。有些人因为它们曾被资本主义国家采用过而反对它们，这是不正确的。

（3）改进立法技术，保证法律的完密性、正确性、稳定性和统一性。这点非常重要，在苏联和欧洲人民民主国家很受重视。我国过去在这方面做得还不够，应特别注意。正在起草中的一些法律，尤其是《刑法典》，应该尽可能地符合这个要求。在起草《刑法典》时，应该将条文规定得详细具体些，将各种可能的犯罪尽量包括进去，对各种犯罪的构成要件作具体详细的规定，尽量避免以内容不明确的口号或用语（如"勾结帝国主义""招摇撞骗"等）来替代犯罪的定义，明确地规定刑罚的适用标准，等等。

现在回过头去看，杨兆龙的上述观点完全正确。而且，在中华人民共和国成立后的学术界罪刑法定、无罪推定等观点都是他首次提出的，建立行政复议（行政诉愿）和行政诉讼制度也是他首次倡议；他还批评一些立法和政策保障公民权利和约束公权力不够，这更是一针见血。2014年1月7日，习近平在中央政法工作会议上的讲话中强调，各级领导干部要带头依法办事，带头遵守法律，牢固确立法律红线不能触碰、法律底线不能逾越的观念，不要去行使依法不该由自己行使的权力，更不能以言代法、以权压法、徇私枉法。另外，杨兆龙提醒要注意保障公民权利，事后也被证明是对的。比如，1956年三大所有制改造运动就确实存在过激现象。"实践表明，如果农业合作化能够稳步前进，坚持从各地不同条件出发，充分尊重自愿互利原则，不搞全国'一刀切'，将更有利于农业生产力的发展。""应该肯定，社会主义所有制是社会主义社会的经济基础，但这并不意味着社会主义社会只能是单一的公有制经济，而不可以保留一部分有益于国计民生的个体经济和私营经济。"①

（三）关于法的阶级性和继承性

中华人民共和国成立后，对于法的阶级性，学界是没有任何异议的。但是，对于法有无继承性，争议颇大。杨兆龙当然是赞成法是有继承性的。1956 年 12 月，他在《华东政法学院学报》上发表《法的阶级性和继承性》一文，阐述了他的观点。

1. 法的阶级性含义

（1）国内法的阶级性和表现方式

杨兆龙认为，学界对国内法的阶级性有五种错误观念：

一是认为法的起源是决定法的阶级性的唯一标准，忽略了经济社会文化条件才是决定法的阶级性的主要因素。例如，同样的"杀人者死""不得窃盗财物"等规范，在奴隶社会、封建社会、资本主义社会和社会主义社会都会存在，如果因为它们最初是奴隶主阶级制定的，就说它们只能是奴隶主阶级的本质，显然是错误的。实际上，包括苏联在内的近代各国法律中都有不少发源于古代的规范。

二是认为法律规范的阶级性固定不变。照这种看法，凡被某一个统治阶级采用的法律规范，都永远只为那个统治阶级服务；即使被另一个统治阶级采用，它也还是保持原来的阶级本质。例如，苏联法学界就有人认为苏联的法律由工人阶级的社会主义法、农民阶级的土地法和资产阶级的民法三部分组成。这种看法错就错在，旧社会采用过的法律，被用在新社会之后，会因为社会的政治经济文化条件的变化而具有新的内容、发生不同的作用。

三是法律的形式决定了法律的阶级性。照这种看法，凡是形式相同的法律，其阶级性都相同。反对旧法的学者在旧法能否被批判地吸收这一问题上，也表现出这种看法。这种看法错就错在，他们不知道同一形式的法律规范可以为不同的阶级服务，从而表现出不同阶级性。

---

① 中共中央党史研究室：《中国共产党历史·第二卷（1049—1978）》（上册），中共党史出版社 2011 年版，第 367—368 页。

四是认为一个法律体系内的法律规范在反映阶级利益或立场时作用是一样的，没有主次之分。照这种看法，凡是一个法律体系内的法律规范，其阶级性都是一样强。这样的见解与事实是有出入的。实际上，一个法律体系内的法律规范可以分为两大类：一是主导性或关键性的，二是辅佐性或从属性的。前者是纲领、主干，后者是细则、枝叶。前者可以改变法律的阶级本质，后者往往可以用于不同性质的阶级社会。

五是认为一个国家的法律只有一个阶级性。照这种看法，一个国家的法律规范不管性质如何，都只能为那个国家的统治阶级服务。杨兆龙认为，这对社会主义国家来讲是对的，但对剥削阶级国家来讲，未必完全说得通。首先，从历史来看，在剥削阶级国家，统治权不一定完全掌握在一个阶级手中，在不同阶段可能掌握在不同阶级的手中。其次，在现代资本主义国家，虽然资产阶级掌握统治权，但人民的觉悟日益提高，资产阶级有时不得不对人民的要求作出一定让步。最后，进步势力在某些资本主义国家的发展情况以及苏共二十大的决议已经证明，通过议会斗争的方式过渡到社会主义，在某些国家不是不可能的。从这三点来看，一个国家的法律只有一个阶级性的看法，是值得商榷的。

在思维方法上，上述五种错误观念都是机械地、孤立地、形式地、不加分析地看问题，正确的做法应该是根据法律规范的性质，联系具体的社会经济及政治文化条件，分别确定法律的阶级性及其表现方式。

杨兆龙认为，法律规范的性质可以分为主导性和辅佐性两种。前者往往只能用于某一个特定阶级社会，而后者却可以用于各种不同性质的阶级社会。例如，在社会主义国家，确立公有制的法律规范是主导性的，而保护公有制财产的方法的法律规范则是辅佐性的。

杨兆龙认为，法律的阶级性在绝大多数情况下是单一的，但在不同历史条件下，如果国家统治权掌握在几个不同的阶级手中，而这几个不同的阶级力量的对比也可能是不相上下的，就可能出现具有几个阶级性的法律规范。他以法国大革命初期的制宪会议、国民会议的组成成员中既有僧侣贵族代表也有新兴资产阶级代表为例，指出这些党派集团中有替贵族说话的，也有为农民说话的，他们代表不同阶级的利益，制定的法律也反映不同阶级的立场。

杨兆龙认为，在资本主义国家，也有一定的代表无产阶级要求的法律规范。因为资产阶级在无产阶级的反抗斗争下会作出一些让步，制定一些对劳动人民有利的法律。

（2）国际法的阶级性和表现方式

杨兆龙认为，国际公法是有阶级性的，因为它是国际社会里各国统治阶级在国际合作及斗争的过程中意志一致的结果。在社会主义国家尚未强大、帝国主义独霸世界时期，国际公法呈现的是某些国家或某种类型国家的利益。在社会主义国家强大之后，只对资产阶级有利的法律会愈来愈少，在这种情况下国际公法的阶级性主要表现在各国对规范的实际运用或从规范所获得的、预期获得的利益。

杨兆龙认为，国际私法也是有阶级性的。因为国际私法与国内法、国际公法是有局部共同点的。就当时实际情况来说，它的规范大体可分为国际法性质的和国内法性质的两部分，我们既然不能否认国内法、国际公法都有阶级性，当然就应该承认国际私法也有阶级性。

2. 法的继承性

据南京大学高济宇教授回忆，1950 年，他与时任南京大学法学院教授的杨兆龙同被选为南京市第一届各界人民代表大会的代表。在一次会议上，杨兆龙针对当时尚未制定法律的情况坦率地说："有法比无法好，目前国民党时期的'六法全书'仍然可以用。"为此，主管江苏省文教工作的陈某与杨兆龙在小组会上争吵起来，后来又闹到大会上，双方各执一词，互不相让。会后，杨兆龙挨了批。① 据山东大学端木文教授回忆，杨兆龙在南京大学法学院任教时，曾对 1949 年 2 月中共中央《关于废除国民党的六法全书与确立解放区的司法原则的指示》与《共同纲领》的效力关系作过专题研究。杨兆龙指出，《共同纲领》是临时宪法，因此在《共同纲领》通过以后，中共中央《关于废除国民党的六法全书与确立解放区的司法原则的指示》就应失效。他认为，《宪法》与其他五部法律是不在同一个位阶的，"六法"中的《宪法》被《共同纲领》所替代，其他五

---

① 参见高济宇：《校事琐忆》，载《高教研究与探索》1988 年第 2 期。

部法律仍应可以沿用。①

第一，法律的遗产。杨兆龙认为，过去由于对法律的阶级性缺乏全面正确的认识，有些人曾否认法律中有遗产可以继承。事实上，法律规范的阶级性并不表现在规范的本身，而是表现在谁运用它们或利用它们对付谁。尤其是在国际法里，有许多一般公认的规范或具有国际共同性的规范，它们或是人类正义感的表现，或是被人类长期的经验证明为有益于共同生活的规范。我们不但不应该将它们摒弃，相反地，对于其中某些部分是有必要更好地发挥其作用的。它们虽然曾被剥削阶级利用过，但在新社会的各种新的条件下是可以取得新的内容、发挥新的作用的。罗马法是从奴隶社会发展出来的东西，但为后来不同社会形态的国家所吸纳，就是社会主义的苏联也不例外。法国拿破仑时代所制定的各种法典吸取了法国习惯法、封建王朝的立法经验和过去法学著作中的研究成果，在形式上对社会主义国家也有一定的影响。英国的宪法产生于封建社会，但有些基本原则和制度至今还大体保留。西方法学家说过：在私法方面，罗马法统治了世界；在公法方面，英国的宪法统治了世界。在 20 世纪 50 年代，仍有个别社会主义国家还利用着人民民主政权成立前的法律。如德意志民主共和国成立后一直适用着以前法西斯政权的《民法典》《刑法典》及《民事诉讼法典》，不过对旧法典作了一些补充和修改；旧的《刑事诉讼法典》直到 1952 年 10 月才废止。截至 1956 年，波兰还在适用 1932 年《刑法典》，新政权成立后仅作了某些补充和修改。

第二，法律继承的性质。杨兆龙认为，继承是指局部地吸收过去的或先产生的东西，绝不意味着全盘地、机械地、无原则地抄袭或复制。需要说明的是，从旧的或不同的法律体系中所吸取的法律规范在被吸收到新的或另一个法律体系内以后，尽管还保持着原来的形式，在新的社会经济及政治文化条件之下，是会失去它原来的内容的。

第三，法律继承的重要性。杨兆龙认为，法律的继承和任何法律体系的形成发展以及任何阶级统治的成功都有着不可分割的关系。一个新政权建立后，它只能制定一些主导性或关键性的法律规范，这些规范很可能是参考过去的或别的国家的法律或受其启发

---

① 参见周永坤：《杨兆龙法律观与新中国初期法治》，载中南财经政法大学法律史研究所编：《中西法律传统》（第五卷），中国政法大学出版社 2006 年版，第 321 页。

而制定的。至于那些辅助性或从属性的法律规范，绝大部分是过去长期的经验和智慧积累的结果，如果因为是前人或别的国家有过的而一概摒弃，其后果将不堪设想。拿刑法和刑诉法来说，社会主义国家与旧类型国家在这方面的主要区别在于法律规范的形式和内容两个方面。其中，在形式方面，二者的区别主要表现在少数的主导性或关键性的规范，如犯罪概念、犯罪构成、刑罚目的、刑诉的基本原则、基本阶段等规范。但是，就这些规范的内容来讲，新旧类型国家的法律之间并不是没有共同之点的。至于其余的辅佐性规范，则共同之点更多。

第四，经济基础不是决定法律的唯一因素。杨兆龙的《法的阶级性和继承性》一文发表后，上海市法学会于1957年3月召开了学术座谈会，会议还讨论了法与经济基础的关系问题。杨兆龙在会上发言认为，法律是受经济基础决定的，但经济不是唯一因素，政治、文化等因素对法律的影响也是很大的，如印度的法律制度就深受宗教影响。经济和法律的关系是互相制约、互相影响的，在某种历史情况下也会出现新的统治阶级先建立统治权后建立其经济制度，如苏联和蒙古人民共和国就是在新的经济制度建立以前就制定了法律。

杨兆龙的上述观点今天看来完全正确。中国的民法、商法引用和借鉴法国、德国等发达国家立法的情形比比皆是。这是因为，只要实行市场经济体制，只要愿意融入经济全球化，社会主义国家与旧类型国家在生产、贸易等方面皆须遵守一定的规则就是无法避免的事情。同时，公法方面也有一定的交汇，西方有违宪审查制度，中国有合宪审查制度，两者在维护宪法的权威方面是相通的。

此外，虽然包括法律在内的上层建筑从根本上是由经济基础决定的，但它们具有相对独立性，这如今已是不刊之论。所以，杨兆龙的观点完全是正确的。

（四）法律除具有政治性之外，还有专门性和科学性

1957年5月8日，杨兆龙在《文汇报》发表了《法律界的党与非党之间》一文，批评了1952年司法改革、法律院系调整和法学教育中不重视"学旧法"出身的司法人员、教师等现象，认为之所以产生这些现象，主要是三种观点引起的：一是过分强调法律的政治性而基本忽视了它的专门性和科学性；二是将党外的"旧法出身"的人士估计得很低，认为他们不可能或很难被改造成为对新社会有用的法学人才；三是不信任党外的法学人才，不敢放手使用他们。在过去七八年中，这些错误观点除制造了党与非党之间许多矛盾外，还阻碍了我国法律科学及教育的提高与发展，耽误了立法工作的及时开展与完成，引起了司法工作方面的一些混乱与落后现象，并可能进而导致一般人对法律科学及法学家的轻视与失望，对社会主义民主和法治的怀疑与误解。杨兆龙说，法律是为统治阶级服务的，因此我们必须重视法的政治性。但是，这只是一个方面，除此之外，法律还有丰富的技术性知识、独特的内容。重视法律的政治性不等于可以忽视法律的专门性和科学性。正是因为法律具有专门性、科学性，东欧社会主义国家才规定，法官须由法律系毕业而且具有比较高的文化水平的人担任。苏联在提名候选法官的候选人时，也很注意候选人所受的法律教育。同时，这些国家的科学院院士及大学教授中，有不少是"旧法出身"的法学家。他们在新政权成立前就已经在大学里教授法学，发表过著作；其中，有不少党外人士已是法律科学研究机构及大学法律院系教研室的领导人，是公认的当代权威法学家。这些都可以说明：过去那种宁可信任不懂或不大懂法学的少数干部，而不敢放手使用专门研究法学的党外人士的看法是很成问题的。我们应该吸取苏东社会主义国家不分彼此地动员法学界的力量来发展新的法律科学、培养新的法律人才、建立新的司法制度的宝贵经验。总之，我们应该贯彻毛主席的指示，赶快消除在法律界存在的那种党与非党间的矛盾，使大家都能热情地、无保留地投入社会主义法治和民主的建设。

今天来看，杨兆龙的上述观点是没有任何疑问的。法律如果没有专门性、技术性，何必要办法学院？

二、杨兆龙在法制史领域的建树

（一）中国具有实行法治的历史传统

1. 中国古代的法治是"刑法之治"，治国方式是一种德治为上、礼治（刑法之外的法律之治）次之、刑法之治再次之的综合治理方式

杨兆龙指出，中国古代的"法治"与"人治"，与西方或现代所说的"法治"与"人治"

的含义是不同的。用现代的眼光来看，中国古人所说的"法"只是法的一部分，即刑法；古人所说的"礼"却包含了现代所言的宪法、行政法和私法。在中国古代，所谓"法治"实为现代法治观念中极为狭隘的"刑法之治"，而人治思想中的"礼"却包含了较为广泛的现代宪法、行政法及私法的内容。因此，中国古代法治派之"法"固然是地道的"法"，就是人治派的"礼"也具有法的性质。这只要看古人的"引经断狱"和依据"礼"以规谏帝王等事例便可知道。所以，杨兆龙认为，中国古代人治派所提倡的人治中也有现代法治的元素在内，他们所反对的是专以刑法治国的"法治"。他们觉得单有刑法是不够的，还必须有广义的法（即"礼"）和道德。儒家提倡的人治标准——德与礼，乃是为了补正古时刑罚之治的狭隘见解而设的。在儒家看来，为政者首先要以德治，即靠人格的优点及其感化力而治，这是最高理想；其次是以礼治，即靠刑法以外的法律而治。若这两种理想方式都行不通，那就靠刑法而治。换句话说，儒家虽以人治为最高理想，但并没有忽视现代式的"法治"。儒家这种对待德治和法治的态度与现代一般提倡法治者的态度没有什么冲突，因为现代提倡法治的人也没有忘记德治的重要。西洋那些先进国家的统治者，除了尊重法律之外，也有不少是以德治为最高理想的。因此，现代法治并不像有些人所想象的，和中国古代传统的思想相违背。

　　杨兆龙在《宪政之道》[①]一文中再三强调，现代社会的法律，除刑法外，还包括民商法、宪法、行政法及许多其他部门的法。这些部门的法，在中国古代虽不及刑法那样发达，但不能说完全没有，后世流传下来的习惯、成训及儒家所提倡的"礼"都包含许多关于这些部门法的原则。这些原则，有的得到人们的长期遵守，已经取得习惯法的效力；有的经过官府多年的引用（如引经断狱之例）而成为裁判的先例或法理的一部分；有的得到法典规章的采纳（如历代刑律及会典等类）而具备成文法的形式，倘若加以整理而分类编列起来，一定可以构成一个相当完备的体系。现代西洋国家所施行的"法"，实际上在中国早就实行，只不过一般人专在名称上做功夫，未能注意及此，从而误解中国古代只有刑法之"法"，而无其他部门之"法"。换句话说，中国古代所讲的"礼"以及古圣贤的遗教（尤其经儒家阐扬过的遗教），在古代虽不叫作"法"，但实际上具有现代"法"的

---

　　① 原载于《中华法学杂志》1944年第3卷第5期。

性质。现代的法实际上包括古代的"法"与"礼"及圣贤的遗教。中国古代一向所称的"法"与"礼",实际上是现代"法"体系中的几个不同的部门,并非对立的东西。所谓"法治"与"礼治"的争论,以现代的眼光看来,实际上不过是"刑法之治"与"非刑法之治"的争论。无怪乎中国古代的法治派遭"刻薄寡恩"之讥,为世人所摒弃而归于失败。现代一般文明国家所提倡的"法治"实际上包括中国古代的"法治"与"礼治",与法家所讲的法治大不相同。

2. 中国古代具有守法的良好传统

杨兆龙认为,中国古代不仅对刑法充分表现出重法、守法的精神,对于"礼"也充分地注意恪守,而且有过不少可歌可泣的事例。如明朝的方孝孺,因燕王称帝,紊乱皇统,不肯草拟即位诏,身受极刑,祸及十族,至死不屈。清朝的吴可让因光绪即位,请为穆宗立后不遂而自杀尸谏。在当时的人看来,他们是在维护"礼"或圣贤遗教,可在现代法学家视之,他们是在维护宪法的威信。这足以证明中国历代不但受现代"法"的意识的强烈支配,并且充满了现代文明国家所重视而罕有的"法律至上"的法治精神。

在近代以来的中国法律史研究中,对中国古代有没有法治、除了刑法之外有无宪法等其他法律,学界分为两种看法,一种认为没有法治,只有人治、礼治、德治,除了刑法之外,也无民法、宪法等其他法律,而是诸法合体、以刑为主;另一种认为古代的礼治之礼,含有现代宪法、行政法、民法等部门法内容,因此,礼治就是法治。杨兆龙是第二种看法的代表性人物之一。

当下,中国人民大学法学院的马小红教授也持这种看法。她认为,中国古代法绝非仅仅是所谓的"刑法"或"以刑为主"的法。不要误认为中国古人整天生活在"刑网"之中而苦不堪言。其实,就儒家治国理念而言,"刑"在理论上应该最好是"设而不用"的堤防,国家设立刑罚的目的在于告知天下人,为恶者必有所惩;百姓应该远离刑罚,亲近礼教。当我们不再被"中国古代法是以刑为主"的偏见所束缚时,才能进一步扩展视野,全面客观地而不是主观狭隘地面对中国古代法,才能认识到中国古代法的博大精深,中国古代法也才会成为法治发展的动力。客观地说,中国古代的法律体系应该是以"礼"为主导的,这表现在"礼"既是中国古代法的精神所在,同时又是由下而上形成的深入到人们社会生活方方面面的"规范",正所谓"礼不远人"。①

通过对中国古代法的研究可以发现,"礼"在中国古代社会中所起的作用与宪法相类似,我们姑且将其称为"中国古代的宪法"。卢梭曾言:"一切法律之中最重要的法律既不是铭刻在大理石上,也不是铭刻在铜表上,而是铭刻在公民的内心里。""礼"何尝不是如此!它铭刻在中国古人的内心,是一切规章制度甚至政权合法性的由来。卢梭又言:"它形成了国家的真正宪法。它每天都在获得新的力量。当其他的法律衰老或消亡的时候,它可以复活那些法律或代替那些法律,它可以保持一个民族的创制精神,而且可以不知不觉地以习惯的力量代替权威的力量。""礼"也是如此!在一个王朝的制度、秩序被破坏的衰败之际,根植于人们心中的"礼"便是源泉和根本。正是因为"礼"所具有的这种宪法性,中国文化才能在王朝更迭频繁的情况下数千年一脉相承地发展。

我们还可以将"礼"比拟为中国古代社会的自然法和民法。"礼"寄希望于每一个人的良知,寄希望于人们在长期生活中通过自然体悟而形成的公序良俗。这种由下而上形成的凝聚人们共同信念的"礼",不仅便于人们理解与遵守,而且人们也乐意自觉地遵守。礼,使中国古代法不仅规定了"禁止"的条款,而且对社会的风向也有着引领的作用。在西方社会对中国法倍加质疑、批判时,法国启蒙思想家伏尔泰却独具慧眼地认识到了中国法的优长。他认为:"在别的国家,法律用以治罪,而在中国,其作用更大,用以褒奖善行。"② 伏尔泰说的这种"褒奖善行"的法就是自汉代开始的旌表制度。在《二十五史人物传记》的记载中,数以千计的普通人以孝、节、义而名垂青史,他们的言行得到朝廷的旌表、士人的传诵以及社会的赞扬。这种褒奖善行的旌表制度,赋予了人们自尊与荣誉感,使人们从被动守法变为主动循礼。正如古代儒家所言:"礼云礼云,贵绝恶于未萌,而起敬于微渺,使民日徙善远罪,而不自知也。"也正如梁启超阐发古意以用于今世时所言:"孔子以为礼的作用可以养成人类自动自知的优良习惯,实属改良社会的根本办法,他主张礼治的主要精神在此。""礼"的精神和规范在古代之所以能

---

① 参见马小红:《中国古代法巡礼》,http://www.legaldaily.com.cn/Culture/content/2017-08/17/content_7284346.htm,2017 年 8 月 17 日访问。

② 〔法〕伏尔泰:《风俗论:论各民族的精神与风俗以及自查理曼至路易十三的历史》(上册),梁守锵译,商务印书馆 1994 年版,第 250 页。

获得高度的社会共识，并能被自觉地遵守，原因便在于它的"由下而上"，在于它的"自动自知"。因为源自人情、由下而上，所以"礼"的约束覆盖到社会的每一个角落，以致孔子说"不学礼，无以立"；因为凝聚了人们共同的信念，所以循礼便会"自动自知"，成为社会自治的基础。①

（二）关于大陆法系与英美法系的区别

1949 年，杨兆龙在《大陆法与英美法的区别究竟在哪里》② 一文中论述了大陆法和英美法的形成和两者的区别。

1. 大陆法和英美法的形成

杨兆龙指出，大陆法是以欧洲古代罗马民事法及其有关法为主要根据演变而来的一种近代法。在演变过程中曾与寺院法或教会法对立过，所以也被称为"非教会法"。英美法是以发源于英格兰的法制为主要根据演变而来的一种近代法，又称"普通法"。在 11 世纪以前即盎格鲁-撒克逊时期英格兰只有各地不同的习惯，没有统一的习惯或法律；司法审判事务完全操之于各地法院或类似机构，并无统一的办法，所以当时的法制是分歧的，富于地域性的。11 世纪中叶诺曼民族征服英格兰以后（此期间称为"诺曼"时期），国王开始派遣中央法官赴各地审理讼案，于是因着这些法官们合理及统一的解释便产生了一套法官形成的判例法。这种判例法源于当时各地的习惯，但经过法官们合理及统一的解释，成为具有统一性的一般适用的法律，所以称之为"普通法"，以别于各地之特别法。

大陆法的形成可分为四个时期：（1）古代罗马法时期（约自公元前 4 世纪至公元 6 世纪）。（2）罗马法衰落及欧洲黑暗时期（自公元 6 世纪至 11 世纪）。这个时期，与法治有关的有两件大事：一是罗马法学研究的退步，二是日耳曼法流传至欧洲，取一部分罗马法而代之。（3）罗马法复兴、适应及与其他法系混合时期（自 12 世纪至 16 世纪）。

---

① 参见马小红：《中国古代法巡礼》，http：//www. legaldaily. com. cn/Culture/content/2017-08/17/content _ 7284346. htm？node＝80980，2017 年 8 月 17 日访问。

② 原连载于《新法学》1949 年第一卷第 2、3、4 期。

这个时期，与法制有关的有五件大事：一是罗马法之复兴；二是罗马法之被接受，14 至 16 世纪成为欧洲本土的普通法；三是罗马法与地域法（封建法）之调和；四是罗马法与教会法之融合，如刑事方面采纳了教会法的纠问主义，民事方面采纳了教会法的限制离婚，遗嘱上禁止重利、重视善意、承认代理制度等；五是罗马法和商人法之配合。

（4）各国法制统一化、系统化、法典化及现代化时期（自 17 世纪至 20 世纪）。这个时期，大陆法出现了系统化、统一化、法典化、现代化。具体包括英美宪法制度传入，刑事陪审等英美刑诉法基本原则被采纳，刑事实体法更加人道化及合理化，民事实体法发生从个人本位到社会本位的变革，行政法勃兴，社会法与经济法出现等。

英美法的形成分为四个时期：（1）雏形时期（约自公元 5 世纪初叶至 13 世纪初叶）。这个时期，普通法逐渐形成，内容更加细密统一，法学本身开始系统化。（2）英国普通法发展和固定时期（约自 1272 年至 1616 年）。这个时期，普通法的基本原则和精神大致确立；成文法在英国开始取得相应的地位；律师制度产生。（3）英国衡平法之勃兴、普通法与其他法系之调和、英国普通法外传时期（约自 1616 年至 1769 年）。这个时期，衡平法权威地位确立，普通法与教会法、商人法有所融合，英国法开始向外流传。（4）美国法之发达及其与英国法之沟通、英美法的系统化现代化时期（约自 1769 年至今）。这个时期，美国法日渐发达，英美法沟通加强，英美法系统化，英美法现代化。

2. 两大法系的区别

两大法系的不同主要表现在两个方面，一是法律内容，二是法律技术（包括法律的形式、法律的分类或体系、法律概念的运用、法律解释的程序等）。

在法律内容方面，两大法系有如下八点不同：第一，法院之系统，大陆法国家法院系统大都直接或间接以法国拿破仑时代的制度为根据，相当整齐划一，而英美法各国法院种类较为复杂紊乱。第二，法院之组织，大陆法国家法院的内部组织较英美更整齐划一，其法官人数往往比英美法国家的多，不但总数如此，每个法院的人数也往往如此；大陆法国家的检察官不仅整齐划一，同时也是法院的一部分，其地位与法官相等，是司法官之一种；英美法国家执行检察官职务的公诉人相当散漫，与法院的关系不及大陆法国家检察官那样密切，地位与法官也相差颇远。第三，法官之任用升迁。大陆法国家法官以考试出身为主，大部分人是从年轻时便立志以法官为终身职业。英美法国家的法官及公诉人以律师出身为主，他们当法官略有半路出家或中途改业的意味。大陆法国家的法官大都由政府任命，而英美法的美国各州的法官及公诉人有不少是民众选举的。大陆法国家的法官因系科班出身，其升迁依照年资决定。高级法院的法官大都从下级法院法官中提升，并且在调动时不一定以法官调法官、检察官调检察官，而是法官可以调检察官，检察官可以调法官。英美法国家高级法院的法官大都直接由律师或教授中选拔，大家对调升的观念非常薄弱；至于法官、检察官之间互调，则更属罕见。第四，法官之训练准备。大陆法国家的法官因大部分是考试出身，在充任法官前多数缺乏法律实务的经验，所以他们在考试合格后须在法院或律师事务所学习。有些国家规定需在行政机关学习一个时期才可充任低级法院的法官，并且还要经过一个候补或试用的时期，此后方可按部就班地升调高级法院的法官。英美法国家的法官因大部分是律师出身，年龄较长，学识充实，所以不必额外学习便能胜任法官的职务。一般而言，低级法院与高级法院的法官在学识经验上没有显著差别。值得注意的是，由于出身的不同，许多大陆法国家法官一生都保持着侧重学理的态度，而英美法国家的法官则多数自始至终侧重实务经验。第五，法官之地位待遇。大陆法国家的法官地位在一般人的眼光中没有英美法国家的那么高，其检察官的社会地位也不及英美法国家的公诉人。究其主要原因，一是大陆法国家法学的权威大都操于大学法学教授之手，法官在法学上的权威不及法学教授；英美法国家的传统是重视法院的法官甚于法学教授。二是大陆法国家法官的名额多，显得不宝贵；英美法国家法官的名额少，显得宝贵。三是大陆法国家法官的判例对以后类似的案件缺乏拘束力；英美法国家法官的判例是主要法源，其工作的意义不同。四是英美法的程序使其法官的活动较大陆法国家的法官易于为社会所注意，其公诉人也较大陆法国家的检察官活跃。大陆法国家法官的待遇标准一般比英美法国家低，这与法官的人数多寡固然不无关系，而财力不同也为原因之一。第六，司法行政之组织。大陆法国家大都有司法行政部之设，其司法行政颇有组织与系统；英美法国家没有这样完整集中的机构，因此司法行政相当散漫而且效能不高。第七，程序法之制定。大陆法国家的程序法以由立法机关制定为原则；英美法国家的程序法大都由立法机关授权法院单独或会同其他机关或人员制定之。第八，程序法之内容。大陆法国家的法院在诉讼程序上主动的地方比英美法国家的多；英美法国家的律师在诉讼程序法上之活动比大陆法国家的多并显得重要，其诉讼程序因为各方律师的活跃而显得比大陆法国家的更有声有色、引人注意。大陆法国家虽然在刑事方面采用陪审制度，其一般的证据原则仍以自由心证主义为出发点；英美法国家的证据法则含有不少法定主义的成分。大陆法国家仅在刑事方面采用陪审制度，英美法国家在民刑事两方面都没有完全放弃陪审制度。大陆法国家有放弃刑事陪审制度而改采参审制的趋势，英美法国家无此趋势。大陆法国家经合议庭裁判的案件中各个法官的意见对外不公开，裁决书为各法官集体作出；英美法国家法官的意见可记载于裁判报告并对外公开，何人持反对意见、何人持赞成意见，外人都能知道。

法律技术的不同，是大陆法与英美法的主要区别。庞德教授曾经说过，大陆法与英美法的区别属于形式、技术者多，属于内容者少。但是，在杨兆龙看来，以前两大法系技术上多有差异，可后来却是越来越少。第一，法律形式方面，19 世纪上半叶，两大法系在形式上有三种不同：一是大陆法以成文法为主，英美法以判例法为主。二是大陆法有系统，英美法缺乏系统。三是大陆法富于一般性或综合性的规定及原则，英美法则颇为缺乏或几乎没有；但是，到 20 世纪 40 年代末，大陆法的判例的效力已提得很高，成文法的意义要靠判例来确定。英美法的部门（如买卖、保险、合伙、公司、票据等）法典相当流行，比较综合性的法典如民法、刑法、民事诉讼法、刑事诉讼法等已产生了不少。第二，法律的分类或体系方面，英美法比大陆法要琐碎，两者所有的名称颇有出入。例如，大陆法的债务法通常是一个部门，英美法并无这样综合的概念，只有契约法、侵权行为法、保证法、买卖法等，而无所谓"债务法"。又如，英美衡平法的"trust"可包括大陆法上属于好几个部门的东西，它也已自成一个部门。这是大陆法的学者所不易了解的。第三，法律观念的运用方面，一部分是某种法系所特有，另一部分为两大法系所共有。前者如法律行为、意思表示等，后者如推定、拟制等。

3. 两大法系的区别将越来越小

杨兆龙认为，不能夸大两大法系的区别，因为两大法系相同之处实际上大于不同之处，原因有四：（1）两大法系包含的传统成分大体相同，即罗马法、日耳曼法、教会法、封建法、商人法等；（2）两大法系包含的新的成分大部分具有相同的社会政治思想背景；（3）两大法系相互借鉴之处颇多；（4）两大法系的文化来源相同，即古希腊、罗马及基督教，而且 17 世纪以来都先后经受自然法和反自然法思潮的影响，是非观念或善恶标准是相当统一的。因此，未来两大法系将日益融合。

（三）德国法西斯主义宪制的要害是敌视民主主义和个人主义

杨兆龙在《最近德国宪法上分权制度之变迁》① 一文中认为，20 世纪三四十年代的宪法思潮分为民主主义和反民主主义两种，后者以意大利和 1933 年以后的德国为代表。他以德国为例，分析了法西斯主义法制的特点。他认为，德国法西斯主义宪制的指导思想是民族主义（认为德国人种、民族优越于其他人种和民族，应进行扩张，建立大德国），反对个人主义以及为保护个人主义而设计的分权制衡政体。其理由是：第一，三权分立理论立足于保障个人自由平等，这是站不住脚的。一切政治都应以民族为出发点，个人融合而成民族，国家则是民族的政治生活形态，这种政治生活形态是由法律秩序形成的。所以，国家和法律都是民族生活的力量，它们的价值与意义就在于发挥民族生活的作用，必不能以个人的自由平等为出发点。第二，三权分立意在维持权力的均衡，但忽视了一个国家应有一个中心的、高于其他的领导的力量存在。在一个强盛的国家里面总得有一个领导的力量，这个领导力量便是政治上的中心决定权力。第三，民族的生活既是整个的、利害共同融合的、不容割裂对峙的，那么国家要发挥民族生活的作用，就只好服从一个领导权力，服从一个领袖。至于立法、司法、行政，都不过是这个领导权运用的方式，仅能代表同一领导权下所分的三种工作，而并非至高无上、彼此对峙的权力。因此，以往民主主义国家所采行的那一套分权制衡理论和制度，都不可取。

根据上述宪制理论，法西斯德国在宪法制度上采取了如下措施：第一，废除议会制度。新宪法的创造者认为能够代表人民的不是议会，而是领袖。因此，其众议院变成了一个听听政府要员的报告或演说、投投赞成票的机关，由在政治上可以被政府信得过的人员组成。第二，立法和行政合二为一。行政机关把自己草拟的法律交由公民表决通过，实际上取代了立法权。而公民表决总是能通过的，因为内阁早已布置好各种步骤。

---

① 原载于东吴大学《法学杂志》1940 年第 11 卷第 2 期。

第三，削减司法权。新宪法的创造者认为，法官不应干涉政治性事件，而领袖决定的事情就是政治性事情，法官不能过问。此外，法西斯主义法制还采取其他一些反人权的制度。例如，刑法上增设了类推论罪处罚条文，造成了很大的罪恶。刑事诉讼法上否定了民主原则：一是取消了陪审制和参审制；二是把预审制变为任意性制度；三是扩大检察官起诉的决定权；四是扩大初级法院的刑事案件管辖权。

杨兆龙 1947 年在《出国考察及参加国际会议之经历》报告中指出，德国法西斯主义公法上发生的最激烈变化是提高领袖的职权及地位，强化中央集权，排斥犹太人，宣扬狭隘的德意志民族精神；不承认宪法具有极大权威，反对三权分立制度，打破了一般自由民主国家的法治国家观念，提倡对外强力主义，否认国际条约的绝对约束力。

杨兆龙总体上是否定德国法西斯主义宪制的，认为其理论上站不住脚，实践中流弊甚多。但他同时觉得，法西斯主义宪制也从一个方面启发我们，实行宪政需要注意心理建设。法西斯主义宪制虽然不合理，但它以"民族"为出发点，通过启发民族意识，让一般民众听了之后对这套理论和制度产生信仰，这说明宪制离不开心理建设。因此，一个制度的确立与运行，决不能只靠几个死的、空的条文，必先培养一种拥护这种制度的力量。而要培养这种力量，固然应该使民众对于宪制有相当的认识和好感，但最重要的是政治负责人威望的示范。

三、杨兆龙在宪法领域的建树

（一）推行宪政的条件主要是"知法"和"重法"

1944 年 5 月，杨兆龙在《宪政之道》[①] 一文中指出，关于宪政问题的鸿文巨著虽然数见不鲜，但其内容大都以宪法本身的问题为主，而对于宪法实施的基本条件或方法问题并未详加论究。

杨兆龙说，宪政之所以能见诸英美两国而不能见诸许多有完美宪法的国家，其原因

---

① 原载于《中华法学杂志》1944 年第 3 卷第 5 期。

就在于大家能否"知法"和"重法"。就"知法"方面讲起来，在宪政制度下解释、运用及创造法的人，必定要有一种远大的眼光和高深广博的法律知识，才可以使整个法律制度得到合理的调整与必要的联系，能够适应环境的需要，并发挥民主政治的精神。担任这种工作的人，仅知道一点民刑法或仅知道各部门法学的皮毛，固然不能胜任；就是对于各部门法学有相当心得而对于政治经济社会等学科没有研究的人，也未必称职。因为就法学方面讲，凡是牵涉到宪法的问题，多半是法学上基本而高深的问题。我们研究到法学的深刻处，决不能忽视这类问题。近代各国法学家之所以于宪法或一般公法的著作里面精究法律哲学上之重要问题，其原因就在此；而著名法律哲学家中之所以有许多是研究宪法或一般公法出身者，其原因也在此。就其他方面讲，凡是牵涉宪法的问题，因有关国家的基本政策、组织或作用，多半是政治、经济、社会等学科上重要而复杂的问题；若非对于这类学科的理论与实际有深刻研究而能认识时代的精神及社会的动向者，往往不免判断错误。近代宪法学界中研究政治、经济、社会等背景的风气之所以日渐流行，其原因就在此。

就"重法"方面讲起来，宪法既容易为一般人所忽视，尊重宪法的风气便比较难以树立，而宪法的原则便常会失效或变质。所以，要推行宪政，在政府及社会方面特别要有一批领导分子以身作则，引起一般人的重视与信仰，从而在生活行动上形成一种合乎宪法精神的习惯。关于这一点，英美两国的成就很值得重视。在这两个国家，大家不但有笃信、力行宪法本身的规定或原则的风气，并且还很能尊重那些无宪法或普通法律的效力而可以防止流弊或发生宪法精神的种种原则。英国法学权威戴雪氏（A. V. Dicey）在其所著《宪法导言》一书中举了许多例子，如"英王不得对于国会两院所通过之议案表示异议即要求复议（Veto）"；"英国贵族院执行上诉法院之职务时，凡非法律议员（Law Lord）皆不得参与裁判"；"英国阁员遭平民院之不信任时，即行辞职"；"美国大总统不得连任至三次以上"等，都不是道地的宪法原则，而不过是宪法以外的一种政治风尚或道德。这种风尚或道德，非至万不得已，决不轻易变更。

杨兆龙论述了依宪治国的关键是领导人要带头维护宪法权威，认为"重法"风气的树立，有赖于政府、领导以身作则，使一般人由模仿而信仰，由信仰而习惯，由习惯而自然地见之于生活和行动。

（二）民国司法组织制度的缺点与改进

杨兆龙在《司法改革声中应注意之基本问题》①　一文中认为，当时民国的司法机关之组织及分配方面有三大缺点：

1. 县或同等区域之司法裁判机关组织不健全

1938 年，中国的县或同等区域设有正式法院的仅有 1/10，没有正式法院的有 1400 个左右。1914 年 4 月，北洋政府颁布了《县知事兼理司法事务暂行条例》和《县知事审理诉讼暂行章程》，规定在全国没有设置法院的各县，司法裁判事务由县知事兼理。同时，为协助县知事处理司法裁判事务，为各县知事配备承审员助理，一般不超过三人，并设书记员一至三人。除此之外，还设有承发吏、检验吏等，皆由县知事领导。南京国民政府成立之后，于 1927 年 8 月颁布《修正县知事兼理司法事务暂行条例》，主要内容较修正前基本上没有变动。1936 年 4 月，南京国民政府颁布实施《县司法处组织条例》以及配套的制度，对"兼理司法"制度作了一定的修正。其第 1 条规定："凡未设法院各县之司法事务，暂于县政府设置司法处处理之。"这就意味着，各县行政机关与之前各县衙门无所差异，并在很大程度上恢复了行政与司法结合的传统。杨兆龙认为其有如下流弊：

一是承担裁判事务的人不谙法律。县或同等地方的行政官署兼理司法，大都由承审员主持裁判事务。可是，此类承审员因为地位不高、保障薄弱，往往不能由精通法学者充任。那些不设承审员的县或同等地方的行政官署，审判事务则由县长或同等地方行政长官担任，他们对法律的隔膜，较之承审员有过之而无不及。

二是司法与行政界限不明。承审员受县长等地方长官的监督指挥，往往以县长等人的意志为意志。而县长等因与民众过于接近，容易被地方上的土豪劣绅或包揽诉讼者诱惑，因此承审员难以做到审判公正。那些不设承审员的兼理司法机关，行政长官对于审判事务有直接处理的权力，其弊更加甚之。

三是兼理司法的地方行政长官易于感情用事。因职务关系，地方行政长官对地方治

---

① 原载于《经世》1938 年第 1 卷第 1 期。

安负有重大责任，对于妨害治安的刑事被告人易存成见，不能以客观态度裁判。

四是司法辅佐人才特别腐败。兼理司法的书记官、执达员、司法警察、检验员等，大都由旧时的司书、差役等充任，水平低，品行更坏。

此外，虽然司法行政部也试图创设县司法处来取代县级政府兼理司法的制度，但实际上不过是采用变相的承审员制度。县司法处的辅佐人员与往日相差无几，其审判官的学识、经验、地位与俸级亦较承审员所胜无几。

2. 国家设立的各省的高等法院或分院的数量过少

杨兆龙指出，中国幅员辽阔、交通不便，各省的高等法院或分院为数很少，当事人往往必须跋涉数百公里去对簿公堂，讼累之重，莫此为甚。依照当时施行的三级三审制，凡第二审案件，无论巨细，均由高等法院或分院受理。以前由地方法院或分院管辖的第二审案件，当时皆被划归高等法院或分院办理。而各省的高等法院或分院少于原有的地方法院或分院，三级三审制实行后，第二审当事人中必有一部分较前更感跋涉之劳与讼累之重。

3. 公安机关组织不完备，并与司法机关缺乏联络

按照刑事诉讼法的规定，公安机关负有司法警察之职责。从广义上讲，它是一种司法辅佐机关。从司法立场来看，公安机关组织有三大缺点：一是公安人员缺乏法律知识，二是对于犯罪的侦查和预防缺乏完善的设备，三是缺乏纪律与守法精神。不仅如此，公安机关与司法机关缺乏充分的联络。如关于犯罪的侦查和预防、证据的搜集和保全、犯人情况的调查、刑罚的执行、出狱人员的监督和保护等，都未能与司法行政和裁判机关共同筹划和实施。

如何改进以上缺陷？杨兆龙提出了如下三点建议：

（1）取消县政府或其他同等地方行政机关兼理司法及县司法处制度

凡是没有正式法院的各县或同等区域，必须设立地方分院。以法官代替县审判官和承审员；法官必须由富有经验和学识的法律专业人士担任。如限于经费紧张而不能设置检察官，仍由县长兼办检察事务，则必须限制县长这方面的权力。例如，县长不得行使侦查权；如需羁押或拘捕，县长要咨请法官签发押票或拘票。

（2）增设高等法院或分院，并于必要时实行巡回裁判制

一是将每省划为若干区。各区之大小，视交通情况而定。交通便利者，其区域不妨稍大；交通困难者，其区域以小为尚。每区内设高等法院或分院一所。此高等法院或分院需设于每区内的交通中心，以便各县诉讼当事人跋涉之劳相等。

二是如果限于经费紧张而不能设立高等法院或分院，则可以将高等法院或分院与所在地的地方法院合设于一处，并可随时调用该地方法院的法官或检察官兼办高等法院或分院的事务。如此，则地方法院与高等法院或分院的关系可因事务之繁简而加以调整。英国之高等法院与上诉法院就采用此制。

三是如果上述第二种办法推行有困难，则于地域辽阔和诉讼不多之区酌行巡回裁判之制，由高等法院或分院的法官按期赴各县或中心地区审理第二审案件。1925年，广州国民政府就试行了巡回裁判制。南京国民政府于1928年批准在甘肃采用巡回裁判制，但与前者不同的是，它仅适用于上诉案件。可是，南京国民政府1932年《法院组织法》却撤销了巡回裁判制。杨兆龙梳理了赞成和反对设立巡回裁判制的各种看法，提出了自己的主张：在英美法等西方各国的司法制度发展历史中，都曾普遍实行过巡回裁判制。虽然这项制度已在上述国家中被废除或限制，但从中国特定的国情看，这项制度还是有其存在的价值的。中国疆域辽阔，经费困难，要在全国普遍设置各级正规法院必颇费时日（抗战胜利时，全国设立新式法院的县也只有600余个，较十年前仅增加400余个，全国仍有1300余个县未正式设立法院）。不仅如此，即使参照英美法，在相同面积的地域上设置数量相同的各级法院，在一定程度上，耗费的人力物力财力也是巨大的，这与中国的国情实不相符。而且，人口稀少的地区诉讼很少，不必要求由法院来专门处置该地发生之案件，最佳方法并非是在当地设置诸多法院。

（3）改良公安机关，并调整其与司法机关之关系

一是训练公安人员，灌输法律知识。二是充实并改善关于侦查和预防犯罪之种种设备，如推行并研究指纹学，研究关于侦查犯罪方面的应用化学与物理等学科，布置各种犯罪方面的警报设备，推行警犬制度等。三是对公安人员严加考核、甄别、训练，并优其待遇，使其养成遵守纪律、服从法律之精神。四是司法与公安机关之间切实分工合作，使公安人员能够充分发挥其在侦缉犯罪事件中的作用，并协助执行判决等事宜。

杨兆龙的上述主张贯穿了一条主线：司法要专业、独立、便民。这也是今天我们司法体制改革的指导思想。2013 年 2 月 23 日，习近平在中共中央政治局第四次集体学习时强调，我们提出要努力让人民群众在每一个司法案件中都感受到公平正义，所有司法机关都要紧紧围绕这个目标来改进工作，重点解决影响司法公正和制约司法能力的深层次问题。要坚持司法为民，改进司法工作作风，通过热情服务，切实解决好老百姓打官司难问题，特别是要加大对困难群众维护合法权益的法律援助。司法工作者要密切联系群众，规范司法行为，加大司法公开力度，回应人民群众对司法公正公开的关注和期待。要确保审判机关、检察机关依法独立公正行使审判权、检察权。①

（三）民国时期司法经费预算制度存在的问题

杨兆龙认为，南京国民政府的司法经费预算制度有如下三大缺点：

1. 预算数额过少

按照当时的国家预算，以 1935、1936、1937 年的司法经费为例，中央每年的司法支出 300 多万元，仅占政府年财政支出的 3%；若除去上海临时法院、看守所支出之 100 多万元，则仅占政府年财政支出的 1% 多一点。各省每年司法支出占其总支出的 1% 至 11% 不等。较诸其他国家，悬殊巨大。20 世纪 20 年代，德国普鲁士邦面积仅 29 万多平方公里，但其每年司法支出约 2 亿至 3 亿马克（每马克约合华币 1 元 3 角）。法国面积仅 56 万平方公里，每年司法支出约 2 亿法郎（若以每华币 6 法郎计算，约合华币 3300 万元）。英国本土面积仅 25 万多平方公里，每年司法支出在 1000 万英镑以上（约合华币 1 亿数千万元）。波兰面积仅 38 万平方公里，每年司法支出约 6000 万至 9000 万兹罗提（约合华币同数）。西班牙面积仅 50 余万平方公里，每年司法支出约 3600 万至 4000 万比塞塔（约合华币同数）。比利时面积仅 3 万余平方公里，每年司法支出常在 1.6 亿法郎左右（约合华币 2700 万元至 4000 万元）。中国面积较上述各国大至数十倍或数百倍，而其司法支出之总数反见减低。

---

① 参见《"平语"近人——习近平谈司法体制改革》，http://china. chinadaily. com. cn/2017-07/14/content_ 30110789. htm，2017 年 7 月 14 日访问。

2. 预算数额无保障

杨兆龙指出，中央司法经费虽然列入预算，但中央财政机关向来以不实发款项为原则，预算所列之数额实由司法行政部收取的讼费、状纸费、律师登记费来维持。各省当局也是不遵预算发款。司法机关不得已，乃将应解中央之款截留以抵充经费。

3. 支付保管机关不集中

杨兆龙指出，司法经费由中央、各省机关分别支付、保管，导致经费支配缺乏监管，司法机关叫苦连天。

在揭示司法经费问题上的种种弊端之后，杨兆龙提出了如下解决办法：一是增加司法经费的预算数额。二是国库应遵照中央和地方预算统一按实发给司法经费。所有司法行政机关和法院的法定收入不得抵充经费，而应专供司法建设之用。三是指定中央或地方可靠之收入作为司法经费。四是指定集中保管、支付司法经费的机关，使司法经费能够适当分配。

笔者认为，司法权独立运行的前提是司法经费独立、人员薪酬只增不减，杨兆龙的上述观点可以说是国际社会的共识。美国开国元勋汉密尔顿在《联邦党人文集》中有句名言：谁掌握了法官的工资，谁就掌握了法官的判决。

（四）中国检察制度不能废除

民国时期，围绕检察制度的存废与改革问题，司法界产生了诸多争论。针对当时国内一些人竭力主张废除检察制度的观点，杨兆龙在其1935年博士论文《中国司法制度之现状及问题研究——与外国主要国家相关制度之比较》、1936年10月在东吴大学《法学杂志》发表的《由检察制度在各国之发展史论及我国检察制度之存废问题》、1937年1月在《经世》第1卷第1期发表的《欧美司法制度的新趋势及我国今后应有的觉悟》等文章中对这一争论发表了他的看法，揭示了检察制度的国际发展动态，指出废除检察制度根本不可行。

杨兆龙指出，检察官在大陆法系和英美法系都被视为行政官。为贯彻三权分立原则，欧美各国大都对检察官的传讯、拘捕、羁押等权力予以严格的限制。这些权力，在英美两国差不多等于零；在大陆法系国家，则只可于几种例外情形之下行使。这种制度可谓欧美近几百年来理想的典型。从前大家对它几乎毫无怀疑，但后来许多人觉得这种制度在事实上行不通。因为检察官如果缺乏讯问、拘捕、羁押等权力，就很难履行侦查的职务。因此，欧美各国后来大都开始扩张检察官的权力。

杨兆龙把主张废除检察制度的观点归纳为如下七种，并逐一反驳。

第一，检察制度乃大陆法系的产物，为英美法系国家所没有；20 世纪 30 年代，欧美各国刑法学者对于检察制度不如往昔重视。杨兆龙指出，这一点不符合事实。英国经过几十年的讨论，终于出台了公诉主任制度，这说明英国有检察制度。欧美学者虽对检察制度有检讨，但主张废除的实属极少数。

第二，检察制度有拖延诉讼、增加讼累和足以消灭证据、使真相难明两大缺点。杨兆龙指出，出现这些问题主要是检察官人选或组织不当造成，而非检察制度本身所致。

第三，在检察制度之下，有些证据确凿或被告供认不讳的刑事案件，也须由检察官先行侦查而后移送法官审理，徒费时间而无益。杨兆龙认为，这虽然是现行检察制度的一种毛病，但只要在刑事诉讼法中对于证据确凿或被告供认不讳的案件作出一种特别的规定，这种毛病便可避免。

第四，刑事案件或由被害人及其家属告诉，或由第三者公安机关告发，不用检察官来起诉。杨兆龙认为，此种观点错在忽略了检察官的性质。检察官在刑事方面的主要任务是以法律家的资格代表国家追诉犯罪，他们虽有侦查犯罪的责任，但和侦缉的公安警察是不同的，只是对后者指导而已。

第五，检察官侦查程序不公开，对其不起诉决定告诉人没有权利救济办法，易使检察官流于专横。杨兆龙认为，有些侦查程序不公开，是为防止无辜的被告的名誉遭受损害。至于检察官是否专横，那是具体人选是否恰当的问题。

第六，检察官受司法行政长官及其他上级长官的指挥监督，缺乏法官那种独立性。杨兆龙认为，这是检察制度运行中的问题，可以改进，但不必为此废除检察制度。

第七，中国向无检察制度，犯罪案件可由被害人或其家属检举，检察制度不合乎中国国情。杨兆龙认为，过去没有，不等于今天不可以有。人类应该与时俱进。

杨兆龙认为，以上废除检察制度的理由都不充分，而有更充分的理由证明检察制度存在是合理的：（1）检察官能防止法官专断。（2）对于犯罪案件，私人或因怠惰不愿、不敢过问，导致犯罪者逍遥法外，而检察制度可以补救这种缺陷。（3）检察制度能减少私人诬告、滥诉等情况的发生。（4）检察官对于情节轻微或不值得诉讼的案件不予起诉，这样可以减少健讼之风。（5）检察制度可以使法官与检察官有所职能分工。在此五点理由中，杨兆龙认为最重要的是第二点和第五点。他列表显示1930年至1933年鸦片、赌博、私盐、吗啡、赃物、公共危险及伪造货币等案件的告诉、告发和司法警察机关移送的数字之后指出，由司法警察机关发动者比私人发动者多得多，这说明检察制度确实能补救私人在起诉某些犯罪方面的缺陷。此外，检察官可以借助侦查程序对于那些无理由、不合法或不值得诉讼的案件予以不起诉处分，这一方面可以防止滥诉、诬告，另一方面可以减轻法官的工作；法官的工作相对是静的，时间上也有规律，而检察官工作是动的，时间是不规律的，搜集证据要迅速。这表明检察官与法官的工作是有所分工的。

通过如上分析比较，杨兆龙得出的结论是：根据对各国历史的考察以及与中国情形的比较，检察制度在中国确有保存的必要。尽管检察制度尚有不少缺点，但都是人员配置不当和制度运用失当所致，并非检察制度本身造成的结果。因此，今后应该努力改进其不足，而不是因噎废食，直接将其废除。

（五）关于冤狱赔偿

杨兆龙在1947年11月《出国考察及参加国际会议之经历》中介绍了西方国家的冤狱赔偿制度。

（1）请求赔偿的原因。一是经判决确定后，依再审或其他救济程序宣告无罪；二是经判决确定后，依再审或其他程序处较轻之刑；三是起诉后，经判决无罪或免诉，而于诉讼期间曾被羁押；四是案经行政长官特赦；五是案经不起诉处分，而于侦查期间曾被羁押；六是曾受保安处分或曾受军法裁判，而有前述一、三情形之一者。

（2）关于赔偿的程序。关于此点，有三种制度：一是法院解决制，如法国、意大利等；二是行政机关解决制，如瑞典等；三是法院与行政机关共同解决制，如德国、奥地利等。

（3）请求赔偿时必须提供的证据。关于此点，共有两种制度：一是必须提出被告无罪的积极证据，二是不必提出被告无罪的积极证据。

（4）赔偿请求权属于何人。此有两种制度：一是限于本人；二是不限于本人。

（5）对赔偿请求权的限制。德国、挪威等国规定，被告因故意或过失而促成起诉、判罪或羁押者，不得请求赔偿；逮捕时形迹可疑或正在警察等监视中者，依法例亦构成排斥请求权之原因。

（6）关于赔偿的时效。一般规定是，应于无罪判决宣告或送达之日起 3 个月至 6 个月内向主管机关提出请求。

（7）关于赔偿的范围。一般是限于物质损害，也有兼及物质、精神两方面之损害的。

（8）其他补偿方法。最常用的方法是公告。

关于中国怎样实行冤狱赔偿，杨兆龙作了如下论述：

第一，之所以称其为"冤狱赔偿"而不是西方所谓的"对于司法上错误的赔偿"或"对于控告无罪者之赔偿"，是因为：其一，"冤狱"这种称谓具有历史的延续性，中国自古代以来一直沿用这种称谓，符合中国的法律文化传统习惯。同时，这样的叫法也容易使民众理解，有利于他们主动保护自己的权益。其二，称"赔偿"而不称"补偿"或其他，能直接反映其根本属性，避免产生误解。其三，"赔偿"这种说法在国际上也已成为一种习惯说法。

第二，这种赔偿并不是以司法人员有故意或过失为条件。在多数案件中，司法机关承办案件是依照法定程序进行的，未必有故意或过失的违法行为，然而依冤狱赔偿的法例，被告却有要求赔偿的权利。即国家赔偿中的无过错责任原则，具有合理性。因为如果必须在司法人员有违法行为时才能得到赔偿，将使很多受害者的合法权益得不到保护，损害这些人的人权；也会使人们难以看出司法体制中的漏洞，既不利于这些制度的进一步完善，也无助于加强司法人员的责任观念。

第三，冤狱赔偿只应适用于刑事案件，而不应包括一般侵权案件。诚然，冤狱是一种侵权，但这种侵权的主体只能是司法机关或司法人员，且侵权是在司法过程中产生的，受害者一般为刑事被告人，因此与一般的侵权行为有很大的区别。没有理由把民事案件也归入冤狱赔偿的范围内。

第四，冤狱赔偿制度应采用法定准则主义，即被告或其利害关系人之能否要求赔偿和国家应如何赔偿在法律上均预先定有标准，待冤狱发生后分别依照办理。

笔者认为，杨兆龙对民国冤狱赔偿法的批评，即使在今天也有借鉴意义。1994年，我国制定了《国家赔偿法》，确立了国家赔偿制度。该法虽比民国时期进步很多，但与发达国家相比，仍存在赔偿范围不够广的缺陷。由于该法只涵盖行政赔偿和刑事赔偿，因此，我国国家赔偿的范围包括行政赔偿和司法赔偿，不包括立法赔偿和军事赔偿；行政机关的抽象行政行为造成的损害也不属赔偿范围。从世界各国的情况来看，发达资本主义国家大都建立了国家赔偿制度，其赔偿标准大致有惩罚性标准、补偿性标准、抚慰性标准。由于赔偿标准与国家财力直接相关，基于当时的经济条件，我国采取的基本上是抚慰性标准。此外，我国虽然在《国家赔偿法》中对冤狱赔偿作了一些原则性的规定，但总体来说过于笼统，缺乏可操作性。因此，有必要对其进行修订和完善，作出更为详细明确的规定，使之更有利于保护公民的合法权益。

四、杨兆龙在行政法领域的建树

（一）改革行政复议（行政诉愿）制度

杨兆龙1933年4月在《法学杂志》第6卷第2期发表的《改革现行诉愿制度之商榷》、1935年在哈佛大学的博士论文《中国司法制度之现状及问题研究——与外国主要国家相关制度之比较》中均涉及了行政复议。他的见解主要包括：

1. 改革诉愿的级别管辖制度

依照南京国民政府1930年《诉愿法》第2条、第3条的规定，诉愿人不服各级政府及其下属各部门的行政行为，只能向本级政府提起复议；不服复议决定的，才能向上级政府提起再复议。对此，杨兆龙指出，各级政府与其下属各部门表面上分立，实际上利益相关。因此，无论是各级政府作出的行政行为，还是其所属各部门作出的行政行为，诉愿人提起复议时均应可以越过本级政府，直接向上级政府提起之。杨兆龙的这一观点现在已被中国大陆及台湾地区的行政复议制度所采纳，说明他是有远见的。

2. 强调诉愿人与行政机关在复议程序中权利义务的平等

杨兆龙认为，依《诉愿法》第 6 条、第 7 条规定，诉愿人在提起复议时，须提交按照法定格式填写包含多项内容的诉愿书，并且要将副本送达被复议的行政机关。相比之下，被复议的行政机关虽须提交答辩状，法律却未规定答辩状应有的格式以及应当包含的内容，亦未规定行政机关须将答辩状副本送达诉愿人。杨兆龙指出，中国官署好为模棱两可、文过饰非、不着边际之辞，对它们所提出之答辩书，如果不加以程序及内容上的限制，则它们难免会敷衍草率。况且，被复议的行政机关的处分常以一纸公文或批示而为之，往往不叙理由或叙焉而不详，根据何在也不明说。因此，答辩书的内容应像复议申请书那样，按照一定条件提交。同时，答辩书副本亦应当送达诉愿人，以符合相互平等的原则。可见，杨兆龙是按照诉愿人与行政机关诉讼地位平等的原则来设计行政复议制度的。

3. 改革复议期间原行政行为不停止执行的规定

依《诉愿法》第 11 条的规定，在复议审理期间，原行政行为不停止执行；若因此而使诉愿人受到损失的，诉愿人只能在复议机关确认原行政行为违法后，再申请行政赔偿。设置这一制度的目的是要兼顾行政管理的效率。虽然该条亦规定"受理诉愿之官署，得因必要情形停止其执行"，但杨兆龙认为，原处分官署因对诉愿人有恶感，虽无正当理由，也可能先执行其处分，以图报复，这就可能导致诉愿人遭受不当之巨大损失。受理复议的官署，或则疏于审查，或则袒护属下，对于原处分之执行鲜有勒令停止者，使得《诉愿法》第 11 条的但书规定等于具文。因此，杨兆龙认为必须修改该条，将"行政行为原则上不停止执行"改为："原则上停止执行原处分，除遇下列情形外，经提起诉愿后，应由原处分官署依职权停止执行：一、处分不即执行，日后有执行困难之虞者。二、处分之执行与国家、社会有深切重大之关系，因当时之急切需要，不得不立即实施者。"在杨兆龙看来，诉愿期间行政行为不停止执行这一原则，不利于处在弱势地位的诉愿人。而且，即便诉愿人最终胜诉，因原行政行为的执行，损失也早已造成，需要诉愿人再去请求行政赔偿，又会增加其讼累。

这一意见今天仍有启发。我国现行《行政复议法》第 21 条依然规定"行政复议期间具体行政行为不停止执行"，该条"但书"规定："有下列情形之一的，可以停止执行：（一）被申请人认为需要停止执行的；（二）行政复议机关认为需要停止执行的；（三）申请人申请停止执行，行政复议机关认为其要求合理，决定停止执行的；（四）法律规定停止执行的。"两相对照之下，杨兆龙的意见更能体现行政复议法"抑制公权、保障私权"的精神。

4. 应该明确规定复议期限

在行政复议制度中，对于诉愿人向中央或地方官署提请的复议，除超过 30 日诉愿人可向行政法院提起诉讼这一时限外，并没有规定官署应在多少时日内回复诉愿人的复议申请和再复议申请。因此，杨兆龙提出，应制定有关期限：受理复议或再复议的官署送达复议书及答辩书副本、决定书正本和终结复议案件的期限；原处分或决定官署提出答辩书及其副本、将案卷及关系文件送与直接上级机关的期限；该上级机关如非受理复议的官署，转送该项案卷及文件于受理复议之机关或撤销原处分或决定的期限。并且，应要求各官署严格执行上述期限，"违反前述规定之各官署负责人应受法律上之制裁"。

杨兆龙的意见是对的，我国现行《行政复议法》第 17 条第 1 款规定："行政复议机关收到行政复议申请后，应当在五日内进行审查，对不符合本法规定的行政复议申请，决定不予受理，并书面告知申请人；对符合本法规定，但是不属于本机关受理的行政复议申请，应当告知申请人向有关行政复议机关提出。"该条第 2 款规定："除前款规定外，行政复议申请自行政复议机关负责法制工作的机构收到之日起即为受理。"第 27 条规定："行政复议机关在对被申请人作出的具体行政行为进行审查时，认为其依据不合法，本机关有权处理的，应当在三十日内依法处理；无权处理的，应当在七日内按照法定程序转送有权处理的国家机关依法处理。处理期间，中止对具体行政行为的审查。"这些规定与杨兆龙的意见精神是完全一致的。

5. 应该取消行政复议是行政诉讼前置程序的规定

1930 年《诉愿法》规定，对违法的行政行为必须经过复议和再复议两道程序后方能提起行政诉讼。杨兆龙反对这种规定，主要理由是：第一，经过两道程序，徒使纠纷的时间延长。既浪费金钱、劳力，又使调查证据因日久而生困难。第二，行政机关之间或因利害关系，或因感情作用，往往互相包庇，此在法治尚未昌明的中国尤其严重。诉愿人所提起的行政复议能够得到公平处理的，殊不多见。第三，诉愿人提起复议，容易引起原处分官署的恶感，常常导致它们对复议申请人加以报复进而造成弱者慑于强权不敢提起复议。第四，行政行为是否违法，应由通晓法律的人来判定。普通行政机关里的法律专业人才向来很少，导致复议决定者常常不知法律为何物，复议决定书多不合法。第五，按《诉愿法》的规定，对中央最高行政机关的国民政府的行政处分行为，诉愿人无法提起复议。如果将行政复议作为行政诉讼的前置程序，诉愿人则不能对国民政府的行政处分行为提起行政诉讼。根据以上理由，杨兆龙主张，诉愿人对违法行政行为既可提起复议，亦可直接提起诉讼。此意见立足于保障公民的权利，是对的，与我国时下《行政诉讼法》的相关规定正好吻合。遗憾的是，我国台湾地区迄今还把行政复议作为诉讼的前置程序。

6. 应实行"条线"行政复议制度

行政复议制度有两种模式，一种是上级业务领导或指导部门的"条线"行政复议，如县政府教育局的行政行为复议机构应为级别比县高一级的市政府教育局，县政府的行政复议机构应为市政府；另一种是"块状"的政府主导的行政复议制度，如县教育局的行政复议机构应为县政府。1930 年《诉愿法》实行的是后一种。杨兆龙反对"块状"的政府主导的行政复议制度。理由是中央各院与其所属的各部会、省政府与其所属的各厅、市县政府与其所属的各局等，表面上虽属分立，实质上休戚与共、互相勾连，他们之间的利害、密切关系较之与诉愿人不同同日而语，采用这种复议制度，肯定达不到公平目标。因此，杨兆龙主张采行"条线"行政复议制度。

7. 官吏应有诉愿权

1930 年《诉愿法》规定，官吏所受行政处分属于内部行政事务，不得提起行政复议。杨兆龙反对这一规定，认为官吏亦有权利，如受到不当或违法处分，应同诉愿人一样享有复议权。

1957 年 5 月，杨兆龙在上海市委宣传部召开的一次座谈会上提出建立行政复议制度的建议。他把行政复议制度的主要内容大体归纳如下：（1）行政机关的行政处分或行为（包括行政命令及发布的行政决定等）如有违法或不当情形，有利害关系的公民可在一定时期内向该机关或其上级机关表示不服，请求予以撤销或改变（这种表示就称为"诉愿"）；（2）如该机关不愿撤销或改变原处分而其上级行政机关又不能满足诉愿人的要求，一般可提起再诉愿，即向该机关的再上级行政机关申诉；（3）诉愿与再诉愿均须依照一定的法律程序而进行；受理机关不得拒绝受理或拖延不理，它们须如期作出决定。

（二）行政法院废立问题

1912 年《中华民国临时约法》规定行政诉讼案件应由设置于政府所在地的行政法院管辖，但 1923 年颁布的《中华民国宪法》又规定行政案件应归属普通司法审判机关管辖。南京国民政府于 1932 年 11 月颁布了《行政法院组织法》，行政法院制度再次重建，设置于南京的行政法院成为全国唯一的行政案件审判机关，与最高法院平级，同为司法院组成部分。从北洋政府到南京国民政府，要否设立行政法院始终是一个争论激烈的话题。杨兆龙梳理了赞成和反对设立行政法院的意见，然后提出了自己的主张：行政法院的设立不能提供普通法院所不具备的新内容，相反容易产生分派法官、确定管辖权和法律解释上的诸多困难。法国由于在长期的历史发展过程中建立起一套珍贵的并已被证明有效的传统制度，因此其行政法院的设立利大于弊。而中国的情形则完全不同。

1. 中国应废除行政法院制度

首先，行政案件数量较少，若像普通法院那样普遍设置行政法院于各地，则会增加司法成本；若仅在首都与省会设立，则又因中国疆域辽阔、国民教育层次较低而增加当事人讼累。其次，行政法院与普通法院的分设，若遇到行政责任与民事责任、刑事责任并存的疑难案件，则容易引起管辖权的冲突及法律解释的分歧。因管辖权冲突而引起的困难，在许多情况下会导致法院拒绝审判。而法律解释出现分歧的后果之一，就是人民会感到他们的权利得不到有效保障，从而失去对法律及执法机关的尊敬。最后，中国缺少法国那样的设置行政法院的历史背景。因此，行政法院制度在中国弊大于利，应该予以废除。

2. 废除诉愿前置制度

1932 年《行政诉讼法》规定了诉愿前置，即诉愿人对行政行为不服的，须经过诉愿和再诉愿，仍不服再诉愿机关的裁决，才能提起行政诉讼。杨兆龙认为，应废除诉愿前置原则，让诉愿人有权选择诉愿、行政诉讼两种救济方式，实行诉愿和诉讼并行不悖的原则。即诉愿人对于中央或地方官署之处分所为之行政诉讼，得于诉愿或再诉愿后提起之，亦得不经诉愿，径向行政法院提起之。事实上，诉愿为行政权力体系内部的救济制度，行政诉讼则为司法权对行政权的制约，是宪法上权力制约原则的体现，二者有着质的不同，诉愿人应有权选择救济途径。

3. 行政法院之法官应由法学专业人才担任

1932 年《行政法院组织法》第 6 条规定，充任行政法院之评事者，只须具有三种资格：（1）对于党义有深切之研究；（2）曾任国民政府简任职公务员两年以上；（3）年满三十岁者。杨兆龙认为，这样的资格规定不足以保证行政法院内之法学人才必多于普通行政官员，保证不了行政法院应有的司法水平。

（三）论司法人才的培养、甄用、考核和待遇

1. 司法人才的培养

（1）学校培养法律人才应注意的问题

杨兆龙在《中国法律教育之弱点及其补救之方略》[①] 一文中指出，中国学习法律的人虽然比学习其他学科的多，但学有根基的却少见。原因是法律学校办得不好，这些学校大都没有深远的计划和高尚的理想。课程与教学方法几十年不变，办学者既不知道国家的需求，又不明了世界潮流的动向。该怎样改革呢？他主张，在多办培养司法辅佐人才的学校的基础上，对法律学校的教学和科研进行改革。一是以培养创造与应变之精神为宗旨。注重法律方法和法律哲学之研究，学习法律的人应知道如何制定和解释法律，能够用法律满足时代之需要，而不是成为决条的奴隶。提高入学的资格条件，并注重智力测验，使学法者俱为优秀之士，方易收培养之效。二是充实课程，使学习者对中外法律的过去、现在、发展趋势和实际利弊有深切研究，因此要开设中外法制史科目、比较法学、司法统计与调查科目以及主要的与法学关系密切的科目等。三是充实图书及法学实验科目。四是提高法学教授待遇；添设法律研究院或研究部，使毕业于法律学校的有志深造者在学术上有充分发展的机会。

---

① 原载于《法学杂志》1934 年第 7 卷第 2 期。

（2）应注意培养通才

1948 年 12 月，杨兆龙为《新法学》月刊撰写创刊词——《论法学界的贫乏》，分析 20 世纪 40 年代法学界存在的严重的营养不良、精神萎靡的衰弱症，认为其主要表现在以下五个方面：

一是法学内容的陈腐。很多法学界人士抱残守缺，不喜欢吸收新知识和研究新问题。许多在别的国家早已被人怀疑或放弃的制度或理论，他们仍旧奉为圭臬；许多在别的国家早已成为问题的问题，他们却看得很简单。例如，陪审制度，无论是在英美还是在大陆各国实践的结果都很难令人满意，英美、大陆各国都在逐渐放弃这种制度，可中国还有人竭力主张予以采取；国内法上的罪刑法定原则不适用于国际法上的犯罪行为，纽伦堡审判对战争罪犯的裁判即为明显事例，可国内在起草《战争罪犯审判条例》时有人竟然还主张将罪刑法定原则作为处罚战争罪犯的标准。

二是法学研究范围狭窄。中国学法律的人最容易犯两种毛病：其一，对于与法学有关的非法学科目缺乏必要的了解。经济学、社会学、心理学、政治学、历史学、哲学、伦理学等与法学都有密切的关系，由于时间与精力的限制，我们当然不能希望个个学法之士对于这些科目都有相当研究，但一个专业的法学家至少应该对与其有关的几种科目有适度的认识。例如，教公司法的人至少要对于经济组织有相当研究，教票据法的人至少要对于银行界、工商界运用票据的情况有相当认识，教海商法的人至少要了解航业界及海上运输的实况，不然他们对于所教法律之立法政策及其规定之得失，便不会知道很清楚。但是，在我们所知道的法学教员中能够符合这一条件的人并不多见。其二，对于法学科目仅有局部的研究。法律的分门别类，本为研究之方便，并不是彼此间有何严格的界限存在而各自独立。学法之人应该对于整套法律有全面的认识，可一般法学专家有只懂公法而不懂私法者，有只懂私法而不懂公法者，有只懂刑法而不懂民法者，有只懂民法而不懂刑法者，有只懂民法而不懂商事法者，有只懂商事法而不懂民法者，有懂国内法而从未学过国际法者，有终生致力于法学教学工作而未尝一窥法理学或国际私法之门径者。这些法学专家对于法学的认识真担当得起"管窥蠡测"四个字。

三是机械地看待法律，而不顾法律的目的。立法者只是制定法律，法官只是适用法律，对法律的宗旨是否实现、法律实施的情形及其对人民生活的实际影响却不过问。例如，现代刑法的宗旨侧重于犯人的感化与改造，但民国刑法中适用短期自由刑的罪名非常多，被判处不满 6 个月之短期自由刑的犯人约占全体被处自由刑者 60% 以上。试问：一个经父兄、师长多年教育而不能改善的犯人，在短短的不满 6 个月的监禁期间会受感化而痛改前非吗？经验告诉我们这是不可能的，并且这种措施反而会使多数犯人由偶犯变成职业犯、习惯犯。

四是法律见解的肤浅。许多法律学者对法律问题浅尝辄止。例如，坊间流行的"六法全书"之称传自日本，系指宪法、民法、商法、刑法、民诉法、刑诉法。但是，这种称呼日本已嫌名不副实，因为所谓"六法全书"所包括者已远超上述六种法令之范围，名为"六法"而实有"法令全书"的意味。中国有些学者不察，竟将"六法"之称奉为天经地义，不问中国有无六法或书中所包罗者是否多于六法，概以"六法"名之。民国连宪法在内也仅有五法，而西方各国法令汇编也不一定称"六法"。

五是创新能力薄弱。许多法律学者很容易信赖、模仿国外，对某种制度是否合乎中国国情往往辨别不清，遇到新问题也时常束手无策。

杨兆龙认为，上述五种毛病的根源可归纳为三类：第一，法律学者本身之缺点：自满、保守、脱离社会生活，忽视法律学理的研究，不讲法律制度的宗旨。第二，法律教育之落后：教育当局轻视法律教育，法律教育课程设置不合时宜，法律图书设备简陋，法律教学方法缺乏改进，法律研究工作未有切实展开。第三，社会环境不好：一般人不重法，一般人不尊重专家，尤其是法学专家。正是因为法律学者自满、保守、脱离社会生活实际，法学的内容才陈腐，研究的内容才肤浅；因为法律学者忽视法律学理的研究及不讲法律制度的宗旨，立法、执法和司法才机械，缺乏适应性和创造性；因为法律教育落后，法律学者才有种种缺点；因为一般人不重法治和轻视法学专家，许多问题才不被重视或不依正当途径解决，使法治、法学失去权威。

（3）政府培训司法人才应注意的问题

培训课程方面应多设学校所未设置之科目。例如，为了能够适应废除领事裁判权之后的司法业务需要，在司法人才培训中应多灌输各国法律知识和外国文字，培训时间不能长到 2 年，但也不能只有 1 个月。

2. 司法人才的甄用

这方面可分为司法事务和政务人才两个方面。杨兆龙认为，当时甄用司法事务人才存在重形式而不尚实质、注意抽象之资历而忽视专门之学识等问题，应克服此种现象。至于司法政务人才，也应注意其是否精通法律，招录不懂法律的人就会造成用人不当。

3. 司法人才的考核

杨兆龙认为，当时考核司法人才的制度有四大缺点：一是办理考核事务的人都不是专家；二是办理考核事务的人并不热心考核工作；三是办理考核事务的人不注意保密，致使考核走过场；四是考核程序拖沓，动辄经年累月。因此，应改进考核制度，并解决这四个问题。

4. 司法人才的待遇

杨兆龙认为，司法机关对于司法人员的资格条件限制较其他人员严格，但待遇却较其他公务员低下。因此，应该提高司法人员的待遇，并给予他们家庭补助养老金等其他便利。

（四）中国法律教育的弱点及改进

杨兆龙在《中国法律教育之弱点及其补救之方略》[①] 一文中认为，当时中国法律教育的弱点有两个方面：一是关于学校方面的，二是关于学生方面的。

学校方面的弱点主要是：（1）管理不周。怕得罪学生不敢管理，造成学校没有纪律。（2）教授不好。表现为教授学识浅薄、因循守旧、任课过多以及课程不良（忽视法律的发展趋势，缺乏比较法学课程，不重视理论法学，没有法律操作能力，没有法律伦理课程等）。（3）法律补助课程不完备。如没有国文、英文、日文或其他外国文的课程。（4）设备不全。如图书馆、操场不完备等。

学生方面的弱点主要是：（1）基础教育不好。（2）对于法律的兴趣不浓厚。（3）智力不尽合标准。（4）纪律不严密。

对于以上弱点怎样补救，杨兆龙认为：（1）在学校管理方面，最应注意的是学生的

---

① 原载于《法学杂志》1934 年第 7 卷第 2 期。

纪律。同时，管理者一要检点自己的言行：己不正，焉能正人？二要多与学生接触，以自己的人格去感化他们，建立友谊。三要处处照顾到学生的困难。四是赏罚严明。（2）在教授任用的条件方面，一要对于法律的理论与实际都有相当的研究。二要对于教授法学有浓厚的兴趣。三要具有健全的人格。四是不能兼职过多。在符合这些条件的基础上，要提高教授的待遇。一是提高薪水，二是延长合同的期限，三是设立养老金。（3）在课程设置方面，一要扩充课程范围，如法律演化及其现代趋势、比较法学、法律理论、法律伦理、国文、外国文、拉丁文、中国方言、哲学、逻辑学、心理学、伦理学、社会学、政治学、经济学、中外文化史等。二要延长修业年限为 6 年，分为法律预科和法律本科两个阶段。三要先讲法律补助科目，再讲法律科目；先讲普通科目，再讲特别科目；先讲实体法，再讲程序法；先讲总论，再将分论；先讲公法，再讲私法。

五、杨兆龙在刑法学领域的建树

（一）犯罪现象产生的原因

1936 年，杨兆龙在《关于疏通监狱之研究》[①] 一文中阐述了他对监犯激增趋势的看法。他认为有如下四个原因：

1. 经济原因

杨兆龙认为，经济原因最足增加犯罪，这从第一次世界大战结束后欧美各参战国因经济困难而犯罪人数因之增加的事实可以获知。例如，德国 1923 年经济恐慌达于极点，当年犯罪人数也特别多，计有 823902 名。其中，犯盗窃罪者达 367435 名，约占 44.6%，为该国从来未有之现象。妇女犯罪平时相对较少，但在该年竟有 134943 名（以犯盗窃罪者居多数），也打破了以前的记录。1924 年之后，德国经济情况逐渐好转，上述各项数额随之减少。

---

① 原载于《现代司法》1936 年第 1 卷第 9 期、第 10 期。

2．教育原因

杨兆龙认为，教育的主要功能在于发展技能、培养道德、启迪理智。人之犯罪，往往由于缺乏应付环境的能力，如谋生技能不足、道德观念薄弱、理解能力欠缺等，这些归根到底与其缺乏教育有关。在美国 1923 年关押于监狱及感化院里的犯人中，10.7% 是文盲，67.5% 是小学肄业者，15.4% 是中学肄业者，3.4% 是大学肄业者，3% 是受教育情况不明者。可见，受教育程度之高低与监狱及感化院犯人的数量多寡成反比例。

3．家庭及社会原因

杨兆龙引述美国学者关于 1923 年监狱犯人的有关统计数字说明，凡都市生活发达的人口集中区域，犯罪率比其他区域要高；已婚夫妇、同居者的犯罪率要比未婚、离异者低；身心有某种缺点者易于犯罪；有些犯罪属于遗传。

4．立法及司法不善

杨兆龙引述德国学者的话指出，现行刑法既不足以改造犯人，又没有防止犯罪的震慑力。刑罚的实施反而增加了受刑罚者犯罪（累犯）的趋势，使犯罪人数愈来愈多。

（二）关于罪刑法定原则

早在 20 世纪 40 年代，杨兆龙就提出在刑法实践中要真正贯彻罪刑法定原则的观点，具体包括：一是除刑法外的一切习惯、命令、政策都不能作为定罪量刑的根据；二是定罪量刑不适用类推；三是刑法效力原则上不溯及既往；四是在刑法解释和运用上采取有利于犯罪人的原则。

1957 年 5 月 3 日，杨兆龙在上海市委召开的知识分子座谈会上的发言中再次指出，某些刑事法规对犯罪的概念有时规定得不够明确；量刑幅度有时太大；对加重、减轻处罚的情节规定得不够具体；在民、刑事审判中法院的自由裁量权比较大。[①] 他建议，要确立罪刑法定原则，废除类推解释。罪刑法定原则的主要内容是：无论何种行为，在它发生的当时，法律不认为（即明白规定为）是犯罪而加以处罚者，不得被作为犯罪而加以处罚。换句话说，司法机关决定某种行为是否构成犯罪时，应以法律的明文规定为根

---

① 参见《杨兆龙文集》，复旦大学出版社 2018 年版，第 662 页。

据。类推解释的主要意义是：一种有社会危害性的行为，在法律上无明文直接规定将它作为犯罪而加以处罚时，可以比照那个在严重性及种类上和该行为最相似的犯罪的条文规定加以处理（如苏俄《刑法典》第 16 条就这样规定）。换句话说，刑事法律无明文、直接规定的行为，在某种条件下（这种条件在司法实践中，有时并不明确，很容易弄错）也可以当作犯罪而加以处罚。类推解释制度在德意志民主共和国、波兰、南斯拉夫、匈牙利、捷克斯洛伐克始终未被采用，保加利亚、罗马尼亚等最初虽曾采用它，但后来也已经将它废除。苏联学者早在 20 世纪 30 年代就有人反对这个制度，苏共二十大以后，主张废除者更多。所以，罪刑法定原则当时已成为在社会主义国家获得广泛承认的刑法基本原则。①

1997 年之前，中国《刑法》中规定有类推原则。但是，由于适用类推的案件要逐级上报至最高人民法院，程序相当烦琐，故该原则在实践中运用很少，形同虚设。1997年《刑法》明确废除了类推原则，要求把罪刑法定原则真正落到实处。

（三）关于区别对待幼年犯

早在 20 世纪 40 年代，杨兆龙就对幼年犯问题提出了自己独到的看法。他认为，关于幼年犯的种种法律或制度，在实体和程序方面都应与适用于成年犯的法律不同。具体而言，应设立适合于幼年犯的幼年法庭，此法庭在观念、认识、管辖方面都应有特殊设置。在法庭人员组成上，应包括法官、监训员、助理法官、收监所职员、书记员和文牍员；其法官除精通法律外，还必须在心理学、社会学方面有所研究；监训员的职责是监训幼年犯并调查其家庭关系、个人历史等状况；收监所的设备必须体现家庭化，所内配有教师、心理医生等，并且多任用女子为其工作人员；由于生理及心理的关系，女子在这方面胜于男子。在审判程序方面，也应遵循有利于幼年犯的要求，处理案件时应做到：（1）尽量避免诉讼色彩，开庭地点应与普通法庭隔离；（2）审理程序不应公开；（3）特别注意调查社会环境、既往历史对其犯罪的影响；（4）咨询幼年专家、教师的意见；（5）程序简单化；（6）案件执行时特别注重感化，力图使幼年犯自己意识到自

---

① 参见《杨兆龙文集》，复旦大学出版社 2018 年版，第 662 页。

己的错误，从内心去改正；（7）允许教育、慈善及公益等机构的介入；（8）加强幼年犯父母的责任观念。

实际上，杨兆龙的这些观点，现在看来也是相当进步的。我国现行《刑法》第17条中明确规定，十六周岁以上的未成年人犯罪，应承担刑事责任；十四周岁以上十六周岁以下的犯故意杀人、故意伤害致人重伤或者死亡、强奸、抢劫等重大刑事犯罪的才承担刑事责任；未成年人犯罪，应当从轻或者减轻处罚。现行《刑事诉讼法》第285条规定，审判的时候被告人不满十八周岁的案件，不公开审理。第286条第1款规定，犯罪的时候不满十八周岁，被判处五年有期徒刑以下刑罚的，应当对相关犯罪记录予以封存。这些规定与杨兆龙的观点是吻合的。

（四）改进刑罚制度

1. 自由刑适用范围过广的弊端

杨兆龙在《司法与监狱之改良及管理》① 一文中指出，古代大都把死刑、流刑、身体刑及财产刑作为主要的刑罚方法，监狱在多数国家不过是羁押顽固的民事债务人、宗教犯及未决刑事犯的地方。监狱成为正式的刑罚机关，始于18世纪末叶。起初是用来代替死刑及残酷的身体刑，旨在减少犯人的痛苦。后来感化主义流行，各国渐渐重视监狱在改良罪犯方面的作用。英美等国倡导在先，其他国家跟随其后，不及百年，此类思想已弥漫全球，过去不被重视的自由刑一变而为近代主要的刑罚。各国刑法典中规定处自由刑之条文，常占十之八九。

自由刑适用范围过广，容易产生如下流弊：（1）监犯人数过多，国家限于财力而无力承担监狱管理的成本。于是，原可采取分房别居制者，不得不采取混合杂居制，一任犯人互相熏陶；原可以用良好待遇招聘监狱管理人才，不得不招些劣等之人。这些都会影响监狱应有作用的发挥。（2）多数犯人因刑期过短，根本无从改善，反因监狱管理不良而可能变本加厉。（3）刑罚浪费。在罪犯中，多数是由于一时的失检或无知而致，触犯刑律实属偶然，没有必要适用自由刑；不把他们关在监狱，他们也不会再犯。（4）对

---

① 载《杨兆龙文集》，复旦大学出版社2018年版，第239—270页。

犯人的震慑力不足。许多罪犯未受自由刑之前，犹视之为畏途，在自由刑执行完毕后，则反而对自由刑没有了畏惧，不以监狱生活为苦，不以坐牢为耻。这种情况在短期刑中最易发生。（5）对于犯人的家庭及被害人，害多而利少。犯人身系囹圄，不能抚养家人，还要玷辱门楣。导致的后果，小则家人生活受窘，大则子女走入歧途。自由刑对受害人来说，益处亦不大。受害人的愿望，一是发泄对加害人的愤恨，二是责令犯人交还财产或赔偿损害。但是，自由刑对后一个愿望的实现不见得有什么益处。

2. 要缩小自由刑的适用范围

既然自由刑具有上述弊端，那就应该缩小自由刑的适用范围。缩小的基本原则是：第一，两类犯人方可适用自由刑。一是罪犯具有危险性，必须与社会隔离；二是不处以自由刑，则不足以收到感化或震慑的效果。第二，下述情形应竭力避免适用自由刑：一是犯罪情节轻微而没有必要处以长期自由刑的；二是因一时失检或无知而犯罪，并有悔改表现。西方国家替代自由刑的方法约有下列几种：一是训诫，二是罚金，三是笞刑，四是提供结状，五是不加拘禁的强制劳役，六是在本人住宅或房屋内之拘禁。西方国家变通自由刑适用方式的方法主要包括：缓刑、假释。

杨兆龙认为，我国限制自由刑适用的重点应放在不满一年或六个月之短期自由刑上。方法不外是训诫、罚金、提供结状和缓刑。

综上可见，杨兆龙的研究比较超前，对于短期自由刑因罪犯监禁处遇所造成的种种弊端，国际社会长期以来都在努力探索改革与完善途径，并提出了一系列改革与完善方案。这些方案主要可以归纳为两种：一种是替代型改革方式，旨在彻底抛弃监禁刑之适用，代之以训诫、罚金、取消特定领域的资格或者强制劳动改造等措施；另一种是完善型改革方式，旨在极力促进减少短期自由刑的适用，具体包括微处分制度、起诉犹豫制度和缓刑宣告制度。此外，20世纪下半叶以来，社区矫正已经发展成为世界各国适用最广泛的刑罚执行方式。我国2011年5月1日施行的《刑法修正案（八）》第一次以立法的形式明确规定了社区矫正制度，这是我国刑罚制度发展与进步的一个重要标志。

（五）改革监狱制度

1. 关于监狱的设备及待遇

杨兆龙认为，监狱的设备及待遇应顾及监犯身体之基本需要，但不可过于舒适奢侈。第一，设备及待遇不得超过监狱外一般生活标准，不能仿效西方的超过监外平均生活水平的做法。如果设备及待遇超过狱外一般生活标准，则会对犯人丧失足够的惩戒力。第二，设备及待遇需足以维持监狱安全及秩序。房屋坚固到何种程度，犯人应遵守什么样的纪律，须视轻罪犯、男犯、女犯、幼年犯、普通犯等不同情况而定。第三，设备应使监狱管理便利和经济化。例如，牢房须有联络，门户不可过多，曲折宜少。第四，设备及待遇应足以养成犯人勤苦耐劳、整齐清洁的习惯。第五，监狱内应有一定的劳动作业和教化设施。第六，监狱内应有足敷分配之别居设备，使应行隔离之犯人不互相混杂。

2. 关于监狱的管理

（1）调查分类。按犯人的性别、健康状况、年龄大小、教育程度、婚姻有无、职业、犯罪的性质、刑期长短、犯罪次数等划分为不同种类，采用不同的管理方法。

（2）教化。监狱教化的宗旨是改善犯人的品行和增长犯人的知识。杨兆龙认为，民国法令关于犯人感化的规定存在四种缺陷。一是教化教师待遇菲薄，导致其不能由学识高尚且对监狱教化事业有兴趣、有研究者来充任。二是监狱图书等设备非常缺乏。三是教师的教学方法强求一律，较为呆板，犯人没有兴趣。四是感化教材落后，教化内容任由教师自定。

3. 关于监狱内的劳动改造

杨兆龙认为，劳动改造的目的，一是培养犯人的谋生技能，使其出狱后可以独立谋生；二是把犯人的注意力集中于工作，减少其在监狱内的痛苦；三是促使犯人养成勤劳的习惯；四是增加监狱的收入，减轻纳税人的负担；五是使犯人在被执行自由刑期间有一定收入，以赡养家庭或供储蓄以维持出狱后之生活。民国监狱在此方面存在的问题是：自由刑滥用，监狱内根本没有劳动工厂，管理方法失当。

4. 关于监狱的营养卫生

杨兆龙指出，民国的监狱在犯人的营养卫生方面存在两大问题，一是监狱内的饮食、起居、作息等不适合犯人的需要，二是监狱内的医药人员及设备根本不合格。对上述问题应从五个方面改进：第一，要根据各类犯人身体的实际需要，供给适当的饮食及起居设备。第二，使犯人有适度的劳动与休息。第三，隔离有传染病者，严防疾病蔓延。第四，慎选狱内医疗人员，提高其待遇，充实医疗组织和设备。第五，经常检查犯人的身体，多进行疾病预防工作。

5. 对待犯人要态度诚恳，使其感觉有希望

杨兆龙说，对比民国和西方国家的监狱便会发现，前者不如后者的最大之处，就是监管人员对犯人不够尊重。对犯人不尊重，犯人就会觉得前途无望，其意志就会消沉下去。

6. 要重视犯人刑满释放后的生存问题

杨兆龙指出，犯人刑满释放出狱后，如果出狱前未受适当的技能训练，出狱后则没有合适的就业机会，无事可为，仍旧过着入狱前的那种生活，而且还会遭人歧视。因此，他建议：（1）监狱注意培养犯人独立谋生的技能，减少其出狱后寻求就业的困难。（2）犯人出狱后，应尽可能让他不再回到原来的生活环境。（3）建立保护刑满释放人员权益的组织。

笔者认为，杨兆龙的上述观点相当切实而超前，迄今仍有借鉴意义。中华人民共和国成立以来，对罪犯的改造走过了从劳动改造到教育改造再到文化改造的过程，对刑满释放后的罪犯从留场就业到后来在狱内着力培养其技能，并在他们回归社会后对其实行帮教，助其就业。这一切都印证了杨兆龙的研究是很有价值的。2018 年 6 月 29 日，时任司法部部长傅政华在全国监狱工作会议上提出："要践行改造宗旨，坚持'以政治改造为统领，统筹推进监管改造、教育改造、文化改造、劳动改造'的五大改造新格局。"这"五大改造"与杨兆龙上述主张的基本精神并无二致。

六、杨兆龙在诉讼法学领域的建树

（一）中国证据学研究的开创者

中国证据法学研究的发端，应该是在 20 世纪 30 年代。1929 年，杨兆龙在上海法政大学开设"证据法概论"课程，并于翌年出版了《证据法》教材。这是中国第一部证据法学著述。该书虽然仅三四万字，部头不大，体系不备，却观点鲜明，直言不讳，锋芒毕露，极具批判性，充分显示出东吴法学教育长于英美法和比较法的优势。杨兆龙在书中对事实、证据、证据法作了概念上的区分，认为三者虽密切相关，却是根本不同的范畴，不可混为一谈。他特别针对当时国民政府在加速法律转型过程中一味模仿大陆法系的做法，明确指出：尽管大陆法系的诉讼法对证据有所规定，但"述焉不详"，不能与完善的英美法系的证据法相提并论。英美法系的证据法是为陪审团提供证明事实方法的规则，而大陆法系的证据法则是为法官裁判事实提供依据的法律，后者虽非一无是处，却远逊于前者。因此，民国政府在推进法律进步的过程中应取法乎上，不应取法乎下，即应当效仿英美的证据法，大陆法系的证据法充其量"聊资参考"而已。

杨兆龙认为，"证据法者，规定证据之方法之法律也"。所谓"证据之方法"，按照他的解释，乃是关于事实的法律上的证明方法。因此，证据法既有别于规定权利义务的实体法，也有别于法律解释学的方法。在他看来，证据法的目的在于确定某事实的存在或真实与否，与实体法中权利义务的存在范围和效力毫无直接关系，只对实行和保护实体权利义务关系的程序提供一个推断的根据，应当属于程序法的一部分。而且，证据法的规定是维系事实主张能否成立、探求真相能否实现的关键，故应成为程序法的重点。此外，他承认证据法为程序法的一部分，但是又不依附于程序法。因为他已经意识到，当证据法的规定不当时，保障权利以及执行义务的程序也会"失其效用"。杨兆龙从实体法和程序法的分野以及功能主义的角度，提出了证据法的目的和意义，确立了证据法的独特品格。他的《证据法》是中国第一部证据法学教材，开启了学习、研究证据法学的序幕。

1. "谁主张，谁举证"是指当事人应就对自己有利的事实举证

学界一般习惯于将举证责任的分配原则概括为"谁主张，谁举证"或原告负举证责任，杨兆龙认为这是不够精当的。他认为，举证责任的一般原则应该是当事人应就有利于自己的事实负举证责任。举例来说，如甲被诉犯重婚罪，经检察官举证证明其重婚事实后，甲乃负反证之责任。此时，如果甲能证明其第一次婚姻系出于威吓胁迫，故无效，则其反证之责任已尽，反对之事实成立，于是举证责任复移至检察方面。此时，检察方面如能证明威吓胁迫可排除，甲曾与前妻乙同居若干时，以示其容忍此等婚姻，则反证之责任依然归属于甲。这种情况在证据法上谓之举证责任之转移。如最后一方不能尽举证之责任，则于该方不利之事实成立，而他方即为胜诉。当然，对于以下四种情况当事人可以不就有利于自己的事实进行举证：一是法庭认知之事实；二是法律上推定之事实；三是不能否认之事实；四是自认之事实。

2. 为何要实行言词原则

杨兆龙认为，自白事实分为法庭内和法庭外两种。法庭内者，是在法官面前或辩诉状上所陈述的事实；法庭外者，是在法官以外之人前或辩诉状以外之文书上所陈述的事实。前者因为是对法官直接陈述的，所以最为可靠。而后者则不然，其陈述法官没有亲耳所闻，自白者究竟有无陈述相关事实，必须在法庭上加以证明。其举证责任当然属于自白者。而书证之作者之所以必须出庭陈述，一是因为书证之作者如不出庭，则可不负责任，妄为陈述；二是书证之作者如不出庭，则法院无法了解其品行学识以及其所言之可靠与否；三是书证之作者如不出庭，则提出书证者可以伪造书证。

3. 证人的拒绝作证权

杨兆龙认为，拒绝作证是一种权利。在七种情况下，证人可以拒绝作证：一是证人为当事人之未婚配偶或亲属者，其亲属关系消灭后亦同；二是证人如果作证，会对自己的未婚配偶或亲属的财产利益带来损害；三是在刑事案件中，证人为被告人之法定代理人、监护人、保佐人等；四是在刑事案件中，证人如果作证会导致自己的未婚配偶、亲属、法定代理人、监护人或保佐人遭到刑事追诉；或在民事案件中，证人如果作证会导致自己或与自己曾有、现有亲属、婚姻之人遭受民事追诉或蒙受耻辱；五是证人就其职务上或业务上负有保密义务的内容可以拒绝作证。但是，在刑事案件中，此类证人专指

国家公务员、医师、药师、药商、产婆、宗教师、律师、辩护人、公证人及其业务上佐理人等；六是如果作证就会泄露自己职务或业务上的秘密；七是在民事案件中涉及夫妻是否同房一类问题可以拒绝作证。

证人拒绝作证是一种权利，但是如果证人放弃拒绝作证权而作陈述，那么其陈述仍属有效。

4. 阐述证据分量

杨兆龙认为，决定证据分量的标准有三：一是证据之数量；二是证据与系争事实之关系；三是证据本身之地位。以数量而言，证据有充分的证据、满意的证据之别；依与系争事实之关系而言，证据有正面的证据、侧面的证据之别；依本身之地位而言，证据有最优的证据、次等的证据之别。

确定证据分量有三大原则：第一，证人之证言需根据自己之观察，书证作者必须出庭。第二，证人之证言需根据其所知者，而不得根据其所推想者。传唤证人之目的在于使其陈述事实，故证人之证言须根据其所知者。至于事实之推想，乃法官职务之事，非证人所得越俎也。第三，书证不得为言证所更改。因为人们用文字要比用言语表达更慎重，所以书证更可靠。

5. 阐释品格证据

杨兆龙认为，虽然当事人的品格容易导致其做出某种相应的行为，但不能由此把当事人的品格作为定案的证据。但是，此原则有如下之例外：一是在损害赔偿案件中，在原告的坏品格与赔偿额之间有重要关系时，原告的坏品格可作为减少损害赔偿额的证据。此类证据仅能在违背婚约、略诱、损害名誉等案件中提出。二是在反讯问时被告人的坏品格可以作为证据提出，但应局限于证明其有前科，否则即为不得当之证据。三是刑事被告人在诉讼中可以以自己的好品格作为无罪证据，但其坏品格除证明犯罪嫌疑外，他方当事人或证人不得举此以对抗之。不过，以下两种情形除外：反证被告人方面证人所举关于被告人好品格作为证据时；被告人有累犯某罪之嫌疑时。

6. 阐述臆度证据

臆度证据是凭主观猜测、推测的证据。杨兆龙认为，臆度证据在下列情况下证明力较强：一是系争之点为人或物之确认时；二是系争之点是关于某人或物之显著情形时，如某人之胖瘦或某物之大小；三是系争之点属于科学范围而又依赖鉴定人之鉴定时；四是系争之点为人之操守时，如某人是否诚实或勤俭。

上述杨兆龙关于证人的拒绝作证权、证据分量、品格证据、臆度证据等问题的研究，至今仍是证据法学研究的前沿问题，而杨兆龙在几十年前就有所论述，可见其超前性。

（二）建立民事小标的诉讼制度

民事小标的诉讼制度是指在基层专设处理民间较小额金钱纠纷法庭或专门法院的制度。1935 年，杨兆龙在《美国最近改革法院组织运动之略述》① 一文中便对美国各州创设民事小标的法院作了介绍和研究，分析了美国各州创设、实施此项措施的利弊并提出，中国区域广阔，人民讼累过重，应当广设民事小标的法庭（院）。1938 年，他在《司法改革声中应注意之基本问题》一文中引用美国学者史密斯的话说，现代司法制度之所以不能伸张正义，其原因主要是诉讼代价昂贵；诉讼代价之所以昂贵，其原因则是诉讼的久拖不决和法律的艰深。诉讼久拖不决，使得当事人疲于奔走，费时而丧财；法律艰深，使得当事人不得不乞援于律师，费用动辄百金。这两项使贫者无法承受，遭人侵害也不敢诉诸法院。杨兆龙指出，史密斯所言的问题在中国尤其严重。要想纠正这一弊端，就必须广泛设立民事小标的法庭（院）。具体做法是：

在县或同等地域之各区或乡镇，斟酌地方大小、人口多寡，设立民事小标的法庭（院），由地方公正士绅等担仕裁判官。凡民事、金钱或财产争讼，其标的在一定限度以下的（如 50 元或 100 元以下等），应先由所在地此种机关裁判。经裁判而不服者，始得诉诸普通第一审法院。普通第一审法院关于此类案件所作的判决，不能上诉。中国本系农村社会，士绅公断由来已久，揆诸国情，并无不合民事小标的法庭（院）设于县一级行政区域以下之情形，倒是可以避免民众长途跋涉寻求司法救济的讼累；以当地士绅为裁判官，可以凭借其在当地的威望、对当地风俗习惯的了解以及对双方当事人个性的熟悉来裁判。通过这一方式，使本地细微的民事案件在本地消化，可谓一举数得。

---

① 原载于 1935 年《现代司法》第 1 卷第 1 期。

杨兆龙的上述主张，体现了他的立足中国实际的司法专业化和独立化、司法便民等思想，既符合司法规律，又具有中国特色。

（三）呼吁中国必须实行无罪推定原则

无罪推定原则起源于古罗马诉讼中的"有疑，为被告人利益"的原则。1764 年，意大利启蒙思想家贝卡里亚在其所著的《论犯罪与刑罚》一书中最早从理论上提出无罪推定思想。他指出，"在法官判决之前，一个人是不能被称为罪犯的。只要还不能断定他已经侵犯了给予他公共保护的契约，社会就不能取消对他的公共保护"；"如果犯罪是不肯定的，就不应折磨一个无辜者，因为在法律看来，他的罪行并没有得到证实"①。从无罪推定的历史发展来看，它是封建社会有罪推定和刑讯逼供的对立产物，是资产阶级革命胜利以后在否定中世纪纠问式诉讼制度的基础上形成并发展起来的一项法律原则。

无罪推定的思想至今已经发展了 200 多年，根据贝卡里亚的思想和表述，无罪推定包含以下三方面的基本内容：一是只有法院有权依法判定犯罪嫌疑人、被告人是否有罪；二是在法院判定犯罪嫌疑人、被告人有罪前，他不应被认定有罪；三是举证责任由控诉方承担。从无罪推定原则又可以衍生出四个规则：一是沉默权规则；二是控方举证责任规则；三是非法证据排除规则；四是疑罪从无规则。

20 世纪 50 年代，中国只有三人撰文主张无罪推定。一是陈光中《苏联的辩护制度》（载《政法研究》1955 年第 2 期）；二是黄道《略论刑事诉讼中的无罪推定原则》（载《法学》1957 年第 2 期）；三是杨兆龙 1957 年 5 月 27 日在复旦大学第四届科学论文报告会上的发言"刑事法律科学中的无罪推定与有罪推定问题"，当时已成文稿，虽未公开发表，但已为学界所掌握。文献检索表明，至少在 20 世纪 90 年代硕博论文文献产生之前，这篇论文可能是中国 20 世纪论述无罪推定篇幅最长的一篇专论（接近 3 万字）；从内容上看则可判定：它反映了自 1906 年沈家本等人编定《大清刑事民事诉讼法》以来，中国法学家对无罪推定的专业认识程度。

杨兆龙的这篇长文共分三大部分：第一部分为无罪推定和有罪推定的一般性质及理

---

① 参见〔意〕贝卡里亚：《论犯罪与刑罚》，黄风译，中国大百科全书出版社 1993 年版，第 31 页。

论，着重研究无罪推定的一般概念、基本特征、主要含义及理论根据，并在必要时与有罪推定作一些对照；第二部分为无罪推定与有罪推定的历史发展，根据剥削阶级国家、社会主义国家各时期的法律原则及实践，分别对二者作历史的叙述；第三部分为无罪推定的具体运用，就无罪推定在具体运用上的一些问题加以分析讨论，借以明确具体贯彻无罪推定的途径。由于报告会后不久就开始反右，因此这篇论文没有公开发表，现在我们只能看到第一部分。

1. 无罪推定的六个基本含义

杨兆龙认为，无罪推定是一个客观的法律原则，同时也是刑事被检举人在诉讼上受法律保护的地位的一种总的表现。因此，它明确了刑事诉讼的各个参加者——自最初阶段的治安及侦查机关及其工作人员至最终阶段的审判机关及其工作人员，应如何在尊重刑事被检举人的法律地位的要求下行使自己的职权并履行自己的义务。刑事被检举人乃是"人"，是享有诉讼权利的主体，并非被研究实验的非人的对象；他和自然科学实验室的研究实验的对象不同。因此，侦查、检察和审判机关在刑事诉讼程序中不应该像自然科学实验室的工作人员那样，只管单纯地研究特定的"事件"或"事实"，而不管其他；相反地，他们应该在研究"事件"或"事实"的同时，注意到刑事被检举人作为一个诉讼权利主体所应有的特定的诉讼法上的地位。这种诉讼法上的地位，一方面表现在刑事被检举人对于侦查、检察和审判机关的权利和义务，另一方面表现在侦查、检察和审判机关对于刑事被检举人的职权和义务。换句话说，刑事被检举人的这种诉讼法上的地位，表现在他与侦查、检察和审判机关之间的相互诉讼关系上。

无罪推定的基本含义在内容方面应该包括以下六点：

第一，有罪的举证责任属于侦查、检察和审判机关；刑事被检举人对自己的无罪有举证的权利，但无举证的义务；任何机关或人员，不得强制他对自己的无罪提出证明，也不得因他不提出或不能提出这种证明而认为他有罪。

第二，在犯罪的调查、侦讯、追诉及审判（包括上诉审理）程序中，调查、侦讯、追诉及审判机关及其工作人员应该全面地、多方地调查事实、搜集证据，并主动地考虑足以证明被检举人无罪的各种事实及证据（包括被检举人所未主张或提出的在内）。

第三，被检举人在一切刑事的调查、侦讯、追诉及审判程序中享有合法诉讼保障；

在未被证明有罪前，他作为一个无罪公民所应该享有的基本权利不应该遭到不必要的限制；刑讯、逼供、骗供、诈供、套供、疲劳讯问等采证方法固须绝对禁止，拘捕、羁押等强制措施也不可滥用；不合理的法定证据制度应予废除；讯问证人时不得有威胁利诱及套诈等情事，应让他们客观、自由地反映事实，以免发生故意或被迫诬陷被检举人等情事。

第四，被检举人的无罪，必须有充分无疑的有罪证明才可以推翻；如果对于被检举人的有罪尚不无疑义，则应认为被检举人无罪，为无罪的判决。

第五，关于被检举人有罪的主张或认定（包括检举及起诉的决定和有罪判决在内），必须做到或争取做到具有绝对的真实性。即不以"概然的"或"相对的"真实为根据，而以"绝对的""客观的"真实为根据。

第六，在被告人的有罪未经充分证明前，侦查、追诉和审判机关不得有被告人有罪的确信，并不得用检举、起诉的决定和有罪判决的方式将这种无根据或无充分根据的确信表达出来。

2. 无罪推定原则的基本价值：民主与人权

第一，无罪推定是民主原则在法律及法律实践中的体现，它的民主性表现在：一是它能防止刑事侦查、追诉和审判机关及其工作人员对刑事被检举人及证人的主观武断、官僚主义及压迫行为；二是保证刑事被检举人及证人的诉讼防卫权，使他们有机会自由发表意见以及为自己进行种种防卫；三是它能发扬侦查、追诉和审判机关及其工作人员对一般公民及刑事被检举人负责的精神，有助于克服官僚主义及主观主义的作风。

第二，无罪推定体现了法治主义。因为它对有罪的认定提出了严格的条件，足以保障刑事被检举人作为一个公民在诉讼上的权利及合法利益，从而使好人不受到冤枉与侵害。

第三，无罪推定反对把刑事被检举人当作一个非人的研究对象，反对用不正当的方法讯问、压迫或诬陷被检举人，而主张将被检举人当作一个有法律地位的人或诉讼主体看待。因此，它起到了保障人权的作用，也发扬了人道主义的精神。

第四，无罪推定不仅足以保障刑事被检举人的权利及合法利益，同时还通过民主、法治及人道主义的发扬，增强广大群众的安全感，增进他们对政府的信任，提高政府的威望，从而巩固国家的政权。因此，它是于公于私都有利的。

3. 实行无罪推定原则的两大原因

第一，公民忠诚守法是常态，而犯罪是例外。在任何一个国家里，无论它的法律阶级本质怎样，就平时的一般统计数字来讲，犯罪者在总人口中总是占极少数。所以，不犯罪是通例，犯罪是例外。这说明：关于一般公民忠诚守法的推定是有事实根据的；我们不应该因为极少数人的例外情况而忽视这一推定的正确性和重要性。当一个公民被控犯罪时，在没有获得充分确切的有罪证据之前，应该把他犯罪的可能性当作社会关系中的一种例外情况，而不是轻易地相信它（这种可能性）。如果不这样，那就不可避免地要将许多实际上无犯罪可能的公民牵累在里面，弄得大家不安，制造出种种不必要的矛盾。这对于政权的巩固来讲，只会起消极的作用。因此，在法律政策上完全有必要在这一事实推定的基础上明确一系列防止错误的要求或原则。刑事证据上的实质真实的要求和刑事诉讼程序中对被检举人的诉讼防卫权及诉讼保障的原则，基本上都是从一般公民忠诚守法的推定以及因此而产生的不轻易把一个公民当作犯罪者的要求出发，其目的都是防止错误，使好人不受冤枉和侵害。无罪推定的主要根据就是上述事实推定和法律政策。在事实方面，它以一般公民忠诚守法的推定为基本出发点；在法律政策方面，它又和证据上的实质真实要求以及刑事诉讼程序中尊重被检举人的诉讼防卫权及诉讼保障的原则有着不可分割的关系：它是这些要求及原则的原因，是它们的结果，也是它们的有机组成部分。

第二，刺激真实的发现，解除被检举人证明自己无罪的困难以及不能证明自己无罪的后果。无罪推定对调查、侦查、检察和审判机关及其工作人员在调查证据、举证责任和认定事实等方面提出了严格的要求，这可以刺激他们在这方面多多努力，以发现案件真实。一般来讲，被检举人证明自己无罪要比侦查、检察和审判机关证明被检举人有罪更困难一些。而无罪推定将被检举人有罪的举证责任加在侦查、检察和审判机关身上，这就解除了（如上面所指出的）被检举人证明自己无罪的困难。不但如此，它还同时解除了被检举人因不能证明自己无罪而可能遭遇的后果——被认为有罪。因为无罪推定的基本含义之一就是：不得因被检举人不提出或不能提出自己无罪的证明而认为他有罪。

4. 有罪推定的四个基本特征

第一，法律或法律实践许可、要求或鼓励将犯罪人、刑事被检举人犯罪的举证责任加在犯罪嫌疑人、刑事被检举人身上。

第二，在刑事程序法、刑事实体法及其他法律中，有推定某种犯罪构成要件的事实的全部或一部分已存在的原则，或在法律实践中承认这种原则。

第三，犯罪嫌疑人、刑事被检举人应有的诉讼保障，在法律上缺乏全面的规定，或在法律实践中没有得到全面的承认，致使他们在未被证明有罪之前即丧失了一个无罪的公民所享有的对自己的基本权利的防卫权，或使侦查、检察和审判人员有可能不尊重他们的基本权利而轻率地将他们当作有罪的人看待。

第四，在法律实践中，没有事实根据或没有全面调查事实就预先断定犯罪嫌疑人、刑事被检举人有罪，或明知他们无罪而企图把他们证明为有罪。

这四个特征相互间的关系是：第一，这些特征和无罪推定的特征不同，在有罪推定的具体表现上不一定要同时都存在。实际上，只要有了一个，就足以引起有罪推定的后果；无罪推定的特征则不然，只要缺少了一个，就足以使无罪推定成为有名无实的东西。第二，有罪推定的特征，都是对犯罪嫌疑人、刑事被检举人的成见表现形态，但相互间未见得都有必然的联系；某个特征（如第三、四个）的存在不一定以其他特征（如第二个）的存在为前提。无罪推定的特征则不然，它们相互间是有必然的联系的；这个特征是以那个特征的存在为前提的。这些都说明，要贯彻无罪推定是如何不易，而要体现有罪推定又是如何便当。

5. 在无罪推定和有罪推定之间不存在中间者

无罪推定与有罪推定之间是否可能存在第三种的中间性原则，即犯罪嫌疑人、刑事被检举人在未被证明有罪之前，既不被认为无罪，也不被认为有罪？杨兆龙认为，这种中间性原则的存在是和无罪推定的要求根本抵触的。

第一，无罪推定要求，犯罪嫌疑人、刑事被检举人未被证明有罪之前，应被认为无罪。所以，未经证明有罪，即是无罪。这是法律充分保护公民的安全与基本权利，使其不轻易受到侵害的一种政策。如果准许采中间性原则，就可能发生这样的结果：未经证明有罪的公民，不被认为无罪。这无异于从根本上推翻了无罪推定的原则。

第二，无罪推定要求，犯罪嫌疑人、刑事被检举人的有罪必须经多方面调查研究后充分证明属实，毫无疑义，才能被认为成立。如果所有的证据及各方面的情况尚不足以毫无疑义地证明有罪，那么即使有可疑，也应该被认为无罪，即原有的公民地位不受任何影响。倘若照中间性原则处理，便不能这样做，并且很可能在刑事判决书中下这一类的结论："被告人犯罪虽未经证明，但究属不无可疑"，"被告人犯罪证据不足"；有些法院还可能根据这一点对被告人采取一些措施或作一些决定，如"被告人应予交保释放"，"被告人应予管制"，"被告人免予刑事处分"。这样就在被告人头上拖了一条"辫子"，使其公民地位不明确或受到限制。这是完全违反无罪推定的原则的。

第三，无罪推定要求，必须有充分的、无可怀疑的证明，才可以推翻犯罪嫌疑人、刑事被检举人的无罪。侦查、检察、审判机关及其工作人员应先主动、积极、充分搜集、调查对犯罪嫌疑人、刑事被检举人有利与不利两方面的证据及事实，然后作出客观的论断；必须做到完全充分无疑地证明有罪，才可以作有罪的论断。如果采取中间性原则，侦查、检察、审判机关及其工作人员就会不这样切切实实地操作，对犯罪嫌疑人、刑事被检举人的保障就显得不够。这就违反了无罪推定的要求。

第四，无罪推定要求，不得将无罪的证明责任加在犯罪嫌疑人、刑事被检举人身上，更不得因为他们不能证明自己无罪而认为他们有罪。中间性原则没有明确这一点，在举证责任上对犯罪嫌疑人、刑事被检举人缺乏保障。这是为无罪推定原则所不许的。

因此，关于刑事案件中有罪或无罪的认定，实际上只能有两个对立的互相排斥的原则，即无罪推定原则或有罪推定原则，不可有第三种的中间性原则。

6. 无罪推定原则的贯彻需要配套措施

杨兆龙认为，无罪推定不仅仅是一个局限于刑事程序法方面的单纯的关于犯罪证明的法律原则。它不仅和刑事程序上各种诉讼保障有着有机的联系，并且还和其他各部门的法律原则或制度，如刑事实体法、民事法、司法组织法、行政法、宪法等（尤其是刑事实体法、司法组织法）的原则或制度，有着密切的关系。他举了两类例子重点说明：

第一，在有些国家的刑事实体法中，一面规定某种犯罪的构成要件，一面又推定这些要件中的某一要件为存在。在这种情况之下，必须等到被告人有相反的证明，或侦查、审判机关已依职权发现有相反的证据，才可认为这种要件的确不存在。例如，故意与过失，照无罪推定的要求来讲，是应该经证明以后才可以认其是否存在。但是，在英美法中曾经有过这样的原则：一般的故意（即对于行为的自然和必然的结果的预见或要求发生的意图）毋庸证明：只要有行为的发生，就可以推定他是出于故意的；只有特定的故意（如意图犯某种重罪而侵入他人房屋，意图以欺骗方法取得财货而伪造文件）才需要证明。又如，依照中华民国《海商法》第44条的规定，凡船长在航海中遇有危险而放弃船舶时，"非将旅客救出，不得离船，并应尽其力之所能及，将船舶文书、邮件、金钱及贵重货物救出"，如不这样做，"处7年以下有期徒刑，因而致有死亡者，处无期徒刑或10年以上之有期徒刑"。该法第41条又规定："船长对于执行职务中之过失（这里所说的'过失'乃广义的，应包括故意在内）时，应负证明之责。"换句话说，船长如主张其违反第44条非出于故意或过失，则应负举证之责。特别值得注意的是，过去在西方国家的刑事法律中，往往有对犯罪行为发生某种较严重的后果而加重处罚的规定。这种较严重的后果的发生，有时是行为人所不应并且也不能预见的，因此既非出于故意，也非出于过失，但法律却一律要求行为人对这种后果负责。这说明，在某些西方国家的刑法中还存在着一些不容许反证的对行为人的故意或过失的推定。很显然，上述法律规定或原则的存在和无罪推定原则是抵触的。如果一个国家不将这些规定或原则取消，那纵然在刑事程序法中明确地规定了无罪推定原则，也是不彻底的。

第二，有些西方国家的司法组织采陪审制和法官选举制。陪审团的权限太大，不仅有决定事实的最终权，而且实际上有解决法律问题之权。法官就等于运动会上的评判员，几乎毫无主动性。这种情形在美国有时很突出。所以，尽管法律上规定了无罪推定原则，陪审员们还是照自己的普通人的想法甚至照自己对被告人的偏见行事，并不尊重这个原则。在美国这一类国家，法官的选举往往是政党操纵的，法官候选人主要由政党提名，真正有学问的守法不阿者不一定为政党所喜欢，因而往往得不到它们的支持。加以当选以后，任期既短（有些国家规定为二年，较普通的是六年至九年），如不好好地敷衍他们的主人，下次就不能再当选，因此在审判案子时就有可能不依法办事。在这种情况下，如果刑事案子的被告人是一个和法官的后台老板的政党敌对的人，那么为了见好于他的主子，该法官可能就不得不抛开无罪推定原则。所以，要保证无罪推定原则的贯彻，还得有一套健全、合理的司法组织。

　　从以上这些例子可以看出：无罪推定原则的贯彻是有赖于其他法律原则和制度的适当配合和支持的。我们不应该机械地将它看成一个孤立的东西，而应该将它和一切有关的法律原则和制度联系起来观察理解。

　　7. 美国的司法实践表明其没有真正贯彻无罪推定原则

　　杨兆龙直接引用了尚未翻译成中文的美国法学教授、法官安德鲁·A. 布鲁斯（Andrew A. Bruce）的著作，该书在谈到美国的警察机关时说："我们的无政府状态及不安宁，我们法院里案件的过分积压，有很大的一部分是由于我们惯于以被逮捕人的数量来衡量警察机关效能的高低。而在许多州，由于采用一种向被捕、被收押的人收取费用的制度，更使逮捕成为正式合法的赚钱的事情。美国的警官和一般警士基本上是逮捕者和拿警棍的打手……只要稍微看一看我们大城市中执行法律或者宁可说不善执行法律的历史，就可发现美国人中最无纪律、最不守法的就是美国的警察机关，而在许多场合是美国的警察裁判官。这在外国人居住的地区尤为明显。在那里，刑事被告人不会用英文讲话，并且不知道美国法律所赋予他们的是些什么权利，警察不但会因轻微案子而进行不必要的逮捕，将'不守秩序的行为'这种无所不包的罪名来覆盖法律从来没有想处罚的行为，并且将男男女女带进法院加以审判，像将牲畜带进屠宰场那样地迅速和草率。……无论什么时候，只要一种坏事引起大家的注意，警察机关便觉得有责任来进行大逮捕并侵入各种处所，以表示他们对于这件事情的卖力。而且，在大逮捕时常常没有拘票或有权逮捕的证据……"他讲到这里又举了一个实例，在麦金莱（Mckinley）总统遇刺之时，被认为有教唆行刺嫌疑的戈尔特曼女士（Miss Goldman）逃避警察机关的注意达三个星期之久，但是警察机关却做出一种卖力气的样子。于是，为了如此表演，那些被称为"无政府主义者"的人，无论他是无政府主义者、恐怖主义者还是不抵抗主义的泰尔斯泰或向鲁萨哥夫尼哥莱掷炸弹的恐怖主义者的信徒，无论他是男人、女人还是小孩，就可能没有拘票、不经告诉而遭到逮捕并且被剥夺交保或请教律师的权利。

　　在谈到美国检察人员的问题时，布鲁斯说："我们的国家律师（即公诉律师，相当于别的国家的检察人员——著者）通常是一种经选举产生的公务员，常须考虑到提名选举及一般选举和他们的关系问题，而选民们也主张以他们在公诉中所促成的有罪判决的数量来衡量他们的工作效能。因此，极常见的现象是：他们似乎认为自己的职责是使人受有罪的判决，而不是主持公道。我们的国家律师也常常为了博得个人的名誉或满足群众的要求而以严重于其实际所犯的罪名控诉被告人。当一个人犯了普通杀人罪（Manslaughter）时，他们使他或争取使他依恶意或预谋杀人（Murder）判罪；当一个人只犯了轻微窃盗罪（Petty Larceny）时，他们使他或争取使他依严重窃盗（Grand Larceny）判罪。……极常见的是：他们不参加案子的审判则已，一经参加了，就觉得无论如何非在陪审团前胜诉不可。另外极常见的是：公诉律师问一些他们无权问的问题，辩护着他们知道是不大有根据的法律论点，不是帮助而是欺骗主持审判的法官。"

在谈到法院判案的情况时，布鲁斯说："像曾经多年担任芝加哥市法院首席法官并曾经多年担任公诉律师的哈里·高尔森法官（Judge Hary Golson）那样的权威坚决地认为："几乎所有近年来（即1922年以前的一个时期——著者）发生于芝加哥的恶意或预谋杀人案都是被那些应该被有关当局发现为有神经病而早就应该被隔离禁闭的人所犯的。"这种说法虽然有些夸张，但却可以说明一点，即在美国一些地方，在所谓"神经正常的推定"（Presumption of Sanity）的影响下，法院审判人员预先已怀着被告人无精神病、应对其行为负责的成见，因此不虚心研究被告人的精神状态究竟怎样就贸然判决被告人有罪。这是违反无罪推定原则的。

同时，布鲁斯还指出："1914、1915、1916三年中，每年平均有200人被关在北达科他州的监狱里面，那些在市监狱和郡监狱里面服刑的犯人还没算在内。我们对于被逮捕的人数并没有确切的记录，对于那些没有引起逮捕的犯罪更没有确切的记录。但是，这些有记载的数字足以说明曾经有过很多刑事审判，也曾经有过很多的刑事有罪判决。可是，在上述期间只有15起刑事案件是上诉到北达科他州最高法院的。几年以前，奥林·N.卡脱尔首席法官（Chief Justice Orrin N. Cartr）曾经调查过伊利诺斯州科克郡的情况并得到一个类似但是更惊人的结果。他发现，从1908年12月1日到1909年12月3日，曾经有过4091起刑事有罪判决；而在这许多有罪判决中，只有45起案件是上诉到上一级法院去的；从1909年12月3日到1910年12月3日，在4484起有罪判决中只有37起是上诉的。他还发现，在这些上诉的案子中，有3/5的有罪判决是被上级法院维持的。"这里所提的情形表明，刑事被告人对于有罪判决的上诉受到了限制。因为遵照英美普通法的原则及美国许多地方的立法，刑事被告人的上诉一般是要先提出申请并经过法院核准的，一般上诉人对原判决提出的事实或法律问题要在法院核准上诉之后才能得到上诉法院的裁判。法院之所以限制上诉，一方面固然是由于法律本身的不合理，另一方面也是由于法院的法官已经肯定被告人有罪，认为毋庸再作进一步审判。这显然是违背无罪推定原则的。

从上述这些情况可得出一个结论，在西方国家，从警察、法官到律师，从初审法院到终审法院，都难免会在法律实践中破坏无罪推定的原则。但是，仅从他们的法律理论或法律规定看，我们是不能得其真相的。

（四）不必迷信和提倡陪审制度

1937 年 1 月，杨兆龙在《经世》第 1 卷第 1 期发表的《欧美司法制度的新趋势及我国今后应有的觉悟》一文中指出，陪审制度在当时的欧美已遭人反对，但在中国却有多人竭力提倡。这些提倡的人专说它如何的好，但对它在欧美司法实践中暴露的短处却完全不提。

杨兆龙回顾了陪审制度的演变。他说，陪审制度在欧美曾被视为保障人权的唯一利器。17、18 世纪，欧洲大陆各国大都采行纠问式的刑事制度，法官权限很大，易失之专横，被告人权利无保障。大家觉得人权保障最充分的是英国，因此都提倡英国的政治和司法制度，三权分立、陪审、告劾制度等都受到一般学者热烈欢迎。1791 年，法国国民议会决定采用英国的大、小陪审团制。经过十余年的讨论和试验之后，大家觉得大陪审团制虽非必要，而小陪审团制绝对应该采取。随着法国的势力扩张，这种小陪审团制流传到欧洲多数国家。美国《宪法》则规定了大、小陪审团制度。在 18、19 世纪，陪审制度确曾受到欧美一般人的热烈欢迎。可是，到了 20 世纪，其地位开始受到质疑。经过长期的试验后，大家都感觉它的实际效用并非过去想的那样好。一是陪审员不懂法律、知识浅薄和偏重感情，使裁判往往不能公平。二是陪审程序的复杂迂缓，时间、精神和金钱的损失往往很大。因此，陪审制度如今几乎到处被人反对。大陪审团制的地位不如以往重要，小陪审团制的范围也比以前小了好几倍。据美国一些重要学者的分析，如果不是因为《宪法》的限制及其修改的困难，陪审制度恐怕早就不复存在。在法国，刑事案件原由陪审法院审理，但因其程序迂缓，后来许多应由陪审法院审理的案件都由检察官送给普通法院审理，以避免陪审法院的审理。德国于 1924 年由联邦政府依法对陪审制度作了根本性的修改，陪审法院虽然保留，但和参审法院差不多。原来的陪审法院有 12 名陪审员，职责是决定法律事实问题，法律适用问题则由法官决定。参审法院则不然，其组成人员有 1 名法官和 2 名参审员，事实问题和法律适用问题都由他们共同决定，参审员和法官的权力一样。1924 年以后，德国陪审法院便变成由 3 名法官和 6 名陪审员共同审理事实和法律适用问题的机构。意大利原来也有和法国类似的陪审制度，后因效果不好，便对它加以根本改造，将陪审员变为参审员，和德国的陪审员性质接近；陪审员的资格条件也被提得特别高，这种资格条件都是为保证陪审员的知识、道德水平而设的，社会上能够符合这些资格条件的人仅为极少数。

通过回顾陪审制度的演变，杨兆龙得出以下结论：从前被视为保障人权所必需、风行一时的陪审制度，事实上已暴露出它的弱点，使许多理想家失望。

（五）领事裁判权并非在华外国人完全不受中国法律的约束

领事裁判权是中国近代长期实行过的一项重要制度，是中国近代半封建半殖民地社会性质的一个重要标志。但是，学术界对这一制度的认识存在一定的片面性，主要表现为：误以为拥有领事裁判权国家的外国人在中国只受其本国的法律管辖，而完全不受中国任何法律的约束。例如，认为领事裁判权"即一国通过驻外领事等机构对处于另一国领土内的本国国民根据其本国法律行使司法管辖权的制度"①。近代帝国主义列强在中国建立的领事裁判权制度"乃是外国侵略者强迫中国缔结的不平等条约中所规定的一种非法特权，它的主要内容是：凡在中国享有领事裁判权的国家，其在中国的侨民不受中国法律的管辖，不论其发生任何违背中国法律的违法犯罪行为，或成为民事诉讼或刑事诉讼的当事人时，中国司法机关无权裁判，只能由该国的领事等人员或设在中国的司法机构据其本国法律裁判"②。

实际上，1937 年 6 月，杨兆龙在《经世》第 1 卷第 12 期发表《领事裁判权之撤废

---

① 武树臣主编：《中国传统法律文化辞典》，北京大学出版社 1999 年版，第 228 页。

② 赵晓耕编著：《中国法制史》，中国人民大学出版社 2004 年版，第 366 页。

与国人应有之觉悟》一文指出，就中国与外国历次所订的条约来看，拥有领事裁判权的国家在中国所享有的权利只应包括下列四种：

（1）权利国（拥有领事裁判权的国家）的人侵犯了中国人的私人利益而为刑事被告人时，不受中国法院管辖，也不受中国刑事实体法和程序法约束。但是，他若侵犯了中国的国家利益，则应受中国法律约束。

杨兆龙指出，清朝政府和西方国家签订的一些条约，仅仅规定了权利国的人对中国人的私人利益犯罪时可以不受中国法院管辖，并且不依中国法律受到惩罚，而对于权利国的人对中国的国家利益犯罪（如颠覆政府、走私、贩卖毒品、妨害公共卫生等）则未提及。依严格解释，中国对于这类犯罪案件仍保留着司法权。因为依照这些拥有领事裁判权国家的法律，侵害私人利益的犯罪案件与侵害政府、公共或一般社会利益的犯罪案件，是有许多区别的，是不能相提并论的。它们签订条约时对此是很清楚的。领事裁判权本是对一个国家固有主权的一种限制，外国人因领事裁判权所得享受的权利，以条约或其类似文件有明白规定者为限。凡依照条约或其类似文件没有明文赋予外国人的权利，仍应由主权国保留。相关条约规定的领事裁判权仅涉及私益刑事案件，那么其余刑事案件自然应由中国司法机关管辖，并依中国法律处置。危害中华民国的犯罪行为，都与侵害中国私人利益的犯罪行为不同，根据条约的规定，不受领事裁判权的保护。

1939年1月，杨兆龙在《领事裁判权与危害民国的外籍人民》一文中指出，按照国际法的基本原则，凡属国家，都享有生存权。这种生存权，除条约有明白的反对规定外，是永远保留着的。所以，条约上如对于某种事项仅仅设有概括性的规定，而没有明确这一规定具有绝对效力，那么义务国的生存权并不因此而受限制。危害中国国家利益的犯罪行为，都是侵害中国基本生存权的犯罪行为，中国对于作出这种行为的外国人当然保留着独立依法处罚之权。领事裁判权决不能被视为外国人可以危害中国生存的工具。

（2）对于华洋民事诉讼案件（即华人与权利国人之间的民事诉讼案件），依照大部分条约的规定，不论何方为被告、原告，都应该由中国官厅与相关权利国的驻华官厅会同审理。

事实上，中外条约对于华洋民事诉讼案件虽规定采用中外官厅会审制，但关于会审时适用何种程序法、实体法大都没有作明确的规定。这从条约上常用"公平讯断"等语可以看出。依严格解释，这种不明确的规定，并没有排除中国的程序法和实体法的效力，故会审时仍应依照中国的程序法和实体法办理。其中，采用会审制而规定权利国人为被告时应适用权利国之法规者，只有1887年《中葡和好通商条约》第51条等少数例子。此外，还有少数条约规定华人与权利国人之间的民事诉讼案件归被告所属的官厅审理，如1880年《中美天津条约续增条约》第9条、1881年《中巴条约》第9条、《暂行修改中墨1899年条约之协定》第13—14条等。

（3）权利国人之间发生民事或刑事诉讼时，不受中国法院管辖，应由权利国官厅管辖。"管辖"一词在司法术语上仅含有"审判权"之意。至于行使"审判权"时依照什么法律办理，西文条约上没有确定。依严格解释，中国法律应该适用。关于法律适用有明确规定的，中外条约中只有少数例子，但这些条约似乎承认权利国官厅对于这类案件有适用本国法律的权力。

（4）权利国人与其他外国人涉讼且为被告人时，不受中国法院管辖。非权利国的外国人与权利国人涉讼且为被告人时，依照历来的惯例，应仍由中国法院审理。对于权利国人与其他外国人涉讼且为被告人的案件的管辖权，诸多条约规定不一。有不设规定者，有仅规定中国官厅不得干预者，有规定归各国政府官厅审理者，有规定依当事人所属国之间条约之规定而中国不得干预者，有规定由权利国所属官厅审理而中国官厅不得干预者，还有一方面规定依当事人所属国之间条约之规定而中国官厅不得干预，另一方面又声明如有中国人参加该项诉讼应由中外官厅会审者。无论如何，相关条约所赋予权利国人的特权，依照严格解释，至多不过不受中国法院的管辖，但他们似乎应该受中国法律的制裁。

杨兆龙指出，以上四种情形表明，领事裁判权的范围是有限制的，享受这种权利者并不应该主张完全不受中国官厅及法律的管辖、约束。

此外，杨兆龙在《领事裁判权与危害民国的外籍人民》一文中还阐述了解释领事裁判权的基本原则。第一，解释领事裁判权应根据条约或其他类似文件。有些外国学者认为，除此之外还应包括中国政府单方面的表示及各地的惯例。杨兆龙认为这是不对的，因为中国政府单方面的表示仅能代表中国单方的意思，随时可以改变，其性质和条约或其他类似文件的规定是不同的。所谓"各地的惯例"，实不过外国人单方面的背约、越权事实或中国政府对于外国人单方面的种种背约、越权事实的"容忍"或"失察"，这与条约或其他类似文件之规定截然不同，并不能赋予外国人以任何合法的权利。第二，条约的权利国与义务国如果对条约的条文发生争执，依照国际法的原则，遇到条约或其他类似文件的规定模糊或可以作数种解释时，应采取有利于义务国而不是有利于权利国的解释原则。但是，在近代司法实践中，由于种种原因，领事裁判权的范围被肆意歪曲和扩大，产生了如下三大弊端：

第一，把领事裁判权的范围扩大到完全不受中国政府管辖和一切法律约束。从上述领事裁判权的范围来看，权利国人只是在特定情况下，或者不受中国程序法和实体法约束，或者不受中国法院管辖，但绝不是绝对地、完完全全地不受中国法律或中国司法机关管辖、约束。

第二，权利国滥用领事裁判权使其他外国人及某种中国人不受中国法院及其他政府机关管辖和法律约束。享受领事裁判权的主体本以条约所规定的外国人为限，在中国的中国人应与领事裁判权风马牛不相及。虽然条约上有时规定权利国人雇佣中国人做正当执役，中国官厅不得干涉阻止云云，但这并不是说外国领事可以参与或干涉那些中国人的裁判事项。至于那些依照条约不应该享受领事裁判权的或和中国无条约关系的国家的外国人，在中国领土内应受中国（即领土主权国）的统治，当然不能拿领事裁判权做"护身符"。然而，事实并非如此。权利国人雇佣的中国人被控诉时，权利国领事往往串通权利国人，多方阻止中国官厅行使职权。甚至有些中国人在中国设立公司，不依法向中国官厅注册而向外国领事或政府机关注册，以便取得外国公司的头衔。这些人的做法在国际法、国内法或条约上当然都没有依据。可是一有事情发生，他们竟以享有领事裁判权者自居，外国领事们竟帮助他们对抗中国官厅与法律。最可气的是，有些中国人犯罪作恶之后，为避免法律的制裁，居然改入有领事裁判权国家的国籍以取得领事裁判权国的庇护；有些权利国的领事和他们狼狈为奸，与中国司法机关为难。如葡萄牙等国的入籍手续相当简单，他们的领事常常会干此类事情。还有一些依照条约不受领事裁判权管辖的外国人或和中国没有条约关系国家的外国人，因某些拥有领事裁判权国家想讨好或利用他们，也会出面阻止中国官厅依照中国法律对他们行使统治权。

　　第三，拥有领事裁判权国家歪曲和滥用领事裁判权，使中国国家和人民的利益被权利国人、其他外国人或某些中国人所侵害时没有适当的、有效的救济办法。当中国国家或人民的利益被侵害时，领事裁判权机关不能以公平合理的态度制裁犯罪、作恶者，原因有四：一是领事裁判机关袒护受领事裁判权者，忽略中国国家和人民的利益。二是领事裁判权机关的法官缺乏法律知识，因而错误裁判。三是拥有领事裁判权的国家在中国所设领事裁判机关的组织和系统都不完备；管辖区域太大，诉讼者备受奔波之劳（即使如英美等比较好的国家，驻华的正式裁判机关也为数很少）；受理上诉的机关远在中国之外或组织极不健全（大部分国家在中国没有受理上诉的正式机关，就是有，也为数很少。像英美等国，其最高上诉机关都在本国），导致利益被侵害者含冤难诉。四是中国方面的诉讼当事人，因为不熟悉领事裁判权的法律，往往非请外国律师不可，他们因讼累过重有时不得不放弃诉讼。

　　根据杨兆龙的论述，按照条约的本意，在拥有领事裁判权国家的人在中国是刑事被告人时，如果他所涉嫌之罪是颠覆政府、走私、贩卖毒品、妨害公共卫生等，中国司法机关拥有管辖权，并应适用中国法律。拥有领事裁判权国家的人与中国人的民事案件，多数情况下应由中国和拥有领事裁判权国会同审理，并在多数情况下适用中国法律；少数情况下归被告所属国管辖，并适用被告所属国法律。拥有领事裁判权国家之间的民事、刑事案件，虽由这些国家的司法机关审理，但多数情况下应适用中国法律，少数情况下适用拥有领事裁判权国家的法律。不拥有领事裁判权国家与拥有领事裁判权国家的外国人之间的民事、刑事案件，如果前者为被告（人），应由中国法院管辖；如果后者为被告（人），至少应适用中国法。因此，决不能把领事裁判权简单地解释为外国人在中国涉讼不受中国司法机关管辖，以及不适用中国法律。

　　当时，杨兆龙的上述文章联系实际，给缺乏国际公法知识的国人进行了及时的法律启蒙。但是，遗憾的是，迄今不少人对此依然不知。

　　不过，中国从古代到近代的法治都有一弊端：法律和实践脱节，即有法不依、有法乱依。特别是近代，西方列强横行霸道，涉外案件往往不是按照有关法律审理，而是在如下两种情形下了结：第一种情形是惧怕洋人而把审理权拱手让给外国人。如杨兆龙在《领事裁判权与危害民国的外籍人民》一文中揭示的抗战期间的一个案例：一名在湖北老河口传教的意大利神父充当了日本间谍，其所在的教堂内还藏有枪支弹药和无线电收发报机，但中国有关当局却因其是外国人而不敢依照当时施行的《修正危害民国紧急治罪法》予以处置。第二种情形是洋人依仗母国实力，拒绝把犯罪嫌疑人交给中方审理。租界里的警察多为洋人或为洋人控制，他们或者不依法去抓捕危害中国公共利益、社会利益的犯罪嫌疑人，或者抓了也不交给中方处置。

综上所述，虽然中国近代由于种种原因不能依法审理侵害中国公共安全、社会利益的外籍犯罪嫌疑人，但我们却不能因此否定中国依照国际法拥有此项权力。

（六）检察官应拥有起诉和指挥侦查权

1935 年，杨兆龙在其博士毕业论文《中国司法制度之现状及问题研究——与外国主要国家相关制度之比较》中指出，中国检察官与其他国家（不管是大陆法系国家还是英美法系国家）检察官的一个重要区别是，后者通常仅在刑事案件中拥有狭义的起诉权，没有积极参与侦查并据此决定是否起诉的权力；中国检察官则拥有起诉和指挥侦查权。例如，在案件侦查阶段，中国检察官拥有其他国家法官才拥有的指挥调查、保存和保护证据、搜查、扣押、逮捕、检查、传讯以及从事其他旨在发现事实的诉讼活动的权力。可以说，中国检察官一方面是大陆法系国家检察官与预审法官的组合，另一方面是英美法系国家的公诉人、委任地方裁判官、验尸官和陪审团及大陪审团的组合。

对于中国给予检察官如此多的权限是否适当，杨兆龙持肯定态度，认为它比其他国家具有两种优势：一是程序的简单化。要充分准备起诉，则传讯被告人、证人和鉴定人以及实施逮捕、搜查、扣押、检查就必不可少。假如检察官被剥夺实施这些事项的权限，则他常常会受到种种阻碍其工作的限制，以致无法作出迅速而适当的处理。二是责任的集中性。在其他国家，由于起诉之准备由若干人担任，所以责任分散，以致这些人员的思想较为松弛。这种情况在中国则不会发生，因为责任感是保证功效的重要因素。中国采用的责任集中制度有助于提高起诉的功效。

在基本肯定中国检察官制度的同时，杨兆龙也指出它的不足之处是检察官的一体性，即他得服从上级官员（包括司法部部长）的命令。司法部部长有权指挥检察官执行任务，最高法院检察署总检察长及其下级法院首席检察官对于其下属检察官所处置的案件，在认为有必要时，也有权处置或指定其他检察官处置。这一制度破坏了检察官执行职务的独立性，必须予以改进。

（七）检察官应拥有不起诉决定权

杨兆龙认为，包括中国在内的世界各主要国家的法律都承认检察官拥有驳回告诉或告发的权力，即决定不起诉的权力。中国与许多国家不同的是，其检察官系统本身就可以决定不起诉，而其他国家的不起诉决定权往往掌握在法官或大陪审团手里。杨兆龙认为，检察官的不起诉决定权应该受到一定制约，中国检察官下级必须服从上级的指挥或命令这一规定，有时会损害检察官应有的公正性和独立性。因此，除非他们的地位变得和法官一样独立，否则不起诉决定权应该交给法官。而如果现行检察官制度不变，那就应该允许告诉人最终向法官申诉。

（八）检察官与撤回起诉的三个问题

1. 检察官应该拥有撤回起诉权

杨兆龙认为，对错误地启动司法程序负责的公诉人，在具备既能保护无辜又能避免滥用职权的条件下，没有理由不允许他们去改正错误。但是，应该注意的是，必须提供一些办法，使被告人免受由于无谓的公开审判所引起的羞愧和窘迫，或至少应避免拖延诉讼。

2. 检察官应该恰当地行使撤回起诉权

杨兆龙提出应注意两点：第一，要避免出现滥用撤回起诉权情况的发生。为此，必须规定行使撤回起诉权的两个前提条件。一是行使这项权力应得到管辖该案件的法院、法官或合议庭的核准，以避免检察官由于政治影响、动机不良、法律无知而产生的专横武断，将可能引起的公众对司法制度的不信任降到最低点。二是检察官应告知法院撤回起诉的理由，这不仅是对检察官行使该权力的制约，也有助于法院更好地了解案情。第二，应该努力减轻或消除撤回起诉对被告人已造成的不良后果。一般说来，撤回起诉是有利于被告人的，然而，对被告人的起诉有时已使公众产生了单纯依靠检察官撤回起诉并不能消除其有犯罪嫌疑的印象。此时，法院的无罪判决对于恢复被告人的信誉和名誉可能更为有效。因此，审判开始后，检察官如果打算撤回起诉，则应经被告人默许。

3. 从保护个人不受滥诉侵扰的合理性来看，应禁止已被撤回的诉讼在没有新的事实或证据的情况下重新起诉

根据以上道理，杨兆龙建议：一是撤回起诉应经法院许可；如在审判开始后提出的，则应经被告人默许。二是检察官应告知法院撤回起诉的理由。三是延长可以撤回起诉的期限，即允许检察官在案件移交法官后至言词辩论终结前的任何诉讼阶段提出撤回起诉。

（九）应该废除或减弱检察官制度的行政化色彩

杨兆龙认为，大陆法系中的检察官的行政化现象主要表现为可撤换性、等级从属性和一体性。可撤换性，即检察官的免职、停职减薪或调任取决于其上级官员的决定，无须经过严格的法律程序；等级从属性，即检察官执行职务时应该服从上级官员的命令；一体性，即全体检察官是一个代表社会或国家的整体，可以替换检察官而不影响他们所进行的法律程序的有效性。

1. 大陆法系的检察官的可撤换规定应该废除

理由是，检察官不具有行政官的性质。只有在法国等一些国家，检察官才有权监督、辅助司法事务和少数司法行政事务；对于那些检察官的职务主要是起诉犯罪的国家来说，检察官和行政官无关。在逮捕、扣押、搜查、检查和讯问等方面，检察官行使着几乎与法官相同的权限。而起诉犯罪与从事行政事务完全不同，它直接关系到公民的自由和生命。在许多情况下，检察官因起诉而经历的心理过程与审判刑事案件的法官相同。唯一的区别是，检察官的起诉不包括案件裁判所独有的工作。既然与法官审判权大体相同，那么为了保证检察官的独立与公正，就应像对待法官那样，不得对检察官任意免职、停职、减薪和调任。

2. 检察官的等级从属性规定应该废除

为了确保检察官的独立与公正，必须使其处于能保证思想独立和态度公正的位置。而等级从属性使得检察官不得不服从上级官员的命令和指挥，这会使检察官失去责任心，也会给不当的政治干预留有极大的余地。因此，除非命令依监督权而签发，否则检

察官不应服从其上级官员的命令。

3. 一体性的适用

关于检察官的一体性，杨兆龙主张，不同检察机关的检察官之间不可替换。理由有三：一是没有必要这样做。允许首席检察官执行或指令其他检察官执行其所辖各级检察机关的检察官之职务，主要是为了使一些重要复杂的案件不致落入无能或不称职的检察官之手。但在实践中，极少有适用这项规定的例子。原因在于，比较重要和复杂的案件通常被直接分发给经验比较丰富、任职时间较长的检察官处理，不会落入无能或不称职的检察官之手；上级检察官可以行使对下级检察官的监督权，前者的适时警告已足以使后者意识到自己的错误。二是如果一体性原则适用于不同检察机关的检察官，将产生与等级从属性同样的政治干扰。三是不同检察机关的检察官之间可任意替换，会使人觉得反常并产生疑虑，从而影响检察官的威信和尊严。

从同一检察机关的检察官角度来看，替换只能适用于下列情形：某个检察官因事务发生冲突、缺乏法定资格、不能到场或有其他原因妨碍其执行职务，则原来分发给他或应分发给他的案件可改由其他检察官来执行。

（十）关于划分公诉和自诉的范围

杨兆龙归纳了世界各国关于自诉和公诉范围划分的七种情况，总结出它们之间的三点主要区别：（1）允许自诉人参加刑事诉讼的案件；（2）自诉人参加刑事诉讼的方式；（3）对自诉人参加刑事诉讼的限制。

杨兆龙提出了他的看法：一是应设法允许自诉人参加有关其私人利益的犯罪的起诉；二是这种参加一般应采用自诉形式，但对于严重的犯罪案件，应采用检察官介入起诉的方式；三是对属于自诉的犯罪案件，应允许公诉与自诉并存；四是有关个人利益得由自诉人起诉之犯罪案件，但实际已由检察官起诉的，应允许被害人参加诉讼；五是为更有效地制止诬告或滥诉，对于较为重要的犯罪案件，在开始审判前，应被告人之申请，得由法官进行侦查；六是除被害人告诉乃论之犯罪案件外，对于自诉人起诉的犯罪案件，应允许检察官作为补充自诉的参加者介入诉讼。

第十一章　杨兆龙和他的妻子沙溯因

　　杨兆龙和他的妻子沙溯因并非完全"门当户对"。杨家本是金坛的书香门第、耕读之家，但其伯父杨立本去世后，杨立中夫妇儿女众多，仅靠农田自耕已日渐拮据。但是，杨兆龙系王家的长外孙，深得外祖父母宠爱，故得以在金坛完成初小学业。此后至镇江润州中学，亦多得舅家资助。杨兆龙考入燕京大学后，其父母除努力于农事及纺纱织布畜牧外，还卖掉几亩田，家境确实困难。然而，杨兆龙的父母仍为他与金坛名门张家的小姐定了亲。此事后因进入婚姻自由时代未克而终。

　　杨兆龙与沙溯因相识时，虽已有上海临时法院推事及教授之职和相应的收入，但因要赡养父母并使弟妹到上海接受良好教育，因而生活清寒。沙溯因虽然出身于家道中落的书香仕宦之家，但其母善于节俭持家，故从小就衣食无忧。此时更因其父收入丰厚，自己也芳华正茂，仰慕者甚多。不过，她只对志向远大、阳刚、仪表非凡的杨兆龙情有独钟。沙母嫌杨家清贫，但沙父觉得杨极有志气、日后必有作为。杨、沙二人谈了三年恋爱，终于获得双方家长对对方家世人品和乡里口碑的认可，步入婚姻殿堂。在他们的结婚照下面，沙溯因亲笔写了"在天愿作比翼鸟，在地愿为连理枝"的诗句。婚后三个月，杨兆龙即赴美深造。

过去总说旧社会穷人容易起来闹革命，其实，有文化的人容易有理想，有理想就容易不满现实，进而起来闹革命。沙溯因就是这样从一个从普通的知识女性成长为一个同情革命的进步分子的。在杨兆龙出国留学期间，她因亲戚王昆仑的动员，参加了南京抗日救国的宣传活动，并影响了她的小妹。后来才知道，那几个亲友都是共产党。因此，她便同情共产党，一直掩护和营救他们，直至1949年奋力说服杨兆龙配合地下党的部署、担任国民党代理最高检察长，并在后来劝说没有什么党派观念的杨兆龙留下来为新中国建设服务。

在1952年开始的关系到杨家命运的思想改造和司法改革运动中，她有异议、有怀疑、有不满，但她总将其归结于杨兆龙的过度自信及执拗。对三个孩子被划为右派，她一面痛心，一面批评孩子们不懂事。虽然她觉得共产党有点"赶尽杀绝"的架势，但还抱有一线希望：这些遭遇都是暂时的，最终会得到纠正的。她绝未料到"文革"的爆发彻底破坏了她的安静日子，并使她毫无尊严。她在自己的大同、自由、民主的理想彻底破灭之后，认为失去了自己做人的价值，便毅然决然地自缢而去。

一、由追求民主而同情共产党

1952年知识分子思想改造运动期间，沙溯因在上海市立师范学校（1953年9月，学校更名为"上海市第一师范学校"）任教，她向组织提交了一份检查报告，报告分三部分：我的历史；我的主导思想，它在各方面的表现和危害性；今后努力方向。

沙溯因在第一部分"我的历史"中写道，她出生于1908年，原籍江苏江阴。祖父沙受谦为清朝秀才，但终身未仕，靠设帐授徒维持家庭生活。父亲沙颂宣从小就寄希望于通过科举考试改变命运，17岁就中了秀才，四年后又中了举人。但此后不久，戊戌变法运动开始。虽然该运动不久即告失败，但新的思潮却促使沙颂宣决心放弃科举，考入上海南洋公学。毕业后，他又考上官费留学日本。回国后，他先在浙江私立法政专门学校教书，后改任省视学，还在商务印书馆做过编辑。1915年，经其留日同学邀约，他到北洋政府财政部任职。

　　沙溯因 1908 年出生。有一个姐姐和两个妹妹，没有兄弟。沙颂宣在政府任职后，沙家生活比较稳定。沙颂宣属于那种恬淡自处、不慕名利的名士派，他虽看不惯北洋政府一般官吏的腐败生活，但因自家除江阴老屋外别无恒产，无法弃职而去，只得混迹于其中。除工作外，他就在家里以读书为消遣。他的妻子杜镜清出身于一个家道中落的举人之家，也很喜欢文学。因此，沙溯因幼年时期便深受文学熏陶。她 7 岁读小学，小学国文老师王友兰是一位酷爱文学的人，经常给学生讲古典诗词和作家事迹。沙溯因说，那些古典作品培育了她相当浓厚的同情弱小、反对强暴、热爱和平、要求平等的人道主义思想，也使她的性格具有感情脆弱、与世无争、富于幻想、孤芳自赏的特点。1919 年五四运动期间，在王友兰的鼓动下，她痛恨军阀，参加了几次抵制日货的街头活动。

　　沙溯因初中一年级的国文老师王世瑛参加过轰轰烈烈的五四运动，她给沙溯因这些学生带来了鲁迅、郭沫若、冰心、胡适、易卜生、莫泊桑、左拉、歌德等中外作家的不同于旧学的新文学作品、新思想观念。从此，沙溯因废寝忘食地阅读，从古典文学走进近代文学世界。

　　中学毕业后，沙溯因考入了北平女子大学（后改名为"国立北平女子文理学院"）。教她的刘半农、朱菉卿等老师都是沙溯因父亲的朋友，他们都鼓励沙溯因一心一意做学问。因此，不管外边如何天翻地覆，沙溯因都沉浸在自己的文学世界里。1932 年，沙溯因大学毕业，去上海持志大学教书。后因患肺炎、气管炎等疾病，她时而工作，时而在南京的家中休息养病。1934 年，她和杨兆龙结婚。此时，杨已考进南京国民政府司法部做职员，与岳父母同住沈举人巷。不久，他们有了孩子。这一期间，沙溯因中学时期的同学、后来又在同一所学校教书的国民党党员，曾再三动员她加入国民党，但她都以对政治不感兴趣、家务较忙为由拒绝了。

　　随着中日之间的局势日趋紧张，抗战的潮流一浪高过一浪，沙溯因觉得自己应该为国家出力。她找到了亲戚王昆仑，想托他找份工作。王昆仑当时是中共地下党员，他给她分析形势、推荐进步书刊，介绍她认识曹孟君、谭惕吾、邓季惺等社会活动家。不久，她参加了进步的抗日组织——南京市妇女界救国会。

　　曹孟君，中国现代妇女运动的领导者，原全国政协副主席王昆仑的妻子。1921 年入读长沙稻田女子师范学校，后因带头剪辫子被开除。入读周南女校后，又因反对禁锢学生思想的会考制度再次被开除。1925 年考取北京大学法学院，同年加入中国共产党。1931 年"九·一八"事变后，在南京从事抗日救亡活动。1936 年 11 月，在南京遭当局逮捕。1937 年 8 月出狱后，任中国妇女慰劳自卫抗战将士总会常委，组织南京妇女参加抗日活动。1948 年，任全国妇联国统区工作部长，被国民党军警列入黑名单加以追捕，遂经香港进入解放区。中华人民共和国成立后，历任任全国妇联第一届常委、第二届副秘书长，全国妇联第二届、第三届书记处书记，中国人民对外友协常务理事，政务院参事，第一至第三届全国政协委员，全国人大第一、二届代表和第三届常委。1953 年，被选为国际妇联理事会候补理事、执行局候补执委。

谭惕吾，中国民主革命同盟发起人之一，爱国民主人士，近代妇女解放运动的倡导者，民主运动先锋。历任民革第二届中央委员，第三、五、六届中央常委，中央监察委员会常务副主席、主席。1916 年，在长沙参加抵制日货和驱张运动；1925—1926 年，在北京参加"五卅"运动和"三·一八"运动。抗日战争爆发后，她积极投身抗日救亡工作。1949 年，谭惕吾出席了全国政协第一届全体会议。中华人民共和国成立后，谭惕吾曾任国务院参事、中苏友好协会理事、中国人民保卫世界和平委员会理事、抗美援朝总会组织部副部长。谭惕吾是第五届全国政协委员，第六、七届全国政协常委；第一届全国人大代表、第五届全国人大常委会法制委员会委员；第五届全国妇联副主席。中共中央统战部称赞她是中国共产党的挚友、著名的社会活动家，并高度评价她"从青年时代就接受进步思想，追求真理，主张正义，积极投身解救民族危亡和争取人民解放的事业，同反动势力进行了英勇的斗争。新中国成立后，她满腔热情地参加社会主义的事业，为祖国的繁荣昌盛付出了毕生的精力"。

邓季惺，14 岁考入四川省立第二女子师范学校。在校期间，她受到恽代英、张闻天、萧楚女等老师进步思想的影响，与进步师生一起参加校内外争取民主的活动。毕业后，她又到上海中国公学、北平朝阳大学读书。在邓季惺看来，那时整个中国社会充斥了"人治"而最缺"法治"，因而她选择了法律为专业，寻求"法治"的理想也贯穿了她的一生。1933 年夏，邓季惺完成了她在朝阳大学的学习，赴南京在司法部工作。但是，骨子里有种不安分的邓季惺很快就厌倦了衙门里那种循规蹈矩的生活，在司法部工作时间不长就辞了职，开了一家律师事务所，开始做执业律师。那时，邓季惺经常免费替被虐待或被遗弃的妇女打官司。她还和曹孟君、谭惕吾、王枫等人发起成立了"南京妇女文化促进会"，大胆地搞起"女权运动"，并学开车、练打靶，开风气之先。不仅如此，她还是《新妇女周刊》的主要撰稿人，并主持"法律问答"专栏。1950年，毛泽东任命邓季惺为西南军政委员会委员。后来，她又担任了北京市民政局副局长。1957年，她帮助党整风，提出"不要以党代政""要法治不要人治"，后被打成右派，直到1979年才得到改正。

沙溯因和曹孟君、谭惕吾、邓季惺这样的进步人士结为好友，当然会被潜移默化。她们给沙溯因的感觉是，都很爱国、优秀，人品很好。她在自传里写道，自从参加妇女界救国会，开始逐渐了解一些国内外的大势，开始对政治关心。1934年，发生了两件对她的立场有很大影响的事：第一件是她的表侄女杜永康因为"通共"忽然被捕了。杜是一名小学教师，经常参加救国会组织的读书会活动。在她被捕后，沙溯因到她的学校帮她收拾东西，发现一份油印的共产党文件，她赶快把它烧毁了。三个月后，经朋友侯光瑛、余良猷的帮助，杜永康得以出狱，她向沙溯因讲了自己被捕的前前后后，使沙溯因初步认识了国民党统治的黑暗。第二件是沙溯因在贵族学校教书的堂妹沙露英因为"思想问题"被解聘。她非常气愤地向沙溯因讲述了学校两面三刀、利诱威胁的情况，使沙溯因对当局迫害进步人士的行径有了进一步的认识。

妇女界救国会后来在当局的打压下解散了，沙溯因也回到学校教书。沙溯因说，她从1934年起就不断和进步人士接触，尤其是妹妹沙轶因秘密加入地下党组织后，长时期和她住在一起，这使她有机会看到进步书籍。同时，沙轶因也给她讲了不少蒋介石表面抗战、实际上加紧反共的事实。对于妹妹的革命事业，沙溯因心知肚明，但她却始终没有像妹妹那样投身革命，原因是她比较留恋安逸的家庭生活。她当时撰写的一首五言诗很能说明她的生活态度："幽居何处好，空翠绕吾庐。地僻尘氛远，心清世网疏。春山新雨后，明月晚晴初。且息劳生虑，怡情数卷书。"

抗战胜利后，沙溯因说，包括她在内的一般人都盼望大局稳定，大家能够过上渴望已久的和平生活。对于国民党与共产党的矛盾，沙溯因希望双方都能让步，建立一个像美国那样的民主政府。但是，虽然国民党的报纸天天说国民党怎样努力争取和平解决一切问题，但全国各地先后发生了一系列政府镇压群众民主运动事件，这使沙溯因感到国民党政府的口是心非。于是，她告别了过去不直接投身政治活动的习惯。她所任教的南京中华女中是一个教会学校，1947 年 5 月 20 日，学生们要出去参加全市性的爱国游行活动，被校长陈熙仁在校门口堵住了。第二天，国民党政府残暴镇压学生的消息传到了学校，大家群情激昂，对校长助纣为虐的行为也深为不满。同时，教师们以校长长期不如期发薪为由组织联谊会，推举沙溯因作为代表与其交涉。这表明，面对国民党政府的日益专横腐败，一向超脱的沙溯因再也不能平静地生活了。

1946 年春，沙轶因的朋友、中共驻南京办事处的地下党员陈士方告诉沙溯因，办事处不久要撤走，他必须马上离开南京，准备从江阴渡江；如果不能顺利渡江，希望她能在无锡给他找一个安身之处。沙溯因把她在无锡的长妹沙兢因的地址告诉了他。几天后，陈士方又悄悄地回来了，说要在南京再隐蔽一段时间。此时，沙溯因感到国共之间的战争恐怕不可避免了。

二、说服杨兆龙释放 "政治犯"

从 1948 年开始，沙溯因对国民党彻底失望。经济上，物价飞涨，金融混乱，孔祥熙、宋子文等人的贪污等不法行为变本加厉。政治上，从抗战前残杀爱国人士到抗战后沧白堂事件、校场口血案、下关惨案以及纵容美军士兵在华种种罪恶行为等，令人发指。军事上，淮海战役使人们认识到国民党政权的垮台已是指日可待。难道要跟着它走向灭亡之途吗？这是万万不可以的。同时，她对共产党一向有好感，因为她认识的一些共产党员都相当优秀，他们参加党的动机纯洁无私，历尽艰辛，为祖国不惜献出一切。而且，这些都是她亲见亲闻的。她认识的党员虽然不多，但是从他们可以推及其他的党员。其成员既然如此，那么可想而知，这个党就是为国为民的。此外，她从和沙轶因的交谈中也知道，共产主义的最终目的是要消灭一切剥削和不平等，使每一个人的自由和能力都能够得到充分的发展。这和她的人道主义观点也是一致的。应该说，经过多年来侧面的观察，她对共产党是有所了解的，但她为什么不敢像妹妹沙轶因那样投身党的事业呢？这是因为她有一个根深蒂固的想法，就是害怕斗争，害怕流血，害怕失去稳定的家庭生活。丈夫杨兆龙一直在国民党的政府机关工作，在国民党办的大学教书，虽然他和那些高官们矛盾重重，精神上很痛苦，但他毕竟已经做到司长的位置，地位不算低了，一旦站到共产党方面来，别人会不会相信？有没有可能？

1948年淮海战役开始之后，沙溯因意识到国民党政府已到了土崩瓦解的阶段，大家纷纷议论迁都疏散等事，司法行政部已决定迁粤。她知道是该决断何去何从的时候了，就把内心的矛盾和苦闷向妹妹沙轶因倾诉。沙轶因从各方面进行分析，解开了她的疑惑。于是，她决定去和杨兆龙交换意见。

沙溯因认为，丈夫杨兆龙虽也做官、加入过国民党（后来主动退党），但他一直是靠学问做事，不屑于参加任何党派的活动；他在政治上是模糊的，追求的是一种改良的民主政治，其志愿就是想凭自己的力量去改革司法、改良政治。沙溯因说，他的这种改良主义的民主政治理想长期影响着她，有相当长的一段时期，她的理想就是英美式的政治。不过，由于妹妹的启发和帮助，她的思想转变比他早。当然，她知道他一向对国民党的统治并不满意，对政府的许多不合理措施常常表示愤恨；同时，由于出身寒微，他对贫苦的人富有同情心。这些都使她有决心和信心去说服他与国民党政府决裂。他最初免不了有许多顾虑，经过沙轶因和妹妹与他的几次长谈，他终于看清了前途，下定了决心，要脱离反动政府，留下来为人民工作。他表示要马上辞职，但沙轶因不赞成，她那时已和党组织有过沟通，他们希望杨兆龙能利用他当时的职权营救一批被捕的青年。

当时，最高法院检察署最高检察长出缺，该署职员纷纷要求司法行政部代理部长赵琛从速派人。赵琛便和杨兆龙商议，要他接任，但他当场表示不愿意。他回家谈起此事，沙轶因认为检察长职权范围大，如果承担下来则有助于营救被捕青年，最好能答应赵琛。沙轶因还劝杨兆龙不必顾虑，在这种时候无论做什么事都应为革命利益打算，大家会理解的。过了一两天，杨兆龙还是有点犹豫不决，但沙轶因说她已和组织上沟通过了，组织上希望杨兆龙不必再迟疑，快点接下这个工作，然后立即着手营救被捕的人，并说组织很快会派一位同志来和杨兆龙面洽。鉴于此，杨兆龙决意接受代理最高检察长的职务，并立即通过各方面力量，由检察署通令全国释放了万余名"政治犯"。1949年年初，南京地下党组织曾派白沙和杨兆龙当面接洽，之后杨兆龙一直留在检察署。直到上海解放，他把国民党政府最高法院检察署的全部档案完整地交给接收代表，然后回南京大学做专任教授。

沙溯因说："今天回想起来，我为什么没能更早点影响我的爱人？这和我一向感情脆弱、怕艰苦和苟安思想是分不开的。抗战以前，我就和进步人士接触，抗战后我就知道了妹妹参加了共产党，我们长时间生活在一起；和其他的同志，我也有所接触；几年来的社会现实又给了我许多教育，但我始终只是一个革命的旁观者，至多是一个同情者。最后，我虽然帮助丈夫脱离了反动政府，并促成他营救革命青年，但这主要是时势的推动和妹妹的帮助。我的根深蒂固的不问政治的思想倾向，直到解放后也还没有完全肃清。"

三、和教会学校落后势力做斗争

1949 年 5 月，杨兆龙一家回到南京。沙溯因本来以为一解放一切问题马上就可以解决，但到了南京后发现市面萧条、人民生活困难，她就有点失望。妹妹沙轶因及时疏导她，给她讲十月革命后苏俄曾经出现过的困难情况，她的思想才渐渐跟上形势。

回到南京，沙溯因原本想回中华女中去教书，但教会落后势力的代表——校长陈熙仁觉得她的妹妹是共产党员，因此对她怀有戒心，不愿续聘。但是，在学生们的压力下，陈熙仁只好给沙溯因送上聘书。不久，学校要改选校务委员会，陈熙仁想方设法要让教徒一派的人当选，并拉拢沙溯因投他们的票。沙溯因觉得自己不能再袖手旁观，坚定地和学校的两名共产党员站在一起，向那些保持中立的教职员揭露陈的阴谋诡计、阐明党对教育事业的政策，鼓舞大家认清自己的光明前途、不要上陈的当。这次斗争取得了胜利，两名共产党员都担任了一定的领导工作，青年团也很快发展起来。不久，沙溯因也担任了学校教务处副处长和党的党外宣传员。

1950 年秋，因杨兆龙调到上海担任东吴大学法学院院长，沙溯因也离开南京，调至上海市立师范学校工作。她参加了知识分子思想改造运动，看到国家各方面的进步，对社会主义的信心更强了，认为社会主义建设的高潮已经到来。同时，她也感到自己的政治水平和业务能力距离新中国建设的要求太远了。回顾自己的人生经历，她体会到仅靠正义感是不够的。一个人如果没有明确的政治目标，就像一只没有舵的船，方向是飘忽不定的。而小资产阶级的特点是，一方面被剥削，另一方面又剥削别人。她剖析了自己思想意识中落后和动摇的一面：怕艰苦、不敢革命、沉浸在自己的小天地之中，自以为与世无争、孤芳自赏，阻碍了自己的进步。因此，她希望认真改造自己，克服各种各样的个人主义思想，丢掉包袱，改变不问政治的思想倾向。

那段时期，沙溯因很想加入中国共产党，但又觉得自己1949年前有机会加入却没加入，这时申请加入会不会让人觉得是在投机。另外，她也是真心认为自己这时还不符合共产党员的标准。因此，当民盟动员她加入时，她觉得民盟也是进步组织，也听共产党的话，于是她就加入民盟了。

四、对丈夫和孩子被划为右派感到困惑

1949年后，沙溯因是发自内心地愿意跟着共产党建设新中国，总是积极投身政治运动。在1952年知识分子思想改造运动开始后，她看了报纸上登载的那些大学教授的自我批评的报道，觉得她们这些中学老师比起那些人实在是简单，过去的历史简单，接受新事物也容易，因而觉得中学老师的思想改造是件很容易的事情。尤其是她本人，既没有像别的老师坦白的那样过去曾经压迫过学生，也没有迫害过共产党员。相反，她对学生一直是同情爱护的，并且掩护过中共地下工作者。所以，一开始她觉得自己没有什么可改造的。

随着运动的深入，她也开始挖掘自己内心深处的"资产阶级、小资产阶级思想"。她说，过去她有贪图享受、明哲保身等思想，这些思想不仅阻碍了自己的进步，也促使自己的丈夫有向上爬的想法。沙溯因表示，今后"要站稳人民立场，划清思想界限，和旧我做无情的斗争"；"工作中锻炼艰苦踏实的作风，肃清一切非无产阶级的思想影响，全心做好人民教师的工作"；"纠正对不健康的旧文学的偏爱，贯彻正确的思想观点"；"帮助我的丈夫进行思想改造，使他肃清一切反动思想，今后更好地为人民服务"。

1952年思想改造运动期间，上海市立师范学校还到南京向时任南京市妇联副主任的沙轶因了解沙溯因解放前的政治表现。沙轶因正式提交了如下材料：

关于沙溯因的政治情况

沙溯因与我长期生活在一个家庭或住在同一地方，我对她是比较了解的。在读书时代，她一向酷爱文学，不大过问政治，但是有一般人的正统思想。抗战前约一年，受救亡运动影响，她看了些进步杂志书籍，又接近了救国会的一些朋友（如曹孟君等），曾参加南京市妇女界救国会，做了少许工作。从那时起，她开始逐步知道共产党的主张及人类新社会必然要走向新民主主义等。那时她已结婚，姐夫杨兆龙正在美国留学。杨回国后，不同意她常在外跑，干这些带有危险性的事，对时局等问题两人也时有争论。后来，沙溯因终因杨的坚决不同意和孩子的拖累而放弃了救国会的活动，与进步朋友也渐疏远。抗战后，她与杨同去重庆，长期做家庭妇女。后来政治环境一天天恶劣，她与进步朋友更完全失去了联系，而纯粹和丈夫一起为丈夫事业（即升官）发展而努力。但是，即使在这种时候，她仍对我和我的一些进步朋友表示同情，对共产党和解放区方面情况也特别关心，也常帮助我打通父母亲的思想。从抗战胜利到淮海战役前，她的情况和以前差不多。但是，淮海战役后，看到共产党胜利的局面已定，考虑到自己和丈夫的前途，她坚决劝杨留下，反对杨跟反动派到广州、台湾。这个时期，她和杨都进行了很激烈的思想斗争，有时两人争论通宵。直到组织上通过我介绍白沙同志与杨谈话后，杨才决定留下。

杨是国民党党员（笔者按：这一点是沙轶因搞错了，杨兆龙曾经加入过国民党，但很快就脱党了，在司法行政部和最高法院检察署任职时已不是国民党员），据我所知，国民党政学系和CC系均曾拉拢过他，但他未参加过什么小派系。沙溯因解放前未参加任何党派，在去年去上海工作前，南京民盟和她谈过不少次入盟，她初觉要参加就参加共产党，参加民盟没什么意思，后来又想到加入共产党不容易，民盟在民主党派中算好的，最后终于参加了民盟。

以上沙轶因所写的证明材料，和沙溯因的自我剖析材料基本一致。

在1957年反右中，沙溯因本人没有什么问题。因此，运动结束后，在一家五口除了她之外皆为右派的情况下，党组织仍同意推荐她继续担任民盟静安区委委员。党组织给她写的鉴定是："不问政治，希望保持自己宁静的小天地，从业务方面找出路。表面看来对党一般还是靠拢与拥护的。正面很能讲一套，作风也还正派。鸣放时自己没有放什么；反右时尚能投入斗争；一般整风中，在大会上批判了自己对丈夫右派分子杨兆龙问题上的错误思想，谈得很生动，也有所认识。但是，人们最近了解到，一家五口（丈夫、两个儿子、一个女儿）除她本人外，其他四人都是右派。而沙直到这次整风补课在自觉革命中除了丈夫杨兆龙问题之外（已见报），其余均未向组织暴露，说明她对党不是真正靠拢，而是存在问题的。业务水平高，在校内被评为一级与优秀教师；工作能力强，但不愿多搞社会工作；对民盟工作不主动，但分配给她的工作能认真完成。未发现有政治历史问题。建议安排她继续做民盟区委委员，理由是：她是老委员，虽内心对党可能有怀疑，但尚能接受党的领导；业务水平高，是优秀教师；工作能力亦强，在中教界有代表性，可作为中间分子安排。"

实际上，沙溯因内心深处对杨兆龙和三个孩子均被划为右派是困惑不解的。她在《整风思想总结》中写道："反右开始后，我爱人杨兆龙被揭发为右派分子，当时我感到像轰雷掣电一般，思想上起了很大的波动。在最初的一段时间，我精神苦闷、彷徨失措，不知道怎么是好。我虽然也发现他的言论有许多荒谬之处，但是私人感情蒙蔽了我，使我看不清这是政治上的大是大非。因此，我曾找出种种理由来原谅他、同情他。我认为他之所以说话、写文章出了毛病，并不是他主动要发表这些谬论，而是陆定一部长到上海来召开了座谈会，其后市委又召开了座谈会，这才引起了报馆要他写文章的事。如果没有这些座谈会，他是不可能犯错误的。因为我有这些糊涂认识，所以对当时有些右派故意散布的'钓鱼'的说法也有共鸣。现在想来，我的这些看法丧失了人民立场。我虽然当着丈夫的面不讲任何同情他的话（主要希望他好好检查），但内心深处却充满了对他的同情。后来斗争深入下去，他自己在三个问题上搞不通：(1) 动机不坏，只是效果不好。(2) 和王造时没有深交，没有恶意的共谋，更和章伯钧、罗隆基毫无关系。(3) 报纸上提到过去的历史，把他一度做最高法院检察署代理检察长误为特刑庭检察长。他对以上三个问题想不通，很感痛苦。而我呢，既然是站在他的立场看问题，对以上几点当然也想不通。我没有认识到他的反动本质，也没有认识到他那些谬论对社会主义的危害性，我以为他是有学术思想问题而不是政治立场问题。因此，我觉得他和社会上那些右派分子有所不同。虽然我知道党的政策是正确的，反右是必要的，但我怀疑对他是不是有些过火。那一段时间，我的心情非常苦闷，终日昏昏沉沉，食不甘味，寝不能寐。在心情最烦恼时，我甚至想到 1948 年秋国民党崩溃前夕，解放军节节胜利，杨兆龙的友人曾竭力劝他离开祖国，当时我激烈反对，坚决不愿去做可耻的'白华'。那时，杨兆龙听了我的话，脱离了反动政府。在情绪烦乱中，我想，早知道今天他会给我带来这么多麻烦与苦恼，我宁愿和他挥手离别，也比现在这样好。当我这样想时，我的心里是非常矛盾的，一方面同情他，另一方面又恨他。但是，我恨他不是因为他反党反人民，给社会主义带来严重的危害，而是恨他拖累我，坍我的台，丢我的脸，我的思想感情完全沉浸在个人主义之中。在那种情况下，我当然不可能和他划清界限，这种思想极度混乱的时间虽然不长，但今天回想起来，真觉非常可怕。"

　　沙溯因说，当她在党的教育下对杨兆龙的问题逐步有所认识时，她的三个孩子又被划为右派分子，无可讳言，这对她精神上的刺激非常大。但是，她那时对杨兆龙的问题的认识已比较清楚，同时在民盟和学校又参加了反右派斗争，觉悟有了一定提高。因此，痛心虽然是痛心，但没有像在杨兆龙问题上那样动摇。她明白了只有真正站稳立场，才能促使他们改造，才能把他们从泥坑中挽救出来。

　　沙溯因在反右派斗争中遭受了如此大的打击，但没有丧失对党和国家的信心，她竭力按照党的要求检讨自己的不足，不想掉队。她在整风思想小结的最后写道："解放以来，我一直以为自己热爱党，一心一意跟着党走，但却在反右中因为杨兆龙的问题一度怀疑党的政策。根源在于自己还有严重的个人主义，没有真正树立革命的人生观。通过整风运动，我体会较深的有这样几点：第一，党是太阳，是灯塔，只有紧紧靠着党，才能不迷失方向。第二，群众的力量是伟大的，只有把自己放在党的领导和群众的帮助、监督之下，才能彻底改造自己。第三，批评和自我批评是自我改造的最有力的武器。第四，资产阶级知识分子的改造，要经过不断地破和立，是一个艰巨的反复、深入的过程，有时是曲折上升的过程，幻想'毕其功于一役'是不可能的，因此我必须自觉地不断革命。第五，历史跨着豪迈的步子前进，甘居中游者，一定沦为下游。第六，个人主义在今天是不折不扣的反动思想，不把它彻底干净地消灭掉，就不可能过社会主义的关。经过整风，我觉得我的过去太渺小了，个人只有融合在集体之中才有力量。我必须重新考虑自己生活的意义、幸福的意义，把我内心深处的个人主义堡垒彻底打垮，真正建立起共产主义的革命人生观，把今后的生命献给党、献给人民、献给革命事业。"

五、母爱促使她支持儿子偷越国境赴美读书

1957年反右派斗争中，杨兆龙的小儿子、尚在上海交通大学读一年级的杨定亚因为不满父亲被划为右派，1958年被补划为右派。1960年9月，学校通知杨定亚，要把他送到新疆进行改造。杨定亚患有胃溃疡，被划为右派之后身体健康更是每况愈下。在这种情况下，作为父母的杨兆龙和沙溯因当然不放心儿子远行。

杨兆龙是个敢于承担的父亲。在被捕之后，他把策划儿子偷越国境、赴美读书一事的责任大都揽在了自己身上，不希望让儿子受到更多的处罚。他说，是他首先提出让杨定亚出逃的，是他先对妻子沙溯因说，张良俊有办法帮助杨定亚偷渡，因此让妻子说服儿子一走了之。沙溯因思虑了再三，才找儿子谈了此事。

沙溯因说，原来指望杨定亚好好在校改造，摘掉"帽子"，完成学业。但是，学校让他去新疆改造，看来政府是不想培养他了，作为父母不能眼看着他去新疆，断送一生。因此，她也下了决心送杨定亚出去读书。

由于张良俊的多次检举和卜宗商的偷渡未遂，办案人员对杨兆龙会鼓动儿子偷渡丝毫不感到吃惊，但对一向政治表现不错的沙溯因也卷了进来颇感意外。因此，1965年，上海市公安局与上海市第一师范学校（以下简称"一师"）党支部联合对沙溯因进行审查，想弄清楚沙溯因能否被定成杨兆龙的同案犯。一份审查材料认为，沙溯因的思想变化是从1957年反右开始的，她对杨兆龙被划为右派不满，认为是"钓鱼"政策。反右开始后，有人在一次大会上说杨兆龙解放后留下来的原因是为了投机取巧，是因为跑不掉。沙溯因反驳说，这完全是歪曲事实，杨兆龙是因为地下党做工作才留下来的。她觉得如果按照这种说法，那杨兆龙今后的日子不会好过了，下一步可能会被作为历史反革命分子处理的。1958年4月，杨兆龙的工资从300多元降为35元；5月，女儿杨黎明被送乡下劳动改造；6月，小儿子杨定亚被送乡下劳动改造；7月，大儿子杨任远来信说被劳动教养。一连串的事情让沙溯因觉得政府要将杨家一棍子打死。

还有一份审查材料认为，沙溯因认为 1958 年人民公社的成立给人民精神生活带来了不自由，物质生活水平也没有提高。她认为她的父亲其实是饿死的，否则还可多活几年。她对市场上出现高档品和干部中分等级抽香烟也很不满。党的八届十中全会将右派划入敌我矛盾，沙溯因说中央政策说变就变，有时提"地、富、反、坏四类分子"，有时提"地、富、反、坏、右五类分子"。因此，她思想上很紧张，反复交代身边的人要附和中央上面的讲法，不能提自己的看法。对于龙云死后被摘去右派"帽子"和为傅雷摘去右派"帽子"，沙溯因说政府是"功利主义者"，真正卖命改造的小右派却摘不掉右派"帽子"，政府为了需要什么事都可以做得出来。她希望国内政策来个变化，像苏联批判斯大林那样扩大点自由，要改变对右派不给出路的政策。

经过多方面调查取证，有关部门最后没有将沙溯因定为杨兆龙的同案犯，但认为她犯了严重的政治错误。1965 年的一天，沙溯因接到一师的电话，说有关部门要找她谈话，让她在家等候。约谈者是穿便衣的两男一女公安人员以及一师的书记、校长。公安人员对她说，只要她如实交代问题，可以不戴"帽子"，不予刑事追究。沙溯因遂如实说明了送小儿子去港未遂之事。

此后，校方通知沙溯因去一师开会接受批判，还关照她由女儿陪同。会上，沙溯因检查了自己支持儿子偷渡读书是"惟有读书高"的腐朽思想的表现；同事们纷纷发言批判。最后，书记宣布：根据公安局的既定政策，对沙溯因不戴"帽子"，给予降级降薪的行政处分。即将她从一级降到三级教师，免去语文教研组组长之职，改任该校图书馆职员，薪金亦降三级。

沙溯因次日仍去上班，同事们均改称她"沙先生"。她开始觉得活得没有尊严，感叹说，一生座上客，今为阶下囚。

六、"文革"中不堪受辱而自杀

1965 年 8 月，沙溯因的女婿陆锦璧因父亲去世，从青海请假回浙江海宁奔丧，途经上海。8 月 5 日，他去看望岳母和妻子，发现岳母情绪有些不安。他上半夜起床时发现其门内有亮光，推门看见岳母正在写什么（后来知道是遗嘱）。妻子杨黎明知道母亲有写日记的习惯，也没在意。谁知当夜沙溯因就服用安眠药试图自杀，幸而被及时发现并送第四人民医院抢救。这是沙溯因第一次自尽未遂。沙溯因的自杀引起了公安机关的重视。次日，公安局派人来杨家与她谈话，说明此次对她的处理是十分宽大的，要她感谢政府。这年年底，一师力劝沙溯因提前退休，她被迫接受。不用去上班，她更加思虑家人的遭遇，尤其是已经年过花甲的杨兆龙仍在狱中。她度日如年，心如刀割，经常感叹说："我们现在是没心肝的人，怎么还笑得出来！"

1966年"文革"一开始，沙溯因就被大字报点了名。6月下旬，因受到外界的压力，语文组大部分教师到她家"扫四旧"，对她面对面地进行批判。8月24日，沙溯因教过的66届（1）班许多学生到她家抄家。里弄里的青年、小孩也一拥而上，翻箱倒柜，乱扔乱摔，把所谓"四旧"物品（包括许多书籍和未刊的文稿、讲义）搬到门口焚烧，还到处贴标语、封条。然后又把沙溯因揪到里弄里站在凳子上批斗，问沙："说！你杀了多少共产党？"沙答："你们应问我救了多少共产党！"但却遭到拳打脚踢，"打倒沙溯因"的口号此伏彼起，震耳欲聋。在整整折腾了四五个小时之后，他们带走了沙的日记本，并命令她每天到里弄里扫街。自此，里弄里的红卫兵等一些人不断到她家抄家，沙溯因日夜不得安宁。她不堪忍受，8月28日又服下安眠药，所幸抢救及时脱险。这是她第二次试图自杀。

沙溯因出院后，一师的红卫兵又去她家，对她严加训斥。他们还训斥拒绝政府"安排"工作的杨黎明为什么游手好闲，不去劳动改造。不久，沙溯因打开煤气，第三次试图自杀，幸被女儿及时发现，抢救脱险。

杨黎明每天主动帮助母亲扫弄堂。有一天，她遇到街道民警吴同志，便再次要求分配工作，哪怕扫马路、到上海郊区当农民也行，以便自食其力。但是，吴却回答："只有一个岗位。""在哪里？""在安徽。""是白茅岭吗？"吴点头，还说："你，还有你母亲，虽然没有戴'帽子'……"吴不说了。母女俩回家大哭一场。

1966年10月初，沙溯因不堪里弄红卫兵的一再闯入、不分时刻的骚扰和威胁凌辱，且感前路无望、理想破灭，遂对女儿说："我们不能死守在上海，你哪怕去当个农民也好。"经过一番比较，她认为女婿陆锦璧的家乡浙江海宁比较好，因为陆锦璧的父亲是中医，医生是善结人缘的。她对女儿说："你先去，我再去，我们向陆家租一间房子。"那段时间，基本上每天都有打死人的消息传到里弄，沙溯因绝望地说："共产党到底要干什么？我不要看了！" 10 月 9 日，趁女儿去海宁期间，沙溯因留下遗书两封，第四次自缢身亡。

七、平　反

粉碎"四人帮"后，上海市第一师范学校认为沙溯因早已退休，人事关系已转至街道，平反一事应由街道负责，因而置之不顾。

1979 年 5 月 29 日，上海市虹口区长春路街道党委对沙溯因在"文革"中被迫害之死问题的结论是："'文化大革命'初期，沙溯因同志在林彪、江青的极左路线影响下，不幸去世。据此，对强加于沙溯因同志的一切污蔑不实之词应予推倒，肃清流毒和影响，恢复名誉。"

1986 年 4 月 23 日，上海市第一师范学校感到沙溯因自杀的直接原因是该校教师、学生三次上门批斗、抄家，1965 年对她的错误处理一直未被纠正，她被歪曲了的形象在校内外也未得到纠正，她去世的善后工作也未处理好。因此，该校向上海市静安区教育局提出如下意见：（1）建议区教育局撤销 1965 年对沙溯因的错误处理决定。（2）在校内外给其恢复名誉，肃清影响。（3）补发丧葬费、抚恤费，并给予一定的补助。静安区、上海市教育局先后批示同意。

1986 年 5 月 13 日，上海市第一师范学校为沙溯因召开了追悼会。悼词如下：

今天，我们怀着沉痛的心情，在这里悼念在"文革"初期被迫害致死的沙溯因同志。

沙溯因同志，女，1908 年生，江苏省江阴县人，1932 年毕业于国立北平女子文理学院国文系。原上海市第一师范学校语文教研组组长，一级教师，上海市优秀教师，静安区民盟第二届区委委员，静安区政协第三届委员。

沙溯因同志长期从事教育工作，从 1932 年至解放前先后在重庆国立音乐学院任讲师、在南京中华女中任教导主任。1952 年到上海市立师范学校任教，1966 年 2 月退休。

1965 年 9 月，沙溯因同志因受丈夫杨兆龙及儿子杨定亚所谓"叛国投敌"案的牵连，静安区教育局给予其撤销教师职务、工资待遇从一级降为三级处分。1966年"文革"开始，沙溯因同志即被大字报点名。后部分教师在极左思潮的影响下，以"扫四旧"为名，到沙溯因同志家对她面对面批判。同年8月下旬，在一些学生的发动下，沙溯因同志教过课的一个班级的全班学生到她家抄家。里弄里的青年、小孩也一起加入，合起来百多人，翻箱倒柜，在门外焚烧书籍、物品，并将沙溯因同志揪到里弄里批斗。沙溯因同志不堪忍受，于8月28日服下数十片安眠药，幸抢救及时而脱险。沙溯因同志出院后，一师的红卫兵又去她家，对她严加训斥，并责令她女儿去乡下劳动改造。此后，里弄里的人不断上门训斥，不久沙第二次自杀，幸被她女儿及时发现抢救脱险。1966年10月9日，沙溯因同志由于无法忍受当时无休无止的迫害、斗争，趁女儿杨黎明去浙江海宁联系户口时，自缢去世。沙溯因同志的死，是"文革"初期极左路线造成的，其直接原因是我校部分师生三次上门批斗、抄家及里弄无休止的批斗、抄家所造成的。

沙溯因同志是一位坚强的同志，她热爱祖国、热爱社会主义，她在两次自杀被救后还表示了渴求进步的决心。可是，就是这样一位襟怀开阔、思想坚定的同志，最终由于当时的残酷迫害而被迫离开人间！终年57岁。

沙溯因同志思想进步，早在1935年南京成立妇女界救国会时，沙溯因同志就是发起人之一，成立后又是该会的负责人之一。她不顾危险，出面营救进步青年杜永康同志出狱。1946年，沙溯因同志在南京曾掩护过中共办事处的陈士方同志。1949年南京解放前夕，沙溯因同志曾协助她的妹妹、地下党员沙轶因同志做通其丈夫杨兆龙同志的工作，促使杨兆龙同志接受国民党最高法院检察署代理检察长的职务。嗣后，杨兆龙同志以自己的职务多方掩护中共地下党员，并在我党的示意下促使当时国民党代总统李宗仁同意释放了一批政治犯，保存了我党的力量。解放后，杨兆龙将检察署的档案印信全数点交给我们的接管代表。沙溯因同志为革命事业做出了一份贡献。解放后，沙溯因同志更是兢兢业业，几十年如一日，为人民教育事业做出了贡献。她拥护党，靠拢党，努力学习马列主义、毛泽东思想……她不仅教书育人，还热情培养青年教师，深受广大师生的爱戴和尊敬，也受到党和人民的高度评价，先后被评为一级教师、上海市优秀教师；1956年7月，她出席在北京召开的全国教育工作代表会议，并当选为全国教育工会委员会委员。特别是在丈夫、子女都被错划为右派以及儿子、丈夫被捕的情况下，她还是以事业为重，坚强地挺下来，坚守自己的教育岗位，这是多么难能可贵啊！

沙溯因同志的一生，是追求进步、追求革命的一生。她热爱祖国、热爱党、热爱社会主义，愿意为共产主义的崇高理想而献身。今天，我们缅怀她的事迹，悼念她的不幸遭遇，更激发起我们对极左路线和十年浩劫的痛恨，更激起我们对党的十一届三中全会以来大好形势的珍惜。

沙溯因同志被迫害致死已经二十个年头了！粉碎"四人帮"已经十年了！我们今天在这里为沙溯因同志平反昭雪、召开追悼会，应该说为时过晚了些，这令我们深感内疚。但是，党的拨乱反正工作必须做好，党的知识分子政策必须落实，这是不能动摇的！

复校以后，我们于1984年着手调查沙溯因同志被迫害致死的情况，现在情况已基本搞清。今年4月4日，中共静安区教育工作委员会作出决定："撤销静安区教育局一九六五年九月廿四日关于沙溯因处分的错误决定。"现在，沙溯因同志的名誉得到恢复，沙溯因同志的亲属得到了慰藉。同志们从中可以进一步体会到党拨乱反正的决心，体会到党的实事求是的精神，体会到党对人民负责的态度。我们要化悲痛为力量，进一步团结起来，为社会主义四个现代化、为社会主义教育事业做出更大的贡献。

沙溯因同志，安息吧！

实际上，沙溯因是一位被中国共产党的理想和人格化魅力成功争取过来的小资产阶级知识分子，她原本不关心政治，整日徜徉于文学作品的海洋里，相夫教子，是近代的政治潮流让她无法宁静于闲淡的生活，逼她作出到何处去的人生选择；是中国共产党的新民主义纲领打动了她，是地下党人的魅力征服了她。她不仅自己要跟共产党走，还把满脑子西方知识价值的丈夫引向了共产党的道路。杨兆龙和她的子女们在"左"的运动中遭受迫害后，不可能不抱怨她当年的抉择害苦了全家，她自己也感慨万千地失望而去。沙溯因的遭遇使我们看到，争取一个人的信任是那么艰难，而失去一个人的信任却是那么容易。

第十二章　杨兆龙和他的儿女们

杨兆龙有三个孩子，依次为大儿子杨任远、女儿杨黎明和小儿子杨定亚。1957年反右派斗争之前，杨任远在西安交通大学任教，杨定亚在上海交通大学读书，杨黎明在上海医学院读书。

一、杨兆龙的长子杨任远

杨任远1955年毕业于上海交通大学，当过团干部，并曾留校工作。他政治上比较积极，"肃反"时还是工作组成员，反右运动中也没有什么问题，被视为可以依赖的积极分子。杨兆龙被划为右派后，他反而犟脾气上来，写了六条小字报。其中，第一条是"自由竞争不能取消"；第二条是"苏联教材要用，英美教材也可用"；最后一条是"我父亲杨兆龙是个真正的学者，不是右派"。

1957年11月24日，《西安日报》发表了记者袁鹏所写的两篇报道，共用一个题目：《崇拜资产阶级的自由民主，妄想取消党对学校的领导，交大批判右派分子李德寿、杨任远的反党言行》。

第一篇是：

本报讯　从资产阶级个人主义到右派，这是党内右派分子、交通大学机械系助教李德寿堕落的经过。该校在反右派斗争中，揭发批判了他的反党言行。

李德寿抱着资产阶级个人主义思想混入党内之后，向上爬的野心得不到满足，便日益感到新社会对他的"约束"，崇拜起资产阶级的民主与自由，终于发展到结成反党小集团，在整风鸣放中企图取消学校对党的领导，完全暴露了他的反党面目。

……　……

杨任远，是李德寿1955年做毕业生统配工作时，违反统配原则，把他留校工作的，另外还留下一个党内右派分子孙曾八。两年来，这三个人纠合在一起，成了这次右派小集团的骨干，不能说是偶然的。

……　……

这些人在上海时就聚集在一○一宿舍，在西安则在一村一舍三○一室，无所顾忌地大谈其私房话。分开的时候则密信往来，信中常见"此信阅后希毁去"，或是"信望勿传、处理之"等附注。今年五六月间校内讨论迁校问题之际，他们就是这样来互通反迁校的诡计，企图达到他们取消党委制的阴谋目的。

反右派斗争开始后，李德寿在七月二十五日借故跑回上海，利用过去的党总支委员身份，到党总支摸反右派的底。暗中则与杨任远商定交代原则是：杨任远检查受他右派父亲杨兆龙的影响；孙曾八检查立场模糊、爱发牢骚；他自己则是检查"温情主义、原则性不强"，并且是"党内干部"，他自以为这样就不难混过关去。在西安交大校党委写信催促下，李德寿在八月三十一日回到西安之后，还要向党支部了解反右派斗争的计划和步骤，当晚支部就让他交代问题，这便不得不使他感到"情况严重，已经众叛亲离"了。起先还想硬抗，说："你们支部的手法我都知道"；"现在和我进行面对面斗争的，还是我举手通过入党的"。接着又想在交代时"看看大家脸色，托出许多工作上和别人的缺点，暗示出客观上也负有一定责任"。后来又采取了"打掉别人、保存自己"的手法，只交代杨任远、孙曾八，不谈自己。这样从九月三日直至二十五日共作了五次交代，尽管花招百出，但已经遮盖不住他的反党面目。九月二十七、八两日，校内机械系、工程力学系、应用数理系并联合召开了大会，批判他和杨任远的反党言行，使这两名右派分子不得不低头表示要坦白交代。

第二篇是：

本报讯　交通大学在反右派斗争中，揭发批判了团内右派分子、物理教研组助教杨任远的反党言行。

右派分子杨任远崇拜并宣扬资本主义制度这"旧的一套有无限的优点"，而"对社会主义不感兴趣"，主张加以修正，主张在工农群众中搞社会主义，而在高等学校知识分子中则保留资产阶级自由竞争的东西。他要党不要"干涉"知识分子，而要"开放对知识分子的禁律"。污蔑党的领导是"一部分人控制另一部分人"的"道德败坏的根源"，"老干部是时代发展的阻力"，并且还"希望在十年内能解决这个问题"。他要知识分子"尽一切力量来争取最大的自由度"，来实现他的妄想，并竭力污蔑党对知识分子的政策。

杨任远还十分反对马列主义的政治学习。把马列主义歪曲为无产阶级和资产阶级都可以掌握的方法论。并说："如果我们发展科学的速度与资本主义国家相同的话，我们每年要落后五十二天"（指一年五十二周、每周一天用于政治学习的时间），说政治学习是"浪费时间"。并且反对政治运动，说在中国搞学术工作不行，"一个概念还没想好，就来了一个运动，永远得不到内心的平静"。他认为："英、德政府好，真正尊敬知识分子"，不叫他们搞政治，而我国知识分子过问政治，被他说成是"一股逆流"，并且说："真正的科学家是不会违背良心说话，拥护社会主义制度的。"杨任远就是这样一个以他右派的"良心"，向西方遥拜的资本主义幽灵。

杨任远企图利用整风运动中的大鸣大放，作为他反党反社会主义、使资本主义复辟的机会。他认为通过鸣放，"教授治校是必然的趋势"。于是便在交大迁校讨论中，积极进行反迁校活动，企图在"反迁校胜利"以后，使交大内部造成两种势力，"那时党委管不到教师，形成教授治校的局面，可以恢复旧的一套原则，就可以在社会主义社会中保持一块资本主义的面积"。

　　反右派斗争粉碎了他的妄想。杨任远曾公然宣称过："我讲一个钟头，你们找八个钟头的资料也驳不倒我。"但在觉悟提高了的群众的据理驳斥下，他已经成为人人喊打的过街老鼠。九月下旬，该校机械系、工程力学系、应用数理系并召开了联合大会，对于杨任远及党内右派分子李德寿这两个李杨反党小集团的头子进行了严厉的批判，使这两个右派分子不得不表示愿意转变立场、坦白交代自己的罪行。

　　在西安交大召开的约三千师生参加的大会上，别人发言批判他，他当场辩驳；会后，他不但不"痛苦反省"，反而和另一右派同事穿着整齐地去吃西餐，若无其事。所以，他后来被定为西安市的市级极右分子，保留公职，劳动教养。先是在陕西府谷县，后来是在河南洛阳，再后来又被转到陕西铜川崔家沟煤矿。在矿上，他开始是凿石块，后被调到机修车间，他的专业正好派上了用场，他很快就有了技术发明，得到国家煤炭部的表扬。

　　杨任远长着一个天生爱摆弄电器的工科大脑，整日买些电器零件装来装去。他甚至还恶作剧地做过一堆假大便，放在自家的泡菜坛子上，被母亲骂了一顿。1966—1968年期间，杨任远突然和妹妹杨黎明失去联系，杨黎明判断他一定遇到了什么麻烦事情。果不其然，杨任远后来告诉杨黎明，他喜欢自己买些零件安装收音机，于是朋友们纷纷找他帮忙。后来，有人无意间用他安装的收音机收听敌台（苏联的电台），遭人告发，受到批判，把他也卷了进去。

　　1974年，他说感到孤单，想要成个家。他的表叔帮他介绍了一个金坛的下乡知青。1975年他们见了面，杨任远老老实实告诉女方：他在劳改单位改造，年龄41岁，工资每月38元，没有任何积蓄和家产，右派"帽子"还没摘等。比他小12岁的女方倒也十分同情他，主动写信表示愿意嫁给他。二人1976年结婚，1979年生了个女儿。

　　1979年下半年，他的右派获得改正，回到西安交大物理教研室继续任教。杨任远有一个劳改农场的难友，改革开放后去了台湾，他到台湾后发表了一篇文章，述说了杨兆龙一家的遭遇。西安交大保卫科找杨任远调查此事。这么一来，他本来可调至南京航空学院的事就泡汤了。

　　1982年，他自己联系调至江苏省广播电视大学，当理工部主任；妻子也调到南京一个集体所有制的餐馆当服务员。

天性乐观、爱开玩笑的杨任远，经历了这么多变故，性格慢慢地变了。他变得十分胆小，时常有幻觉，总觉得有人在监视他。在得知笔者撰写本书后，他紧张地询问妹妹和妹夫："这是为什么？"和他谈话，只要一涉及时事政治，他就立刻制止："不能谈政治，不能谈呀！"

二、杨兆龙的小儿子杨定亚

1957 年反右时，杨定亚是上海交通大学的一名大学生。因为年龄小、对政治没有什么兴趣，这一年划右派没他什么事情。但是，1958 年反右"补课"时，杨兆龙已是沪上赫赫有名的大右派。学校要求每人都要谈对 1957 年反右派斗争的认识，杨定亚说："开展反右派斗争是必要的，但是对一些人的历史不能歪曲。"有同学责问他："你这是什么意思？"杨定亚说："譬如我爸，九三学社开会批判他时，谈家桢说他是解放时因为走不掉才留下来的，这不符合事实。我爸不是走不掉，而是因为要帮助地下党营救三个被关押的人才留下来的。"于是，他立刻被认定为反对反右派斗争的右派分子。在上海交大批判杨定亚的会上，复旦大学专门派了一个干部来会上通报杨兆龙为何留在大陆这件事，说"杨兆龙之所以没有走成，是因为他的飞机票被雷震的太太抢去了。他是走不掉才留下的，他是有罪的，解放后人民政府对他是很宽大的"。结果，杨定亚因为为父亲辩护而被补划为右派分子。对他的处分和她的姐姐杨黎明一样，是第二等：保留学籍，劳动改造，到上海县七宝镇去养猪。在七宝镇劳动改造期间，他多次因胃十二指肠溃疡大出血而住院。

谈家桢和杨兆龙从不交往，他怎么会说杨兆龙是走不掉而被迫留在大陆的？在国民党败退前夕，不断一些人来问杨兆龙为什么还不走，陈立夫的夫人孙禄卿曾经两次来杨家询问他怎么还不离开大陆，并提醒杨家"这次可不是一般改朝换代，共产党会斩草除根的"，等等。杨兆龙面对这些"好意劝说"，只得编造"飞机票让别人拿走了"等理由搪塞当局和有关人士。其实，他这时已答应地下党南京市委去营救关在监狱里的"政治犯"。这番托词和周旋只有杨家圈子里的人知道。准确点说，只有杨兆龙夫人沙溯因和杨的妻妹沙轶因知道。那么和杨兆龙素不往来的谈家桢怎么会知道呢？莫非沙轶因迫于种种压力而交代出去的？杨黎明迄今一直颇感蹊跷、困惑。杨定亚则认为这事已经过去了，算了，而且提到此事他就害怕。

三、杨兆龙的女儿杨黎明

（一）受父亲牵连被补划为右派

中华人民共和国成立时，杨黎明12岁。她早就听母亲说过她的五姨沙轶因是共产党员，而共产党员都是有崇高理想的优秀的人。因此，她既崇拜沙轶因，也热爱共产党。她在中华女中读初中时即加入了新民主主义青年团，她为能够参加五姨他们所从事的伟大事业而自豪。在上海清心女中读高中时，她是一名"积极分子"，担任团支部的宣传委员和班委会的学习委员。

1954年，杨黎明考入上海第一医学院。一年级暑假，在由反胡风而起的"肃反"运动中，大组长召集团干部、班干部开会，要大家"深挖""排队"。于是，积极分子们在班上的同学中找出了五六个应整肃的对象，他们或者是某一宗教的信徒，或者是年龄大的、经历较复杂的。杨黎明接到团支部指令，去暗中监视一名女同学，虽然她没有去打小报告，可内心极为烦躁。她觉得"肃反"应该"稳、准、狠"地进行，不能毫无证据地瞎猜。于是，她拒绝接受团组织"积极斗争"的指示，在批斗会上不发言。

在1957年鸣放运动中，杨兆龙的文章一篇篇出现在报纸上，有人拿来叫她表态。杨兆龙被划为右派后，上海第一医学院学生科叫杨黎明在暑假里每天都要到他们办公室报到，交代对她父亲的看法。杨黎明坚决否认父亲"蓄意反对共产党和社会主义"，她说："他曾被蒋介石通缉过，理由是他'卷案潜逃'，他最多还有点落后思想。"这样，她写了一个月，未被认同。科长说："小杨，你功课很好，可能骄傲了吧?!"

杨黎明曾对笔者回忆说："我在上海第一医学院四年级下学期时，因我认为父亲不是蓄意反党而被补划为右派，并受到保留学籍、劳动考察的处分。那时，大批的人下乡，一种是右派，另一种是单位认为有问题的人；同时下乡的还有带队的干部。我校受到保留学籍劳动、考察处分的学生约 60 人，他们中许多人陆续被送劳教、劳改，其余的在 1960 年全部被送到了新疆。"　"我父亲认为法学是一门非常严谨的科学，他只把它当成科学来对待，从来没有想过法律只是阶级斗争的工具。以前我问他：'你怎么没学医呢？学医多好！'他说家里没钱，他就去学法学了。在他眼里，法学是非常精深的，是有头脑的人才能学的，不管什么党什么主义，都是需要法律的，治国就需要法律。因为法律最重要的目的是维持秩序。我父亲哪里知道会有人这么热衷于阶级斗争，而且把法律只视为阶级斗争的工具。他也没想到解放后，形势会如此变化无常，因此对这种翻天覆地的变化缺乏必要的思想准备。废除'六法全书'的时候，他就有些不理解，他对'六法'在新法未立之前即被全部废除有看法。他认为，法律就是为调整一般社会关系、保障人民的基本权利而制定的。他认为，国民政府时期的'六法全书'，怎么说也都是当时中国最好的一批法学家起草的，即使有问题，那也不能全盘否定吧。《戡乱动员令》《紧急治罪法》等单行法规是该被废除；但把整个'六法'全部废除是欠妥的。"

1958 年秋季开学后，班里干部开会，说杨黎明已无法挽救，要开会批斗。昔日好友均纷纷发言，与她划清界限。她孤立无援，无奈之下就逐步把自己的所谓问题"升级"检讨，对一些没有问题的话也说成"实质上会怎么怎么样"。但是，有个同学说："你在一张报纸上写着'知无不言、言无不尽、言者无罪、闻者足戒'，是什么意思？"她说不是自己写的，许多批判者愤而斥责她在"狡辩"。还有一名和杨黎明从小学就开始同学的女同学说："她是抽象地肯定，具体地否定，大家不要上她的当。"不少人高喊："杨黎明态度恶劣！"最后，杨黎明被正式宣布为右派分子。

上海第一医学院在 1958 年的反右"补课"中，补划了 130 余名右派。1958 年 4 月初，学校宣布了对杨黎明的处分决定：保留学籍，送至浦东劳动考察。

1979 年 2 月 14 日，根据中共上海第一医学院委员会《关于对杨黎明右派问题予以改正的决定》，1958 年将杨黎明划为右派的主要依据是："她说'"肃反"收获不大，人都变消沉了'；'整个"肃反"运动，存在问题很大'；'很多机关"肃反"斗争都发生错误，因此怀疑"肃反"效果'；同情和支持徐洪慈等人的 51 条大字报；对父亲杨兆龙（原复旦大学教授）被划为右派分子一度有看法，讲过牢骚话；认为她父亲是'真心帮党整风的，他的错误是因为存在着资产阶级法学观点之故。'""根据中共中央（78）55

号文件精神，我们经过对杨黎明同志被划为右派问题的复查，认为她在整风、反右时，没有右派言论。因此，原定右派属于错划，现应改正，恢复名誉，撤销原开除团籍、开除学籍等处分。请杨黎明所在地区安排适当工作。"1958 年，在杨黎明被划为右派的同时，上海市公安局根据上海第一医学院提供的所谓杨黎明反对"肃反"材料，在 1960年对杨给予劳动教养处分。在杨黎明右派问题被改正后，1979 年，上海市公安局作出《关于撤销对杨黎明劳动教养处分的决定》指出："根据中共中央（78）55 号文件精神，经你院复查认为：杨黎明在整风、反右时，在肃反问题时讲过错话。但主要是针对他父亲和同学在肃反时被审查而言的，并非反对肃反运动。因此，原定右派属于错划，现已予改正。据此，决定撤销对杨黎明劳动教养的处分。"由这些材料可知，杨黎明 1958 年被划为右派确因杨兆龙而引发。

（二）劳动教养和留厂就业

1960 年，杨黎明被送到杭州第一纺织厂劳动教养，同去的有 100 多人。杨黎明回忆说，厂里有两类劳教人员令人同情。一类是未成年人。杨黎明在她的博客中写道：

> 怎么会有这么多的孩子？十五六岁的，十三四岁的，竟有一个 11 岁的！他们犯了啥事？孩子们依然天真，说起自己的事津津有味。有不少孩子原来是少教所转过来的。最多的是小偷（但不一定是惯偷），有的是'无理取闹'（他们很多人处于有缺陷的家庭之中）。而有些人的'教'因，却令人惊诧不已。如 13 岁的、有着两个酒窝的漂亮的小徐，因不满其后父抛弃其小妹而把后父的眼镜、钢笔丢入西湖，遂被后父送'教'。上海去的小于，因不堪承受居民小组长之歧视（她父母是逃亡地主，祖母是地主），愤而用砖砸断了组长家所养的鸡的腿，因而被'教'。那个 11 岁的孩子，无名无姓，是个流浪儿，因她某日躲进一银行欲伺机行窃而被送教了。

另一类让杨黎明甚为同情的劳教人员是年龄在 20—30 岁的，"教"因多数是"乱搞男女关系"。杨黎明在博客中写道：

那些有'生活作风问题'的人是'人民内部矛盾'，是被管理员们另眼相看的。而我们这些右派和反社会主义分子则被假想为是想变天的阶级敌人。有人要假想，我们无可奈何，最令人痛心的是：许多这类人在交代中都使尽了吃奶的力气离奇地诋毁自己，以求'宽大（想起王蒙的小说中的一个人的交代：'长江水灾是我扒的堤，唐山地震是我拱的。'）。谁知'满纸荒唐言'，换来的却只是'一把辛酸泪'，而不是宽大！

杨黎明告诉笔者，劳教的压力不是繁重的劳动，真正不能承受的是内心的压力：辍学、开除公职、婚变、对不起父母；还有看不清、猜不着的漫长的笼罩着尘雾和不安的路。静下来时，大家叹着气，小声议论着：何时可以回家、复学、复职、复婚、成家立业？何时可以从人下人变成人中人？

20世纪50年代末60年代初的大饥荒日子里，每天的繁重劳动使劳教人员更感饥饿。饭后，他们还赖在食堂，期待着买到一点菜叶汤。他们经常吃的是一种树皮磨成的粉做成的面包。厂长在大会上说，干部们吃的也是这个。杨黎明日渐消瘦，体重降了36斤。她写信给母亲，要她寄点油炒盐。杨兆龙夫妇猜到女儿已快油尽灯干，马上寄来葡萄糖粉、鱼肝油、食品罐头和补肾丸等。毕竟年轻，她靠这些很快就恢复了身体。厂里也采取了缩短劳动时间、停止学习、强迫大家吃了就睡等减少消耗的措施，总算收到了没有人直接死于饥饿的奇效。1961年下半年，供应情况好转。国庆节时，劳教人员居然吃到了豆腐和带鱼。

1962年8月，杨黎明劳教期满，厂里宣布对她解除劳教和摘去右派"帽子"。厂部按照有关文件规定，就杨黎明的复学问题和上海第一医学院联系，可一连两次，学校都回答说"无此先例"。其实不是。杨黎明说："这是胡说！同班的一个因作风问题去劳教的同学，解教后就复学了。这对我不公平！我不禁哭了，连厂卫生所的李所长也同情我，说'以后找机会去进修吧！'"杨黎明无法复学，上海也没有单位要她，她只好留厂就业。

1963年，杨兆龙被捕入狱，杨黎明在厂里暗受监视。

1964年4月1日，厂方突然通知杨黎明，上海市允许她户籍回沪。她回到上海，却又没有单位要她。实际情况是，杨兆龙被捕后，公安机关还想看看沙溯因是否有问题，因此让杨黎明回沪，以便观察沙溯因会否利用杨黎明去搞什么特务活动。

（三）和陆锦璧结婚

杨黎明在杭州劳教解除后，一位熟人给她介绍了一个男朋友，即后来成为她一生风雨伴侣的陆锦璧。陆锦璧原为华东政法学院教师，是一位知识分子中罕见的理想主义者。他在 1958 年反右"补课"中被错划为右派，受到保留公职、送农村监督劳动的处分，工资由原来每月 82 元降为每月 28 元。1959 年 9 月，他被调往青海，在西宁市劳改单位——新生通用机械厂任工会干事。1962 年，该厂下马，他被调至新生园艺厂副食厂任统计。1961 年国庆节前夕，他被摘去右派"帽子"，恢复干部待遇和工资级别。在他被划为右派之后，原女友即与他划清界限。已近中年的他，有着强烈的结婚续嗣的责任感。当熟人把杨黎明介绍给他时，他的内心充满了喜悦，因为他对杨黎明的父亲杨兆龙敬仰已久。杨兆龙当年在复旦大学作"法的阶级性和继承性"学术报告时，他是个年轻的助教，只有讲师以上的教师才有资格去参加。听了杨先生学术报告的叶孝信讲师回来后对杨兆龙高度赞扬："杨先生，那才叫有学问呀！"杨兆龙发表在《华东政法学院学报》上的论文，陆锦璧悉心研读；杨兆龙在反右期间的言论，陆锦璧拍手叫好；杨兆龙被划为右派、遭受批判，陆锦璧痛心疾首。没想到竟然有机会和杨兆龙的女儿谈婚论嫁，真令他兴奋异常！理想主义的他，根本不在乎此时的杨黎明在上海没有工作，也不在乎此时的杨兆龙已被捕入狱。

1964 年春节期间，陆锦璧到杨家相亲，3 月即与杨黎明办理了婚姻登记，打算 1965 年完婚。哪知此时杨家已被严密监督，所以当他回到青海后，来不及回味新婚的甜蜜，就被公安机关拘留。公安机关反复讯问他在杨家干了些什么，他就一句话："和杨黎明谈婚论嫁。"最后，公安机关确认他与杨兆龙案无关，但又认为他有他的"问题"（也许是他在杨家发了一些不满时局的言论，被窃听？），因此宣布给他重新戴上右派"帽子"，开除公职，劳教三年，押送青海北部祁连山下的右派劳教营劳动教养。后又辗转至黄南，再到达柴达木盆地边沿的伊克高里。

杨黎明回沪后，规规矩矩地在家等待就业。公安机关没有发现沙溯因利用她搞什么活动。因此，1965 年夏，上海公安局对卷入杨兆龙父子"叛逃"一案的沙溯因作出决定：不予刑事追究，不戴坏分子"帽子"，继续在上海市第一师范学校工作，降薪三级，由语文教研组组长调至图书馆当管理员。

1966 年"文革"风暴激荡，已退休的沙溯因未能置身事外，一次又一次地被抄家批斗，勒令扫街。沙溯因觉得杨黎明再待在上海绝对不会有什么好事，因此就建议她到丈夫陆锦璧的家乡——浙江海宁庆云镇去当农民，并表示女儿先去，她随后跟进。但是，就在杨黎明奔波于沪浙办理户口转移期间，10 月 9 日，沙溯因不堪侮辱，上吊自尽。送别了母亲，杨黎明于这一年的年底移居到了海宁庆云镇，由城市居民变成了农民。

母亲去世了，父亲在牢里，杨黎明的牵挂转移到千里之外的陆锦璧身上。陆锦璧因受杨家牵连而重新遭遇不幸，杨黎明觉得有愧于他。1967 年年初，她决心去遥远的青海，和他完婚。

杨黎明早在幼年的语文书中，就读过"君不见，青海头，古来白骨无人收……"的诗句以及《吊古战场文》，又从地理书上知道青海的巴颜喀拉山的南北麓是长江和黄河的源头。20 世纪 50 年代，柴达木盆地更因发现了石油和多种稀有物种而名闻全国。可青海也让不少人恐惧，因为自 20 世纪 50 年代起，青海又成了"坏分子"的服刑、改造、流放之地。

火车行驶了两天两夜后到达兰州，杨黎明在此转车去西宁。在候车室中，她意外地遇到了熟人——上海第一人民医院的护士长小林，她是带着女儿去西宁探亲的。她的丈夫张先生原是中国医学科学院（北京）的研究员，1957 年被划为右派，后被送至西宁改造。忠诚于爱情的小林，顶住种种压力，毅然和张先生结了婚。杨黎明问她："后悔吗？""不！总会解决的吧。""是啊！"可是，耸入云霄的阴暗的皋兰山，似乎在警示人们山道之难。两人不约而同地发出叹息声。

西宁到了，小林开始忙起来，情绪也好多了。火车靠站，小林满脸放光了，她兴奋地对女儿喊着"看，爸爸！"小林的一家团圆了，他们边走边说笑的背影，展示着令杨黎明羡慕的苦难中的无比幸福，也成了铭刻于她心中的永恒的"爱"的定格。

出发三天后，杨黎明乘上去尖扎县的长途汽车。一路上，汽车在崇山峻岭间穿行，不断急转弯，迂回在山坡和山谷的险道上。4 个小时后，黄河南岸的群科镇（属于尖扎县）到了。她和来接自己的陆锦璧竟然走错了路，十分钟后才相见。她发现他黑了，穿得很寒酸，也显老了；但他很健康，目光仍炯炯有神，脸上没有沮丧，仍充满着自信。他背着她带的行李，从约四层楼高的峻峭的河岸走下去，下面就是黄河了，河床两边结了冰，但中间的河水却依然不息地奔腾。而且，那水竟清澈见底！可见，"俟河之清，人寿几何"乃是下游之所见。淡蓝色的河水中，竟有银灰色的小鲤鱼自在地摇着尾巴，穿梭于五彩斑斓的石头之间。看来，并非"水至清，则无鱼"，倒是人至诚，则有虞。两边是布满沟坎、数说着历史沧桑的黄土高坡。在离河面两米以下的河床的斜坡上，大自然的鬼斧神工造就了世上最伟大的雕塑。岸边是蜿蜒的延伸至视点以外的冰浪，千姿百态的浪花似乎在刹那间被严寒冻结了，但它们还在无声地呐喊，沉默地撞击，急切地期待，在与无情的严冬抗争。这时的河似乎很浅，但水流湍急，且到处是旋涡……"上船吧！"一个藏民撑着牛皮筏子来了。不到十分钟，他们就到了彼岸。

一大片开阔的河谷，由于得黄河之独厚，成了肥沃的耕地和牧场，康家和杨家两个公社就在这里，农场也就以"康杨"为名。数百名劳教人员在此手握铁锨，开垦着这块处女地，也斩除着自己的尘缘。场部是康杨农场的中枢，那里有几排较为整齐的砖瓦房，是办公室和干部宿舍。接待干部殷切地关照杨黎明："明天是大年初一，但他仍要上班，你要好好帮助他改造。"

杨黎明和陆锦璧暂时住在一间烟草仓库里。在泥地上，他们用麦草铺了"床"，铺上了杨黎明带去的新床单。二两"西凤"酒、一份食堂打来的饭菜便是他们的婚宴。没有亲友的祝福，没有任何可以称之为"仪式"的程序，他们自己完婚了。他们的心情既凄苦又温暖，他们之间的感情说不清、道不明，那早已不是用"爱情"两字可以表述的相依为命之情，它为彼此增添了生活的勇气和对各种事情的抗压能力。

第二天，他们搬到了另一间房，总算有了一张板床。陆锦璧的难友们开始来做客。农场是个男儿国，女人对他们来说是"稀物"。无论谁的家属一去，都犹如一阵春风，也像一次小地震。人们失眠了，抽烟的抽得更凶了。老李是日本东京帝国大学的留学生，小朱原是北京大学数学系的才子，还有人民出版社的编辑、上影的演员，等等。这些人，不仅背负着不知何时可洗清的罪名，而且几乎都面临着家庭危机。他们不知何时可以脱离这无期的放逐，有的人，劳教一年，"就业"十几年；他们要做他们不愿做的事，荒废他们的学识和专业；他们要承受生命逐日消耗而事业无望的痛楚；他们要等闲地面对社会的偏见、媒体的横扫、父母的误解失望乃至唾弃、妻子（情侣）不得不屈从于严酷现实的离异（分手）、不懂事的子女的"大义灭亲"；他们要忘记自己作为人的尊严和伦理道德……

他们能反抗吗？不能，每年的冬训和宽严大会在等着他们。数学才子曾抗议队长把他所割的一块多边形的青稞地按三角形计算："请你不要因为想克扣我的工分而歪曲几何学的基本原理！"队长立即拿起红宝书："帝国主义和一切反动派都是纸老虎！"才子回道："包括你在内！"幸而后来没算他的账。这些男人们，犹如被严寒冻结了的黄河水，像那两岸的奇异的冰浪，只能无声地咆哮，静态地挣扎。他们不像女人，连痛哭一场也不能，不是说"男儿有泪不轻弹"吗！他们要用自己被压弯的腰背扛着如山的罪名和各种不能卸除的责任；要以破碎的心给自己缺氧的肌体泵血；要驱除脑髓中的清醒，换之以麻木……这一切都是何等的艰难！

这些男人们的遭殃，还不免牵累他的家庭和孩子。劳改队有一个小男孩，父母离婚，小孩判给父亲，随父来此。这个小孩子成了"劳改队之花"、众人的宠儿。人们给他吃这吃那，晚上和他们一起睡通铺。杨黎明每每看到这孩子，就一阵心酸。孩子无辜！她觉得孩子的母亲心太狠了，无论如何不该让孩子幼小的心灵这么早地受到伤害！

（四）第二次去青海探望陆锦璧

1970 年春节前，杨黎明带着刚满两岁的女儿，再次到青海去探亲。此时，因康杨农场改为五七干校，陆锦璧被调往海西的都兰县了。由于平时陆锦璧来信写的寄信人地址是"401 信箱 20 分箱"，到了都兰县（察汗乌苏），杨黎明四处打听 401 信箱的 20 分箱在哪里，人们都说不知道，因为信封上的地址是一般人不能破译的密码。杨黎明跑到公安局打听，一位上海籍的公安民警告诉她，到 20 分箱还要赶几十里路。他热心地告诉她，恰巧 20 分箱有两位干部正在县城抓"逃跑"的就业职工，建议她去找那两位干部帮忙。杨黎明照他的话做了，20 分箱的那两位干部也答应了她的请求。

次日，两位干部带着四名被抓获的"逃跑"职工和杨黎明一起上了卡车。逃跑职工中，有的是杨黎明过去在康杨农场见过的。一个多小时的车程后，大家到了总场。总场到分场（即20分箱）还有一段距离。四名"逃跑"者进了一间有火炉的会议室，押送队的萧队长对杨黎明说："委屈你在这儿待会儿吧，别的房间没火。"逃跑者之一、杨黎明过去就认识的大李说："我们要走，你怎么还来啊？"杨黎明告诉他外面形势十分紧张，逃出去也没有他们的立足之地。

管教科的赵科长进来了，他还算和蔼地问四名逃跑者："说说看，干吗要逃？"四个人不作声。科长叫大李："你先说！""我娘都快死啦！我不该去看看她吗？"科长转向另一位："他要看娘，你呢？""我媳妇快跟人跑啦，只有我回去才能拉住她。""你呢？""想回家找个媳妇呗！""还有你？""我在这还要待多久啊？我也要看娘，也要搞对象啊！"科长说："你才几岁？我到38岁才结婚！""科长，我们哪能跟你比啊！你是革命干部，我们是就业职工，没人要啊！只能趁年轻去骗一个来呗！""什么？骗？""不骗咋办？这种单位的人谁要？""行了！"科长似乎也心软了："你们说的也算是个道理，可我们没有政策啊！你们要相信，毛主席是不会忘记你们的！"四个人却异口同声地说："他老人家早就把我们忘啦！"此时，旁边的杨黎明感到哭笑不得。科长指着她说："你们问问这个妇女，外面是啥样？一旦中央有相关的文件下来，就连夜让你们回家，我们也省得待在这儿，我们干点别的，也比在这儿强啊！"赵科长的最后一句话起了作用，大家都安静了。杨黎明觉得科长讲了体现人性的真话。许多干部本来是"押运员"，孰料押运到目的地后，又被要求留在这里当管教人员，回不去了。

在分场（20分箱），教导员找杨黎明谈了话，说："陆锦璧表现得不怎么样！""他又犯错误了吗？""他打击进步，支持落后！你来也好，好好帮帮他！"

分场距离陆锦璧所在的第三生产队——伊克高里还有30多公里。次日下午3点，杨黎明带着女儿乘坐马车前往三队。好几条一米多宽的湍急的深溪成了难越的路障，路面也坎坷至极。三个小时过去了，马车仍艰难地在荒原上爬行。气温已不知降到了零下多少度，雪花开始飞舞。杨黎明不禁想起了条件好得多的康杨农场。三年了，他被放逐得越来越远、越高，路也越走越窄、越难。从1964年到1970年，是他人生中应有也能有丰硕成果的壮年，可对属于他的岁月的无情剥夺，使他虚度了六个春秋而颗粒无收！他本可为社会做多少贡献，使他的人生发出光彩；作为一个"仍享有公民权利"的人，他更应该和妻儿团聚，享受基本的人的权利。

晚上7点多，杨黎明终于看到了"一片孤城万仞山"，体会了"大漠孤烟直"的描述的逼真。三队原是1960年河南移民开垦的地方，后来移民死的死，逃的逃，此处便成了荒地，但倒是为劳教期满的就业人员留下了一个可避风雪、可耗年华之处。晚上9点多，杨黎明和女儿终于到达三队了。人们正好"学习"完，陆锦璧回来了，杨黎明把女儿交给他说："好好看看吧，我们的女儿！"

这里也有家属院。难友老水的家属还没来，所以把自己堆满了柴的屋子让给了杨黎明一家暂住。连着火墙的土灶里早已燃起了熊熊的火。女儿在温暖的氛围中逐渐苏醒了，陆锦璧高兴地看到，女儿长着一双和他一样的明亮的大眼睛，长长的睫毛，可爱的圆圆的小脸。离别已三年，经过数日、数千里的跋涉方能享天伦之乐，一家三口相聚是多不容易啊！此时真是"夜阑更秉烛，相对如梦寐"了。他们倾诉着别情，享受着眼前的温馨，也预测着难以预测的未来的命运。

当晚，女儿就发高烧了，整夜叫着：茶！茶！次晨，她突然面色苍白，哭声变弱。杨黎明慌了！西医们一致认为是高山反应，只能回去；一位中医却说孩子的反应强烈，但适应也快。最后，杨黎明决定先回海拔稍低的分场医院。队长亲自布置派车派人，3小时就到分场医院了，女儿的面色也红润了一些。一周后，杨黎明夫妇曾试图转往总场医院，他背着女儿，她拿着网袋，踏雪走了十里上坡路。好不容易到了公路上，但却拦不到车，只能再回分场。此时，恰好碰到从总场归来的分场医院的院长，他认为分场医院可以治好。总算女儿命大，经过分场医生的认真治疗和自身的调节，她挺过来了。不久，她就适应了3700多米的海拔，并活泼如常。后来回家乡后，她的红细胞竟有600万/立方毫米之多。

他们又过起了小日子。杨黎明用她带去的土产做包子、做煎饼、做八宝饭，也经常招待他的难友们。她学会了擀面条，陆锦璧一顿能吃一斤面条。在海拔3700多米的地方的劳动非同小可啊！

伊克高里（蒙语意为"大河"）地处巍巍昆仑的北麓，莽莽柴达木盆地的南缘。海拔3700多米，冬季气温零下20多度。附近没有河，只有几个人工的储水方塘和深达几十米的水井。地上几乎没有植被，据说到夏天也只有细细的沙柳和芨芨草。没有柴草，杨黎明夫妇只得两次到盆地上去掘麻黄根。他们怀着敬意，仰望着永远望不透的、与苍穹亲密私语着的巨人——昆仑。就在它的脚下，闻名世界的柴达木是万古荒原，硕大得无与伦比的连绵的群山，像传说中的打开混沌宇宙、使之清扬浊沉的顶天立地的盘古，张开他的粗壮的两臂环抱着它。白茫茫的地面是盐碱、沙、土、石的混合物，上面有稀稀拉拉的沙柳枯枝和败草。

向北极目四望，荒原广漠无边（据说有22万平方公里），天空、群山和地面都万籁俱寂，令人情不自禁地琢磨：这苍苍的大地，它已沉睡了多少年？那天，未见鹰和黄羊的踪影，陆锦璧用十字镐艰难地刨着地下的麻黄根，妻子和女儿在后面拣。到黄昏时分，终于装满了一车。他在前面拉车，她在旁用绳子帮着拉，女儿则坐在柴堆上。他们还有点浪漫的情怀，觉得这镜头如果在列宾的笔下，是一幅不亚于《伏尔加河上的纤夫》的画，是为生存而挣扎的一家三口在艰辛的灰黑底色上画就的一抹橙黄的暖色。

陆锦璧每天早出晚归，杨黎明总是一到收工时间就在门口等他。他进门后，杨黎明就把女儿递给他抱，让他感到家的温暖；女儿也在他怀抱里撒娇，表现出与生俱来的对爸爸的亲爱和依恋。谁说"贫贱夫妻百事哀"？他们享受着一种甘苦与共的幸福。

好景不长。1970年1月31日，中共中央发出《关于打击反革命破坏活动的指示》。2月5日，又发出《关于反对贪污盗窃、投机倒把的指示》和《关于反对铺张浪费的通知》。以上统称为"一打三反"。这场运动开始后，每天在劳动休息时就要进行工地批斗；在10个小时的劳动后，晚上还要继续。不久，陆锦璧因存在所谓"打击进步、支持落后"问题被批斗了，被拳打脚踢。运动有硬性的批斗指标，为了完成百分比指标，场部总要揪出几个整一整。

一天晚上，有人来通知杨黎明，说陆锦璧被隔离了。干部开始动员家属离场，指导员劝杨黎明赶快回浙江，说"眼不见为净"。场部先后以不卖面粉、控制食粮来驱逐来探望的家属。杨黎明要求队长让他们一家人再见上一面，然后就走。队长答应了。当晚，他们终于见面了，他说："想到你，我的心都碎了！"杨黎明在一篇博文中说"我本来就是'心之忧矣，如匪浣衣'，听了他的话，我的心也几乎碎了！我不知会出什么事，那是'欲加之罪，何患无辞'的时代，人人自危啊！我担心极了，因为我了解他。他是个为爱国而'痴心不改'的人，他是个为寻求真理而不屈不挠的人，他是个不为苟活而轻易认错的人。"

　　5月1日，小雪纷纷扬扬，带着寒冷和一系列的未知数，杨黎明抱着女儿走了，陆锦璧没能送行。杨黎明和一位回山东的难友妻子同行，好不容易走到公路上，她们不断拦车，一直到晚上7点才拦到一队军车。车队也正好要休整。她们要求姓张的连长带上她们，他说如果有位子，是可以的。这时，一位营教导员来了，他问："孩子他爸是啥事？"杨黎明说是右派。他说："不过是意识形态问题嘛！去找位子吧！"她们终于找到了位子。

　　晚上，这批善良的军人让杨黎明一行住进了免费的兵站，还答应她们第二天仍可跟车到西宁。这一路，她们住了两次兵站。在宿舍里，一位女军医问杨黎明是哪团的家属，她如实相告是"职工家属"。她非常同情她们，给孩子们吃糖；杨黎明去洗衣服时，她还帮忙看孩子、叠被子。

　　杨黎明回家一年后，不该发生的事都来了——杨兆龙因为"叛国投敌"被判无期徒刑，陆锦璧因为书写"万言书"被判20年有期徒刑。杨黎明仰天长叹：人生的路，怎么越走越窄？

（五）和陆锦璧的婚姻

　　杨黎明和陆锦璧的婚姻带有深深的时代烙印。陆锦璧1957年在华东政法学院被划为右派、送到青海劳动改造之后，原来的女友与他分手。1962年，他在青海第一次被摘去右派"帽子"，孑然一身，举目无亲。遂向远在杭州的哥哥陆锦华提出，能否帮他介绍一个女朋友。陆锦华是个老实正派人，民国时期之江大学政治系毕业，中华人民共和国成立初期又到浙江的一所革命大学读书，毕业后被组织推荐到北京谢觉哉领导的政法干部培训班学习，然后分配到杭州中级人民法院工作，担任审判员。陆锦华"三反五反"时是打虎队副队长，因向组织反映本院院长夫人有贪污法院扣押物中的一支派克钢笔行为得罪了领导，后被诬陷曾经担任过三青团的区队长，是历史反革命，并因此被判处以两年有期徒刑，口头宣判，没有判决书。服刑期间，经他再三申诉，杭州市公安局反复核查，确认他没有当过三青团区队长，应该无罪释放，回原单位工作。但是，因原单位拒收，只好把他安排到杭州附近的留下生产自救队工作。

陆锦华的妻子李金宝，也是浙江海宁人，两家相距几里地。李金宝读高中的时候，体育教师喜欢她，经常送糖果给她吃，后来就要求她嫁给他。她不愿意，体育老师就把过去送给李金宝的糖果价钱计算一下，有200多元，便声称这200多元是被李金宝诈骗走的。结果正在读高三的李金宝就被送去劳动教养，并因此认识了同厂劳教的杨黎明。李金宝劳教期满后，与陆锦华相恋结婚。陆锦璧托哥哥找对象，陆锦华让李金宝帮忙，李就把杨黎明介绍给了陆锦璧。

1963年9月，杨兆龙被捕。陆锦璧不但没有停止和杨黎明的联系，反而于1964年春节怀着对杨兆龙的崇拜之情，到杨家去和杨黎明相亲。沙溯因对他很满意，考虑到陆锦璧已38岁、杨黎明28岁，年龄都不小了，因此沙溯因不顾女儿的犹豫，督促他俩办理了登记结婚手续。但是，两人约定不急于结婚，互相再了解对方一段时间再办理结婚仪式。陆锦璧回到青海后，就被公安机关怀疑卷入了杨兆龙叛国投敌案，重新给他戴上了右派"帽子"，予以劳动改造。杨黎明早已被自己的工作没有着落、父亲和弟弟突然入狱等弄得心力交瘁，本指望和陆锦璧搭建一个宁静港湾，哪里想到刚刚认识的陆锦璧也进入风雨飘摇之中。

后来，杨黎明两次到青海探望老陆，并生下了一儿一女。正当孩子们一天天长大，杨黎明盼望一家人能早日团聚时，老陆却在1970年的"一打三反"运动中因撰写反动的"万言书"，被以"现行反革命罪"处以20年有期徒刑。杨黎明几乎要崩溃了！首先面临的问题是：家里的经济来源枯竭了。杨黎明不仅要抚养两个孩子，还要不时接济监狱里的父亲和弟弟（给他们送点鱼肝油、奶粉）。她每个月的收入有三部分，一是她的姨妈沙轶因每月从南京寄来的10元，二是老陆每月寄来的10—15元，三是她自己的劳动工分挣的钱。老陆一出事，每个月的钱没有了；沙轶因迫于政治压力，愈来愈不敢寄钱，好在沙轶因的丈夫不在乎，反倒劝说沙轶因每月接济杨黎明。杨黎明为了稳住姨妈沙轶因这笔钱，已对姨妈谎称"老陆生病死了"。老陆出这么大的事，如果沙轶因知道了，绝对不敢再寄钱给她了。

（六）海宁庆云小镇情怀

1966年，在痛失母亲之后，杨黎明毅然放弃了许多人求之不得的上海户口，去了丈夫陆锦璧的家乡——浙江海宁县庆云镇。

杨黎明刚到庆云镇时，看见不少老太太头上都包着围巾。嫂子告诉杨黎明，那是一些被剃了阴阳头的各种"坏分子"，是几个不务正业的痞子青年干的。但是，路上相遇时，人们依然亲切地招呼着，并不恶而避之或畏之如瘟疫。镇干部（一共只有七个）都被痞子们逼得"靠边"了。杨黎明目睹这些现象，不禁担心自己是否会被如此整肃。嫂子则说，你只要安分，是不会有事的。由于陆锦璧兄嫂的力劝，杨黎明在镇上报了临时户口，没有去当农民。嫂子说：去不得呀！镇上户口和农村户口有天壤之别，你还是在蔬菜加工厂做个临时工吧！

于是，杨黎明开始和没工作的人们（大多是女人、老人和辍学的孩子）一起做临时工。小镇的蔬菜加工厂里演奏的是"活命交响曲"。为了挣钱生存，男女老少挤在一起，手飞快地动作着。手流血了，用手帕一扎，继续干，挣钱活命要紧啊！人们还一边说着或文雅或粗俗的笑话，真是苦中作乐呀！一天下来，手脚快的可以挣一块钱左右，杨黎明只能挣八毛钱。这是季节工，一年只能干 5 个月。继之，嫂子又让杨黎明给缝纫社锁扣子洞，锁两个洞一分钱。她一天最多能锁 150 个洞。他们说："你怎能锁得这么认真呢？这样干，只能喝西北风啊！"杨黎明觉得这日子过得艰难而安心，人们差不多都是这样过的，自己也没有什么可抱怨的。

但是，"震波"一个接着一个，小镇也跟着"摇晃"了。"清理阶级队伍"开始前，女儿生了病毒性脑炎，杨黎明陪她一起住在县医院。一天，急诊室突然有人大声喧哗，听说庆云镇上有个人被造反派打得一命呜呼。杨黎明不敢继续听下去，她忧心忡忡，不知事态还会怎样蔓延。很快，老陆的哥哥来到县城，叫她尽量多住几天，因为她的名字已被列在"学习班"的名单之中了。

祸，终究躲不过。女儿病好了，杨黎明只好回到小镇。"群众专政指挥部"（就是几个痞子和少数投机者）下令了："今晚批斗你，要老实交代！"

晚上，杨黎明镇静地抱着女儿站在乡亲们面前，在做了不惜自我诋毁的检查后，人们开始例行的"愤怒驳斥"——三个初中毕业生读着父母们帮着写好的表态稿，其他观众都默不作声。然后，人们举手呼喊："打倒没有改造好的右派杨黎明！"两岁的女儿不解地看着妈妈，也在她的怀抱中频频举起红宝书。好在小镇的人还是讲古道，不愿"踏沉船头",所以杨黎明没有遭受皮肉之苦。最后,"群众专政指挥部"的头儿对杨黎明宣布了两条处罚决定:每天去造桥;每天凌晨3点去食堂扫地。

次日凌晨3点,她准时到了食堂,炊事员美娥说:"呀,你怎么真来了?你有孩子啊!快回去!"杨犹豫着:"那他们问起怎么办?"美娥说:"你放心,我会说你来过了。以后可别再来了,你还真听他们的?那不过是闹着玩呀!"

到了7点,杨黎明又抱着女儿去造桥工地。她搬石头,女儿则在棱角锋利的石块间乱窜,不肯回家。供销社的王同志看见了,连忙把杨黎明叫到建筑社,让她坐着擦钢筋。可惜,王于5天后"自绝"了。陆锦璧的侄子叫她不要再去擦钢筋,理由是有孩子。一个痞子来逼她去,她鼓起勇气说不能去,因为有孩子。陆锦璧的侄子补充说:"她要干活挣钱活命。"那痞子大吼:"斗她时你去陪斗!"侄子也大声说:"陪就陪!"这时一屋子的人都帮杨黎明说话:"做事不要做绝!做人要留后步!"她终于没再去擦钢筋。

但是,扫街的命令她却不敢不执行。她认真地干着,把孩子交给陆家人或好友照看。街坊们都暗地里叫她停扫,布店的伙计给她支招:"这是环卫站工作人员的分内事,他们每月几十元工资呢!你去问他们要工资,人总得吃饭啊!"杨黎明想,要吃饭活命总不是犯罪,遂如是直言。一个头儿说"要研究研究"。另一个头儿说:"是啊!再说了,说不定啥时又给你们平反了呢?算了,你别扫了!就说是我说的!"

冬去春来,杨黎明和小镇的人已几乎融为一体。她每月靠陆锦璧寄来的10—15元和小姨沙轶因寄来的10元生活,过的也算是中等的日子了。没想到,在1970年的"一打三反"运动中,陆锦璧被查出书写"万言书",成了"现行反革命",被判重刑20年。一下子,杨黎明少了主要的生活来源不说,更可怕的是她失去了最重要的精神支柱。杨黎明几乎失去了生存的意愿,她痛哭自己和他的命途怎会如此多舛;痛哭无辜的孩子们又将被列为"贱民";痛哭本来就离多聚少的他们,将要到"尘满面、鬓如霜"时才能"相对泪千行"。

陆锦璧的哥哥忐忑不安地把青海来的军代表的话转告给她,希望杨黎明坚强地活下去。为了不让杨黎明一家饿死,公社安排她去扫马路和厕所。许多人劝她不要接受,说这是最下等的活。但是,她知道此时是"派你没商量",而且那些原来的环卫站职工,不也做了几十年了吗?再说,不是说"卑贱者最聪明"吗?让自己变成聪明族的一员,也没啥不好。这样，她一做就是 8 年。她每天坦然地、认真地扫遍全镇的马路和厕所，两个孩子基本上由陆家年老的姑姑帮忙照看。有时，两个孩子喜欢紧紧跟着妈妈，甚至帮妈妈抬垃圾。收工时，杨黎明挑着担子，背着儿子，女儿则拉着她的衣服自己走。

小镇的人觉得她的命真苦。他们讨厌势利眼，并不歧视杨黎明。相反，他们对她反而呵护有加。他们说："你现在是落难，将来会好的。"好友瑶、萍每当丈夫发工资时，总会问她是否需要钱。她们还常常把在院子里或河边自种的蔬菜送给杨黎明。一次，孩子生病，杨黎明无奈地抱着孩子在街上游荡。老陆堂嫂知悉后，立即以刚烧好的当晚饭的老南瓜款待她们，还接济了她 2 元钱和 5 斤米。某个大年夜，她正在发愁向谁借点钱过个年，想不到一位好友竟如圣诞老人般送来了一盖篮的年夜饭。

小镇的人以助人为乐，尤其以助穷苦人为乐。杨黎明的工作是走街串巷的，沿着她的扫帚的轨迹，总有些亲切的"接待站"——给她喝水，让她歇息一会儿，说几句安慰的话。不时地，有人塞给她一包冬菜、一篮山芋、半斤豆腐干的边皮（不要凭票供应）；建筑社的人会叫她把零碎木片拿走（省得她买柴）；在饭店工作的好友淑，总让她在店里蒸饭，有时还顺手舀一勺猪肝汤给孩子们；隔壁的农具厂在清倒废铁时，总是先给杨黎明通风报信，让她的孩子们能捷足先登；卖面的会多给她二两面；卖布的也会多给她剪几寸布；邻居邱婶会关照她："要吃莴苣叶和葱蒜，尽去我家的园子里摘吧！"生女儿时，嫂子全程陪伴照顾；生儿子时，好友素从她的 35 元工资（她要抚养 5 个孩子）中取出 2 元资助杨黎明，好友萍送了 3 个鸡蛋，堂嫂给了一只鸡腿和鸡汤，好友珏帮忙带女儿和烧饭；杨黎明去青海探亲时，好友莉毫不犹豫地拿出她仅有的 50 元借给她……

这些在城里人、有钱人看来微不足道的事，对穷困潦倒、孤苦伶仃的杨黎明而言，却是恩重如山！这不仅是物质的支援，更是精神的抚慰！是使她重新看待人生和社会的转机，让她已如死灰的心又燃起希望的火种！使她感到自己何其不幸，但又何其幸运！她这个黑色人物竟有整个小镇的侠肝义胆的帮助和扶持！

幸运的是，绝大多数公社干部也不难为她，沈书记还问她生活是否有困难，并让她成为环卫站的正式工人。

1973 年，杨定亚释放"回家"了。由于习惯，他不敢"乱说乱动"。老陆的嫂子发现后经常对他说："小舅舅，下去坐坐、出去走走吧！""今天到我们家吃饭！"几天下来，杨定亚已宛如他们的一家人，孩子们爬到他身上，拉他去逛街。杨定亚感慨地说："怎么会找到了这么个好地方！"

1974 年，分别 8 年的杨任远终于从陕西铜川回来。左邻右舍立即来探望，你一篮黄豆，她一篮鸡蛋，他一把冬菜，更有那一声声的亲切称呼"大舅舅"，使杨任远喜得连连说："你生活得不错啊！你的能量真大啊！"老陆的哥嫂为杨任远接风洗尘，杨黎明的好友们和附近的知青也纷纷来探访，没人嫌他是右派分子，是"劳改队"里的"职工"。

1975 年，公社的汤书记含笑悄悄地对杨黎明说："你爸要回来了。"果然，12 月 25 日，杨黎明在上海见到被特赦的父亲杨兆龙。1976 年 1 月 6 日，杨黎明和老陆的哥哥把杨兆龙接到庆云镇，他只有回女儿杨黎明这个简陋的家了。

1976 年，杨任远在庆云镇简单成婚。新房是正准备结婚的杨黎明好友无偿借用的，床是知青芬慷慨暂让的……小镇的人真是愿意成人之美啊！

（七）穷人的孩子早当家

杨黎明和陆锦璧 1967 年 12 月有了一个女儿，1970 年 11 月又有了一个儿子。姐弟俩由于家境贫困，比别人家的孩子更早地懂事。姐姐总是主动带着弟弟玩，让妈妈安心劳动；她会和弟弟把妈妈扫好的垃圾抬去倒掉；他们会无所谓地穿着别人送的破旧衣服！

有一次，杨黎明带着他们去监狱探视杨兆龙，在两米多长一米多高的隔离台上，两个孩子亲热地叫着"外公"！杨兆龙哭了，又笑了！他拉着两个孩子的手，直到探视结束。不知为什么，年幼的儿子也大哭了一场，大概是被那种不寻常的场景吓着了，特别是当他看到杨兆龙一步一回头，流着眼泪而去的情景。

他们问杨黎明："爸爸是坏人吗？""外公为什么要被关起来？"她只能说："他们不是坏人，但是做了有人不喜欢的事。"女儿似乎懂了："哦！那么，我做了你不喜欢的事，你也要把我关起来吗？"

两个孩子都知道妈妈没钱，但对远方的爸爸的特别关心又似乎是天性。女儿 5 岁时曾想乘轮船去找爸爸，后来才知道那里得乘几天几夜的火车。贫穷使他们有时连饭都吃不上，但他们不惜用拾荒、捡废铁卖得的钱买了咸肉和大米，经铁路寄给爸爸陆锦璧。他们去拾煤渣，以补每月定量煤球的不足。1974 年，杨任远要来庆云镇看望他们，杨黎明买了四个很小的苹果，准备款待他。但是，杨任远把苹果分给了孩子们，他们却坚决地要大舅舅吃。他感伤地说："早知道如此，我从陕西带的一箱苹果就不该送给南京的小姨（即沙轶因）。"

1976 年，杨兆龙特赦出狱，两个孩子总算有外公在一起了！他们牵着杨兆龙的手去逛街，陆锦璧的侄子们戏说："学会拍马屁啦？"杨兆龙不同意："他们是真诚的。"

他们苦吗？当然苦！可是，孩子的生活中只要有爱，他们就是快乐的。幸亏这里没有人歧视他们、欺侮他们，大家都一样穷。他们在天然的氧吧里呼吸，沿着金黄色的油菜田中的道路去上学，在街坊们同情和慈爱的眼神中成长。弟弟还小时，姐姐带着他去上学，在课堂上，老师允许他俩坐一个座位，一起琅琅读书。这是当时那个乡村小学的一道奇异的风景。

经济的拮据是他们无法驱除的阴影，两个孩子都明显地营养不良。邻居们开玩笑地说："把你们送给有钱人家吧！你们家太穷啦！"孩子们异口同声地表态："我们不去！我们家好！"

女儿毕竟大几岁，她懂妈妈的心烦。她好几次对妈妈说："妈妈，你最苦！因为爸爸不在你身边，因为我们太小，你想说的话我们还不懂。"女儿的善解人意使杨黎明不能控制自己而热泪盈眶！

为了减轻妈妈的劳累，女儿从 7 周岁起早上就自己用煤油炉烧泡饭，还帮妈妈洗衣服。杨兆龙中风后要服侍，外孙女帮他擦洗，外孙帮着喂饭。偶有亲友送来点食品，他们从来不会去侵占。杨兆龙吃饭店里买的面条，他们则乖乖地和妈妈一起吃白水冬瓜汤。他们从来没拿过压岁钱，身边也从未有过零用钱。

1979 年 8 月，杨黎明去母校上海第一医学院进修。那时，女儿 12 岁，儿子 9 岁。临走前，杨黎明把家交给了女儿。此后，女儿一边操持家务、照顾弟弟，一边读书，仍以学业成绩第一小学毕业。当杨黎明在国庆假期回家看他们时，女儿把妈妈留给他们的两元零用钱一分不少地还给了妈妈："妈妈，我们不要用钱！你用吧！"邻居们见了杨黎明，对她的两个孩子（尤其是女儿）赞不绝口："争气啊！""从不牵头皮！""有自理能力!""不爱花钱，这是最难得的!""爱护弟弟啊! 卖棒冰的送她一支棒冰，她给弟弟吃，自己不吃；弟弟要她也咬一口，她才咬了一口!"

穷人的孩子早当家，此理千真万确!

(八) 回到上海

1976 年 10 月，"四人帮"垮台，政治风气愈来愈晴朗。1978 年年初，镇上的干部对杨黎明说："你的苦日子快到头啦!"同年 6 月 13 日，医院的张支书找到杨黎明说："把扫帚放下，去医院上班吧!"从此，杨黎明回到了她热爱的医学岗位。从解剖、组胚、生理开始复习。人们都为她高兴，"出头啦!""甘蔗老来甜啊!"小镇的人总为别人的忧而忧，为别人的乐而乐啊!

1985 年，杨黎明和孩子们迁回申城，但她心中仍念念不忘小镇的古道：那种把人的尊严看得很重的古道，那种威武不能屈、富贵不能淫的古道，那种乐于救人于水火之中的古道。她在一篇博文中深情地写道：

> 充满人情味的、淳朴的、宁静的小镇，我在你的怀抱中度过的十九年，是我收获最丰富的十九年，是我真正懂得应该如何做人的十九年。让我默默地感谢你! 并祝福你永远宁静、永远保持你的传统的高风亮节吧!

第十三章　杨兆龙和他的师友们

一、杨兆龙与老师司徒雷登

司徒雷登（John Leighton Stuart），美国基督教长老会传教士、外交官、教育家。1876 年 6 月生于杭州。1904 年开始在中国传教，曾参与建立杭州育英书院（即后来的之江大学）。1908 年任南京金陵神学院希腊文教授。1919 年起历任燕京大学校长、校务长。1946 年任美国驻华大使。1949 年 8 月离开中国。1962 年 9 月 19 日逝于美国华盛顿。

1916—1922 年，杨兆龙在镇江教会私立润州中学读书，校长正是司徒雷登的父亲。他 1866 年自美国来杭州传教，后来娶了位美国姑娘。夫妇二人共同在江浙一带传教，热衷于创办学校，选拔天资好的孩子到教会学校读书。杨兆龙学习勤奋，英语特佳，以全校第一名的成绩毕业，因而深得校长赏识，他特意安排杨兆龙与自己赫赫有名的儿子——燕京大学校长、比杨兆龙年长 28 岁的司徒雷登相识。

中华人民共和国成立后，人们对于司徒雷登的评价，经过两个阶段和两种不同评价。一是改革开放前，众口一词地痛批，尤以毛泽东《别了，司徒雷登》最为脍炙人口、深入人心；二是改革开放后，有人在网上发表纪念他的文章，觉得毛泽东的文章有点冤枉他。司徒雷登 1954 年前后撰写的《原来他乡是故乡——司徒雷登回忆录》也于 2014 年由江苏人民出版社出版，该书的封底写着这样的话："司徒雷登，他因毛泽东的《别了，司徒雷登》一文而在中国家喻户晓，毛泽东对他的评价是'平素装着爱美国也爱中国'。""他是名副其实的'燕园之父'，为中国的抗战事业奔走呼号，由燕京大学奔往大后方和敌后根据地的学子，全部是由他指示校方解决路费的。""他评价自己'是一个中国人更甚于是一个美国人'。"毛泽东当年对司徒雷登的评论错了吗？大体没错。

其一，毛泽东没有抹杀司徒雷登对中国教育和抗战事业所做的贡献。他说："司徒雷登是一个在中国出生的美国人，在中国有相当广泛的社会联系，在中国办过多年的教会学校，在抗日战争时期坐过日本人的牢。""在中国办过多年的教会学校"肯定了司徒雷登对中国教育事业的贡献。1918 年开始，司徒雷登历经数年在美国筹集资金 250 万美元，创立了燕京大学（当时共花费 360 万美元建成），任校长 27 年。据统计，燕京大学办学 33 年，注册学生 9988 名，为中国培育了大批高水平人才，其中中国科学院院士 42 人，中国工程院院士 11 人，各学科带头人超过 100 人。"在抗日战争时期坐过日本人的牢"表明司徒雷登曾经是中国抗战事业的支持者。1931 年"九·一八"事变发生后，司徒雷登率领燕京大学师生走上街头游行，领头高呼"打倒日本帝国主义"。卢沟桥事变爆发后，为免遭日寇骚扰，司徒雷登让学校悬挂美国国旗。燕京大学不仅为沦陷区学生提供了继续求学之处，还成为沟通沦陷区与解放区及大后方的秘密通道。1941 年 12 月 7 日，日本偷袭珍珠港。12 月 8 日，美国对日宣战，日本宪兵当天就逮捕了司徒雷登。他坐牢时间长达 3 年 8 个月，直至 1945 年日本投降后才获释。燕京大学毕业生黄华在其《亲历与见闻——黄华回忆录》一书中写道：燕京大学在司徒雷登主持下，"不像其他大学那样直接处于国民党反动政府的高压下，学生的活动受到种种干扰和镇压，学生很容易被逮捕和监禁。燕大的外国教授多数能明辨是非，秉彰正义，同当时普通美国人一样，同情中国人民的抗日斗争，反对日本侵占中国领土。燕大这种比较宽松的政治环境使学生的抗日思想得以较自由地抒发，燕大学生在当时的北平学运中实际上处于前卫和骨干地位。1935 年 6 月，国民党政府颁布了一则《敦睦邦交令》，公然宣布'以文字、图画或演说为反日宣传者，均处以防害邦交罪论处'。燕大学生会偏偏不听这一套，而大谈抗日，有时还在全体学生大会上点名指责蒋介石的投降卖国政策。1935 年秋季开学以后，燕大学生会公开出版的《燕大周刊》上每期都有谈论抗日的文章，揭露'何梅协定''广田三原则'和日本酝酿占领平、津的密谋。文章喊出了当时全国人民的心声。学生会还召集了几次学生大会，每次有六七百人参加，热烈讨论当时的政治形势，批驳所谓'攘外必先安内'的谬论，斥责蒋介石丧权辱国、媚日投降的罪恶行径"。

其二，司徒雷登作为美国驻华大使，忠实地执行了美国扶蒋反共的政策。他坦承，他原来赞成中国按照西方两党制那样建立一个国共"联合政府"。之所以有这样的想法，是因为他当时觉得中国共产党与苏联共产党不一样。他认为："共产党军队在 1949 年取得胜利，在这之前和在这之后，共产党在人民面前的姿态是争取信任、广交朋友。不管是中国民众（特别是农民）还是国外观察家，中国共产党都在努力给人们留下这样的印象：全心全意为人民服务，追求中国民主化，并努力使中国变得独立强大，屹立于世界强国之林。在政治宣传上，共产党将自己描绘成一个致力于'土地改革'的党派，一个不受莫斯科控制的有上进心的党派，同时也不受共产国际管理、不受共产党和工人情报局摆布。而斯大林对中国共产党的评价是：中国共产党根本算不上是真正的共产党，它只是'土地改革家'。"[1] 因此，司徒雷登认为中国共产党可能是一个激进的资产阶级民主政党；他想适度支持中国共产党，制约国民党，赞成在中国建立两党制，同时也防止中国共产党倒向苏联，妨碍美国反苏的国际战略。

司徒雷登的这种态度也是美国政府一个时期的想法。但是，随着时间的推移，司徒雷登和美国政府逐渐发现中国共产党并非他们想象的那种政党，而是一个以马列主义为指导思想、以共产主义为远大目标的政党，根本利益不同于美国，因此他们立即改变政策。"后来，一份明确得不能再明确的指示到了我手里，该指示声称，绝不能以任何形式协助建立包括共产党在内的联合政府。美国官方的态度就此改变。共产党是马列体系下的一支，中国又有特殊的历史、人口和其他因素，如此庞大的人口，让极权的手段无法覆盖整个国家，而有些共产党人的心里也有不可磨灭的民族主义情怀。这一切是否能

---

[1] 司徒雷登：《原来他乡是故乡——司徒雷登回忆录》，杜智颖译，江苏人民出版社 2014 年版，第 238 页。

使得共产党改变?"①

司徒雷登对美国政府的这种改变是支持的,他也不愿意中国出现政府垮台的局面,主张承认新中国。同时,司徒雷登却说:"我出席了整场会议,这些人的话使我感到气馁。我之前也说过,虽然国民党政府是有错误的,但是它始终都是在美国的支持下,经过艰苦的革命才诞生的。长期以来,国民政府被异己分子,特别是共产党所攻击;而在国际上,它又受到日本等国的外交压迫和武装侵略。可谓是内忧外患,所以它是无暇顾及'国计民生'的。也正是因为这样,在抗战8年后,面对以苏联为后台的共产党军队的攻击时,国民党军队无法团结一致进行有效的对抗。这也导致了它节节败退、溃不成军,最终不得不撤离到台湾。但是在这次该死的会议上,大家将所有的责任都推到了国民政府的身上,从未考虑过国民政府的处境。""曾几何时,国民政府的全部希望都寄托在了美国的援助上。那些我们承诺过的物资,因为运输时间太长,而导致东西到了中国却无法派上用场。美国在《雅尔塔协议》中把满洲的控制权拱手送给苏联,实际上也就等于白白送给了中国共产党,这是国民政府所没有想到的。要知道,满洲的地位极为关键,在得到它后,共产党的胜利之路就变得畅通无阻了。而苏联在1945年8月15日撕毁了双方签署的条约,这是国民政府乃至所有人都想不到的。在那份协议中,苏联承诺给予国民政府物质和道义上的支持,并且承诺不会支持共产党。要知道,从二战结束到1950年朝鲜战争爆发前,这段时间是国民政府最需要帮助的时期。然而,美国对华政策左右摇摆、前后矛盾,不但没有帮上忙,反而削弱了国民政府的实力。"②

笔者之所以介绍了这么多看起来似乎与杨兆龙无关的事情,是因为1957年杨兆龙被划为右派的一个原因就是他和司徒雷登的师生关系。实际上,杨兆龙一生只与担任大使前的司徒雷登交往过。杨兆龙在给组织的自传材料中,也主动提到过和司徒雷登的交往。杨兆龙中学毕业后,考入燕京大学哲学与心理学专业,学制四年,但他成绩优异,仅用两年即修满学分提前毕业,获哲学心理学学士学位。司徒雷登对他说,你学的哲学

---

① 司徒雷登:《原来他乡是故乡——司徒雷登回忆录》,杜智颖译,江苏人民出版社2014年版,第195、196页。

② 参见司徒雷登:《原来他乡是故乡——司徒雷登回忆录》,杜智颖译,江苏人民出版社2014年版,第234、235页。

心理学搞研究可以，但解决就业吃饭问题比较困难，故建议杨兆龙去学法律，这样好谋生。司徒雷登的话正合杨兆龙的心意。后经司徒雷登推荐，杨兆龙赴上海东吴大学法科夜校求学。杨兆龙的女婿陆锦璧告诉笔者，燕京一别，杨兆龙除了参加过一次司徒雷登的宴会之外，再也没有和司徒雷登接触过。

由此可见，杨兆龙和司徒雷登的交往属于学生和老师间的正常交往，而且是司徒雷登从政之前的事情，当然找不到"特务嫌疑"的依据。不过，司徒雷登虽然不是特务头子，但我们也不要过分美化他，在反共这一点上，他是毫不犹豫的。

二、杨兆龙与老师吴经熊

1924 年，20 岁的杨兆龙以优异的成绩从燕京大学哲学与心理学专业提前两年毕业。他没有选择就业，而是到东吴大学学习法律。之所以作出这样的决定，一是他在燕京大学读书期间阅读了孙中山先生的《孙文学说》，深觉哲学与心理学不能挽救中国的衰落。二是他很崇拜享有盛誉的东吴法科教授吴经熊。在他的心中，吴经熊是他学习的楷模。因此，司徒雷登热心地把他引荐给了吴氏。

吴经熊（1899—1986），浙江宁波鄞县人，家境富庶，父亲吴任基为当地商界名人、乾丰钱庄总经理、首任宁波商会总会总理。他 6 岁入私塾接受启蒙教育，背诵《诗经》《论语》；9 岁学英语，自称对英语一见钟情，用英语思想，用中文感觉。他还掌握了法语、德语，能用前者唱歌，可用后者开玩笑。杨兆龙除了家庭出身与吴氏不同外，其他如私塾功底、外语天赋等都与他极其相似。

吴经熊少时对自然科学很感兴趣，遂于 15 岁时入读以理工科著名的效实中学。在经历一次化学实验事故后，他抛弃了做科学家的理想，转而倾心于法律，去了天津的北洋大学读法律预科。他说法律是社会的科学，如同科学是自然的法律。

不久，北洋大学法科被并入北京大学，吴经熊回到上海，于 1917 年成为东吴法科的学生。东吴法科创办于 1915 年 9 月 3 日，美籍教员、律师兰金首发倡议在东吴大学设置法科并任首任教务长，聘请法学大家王宠惠先生主讲民法亲属法，当时在罗马法方面颇有建树的美国驻华按察使（美国驻华高等法院院长、后任美国司法部参事）罗平吉博士讲授罗马法。此外，美国驻华执行吏娄敦、美国律师公会会长佑尼干、美籍律师卢泮辉等也应聘担任教职。因此，该校一建立即具有系统讲授英美法的特点。1924 年夏，昆山路 11A 号成为东吴法科的新校舍。后来，这个位置非常便利学生前往上海临时法院、特区法院观摩庭审，利于学生加深对司法实务的认识。1925 年，东吴法科经北洋政府教育部核准立案。

1920 年，吴经熊以第一名的成绩从东吴法科毕业，旋赴美国密歇根大学法学院留学，修研罗马法、法理学、国际公法、宪法、政治思想等学科，全部取得 A 级成绩。仅仅一年的时间，他便以门门满分的成绩破格被该校授予法律博士学位（J. D.），而他原来申请的是硕士学位。

1921 年 5 月，吴经熊获得卡耐基万国和平协会的荣誉奖金，赴法国巴黎法律研究院深造，研究宪法、行政法、国际公法、经济思想四科。其间，他用法文发表论文《国际法方法》《成文国际法》和《论自然法》，并因此再次获得卡耐基万国和平协会的荣誉奖金。随后，他又赴德国柏林大学从事哲学和法学研究，师从新康德主义法学大师施塔姆勒，研究民法、宪法、国际公法、法律哲学四科，并用德文发表论文《法律哲学中的认识问题》。

1923 年，吴经熊又回到美国，以研究学者的身份延入哈佛大学法科研究院，师从庞德，研究罗马法、比较法学、法理学等，用英语发表《霍姆斯法官的法律哲学》和《罗斯科·庞德的法律哲学》两篇论文，受到西方法学界的推崇，时年仅 24 岁。

1924 年 5 月，吴经熊结束欧美留学生涯，荣归祖国。在美时他就收到母校东吴大学和南京自治大学（后改名为"国立政治大学"）的法学教授聘书，授课之余，兼做律师，业绩蜚声沪上，报端常有他的事迹报道。

1927 年，东吴法科正式改名为"东吴大学法律学院"，吴经熊担任首任华人院长。是年，杨兆龙从东吴法科毕业。杨兆龙在东吴法科三年求学期间，正好是吴经熊在东吴法科任教期间。他对吴经熊渊博的法学知识、富有魅力的比较法学的教学方法和严谨的治学态度钦佩之至。吴经熊也认为杨兆龙出类拔萃、前程不可限量，所以一有发展事业的机会，吴经熊便会想到杨兆龙。杨兆龙受到吴经熊提携与关照的，至少有以下六件事情：

第一件事是，吴经熊推荐杨兆龙担任上海政法大学法学教授。1927 年，杨兆龙自东吴法科毕业，取得学士学位，并仅凭本科毕业学历就被上海政法大学破格聘为法学教授。这在民国时期的高等法律院校是不多见的。杨首次任教于上海政法大学，所授课程有"证据法概论""商法概论""海商法"等。其中，前两门课的讲义作为专著于翌年出版，均采用比较法的教学方法，以中国为基础，与大陆法系和英美法系多个国家相关法条、法例、法理进行比较，提出了不少真知灼见。

第二件事是，吴经熊推荐杨兆龙为上海临时法院及上诉法院的推事（法官），专门负责审理华洋诉讼案件，并委托其草拟《上海租界法院审理涉外案件的报告》。

1924 年回国后，吴经熊一方面在东吴任教，另一方面担任上海公共租界工部局法律顾问。1927 年 1 月 1 日，经与他同事的法学名家董康、同班同学陈霆锐推荐，吴经熊被江苏省政府任命为上海临时法院及上诉法院民庭推事，一年后升任首席推事。1928 年 8 月 15 日，经东吴校友、上海临时法院及上诉法院院长何世桢提名，吴经熊就任上海临时法院及上诉法院刑庭庭长。1929 年 8 月 23 日，吴经熊就任代理上海临时法院及上诉法院院长。正是在此期间，吴经熊推荐杨兆龙出任该院推事，专门负责审理华洋诉讼案件。1929 年 11 月中旬，吴接受美国西北大学的聘请，担任该校客座教授，因此解职赴美。而杨兆龙也因在审理华洋诉讼案件中坚持依法办事，绝不讨好洋人，导致外国领事怀恨在心，不断去和国民政府司法行政部交涉，屈服于洋人压力的部长魏道明遂将杨兆龙免职。

外国人 1864 年在沪创办的、发行量最大、最具影响力的《字林西报》，无论是对吴经熊还是杨兆龙的司法业绩都给予了高度评价。对吴的评价是："吴向世界证明：中国的审判对任何人都是公正的，那一直是所有中国最好的法官的奋斗目标。"对杨的评价是："杨兆龙是不畏强权、公正司法的青年法官。"该报多次报道杨的良好执业行为，杨在沪上声誉鹊起。后来，杨申请去美国哈佛大学法学院留学，哈佛正是看重《字林西报》关于杨的报道录取了他。录取通知书称杨为"尊敬的杨法官"。

第三件事是，1933 年，时年 29 岁的杨兆龙经立法院宪法起草委员会副委员长吴经熊的推荐，受聘为宪法起草委员会委员。当年 5 月，受吴经熊委托，杨兆龙在上海草拟《中华民国宪法草案》初稿。宪法起草委员会制定的起草规定认为："五权宪法不但可以有它特殊的内容，还可以很自然地以三民主义为经，五权制度为纬，自成一种形式与体系。"在吴经熊领导下，经过一个多月的紧张工作，杨兆龙等终于完成了初稿。当局为了唤起各方注意、引起各方讨论，就让吴经熊以私人名义在《东方杂志》第 30 卷第 7 号上发表《吴经熊氏中华民国宪法草案初稿试拟稿》，舆论反映褒贬不一。该文后被列入吴经熊、黄公觉合著的《中国制宪史》一书。

吴经熊对英美法系和大陆法系国家的宪法均有很深研究，他完全可以单独完成起草工作，但他却要杨兆龙来执笔，足见他对杨兆龙的栽培深意。

第四件事是，1934 年 5 月，吴经熊向他的老师——哈佛大学法学院院长庞德推荐杨兆龙攻读该院的博士研究生。该校通过对杨兆龙的学业成绩和社会工作经历的认真审查，确认他非常优秀，同意破格录取他为博士研究生，导师为美国诉讼法学权威摩根教授。

杨兆龙在哈佛取得法学博士学位（J. S. D）后，与当年鼓励吴经熊去德国柏林大学做进一步研究相同，庞德又鼓励杨兆龙赴德国柏林大学法学院研究大陆法系。在德求学期间，杨兆龙专程赴法国和意大利游学，并计划完成学业后赴苏联、波兰、捷克考察，因此又掌握了该三国的语言。由于日本加紧对中国的侵略，国内局势告急，1936 年夏，杨兆龙毅然决定结束在德国的留学生涯，返回祖国，渴望用自己的专业知识为抗战出力。此时，年仅 32 岁的杨兆龙不仅对英美法系与大陆法系已有很深的研究，而且掌握了英、法、德、意、西、俄、波、捷八国语言。在外语方面，他已超越了自己的老师吴经熊博士。

第五件事是，1938 年 6 月间，吴经熊辞去东吴大学法学院院长职务，并推荐杨兆龙继任。校董事会经讨论通过，发出了聘书，但因杨兆龙此时已被专聘为政府资源委员会专家，负责国防及经济方面的研究和立法工作，且"七七"事变后国内局势急剧恶化，所以杨兆龙没有赴东吴就任。

1935 年，吴经熊创办了《天下月刊》。1937 年，他皈依天主教。1938 年，吴经熊举家移居香港。1939 年，他当选美国学术院名誉院士。此后，他基本上中止了法学著述和法律实践，志趣越来越转向宗教与文学，先后出版了英译本的《道德经》《唐诗四季》等著作。

1942 年 1 月，日本攻陷香港。吴经熊被幽禁于医院 22 天，保释后又被软禁于家中。5 月 2 日，在友人的帮助下，吴经熊举家逃离香港，应外交部次长傅秉常之邀前往重庆，任立法院外交委员会委员长。在渝期间，吴经熊受蒋介石夫妇资助，翻译了《圣经》和《新经全集》。1944 年，吴经熊向蒋介石表达了出使罗马教廷的愿望。同一时期，杨兆龙在重庆各大学法学院任教，师生二人的人生去向已经不同。

第六件事是，吴经熊有意安排杨兆龙翻译《联合国宪章》。抗战胜利前的 1945 年 4 月，吴经熊以中华民国代表团法律顾问的身份，出席了在美国旧金山的联合国制宪会议，并任《联合国宪章》中文本起草委员会主席。他亲自把《联合国宪章》外文本交给了杨兆龙，要他译成中文。6 月底，杨不辱使命，及时出色地完成了任务。7 月 30 日，国民政府最高国防委员会通过了《联合国宪章》中文本。8 月 24 日中午，国民政府隆重举行《联合国宪章》的签署典礼，时任国民政府主席的蒋介石在外交部部长王世杰的陪同下，亲临会场主持签字。完成这些必要的法律程序后，国民政府把《联合国宪章》中文本交给媒体公之于世。根据该宪章第 111 条规定，杨氏译本是其五种法定文本之一。杨氏译本从此载入史册，迄今仍是国际社会通用的法律文献。

七十多年过去了，今天我们读起《联合国宪章》中文本，仍然禁不住感叹其译文之完美，以下是其"序言"部分：

我联合国人民同兹决心

欲免后世再遭今代人类两度身历惨不堪言之战祸，

重申基本人权，人格尊严与价值，以及男女与大小各国平等权利之信念，

创造适当环境，俾克维持正义，尊重由条约与国际法其他渊源而起之义务，久而弗懈，

促成大自由中之社会进步及较善之民生，

并为达此目的

力行容恕，彼此以善邻之道，和睦相处。

集中力量，以维持国际和平及安全，

接受原则，确立方法，以保证非为公共利益，不得使用武力，

运用国际机构，以促成全球人民经济及社会之进展，

用是发愤立志，务当同心协力，以竟厥功。

爰由我各本国政府，经齐集金山市之代表各将所奉全权证书，互相校阅，均属妥善，议定本联合国宪章，并设立国际组织，定名联合国。

这部分译文使用了一些文言虚词，显示了中国文字的典雅；这部分译文不像有些译著那样句子冗长，而是简洁精准、铿锵有力、抑扬顿挫。有人说严复提出翻译"信、达、雅"的标准，但他自己却没有做到"信"，因为他有时会脱离原著原意，径按己意驰骋想象。而杨兆龙对《联合国宪章》的翻译真正做到了"信、达、雅"。

1946 年夏，吴经熊回上海定居。他又参与了《中华民国宪法》的制定。这一年 9 月 8 日，蒋介石依吴所愿，任命他为驻罗马教廷公使，吴于 1947 年 1 月 21 日到任。1948 年，吴奉民国政府之命，代表中国赴日内瓦出席联合国世界人权会议，见证了《世界人权宣言》的通过。

1949 年 2 月，吴经熊最后一次回中国大陆。4 月匆匆离开大陆，5 月间辞去政府的公职，7 月赴美国檀香山任夏威夷大学中国哲学与文学客座教授。1951 年 4 月，吴经熊用英文撰写的自传《超越东西方》在美国出版。1955 年，吴经熊出版《正义之源泉：自然法研究》，该书被英国《泰晤士报》评为 20 世纪有关自然法研究最有影响的著作。

1966 年 5 月，吴经熊移居台湾，任中国文化学院（今中国文化大学）哲学教授。

1986 年 2 月 6 日，吴经熊病逝于台北，终年 87 岁。

杨兆龙本来也可以像其师吴经熊那样，在国民党垮台前远赴海外大学教书，避开政治旋涡。但是，他最终没有跟随吴经熊，而是选择入世、救世的道路。

人们可以指出吴经熊与杨兆龙的诸多相似之处：同样毕业于东吴法科；同样留学西方；同样先到美国研习英美法系，再赴德国研习大陆法系；同样掌握多种外国语言；同样当过上海临时法院法官，做过律师、法学教授；同样以做中国人为荣，不愿仰承洋人鼻息。但是，两人的结局却大不相同。盖因吴经熊最后皈依基督，入世、出世，而杨兆龙是一个典型的传统文化熏陶出来的士大夫，以"修身、齐家、治国、平天下"为依归。中国的历史应该感谢像杨兆龙这样一代又一代的知识分子，是他们把中国的文脉不避千难万险地传递下来。

三、杨兆龙与老师庞德

杨兆龙做过律师，深知当时中国司法之黑暗。他在美国哈佛大学法学院所做的博士论文题目即为《中国司法制度之现状及问题研究——与外国主要国家相关制度之比较》，论文对中外司法制度进行了广泛的比较和深入的探讨，提出了一系列改革中国法制的创见。答辩会由哈佛大学法学院院长庞德教授亲自主持。历时四小时的答辩，杨兆龙赢得了评委专家一致的赞赏，论文被评为"优秀"。庞德对他说："你是接受我考试的第一个中国人。东方人的思维方法引起我很大的兴趣。你对英美法系已有了解，但还应对大陆法系进行研究。"因此，庞德推荐杨兆龙到德国柏林大学法学院做博士后，跟随库洛什教授研究大陆法。

抗战爆发前夕，杨兆龙提前结束在德国的留学生活，回国参加抗战。他相继发表《关于疏通监狱之研究》《论三审制之存废或改革》《由检察制度在各国之发展史论及我国检察制度之存废问题》《欧美司法制度的新趋势及我国今后应有的觉悟》等文。他一边起草抗战所需要的军事征用和审理战犯所需的法律，一边思考战后的法制重建问题。抗战一结束，他就向当局提出聘请庞德担任司法行政部顾问，以推动司法改革。[①]

杨兆龙于 1945 年 10 月 28 日写信给庞德："当前司法行政部面临的大事是立法和司法体系的重建和合理化。谢博士和我近年来经常谈起您，我们一致认为您最有能力帮助我们完成这件大事。……考虑到您年事已高以及您在美国的重要地位，在做此邀请前我们当然也曾犹豫不决。但您对中国以及中国学生的同情以及您过去对法律改革的执着让我们坚信：您一定会作出对我们最有利的决定。"这是杨兆龙代表司法行政部正式邀请庞德担任顾问。1946 年 2 月 19 日，杨兆龙写信给庞德，言及"由于需要使用中文名字，我们斗胆为您选了一个由两个汉字组成的名字，发音与您的姓相似，意为'崇高的美

---

① 陈夏红先生对杨兆龙与庞德二人的交往与合作关系很有研究。参见陈夏红：《师徒"二人转"——庞德、杨兆龙恢复和重建中国法制的尝试》，载陈夏红：《政法往事：你可能不知道的人与事》，北京大学出版社2011 年版。

德'或'伟大的人格'",并委托庞德列出需购资料的清单。庞德对这个中文名字非常喜欢,在稍后的回信中告诉杨兆龙:"非常感激你们为我取了个中国名字,但想要名副其实恐怕真的不容易啊!"

1946年6月,庞德夫妇到达中国。经过短期考察,7月12日,在杨兆龙的协助下,庞德就初步完成的研究工作提出四点建议:(1)中国现行的大陆法系异常完美,仍应保持。一般浅识之外人改革法系之意见,均不足采。(2)现行法典大体完善,法律思想亦颇进步。(3)中国人应对自己抱有信心,不应盲从外人,尤应于最短期内创造、培养合于自己国情之法律制度。(4)关于解释法典巨著,中国犹付阙如,今后应聚集有名学者潜心研究,合力完成此类伟大著作,以免法律适用时发生困难。因若无此等巨著,则不仅许多法律问题不得解决,即法律生活亦将不能统一。

1946年8月7日,庞德在杨兆龙的协助下,草拟完成创设"中国法律中心"计划纲要,建议中国成立研究中国法律的中心组织,编写《中国法通典》。8月20日,庞德又提出关于改进中国法律教育问题的报告。司法行政部根据其建议,曾决定邀请国内法学专家编纂一套具有相当权威性的法律教科书,以利于培养法律人才;此项工作名义上由谢冠生主持,实际上由杨兆龙与庞德合作来推动。

关于司法改革,庞德的意见可归纳为下列数点:(1)保留本位法系,加强法律教育,储备司法人才。(2)提倡法律著述,统一法律解释。(3)法律应作弹性之规定,留有解释余地。(4)法律学校不仅训练法官和律师,而且训练文官和外交官。(5)鼓励中国法律专家(包括法学教授、法官、律师)注释中国法典;由司法行政部主持其事,其机构可称为"法律中心"。(6)专家由主持人聘请,组织七至八人委员会,用以解决学术上之争议;组织三至五人小组,襄助或指导专家从事著述工作。

1946年9月18日,庞德返回美国处理哈佛法学院院务。返美后的庞德除了教学外,还要专心准备中国司法改革的各项计划。11月,司法行政部部长谢冠生组织中国司法代表团,任命杨兆龙为团长并率团赴美,与先期返美的庞德会合。杨兆龙此行任务繁重,一方面为了协助庞德继续进行研究,另一方面为了考察欧美各国法制的变迁,尤其是二战后有关法制的重要设施;此外,他还要顺便宣传中国当时正在进行的司法改革的情形,尽可能减少欧美人士对于中国法制的误解。临行前,教育部部长朱家骅委托杨兆龙代为考察欧美各国的法律教育，并搜集各国法律教育资料；立法机构嘱托杨兆龙代为搜集有关宪法实施的各项法规如选举法等的资料。

1946 年底，国民政府召开国民代表大会，通过《中华民国宪法》。在之前的九十月间，杨兆龙通过信件征求庞德对中国宪法草案的意见，庞德为此专门撰文在美国《波士顿航讯》上发表。杨兆龙将此译成中文登载于 12 月 13 日《中央日报》，该报称："世界法学权威美国哈佛大学庞德教授最近发表长约两万字余言之论文，对中国今后制宪应注意之基本原则以历史的、比较的方法及社会法的实用哲学的眼光详加论列，颇引起美国人士之注意。"

从庞德、杨兆龙通信看，杨兆龙是在 1947 年 1 月离开中国的。1 月 30 日，杨兆龙抵达美国。抵美后，杨兆龙主要在哈佛法学院协助庞德草拟系统的中国法制巨著计划大纲，并为欧美各国司法考察做准备。同时，杨兆龙参观了美国部分法院和监所，应衣阿华、印第安纳、范德堡等七所大学之邀，就中国法制史、中国法制改革、中国现代法之精神及中国宪法等问题发表演讲。除了法学方面的演讲外，杨兆龙还应美国外交政策协会、对外关系协会等团体之邀请，讲述"中美关系之将来""中国政治建设及社会之动向"等问题，在论及中美关系的重要性和双方今后的努力方向时，他驳斥了当时在美国甚嚣尘上的中国反美运动谣言。

1947 年 6 月，杨兆龙接到国际刑法学会通知，他被选为该会总会理事并被指定为中国分会的筹备人和会长。杨兆龙遂准备参加该会，并顺道考察欧洲法制变迁。行前的 6 月 12 日，庞德特意分别给英国剑桥大学的温菲尔德、格特里奇、霍兰教授和牛津大学的古德哈特教授，奥地利维也纳大学的温格教授，荷兰海牙的尼杰霍夫先生，意大利罗马的 Vecchio 教授以及英国伦敦伊斯克检察长——写了推荐信，引荐杨兆龙，称杨兆龙"是一位非常有涵养的绅士，也是一位知识渊博、经验丰富的法学家"。

杨兆龙于 6 月 20 日抵达英国伦敦。在伦敦，杨兆龙主要拜访了联合国战罪委员会主席，并参加了战罪审查会，该会"对于中国去年公布施行之《战争罪犯审判条例》甚为满意，认为与该会政策及国际法之最近发展不谋而合"。由于不得不立即赶往巴黎，他未能前往拜访牛津、剑桥的教授们，并在给庞德的信中表达了自己的遗憾。6 月 27 日，杨兆龙抵达法国巴黎。在法国司法行政部访问两天后，杨兆龙将剩下的时间主要用来购买资料，并联系了一些教授和朋友。在巴黎期间，杨兆龙跟一个经营古法律书的书商取得了联系，书商表示将会尽可能地帮助他收集所需书籍。7月9日，杨兆龙乘飞机抵达比利时首都布鲁塞尔，以中国首席代表身份参加国际统一刑法学会第八届大会。杨兆龙在7月7日给庞德的信中表示："之后，我可能会参加另一个关于战争犯罪的国际会议。于7月28日举行的日内瓦和平法国际会议也邀请我去参加。但我仍未决定是否要去。"

此后，杨兆龙又赴德国柏林考察德国法制变迁和盟国管制。在此期间，他接到通知，以政府首席代表身份参加了国际刑法学会于1947年7月底在瑞士日内瓦召开的第五届大会，并当选副会长。8月21日，《东南日报》报道称"杨氏在会议中之演讲，甚为各方所推崇"。8月底，杨兆龙返回美国。随后，杨兆龙把所搜集到的各国法制资料及特殊问题研究加以整理，协同庞德拟定"法典诠释委员会"详细计划，即组织七八个人组成委员会，编纂系统的中国法制巨著七册，每册约1200页，以解决学术上的争议。

1947年9月20日，杨兆龙与庞德夫妇一道乘机离美，于9月22日抵沪。11月5日至10日，司法行政部在南京召开了全国司法行政检讨会议。这是继1935年的司法行政检讨会议之后，再次专门就司法行政进行总结的会议。参加会议者共有112人，主要是中央及地方司法行政系统的领导和专家学者。大会共收到了596个提案，涉及中国司法行政各个方面的问题。11月5日下午，庞德作了题为"近代司法的问题"的专题报告，由杨兆龙担任翻译。11月6日上午，杨兆龙又在会议上作了"出国考察及参加国际会议之经历"的报告。从会议议事日程安排上看，对庞德、杨兆龙以及倪征噢报告的次第安排，显示出司法行政部对这些报告的重视。

会议期间，杨兆龙与庞德联名提交三项提案：《请确定简化诉讼程序之基本原则案》《关于公务员违法侵害人民之自由或权利的惩戒与赔偿应如何实施案》《关于人民身体自由之保障程序应如何实施案》。此外，杨兆龙还单独提出了三项提案：《切实研究短期自由刑之存废及替代问题案》《通盘研究幼年犯问题以便修订补充现行制度案》和《尽量沟通民刑诉讼以适合国情而树立司法威信案》。这些提案大都获得会议通过，并交由职能部门办理。

12月15日、17日、19日，庞德在杨兆龙陪同下到中央大学、政治大学等作学术演讲，杨兆龙任翻译。三次讲题分别为《比较法学及历史在中国法制上应有之地位》《统一法律解释与适用》《论中国宪法》。12 月 27 日，杨兆龙又陪同庞德至南京孝陵卫法官训练班作学术演讲并任翻译。1948 年 2 月 4 日，庞德在国民政府教育委员会第五次会议上作题为《从欧美法律教育的经验谈到中国法律教育》的演讲，杨兆龙担任翻译。

1948 年 5 月，为了彻底改善法制，司法行政部专门设立了法制研究委员会，从事法制实际调查、法制改革方案研究、重要法学著作编纂等工作。委员会下分设"法学著作编纂委员会"及"司法调查团"。其中，法学著作编纂工作由庞德与杨兆龙共同主持，司法调查团由庞德与杨兆龙分任正副团长。司法调查工作分设五个组进行：第一组调查治安机关、刑事调查与侦查机关；第二组调查刑诉及裁判；第三组调查刑罚执行与刑事感化；第四组调查民法典及其补充法规适用情形；第五组调查民诉及执行法规适用情形。全团共配备 20 至 25 人，其中 8 至 10 人由司法行政部延聘专家担任，其余人员则从部内人员及部属机关人员中调充。当时，暂定调查期限为一年，主要调查京沪、沪杭、浙赣三路及其附近地区，以后调查区域视实际情形逐渐扩充。

1948 年 6 月 7 日，调查正式开始。团长庞德、副团长杨兆龙率第一组赴南京，在南京监狱及南京高院、地院所属监狱看守所进行调查，并赴南京警察厅及所属机关。6 月 8 日，庞德、杨兆龙率二、三、四、五组分赴高等法院、地方法院，对两院及监所进行调查；与此同时，第一组赴南京警所，调查南京警务与司法之关系。司法调查团在南京调查一周后转至上海。6 月 17 日，司法调查团在上海举行了分组司法座谈会；下午 3 时，庞德在上海高等法院举行了一般综合性座谈会。在沪期间，杨兆龙还陪同庞德去东吴大学法学院作学术演讲。6 月 18 日，庞德一行离沪抵杭。19 日，司法调查团在杭州调查各司法机关，并出席杭州市律师公会举行的"律师及司法问题"座谈会。在杭州期间，庞德应浙江大学法学院之邀作学术演讲，杨兆龙担任翻译。

7 月 26 日，司法调查团返回南京。8 月 1 日，司法调查团在江苏省继续调查。结束调查后，司法调查团即整理调查资料，制成调查报告，呈送司法行政部作为司法改革的参考。不过，司法改革最后因时局剧变而功亏一篑。

9 月 10 日，律师公会全国联合会在华侨招待所礼堂举行成立大会。会末，庞德应邀作了"美国律师公会对司法之贡献"的演讲，由杨兆龙作翻译。11 月 21 日，解放战争白热化，美国驻华大使司徒雷登通知庞德离华，庞德赴武汉大学和北京大学作学术演讲的计划被取消，庞德夫妇遂离开中国。

学术界对庞德的评价是：他一生从学者、教师到法学院院长，几乎是整个法学领域最博学的人，通晓所有法律部门。即使在做院长的时候也从来没有缺过学生的课，甚至当有的教员生病了，他可以直接接过这门课，讲出令人满意的效果。他是国际社会公认的法学大师。

庞德和杨兆龙都没有照搬西方法治模式的意图。20世纪40年代，庞德用英文在美国发表了《论中国宪法》① 一文，讨论中国今后制宪应注意的问题和基本原则，颇为美国人所注意。于是，杨兆龙就将它译成中文，在中国发表。在这篇文章中，庞德主要提出了如下观点：

第一，"中国需要一种具有中国性格、合乎中国国情之中国宪法（指民国宪法），不必抄袭外国。"庞德认为，制定宪法最应该注意的就是使其适应一国的历史文化和社会环境，在一国原有制度和传统理想中逐步形成发展，绝非可以简单地移植他国的宪制。孙中山主张先行训政、再搞宪政的过渡理论是对的，中国今日（指20世纪40年代）制宪不应专抄袭西洋的制度。

庞德认为，有人以为对欧美各国宪法的历史加以研究，就可从中找到一种普遍适用于世界各国的宪法理想模式，这是错误的想法。一国宪制须顾及时间、区域、人民三者的需要。中国所需要的是一种具有中国性格、适合中国国情的宪法，而非抄袭外国之宪法。

第二，"三权制并非民主或立宪政治之必要条件。"庞德认为，三权分立不是立宪或民主政治的必备条件。一般人认为这一制度可以普遍适用，是忽略了这一制度产生的特殊历史和社会背景。对于特殊历史和社会背景，他没有展开论述。

庞德认为，今日（指20世纪40年代）中国行政上所迫切需要的是统一性、继续性、稳定性与行政效能的提高。中国缺乏美国当年的历史和社会背景，因此没有采取三权分立制的必要，况且三权分立制并不符合当今中国政治的迫切需要。

---

① 载《杨兆龙文集》，复旦大学出版社2018年版，第468—471页。

庞德认为，民主的专制与立宪有区别。民主的专制现象产生于这样的社会：人民受教育不够，文化水平较低；多数人不关心国家大事，政治训练不足，即便是多数人的意见也未必可取。在这种情况下，多数人的民主政治，最终沦落为少数官僚政客的专制政治。宪法可以约束官吏，但却无法约束多数人民。

第三，"中国宪法起草者鉴于中国情形之不同，未拘泥于任何制度而酌采各制之某部分以适合国情殊属可嘉。"庞德认为，讨论宪法的人往往觉得近代国家的政体设计只能在议会内阁制和总统制之间选择其一，但实际上民主国家没有必要这样做。

议会内阁制的优点是：一是能使人民的主张迅速地被反映上去，在政治上发挥作用。二是能使行政机关和立法机关合作而发挥政府的效能。三是能使责任集中。议会内阁制的优点建立在假定民意易于捉摸、比较固定的基础之上，这在疆域甚小、文化纯粹、教育一律、消息灵通、组织紧凑的国家容易实现，但在中国恐难成事实。

议会内阁制的缺点是：一是易使党派之偏激精神发挥到极端地步，并使党派观念时时主宰一切。二是使内阁过分迁就民意，忽略政府应该做一些整体性、长期性有益的事情，以及为了配合议会需要，政府来不及深思熟虑地考虑问题。三是内阁人员有时迫于议会压力要辞职，不利于政府留住人才。

美国式的总统制的优点是：一是行政富于连续性，国家政策不因内阁骤然失败而间断不行。二是总统与内阁没有议会倒阁的压力，可以致力于工作。三是立法工作受党派斗争影响相对较小。四是政治相对稳定。总统制的优点在美国历史中已有显露。如林肯总统虽然对 1862 年产生的国会没有控制力，但他却仍能进行南北战争，这在议会内阁制下是做不到的。庞德认为，虽然总统制有这些优点，但在其他国家却成效未著，因为它是不能任意移植的。中国宪法没有照搬议会内阁制和总统制，是对的。

第四，"中国应采单一政体，其中央与地方职权之划分宜概括规定，而不宜详细列举。"庞德认为，虽然疆域广大之国应该采取联邦制，不宜实行把权力集中于中央的单一制，但如果疆域大国面临外患较多，则应采单一政体。他认为，美国、加拿大、英国向无外患，没有建立强有力之国防制度的必要，所以实行联邦制。中国面临日本侵略等外患，制宪者应顾及国防的需要，故单一政体比较可行。至于中央与地方的职权分配应以维持均衡为原则，即事关全国的权力属于中央，事关一地或具有地方特殊性的权力归地方。庞德认为，这两者的权限不便严格规定，因为任何时候他们都很难绝对地划分清楚。美国当年制宪就是对于政府具体权限没有详细规定，才使后来的人们得以灵活地处理中央和地方权限的变动。中国宪法起草者对中央与地方的均权制度仅设一般原则而不作详细规定，使立法机关将来可以因时因地而立法，宪法解释也可以因时因地而为，较为妥当。

第五，"中国应否采行美制许个人对于违宪之法律有请求救济之权，须视中国之环境而定。"庞德指出，中国宪草对公民个人能否像美国那样可以就违宪之法向法院请求救济，没有明确规定。是否采行美国那种违宪审查制度，可以根据中国的具体情况来决定。

1946 年，庞德在南京多所大学发表有关中国司法问题的系列演讲中指出，法律既有创造的成分，也有发现的成分。创造的成分乃适应新的环境需要，由许多民族智慧积聚而成；发现的成分乃从整理历史传统中之所得。中国的法学家应研究中国固有的法治传统，使之配合现代中国人民的生活，不要复古、停止进步，也不要模仿外来法治。在中国法典的解释、适用方面，不要盲目地抄袭外国人的，它要适用在中国人民自己身上和管理中国人民自己。

西方许多著名的法学家都不赞成照搬西方某一国家的宪制，同时也反对拒不借鉴他国制宪经验，庞德只不过是其中有代表性的一个。庞德没有在中国搞"全盘西化"的企图，反而提醒中国要注意英美法系的弊端，保持既有的罗马法系模式而不应采用英美法系；应该通过统一法律教育和法律著述，培养中国法律人的法律适用能力，使得制定良好的中国法典成为真正规范中国人民生活的法律。同时，各种评论都认为庞德是一位国际著名的法学家，不像司徒雷登那样有过为美国政府服务的经历，也没有参与过政治党派活动。杨兆龙与其交往，属于学者和技术官僚之间的业务交流，不存在"特务嫌疑"活动，当然也找不出"特务嫌疑"证据。

四、杨兆龙与他的学长盛振为

民国法学界素有"南东吴、北朝阳"之说，"南东吴"即是以英美法学和比较法学见长的东吴大学法学院，是中国在教授中国法之外唯一系统地讲授英美法的法学院。自1915 年建校以来，东吴大学法学院培育了大批优秀律师、教授、立法委员和政府高官。在 1946 年至 1948 年东京审判中，中国赴远东军事法庭的法官、检察官、顾问等，几乎全是东吴师生：检察官向哲濬，检察官首席顾问倪征燠，助理检察官裘绍恒，检察官顾问鄂森、桂裕，法官秘书方福枢、杨寿林，检察官秘书、翻译高文彬，翻译刘继盛、郑鲁达。20 世纪 30 年代到 90 年代，国际法院一共有过 6 位中国籍法官，从顾维钧开始，一直到 1997 年的联合国前南国际刑事法庭法官李浩培，都是东吴大学法学院的教授或毕业生。

对东吴大学法学院贡献最大的应属盛振为。盛振为（1900—1997），1921 年获东吴大学文学士，1924 年从东吴法科毕业。后留学美国，师从美国西北大学法学院院长威格摩尔，获法学博士学位。1927 年回国后，任东吴大学法律学院教务长兼证据法教授。1942 年至 1950 年，任东吴大学法学院院长。从他与女儿盛芸 1993 年暑假的一段谈话中可以知道他的办学理念。

1993 年暑假，盛振为的女儿盛芸教授曾问及父亲管理东吴大学法学院（以下简称"东吴"）的心得。盛振为说："好啊！那你先要回答我一个问题，欧洲大学最早出现在哪个世纪？大学又为什么叫'university'？你是读历史的，应该能回答上来。"盛芸说："欧洲大学最早出现在 12 世纪的意大利，其代表为以法科闻名于世的波伦那大学和以医科闻名于世的萨勒那大学。欧洲大学的前身是城市中的世俗学校。城市学校的教师按专业组成行会式的组织，学生则按籍贯组成同乡会的团体。各个团体的学生，集结在教师行会的周围，形成一个个以教师为核心的学术团体。几个学术团体联合起来形成了大学，因此大学 university 就是'一切融合为一'的意思。"盛振为在肯定女儿的回答之后说："办大学的第一要素就是物色大师级的专家教授。"他如数家珍般地列出了他那终生引以为荣的东吴教授团队。团队成员来自不同国家、不同岗位，却有着相仿的资历，他们都在世界级名牌大学获得了博士学位，都师承过法律专业各个领域中的领军人物，他们中有的正在建立自己的学术体系，有的已经取得了丰富的实践经验。这支由当时世界级法律精英组成的教授团队，会吸引优秀的学生来求学的。东吴的教授团队还有一个特点，那就是他们都热爱教学。他举了数名在上海办案卓有声誉的英美籍律师为例，他们乐于接受东吴聘书，认真教学却拒收薪酬。因为在他们看来，能有机会登上高校讲坛就是他们莫大的荣誉，东吴为他们提供了施展才华的平台，已经是最高的奖赏了，哪里能再接受薪酬呢？

盛振为谈到办学的第二个要素，是需要一个相对宽松的学术环境。因为对读书人而言，读书应该是无禁区的，学术争鸣也应该是无禁区的。他回忆起20世纪30年代初期，虽然国民政府实施"训政"，国民党以党治国、一党专政，但是他作为私立大学法学院教务长，还是用合法的手段，为学校争取到了某些学术自由，他向女儿举了三个他引以为自豪的例子。其一是在中苏两国政府因1929年中东路的归属而交恶甚至断交的情况下，仍然坚持开设"苏联法"课程。他认为，两国断交是政府行为，开设"苏联法"课程是学术自由，你尽管可以不赞同"苏联法"，但必须知道它是什么，然后再去批判它。其二是在对待陈独秀在法庭上自辩词的态度上。他认为，对法学院的教师和学生而言，陈独秀是什么人并不重要，重要的是他在自辩词中有理有据地驳倒了检察官欲加之的"危害民国罪"，为自己作了无罪辩护。法庭内陈独秀的自辩词引发了旁听席上听众的满堂喝彩，法庭外这篇自辩词又被当时发行的主要报刊争相刊载，那么法学院的教师和学生为什么不能讨论它呢？其三，盛振为作为立法委员，在立法院开会期间反对有人提出要烧毁宣传共产主义的书籍的提案。他认为宣传共产主义的书籍，可以理解为服务政治斗争的需要，也可以理解为学术思想上的自由争鸣。他以孙中山曾说过"三民主义不是共产主义"为据，证明孙中山是读过宣传共产主义的书籍的，那么孙中山能读，国民何以不能读？盛振为据此驳倒了对方，并在表决中得到多数委员的支持，上述提案最后被撤销了。

盛振为还谈到办学的第三个要素是物质保障，即学校收支平衡、经费的有序运转。要保持收支平衡，就要采取开源节流之道，开源者如将部分学费收入买个码头出租，将租金补充收入。节流者如学校所聘之教授，大都是兼职的，只收课时费。学生全部走读，无须宿舍、食堂。学校只雇用了3名工友，1名担任门卫和上下课打铃；1名负责收发兼外勤，采购教学用品兼为教授送薪酬（教授薪酬由专人送至府上）；还有1名是花匠，负责美化学校环境兼打扫教室卫生。此外，偶尔也采取向社会募捐的方式来解决燃眉之急，如1932年"一·二八"淞沪抗战爆发，学校图书馆遭日本侵略军炮轰受损，学校为修建图书馆向社会募捐，筹得白银 30 万两。学校以 10 万两修建新图书馆，以 20 万两汇至国外购买原版图书。东吴图书馆藏书 2 万册以上，被誉为远东最佳图书馆之一。

盛振为与杨兆龙有着类似的经历与追求，他们的经历和遭遇折射出民国法学知识分子的诸多群体特征。

第一，两人都毕业于东吴，都曾留学美国，都做过律师、教授。盛振为 1921 年从东吴大学毕业、获得文学学士学位，1924 年又从东吴法科毕业、获法学学士学位。后留学美国西北大学法学院，主攻证据法学，获得西北大学法学博士。1927 年归国后，盛振为在上海执业，担任律师并加入律师公会。同时，获聘设在上海的江苏交涉公署华洋诉讼案件上诉处帮审官，并被东吴大学聘为兼职教授，主讲证据法学，成为在中国开设证据法学课程的第一人。

第二，两人都积极投身抗战。杨兆龙提前从欧洲回国、参加抗战。1932 年，日军发动"一·二八"事变，盛振为参与发起上海各大学教授抗日联合会，并以当时的东吴大学法律学院校址为联合会办事处，盛振为还被推举为联合会国际宣传组负责人之一。1937 年，日军占领上海，盛振为率东吴师生员工迁入上海公共租界，借用慕尔堂（今名"沐恩堂"）上课。1941 年 12 月，太平洋战争爆发，驻上海日军经常端着刺刀冲入租界。由于盛振为早已上了日本特务机关的黑名单，他便一改往日的西装革履，穿起长袍马褂，足蹬圆口布鞋，蓄起胡子，化名"程伯平"。在一个漆黑的夜晚，他带着东吴部分师生悄悄离开了上海，在大后方重庆沙坪坝觅得一处校舍继续办学，并与迁至重庆的沪江大学、之江大学联合办学，组成东吴、沪江、之江三校的法、商、工联合学院，盛振为任院长。抗战胜利后，盛振为将东吴在重庆的分支迁回上海，与留在上海的分支合并。1946 年 1 月 19 日，远东国际军事法庭在东京正式成立，准备对日本战犯进行审判。法庭审判程序以英美法系为标准，庭审语言采用英语和日语，法官由各参与国委派。国民政府遂委托以英美法系教育为特色的东吴大学法学院选派中国检察官和法官，盛振为亲自从教授和校友中精心挑选。最后，中国前去参加远东国际军事法庭的法官、检察官及工作人员，90% 以上都是东吴的师生。法官梅汝璈虽非东吴毕业，但也曾任教东吴。而盛振为自己却婉辞了参加这次审判活动的荣誉。在他看来，抗战已经告捷，惩罚战犯乃水到渠成之事，他更有志于法学教育事业，致力于创办一所能与政治上"世界四强"称号相匹配的新型法科大学。

第三，两人有着相同的法律理念——法律的真谛是保障公民的权利。杨兆龙1957年5月9日发表于《新闻日报》的《我国重要法典为何迟迟还不颁布？——社会主义建设中的立法问题》一文指出："平常与人民的基本权利的保障及一般社会关系的调整最有密切关系的刑法典、刑事诉讼法典、民法典、民事诉讼法典等至今还没有公布。……（这些）重要法典迟出来一天，在六亿人口的中国会使多少人遭受到多么大的损害。"

盛振为曾对女儿盛芸说："我要你记住：什么是法？法就是权利。法也是一种保护手段，它保护公民可以做法律所许可做的一切事情的权利。但是如果一个公民做了法律所禁止的事，他就不能再有自由，法律由此起到了防止个人危害他人或国家政权的作用。法律对国家本身尤为重要！因为宪法和法治是人类从历史经验中总结出来的政治智慧，具有普适性，同时也存在不可逆性。它们是普天下人共同追求的价值观念，也是任何民族要崛起、要跻身于现代社会所不可或缺的因素。"

第四，两人都曾从事立法工作。1933年，盛振为担任立法院立法委员及其商法委员会委员和刑法委员会委员，参与起草《民法》《刑法》《商法》《中华民国宪法草案》及《提审法案》。杨兆龙民国时期先后参与起草六部全国性法律，一是《中华民国宪法草案》初稿，二是《国家总动员法》，三是《军事征用法》，四是《军事征用法施行细则》，五是《战争罪犯审判条例》，六是《惩治汉奸条例》。其中，二、三、四部是为抗日战争而制定，最后两部是为审判日本战犯及汉奸而制定。

第五，两人在新中国诞生之际都选择留在大陆，期望为社会主义法治贡献才智。国民政府"抢救大陆学人"名单上，第一种就是各大学、学院的负责人，盛振为的名字自然位列其中。但是，他选择留在上海，这一方面是因他的父母年迈多病，另一方面，也是更重要的，是他对国民党的统治彻底失望。抗战爆发后，他为了支持国民政府抗战而迁校至渝办学，还加入了国民党。然而，国民党一党专政、发动内战、贪污腐败等使盛振为感到极度困惑，他因此没有参加抗战结束后国民党党员的例行登记而自动放弃了国民党党籍。

40多年后，盛振为和女儿谈起当年留守上海、拒去台湾的原因时说："我为什么要跟国民党撤退到台湾去呢？我追随他们至渝办学是为了抗日，那时上海已被日本侵略军占领，还建立了敌伪政权，我岂能认贼作父当汉奸？现在要打到上海来的是共产党的军队，共产党也是中国人，他们要统治国家也少不了要办教育，我为什么要走呢？"

如果说当年杨兆龙本不愿意再到国民政府任职，后在地下党组织为释放"政治犯"要求杨去担任代理最高检察长的情况下才勉为其难的话，盛振为则是直接拒绝了国民政府行政院院长孙科请他担任教育部长或司法部长的提议，也婉拒了要他担任台湾大学校长的任命。当时，盛振为还接到过耶鲁大学的邀请他任教的公函，以及联合国驻沪办事处主任关于他任职的口头邀请，他都拒绝了。他坚定地表示："我是不会离开上海、离开中国的，我有自己的祖国，绝不流亡到海外去当寄人篱下的'白华'（上海人称十月革命后流亡至沪的俄国人为"白俄"，以之推论流亡到海外的中国人为"白华"）。

中华人民共和国成立后，旧法统被废除，东吴大学法学院何处去？盛振为认为东吴的精品课程，如英美法、比较法和国际法等，在中国的外交事务中还是有用的，因此他提出创办外交系的设想。虽得到同仁的一致赞同，但未获政府认可。1950 年 10 月，他被免去院长职务，改任英语教师。但是，他还是采取了合作的态度，除了准时参加政治学习之外，他坚持自学俄语以攻读列宁、斯大林的原著，也和其他教授一起提交了要求加入教育工会的申请书。

然而，盛振为和杨兆龙一个共同的命运是，在实事求是传统逐步被破坏、阶级斗争逐步扩大化的岁月，他们逐渐失去了政府的信任。1951 年 4 月 27 日，盛振为被突然逮捕，罪名是抗战时期把东吴迁至重庆，投靠国民党；向国民党当局提供过进步学生的黑名单，充当了国民党特务角色。作为第一个在中国开设证据法课程的教授，盛振为在庭审中为自己作了无罪辩护。他的辩护激怒了审问者，被以"顽固不化""抗拒从严"重判有期徒刑 10 年、劳动改造。盛振为的母亲曾经做过宋庆龄的老师，她为儿子的事情举笔向宋庆龄副委员长求援。在宋的关心下，盛振为于 1957 年 4 月 27 日被提前释放。1958 年下半年，他被公安局告知：蒋介石要反攻大陆了，像他这样身份的人不适合继续留居上海，必须疏散出去。盛振为夫妇双双迁居苏州。"文革"开始后，一度把他关进牛棚隔离审查，并规定他不准随意离开苏州。这个规定终使他未能为居住在上海的母亲送终。"文革"结束后，盛振为被摘掉"历史反革命"的"帽子"，获聘为苏州政协委员。1981 年，盛振为受聘为华东政法学院顾问。1982 年，盛振为被上海法院"宣告无罪，彻底平反"。

杨兆龙在盛振为被逮捕时是东吴大学法学院院长，他偕同数位教授到盛家探望、安慰盛的夫人，他们异口同声地说："一定是搞错了，盛先生是一名学者、一位教育家，怎么可能是反革命呢？"杨兆龙还向盛家承诺：只要他在位一天，就会照例将盛的薪水按月送到盛家。在东吴大学法学院被撤销后，杨兆龙与几位东吴同仁还拿出自己的私蓄来资助盛家。这就是杨兆龙的品德，绝无趋炎附势、随波逐流的"乡愿"行径。

1995 年，在《法学》杂志重新刊发杨兆龙《论法学界的贫乏》一文后，经由陆锦璧介绍，笔者曾到盛振为家中向他请教当年他在东吴办学的经验，所谈和上述他与其女儿所谈的内容大体相同。让笔者颇感意外的只有一点，在盛振为保留的东吴课程表里有大量的诸如西方绘画、音乐等艺术史课程。他向笔者解释说，法律是调整社会关系的，法官是要具有高尚情操的，所以这些课程的开设是非常必要的。而中华人民共和国成立以来的法学院很少开设这些课程，甚至一度想把中国法制史、外国法制史变成选修课。走出盛府之时，笔者意识到杨兆龙的经历不是孤立的，在他的那个时代，有着像盛振为这样与他怀抱相同志向、共同选择的一群人，这一群体的悲欢离合，宛如中国法制现代化进程的一幅幅画卷，只要我们进入这段历史的长廊，就会在画卷前面流下凄楚的泪水和沉重的思考。所以，笔者当时就打算以杨兆龙为主线，把和他有关的同仁们一起汇聚在笔端之下，向人们展现民国以来法学知识分子的风雨心路历程。

附：盛振为先生女儿盛芸教授给笔者的一封信和悼念其父盛振为先生的一篇文章。

Dr. 郝：

您好！接到您的电话，甚感欣慰。您愿撰文纪念先贤，可敬可赞！历史本应是人的历史而非权的历史，先贤们在漫漫的求索道路上所留下的历史记忆，乃是中华民族至为宝贵的精神财富。而东吴大学法学院即为一所培养先贤的殿堂，它不仅属于民国史话，也理应属于现代化进程中的中国，历史终将公正地将它的名字镌刻在中国法制教育史的年轮上。随信附上3份印刷品。（1）东吴大学上海校友会所印的期刊。（2）应科学出版社之邀，为其《20世纪中国知名科学家学术成就概览（法学卷）》所撰之先父小传。（3）为先父所撰之纪念文章，重在写其落难期所体现出的别样人生价值，方便时请推荐发表。

　　敬祝

撰安！

盛芸敬书于合肥

2014.6.20

盛振为先生落难记

盛　芸

　　先父盛振为先生（1900—1997）的世纪人生中有三分之一是在"难"中度过的（1951—1982），现记述如下：

　　1949年中华人民共和国成立，旧法统被废除，东吴大学法学院面临着存亡的考验。身为院长的父亲，必须担负起学院前途和教职工生活安排的重任，他感到东吴的精品课程如英美法、比较法、国际法等，对新政权要开展的外交活动是不可或缺的，东吴的教授团队中还拥有多名参加过东京审判的国际级司法官员，于是父亲决定开办一个外交系。父亲的这个设想虽得到了东吴同仁们的赞赏，但却为政府有关部门所否决。1950年抗美援朝开始后，父亲被上海军管会免去院长职务，改任研究生部的英语教员。作为一名在证据法领域有专著的法学博士，却只能在自己主政了二十三年的法学院内教英语，这无疑是很难堪的。但是，父亲还是采取了合作态度，他准时参加政治学习、坚持自学俄语以攻读列宁、斯大林原著。

　　1951年4月27日是父亲生命的拐点，在这一天的子夜，他被公安人员带走了。当时对方以查户口为名进入屋内后，就出示了逮捕证。父亲接过来仔细看了看，他从必须服从法律的观念出发，在逮捕证上工工整整地签上了自己的姓名，就跟着公安人员走了，临行连一句话也没有说。

庭审中，他根据罗马法关于被告人在没有与原告对质、还未替自己辩护之前是不能判其有罪的规定，为自己作了无罪辩护。当他被指控1942年迁校至渝是追随反革命的蒋介石时，他辩道："那是为了抗日，才选择了抗日的国民政府所在地。"接着他反问道："抗日时期国共合作，共产党可以派出董必武、邓颖超等到重庆参加国民政府参政会，我为什么不能迁校至重庆支持国民政府抗日呢？"他的自辩词激怒了审问者，遂被以"顽固不化""抗拒从严"之名，重判为有期徒刑十年、劳动改造。父亲先是被押解到淮河大堤去挑土，继而又被转移到江苏省滨海县大有劳改农场，以"历史反革命"的罪名，被强制劳动。

父亲自被捕到提前释放，整整六年的阶下囚生活，大部分是在大有农场度过的。在那里，他被勒令在一片荒凉的盐碱地上种植从苏联引进的"米丘林苹果"。他本着一贯敬业的精神，学以致用，在盐碱地上种活了树苗，还结出了"米丘林苹果"，由此得到了自管教干部至一般狱友的普遍尊重。

年迈的祖母，她像坚信上帝那样相信她的长子是无辜的，举笔向她昔日的学生——宋庆龄副委员长求援。其后又几经周折，终于使父亲在1957年的春天被提前释放，回到上海与家人团聚。父亲回家后向母亲提出的第一个要求是穿长衫（即长袍），他与孔乙己一般，只认定长衫是读书人的服装。然而，当他穿着长衫行走在马路上时，却发现周围的男士都穿人民装了。1957年春天适逢大鸣大放期，获释归来的他，被多个民主党派请去参加鸣放聚会。为了家人的安全，鉴于以往的经历，他保持了缄默，未被戴上右派"帽子"。

1958年下半年，父亲被派出所干警告知：蒋介石要反攻大陆了，像他这样身份的人，是不宜留居上海的，必须疏散出去。于是父亲被疏散到苏州，母亲辞去了在上海的工作，随他一起落户苏州。母亲在居所附近的画院找到了新的工作，父亲则圈居在家当宅男，他藉之学会了烧开水和烧饭。

1966年年初，我带着自己一双幼小的儿女，第二次到苏州探望父母。父亲快乐得像圣诞老公公那样，拿出糖果来分给两个外孙。正当全家人围着桌子坐下来吃团圆饭时，门外响起了不和谐的敲门声，门被推开，走进来两名派出所的干警，他们先是对我进行了例行性盘问，接着直接提出要"帮助"我买返程的火车票，对我下了明白无误的"逐客令"。那时，"文革"虽尚未启动，但在贯彻以阶级斗争为纲的执政纲领下，本已被提前释放并获得选民证的父亲，不知何时、何因又成了被管制的对象。他们走后，父亲安慰我道："你不必怕，他们是针对我来的，是保护我的。"父亲怕我受委屈，以"保护"代替"管制"来减轻我的受辱感。这本是一次带着儿女回娘家的开心团圆之旅，结果却成为伤心离别之旅。

"文革"开始后，父亲被勒令进入"学习班"隔离审查。然而，由于他几近十年如一日般地圈居在家，没有任何现行材料，就被当作"死老虎"处理，在勒令"不准离开苏州"的前提下，被第一批"解放"回家。由于这个勒令，使得作为长子的父亲，未能为居住在上海的祖母送终。父亲至孝，他为之痛不欲生，长跪在祖母的遗像前，陷于深深的自责几至不拔之中。"文革"结束后，父亲于1979年被摘掉"历史反革命"的"帽子"，并被苏州市聘为政协委员，他的名字还上了其时出版的苏州市地方志的名人栏。然而，他最后的彻底平反是仰仗了上海华东政法学院徐盼秋院长的鼎力斡旋。徐院长早在20世纪30年代就是一名地下党员，他的公开身份是上海某洋行职员。父亲作为其时活跃在上海司法界的"东吴派"律师，给徐院长留下了深刻的印象。如今他主政华东政法学院，正在为设置研究生部物色法学教授，当他获悉当年主政东吴的盛振为博士犹健在苏州时，就偕同夫人前来访问。徐院长在父亲那间堆满了书报的陋室中，与父亲一见如故，促膝长谈。他决定启用老人，并为之奔走于上海、苏州两地，动用其力所能及的社会关系来为老人平反。1981年，父亲接到了华东政法学院聘之为顾问的聘书。1982年，父亲接到了上海公、检、法组织在重新审查他的案件后，作出的"宣告无罪、彻底平反"的结论。1983年，也是在徐院长的关怀下，父亲落实了编制，被定为华东政法学院退休教授，父母亲的户口也双双迁回了上海，父亲由此结束了长达1/4世纪的放逐生活。现在留在苏州旧地墙上的仅为一块木牌，上面写着"盛振为先生故居"。

1994年暑假，我再次回到上海。陪父亲聊天时，出乎意料的是他竟向我讲述了他1951年在提篮桥（上海监狱的别称）成为阶下囚时的思考。牢狱生活在父亲漫长的一生中，只是一段短短的黑色插曲，自他获释归来后，全家人谁也不敢在他面前提及这段不堪回首的往事，我们都努力将这组不和谐的音符从自己的记忆中抹去。然而，在事隔四十多年后，父亲却自己重提这段黑色的记忆。他似是经过深思熟虑，借下盲棋来打开话题。他先是问我是否还记得少年时他曾教过我下象棋，我不假思索答道："当然记得，您先讲了下象棋的规则，接着教我实战，您拿掉了自己的一车、一马、一炮与我对弈，还允许我悔棋。""那么你现在的棋艺如何？"父亲问道。"除您之外，我再也没有与他人下过象棋，因为我只会下对方只有单车、单马、单炮的象棋。"我如实以答。父亲听罢朗声大笑，渐渐地他的笑声止住了，他似不经意地问道："你知道什么叫下盲棋吗？"不等我回答又说："盲棋不是盲人下棋，而是没有实物的下棋。"接着他话锋一转道："我在提篮桥时，就借与难友（与他同时被捕的高校校长们）下盲棋来打发时光，我们虽没有棋子和棋盘，但棋子和棋盘都在我们的脑海之中，于是你跳马、我飞象，一来一回杀得不可开交。"父亲说到这里停了一下，而我被震住了，怯怯地问："您，您什么时候学会下盲棋这个绝活的？""下盲棋算不上绝活，自古读书人都以之为娱乐的。"父亲答道，接着他告诉我，那是1925年他与几位青年学子同乘国际邮轮去美国留学途中，为了消磨时间就尝试着模仿古人下起了盲棋，不意二十多年后在提篮桥竟用上它了。

"你还记得我曾用背诵法教你学习《古文观止》吗？"父亲转了话题问我道。"当然记得。"我说："背诵古文对我后来在历史系就读是太重要了。"父亲听罢点了点头，他告诉我，他曾读过一年私塾，老师用背诵法启蒙，为他的古文打下了根基，也为日后学习法律、背诵法律条文奠定了基础。说着说着他又将话题转到了提篮桥："在那里，我们被关在一起的难友还比赛背诵古文诗词；今天若背唐诗，则你背李白的、我背杜甫的、他背白居易的；到了明天背宋词，则你背苏轼的、我背陆游的、他背辛弃疾的；再到后天背英国诗，则你背拜伦的、我背雪莱的、他背司各脱的，总之，一人一首轮流背，看谁能坚持到最后。"父亲语调平静地向我讲述了他与他的难友们在提篮桥的生活片段，而我却被他们以相信自己是清白的坚定信念为支撑，虽身陷囹圄犹保存精神独立并坦然抗争的方式所折服。父亲的记忆闸门一经打开就奔腾直泻，他双目炯炯面对着我朗声说："我人虽坐在提篮桥阴暗的牢房里，心里却亮堂堂的，我没有发表过反对共产党的言论或写过骂共产党的文章，没有给警备司令部开过黑名单出卖过学生运动的积极分子，更没有杀过共产党人！因此这只能是冤案，即使有人告我，也只能是诬告。"说到这里，他缓了一口气，恢复了平静的语调，竟为逮捕他的军管会开脱道："关于冤案，你是读历史的应当清楚，古今中外历史上的冤、假、错案难道还少吗？更何况我的案子发生在新旧政权交替、社会大动荡之际。人是应当把目光放得远一些的，不公道的事情不可能永远继续下去，再说世界上要是没有了冤案，还要我们这些律师做什么呢？"他顿了顿又补充道："我是想得明白的，冤案终究成不了事实，总有真相大白的一天。只是连累了你们，特别是你——你以四年学业总平均5分的优异成绩毕业于南京大学历史系，竟被分配到安徽省肥西县上派镇一所新成立的中学去教书，是为了我的缘故吧！""不，我是自愿服从分配到基层去的，"我急忙分辩道，"而且到了乡下我还学会了种田、挑水、养猪，过了劳动关、生活关，从这个角度来看，农村不也是一座大学校吗？"我安慰道。父亲看了我一眼慢慢地说："我知道你是受了我的牵连，不仅是你，还殃及了你的两个在乡下出生的孩子。他们在肥西县长大、受教育，考取的是办在安徽的大学，毕业后在合肥工作，而你的姐姐和妹妹都有子女在海外发展，你是如何看待这个问题的呢？"不等我回答，父亲又语重心长地开导我说："你要想得明白，子女在哪里工作都一样。你姐姐和妹妹都定居在上海，子女有机会出国固然风光，而你的子女在你身边又何尝不是一件幸事？更何况你自幼体弱多病，在肥西期间不免吃过不少苦。将来老起来还是离不开子女照顾的。""是，我记住您的话了。"我含泪答道。

这是仅有的一次，父亲在与我谈话中涉及他做阶下囚时的思考。父亲胸怀坦白、信念坚定、无私无畏，他以理性的分析去求证客观的结论；以人格的力量去忍辱负重、承受非难，这也许就是他虽历经坎坷却依旧长寿的原因。

1995年暑期，我去看望父亲，他向我讲述了法的真谛，他说："你来了，很好。你是教世界古代、中世纪史的，应该掌握些与罗马法相关的知识，我现在要考考你，你将知道的都讲给我听听。""我只能按历史学的角度讲。"我说。我在讲述了罗马法诞生的时代和社会背景后说："公元438年，西罗马帝国皇帝颁布了以自己名字命名的《提奥多西法典》。公元565年，东罗马帝国皇帝查士丁尼颁布了《罗马法大全》，其中包括历代元老院决议、皇帝敕令、法学论文汇编和法学教科书等。"

"Excellent！你通过了我的考试。"父亲说罢又问道："你还知道关于罗马法的其他知识吗？知道多少就讲多少。"父亲启发道。"我还知道英美法的三大概念来自罗马法。"我答道："那就是：第一，针对私有权而言，有必要的特权。即私有财产神圣不可侵犯。第二，契约神圣。即从公平、公正出发的财产观念。第三，当事人意志自由。即你可以保持沉默，因为在被告人还没有与原告对质，还未为自己辩护之前是不能判其有罪的。""你从罗马法引出了英美法，那么什么是英美法的特点呢？"父亲问罢又解释道："英美法也称普通法（Common Law），它的第一个特点是人定法而不是神意法。它的第二个特点是成文法和判例法的完整结合，它重视实际而不是专尚理论，当二者发生矛盾时往往舍弃理论而满足实际需要。英美法目前通行于美国、英国、加拿大、澳大利亚等英联邦国家以及中国香港地区，国际贸易规则和许多商法的术语也都源于英美法。联合国国际法院适用的司法程序也以英美法为据。"

说到这里，父亲加重了语气对我说："我要你记住：什么是法？法就是权利。法也是一种保护手段，它保护公民可以做法律所许可做的一切事情的权利。但是如果一个公民做了法律所禁止的事，他就不能再有自由，法律由此起到了防止个人危害他人或国家政权的作用。"然后父亲放慢了语速，斟酌着词句，一句一顿地说："法律对国家本身尤为重要！因为宪法和法治是人类从历史经验中总结出来的政治智慧，它具有普适性，同时也存在不可逆性。它是普天下人共同追求的价值观念，也是任何民族要崛起、要跻身于现代社会所不可或缺的因素。"说到这里，父亲似乎松了一口气，因为他终于把埋在心底太久的话一下子倾吐出来，这是他毕生的思考、毕生的追求，他虽然没有机会施展抱负，但终于能在有生之年倾吐出来，托付给后人。而我却被震惊，我抬起头来望着父亲，见到他动容了。

但他很快恢复了常态，拉着我的手问道："你是相信进化论的，对吗？相信从猿到人，是吗？那么我要问你，猿又是从哪里来的？是低级动物进化的吗？那么最低级的单细胞生物又是从哪里来的呢？"在一连串问号之后，不等我启齿，父亲就总结道："即使达尔文的《物种起源》，也只是论证了生物的进化而未涉及生命的起源，这就为创世者留出了位置。至于创世者，你称之为'神'也好，'天帝'也好，或者干脆称之为'Creator'好了，总之是有的，这一点你也要记住。"

接着，父亲又开导我说："其实现代法律和创世者Creator，以及记录创世者神迹的《圣经》并不矛盾。你还记得解放前读过的《圣经》吗？你还有哪怕一点点印象能表达出来吗？"

"我印象最深的是《圣经》中记载的神所创导的公义、公平和公正。《圣经》借先知的口说'唯愿公平如大水滚滚，使公义如江河滔滔'。"我答道。"那么你知道公义、公正和公平在英文中如何表达？"父亲继续问道。"justice。"我应声答道。"'justice'除了解释公义、公正和公平外，还可以解释为法律制裁。在英国可指高等法院法官，在美国则指最高法院法官。现在你找到了法学和'Creator'之间的契合点了吗？哈佛大学法学院碑文上刻道：'主宰我们的不是人类，而是上帝和法律'，也就是这个意思。"我随着父亲的思路想到了康德在《实践理性批判》的结束语中写道的："有两件东西愈经常、愈不懈地加以思索，就愈使人心充满一种常新且与日俱增的赞叹和敬畏，这就是头上的星空和道德法则。"康德笔下"头上的星空"不正是父亲所说的"Creator"吗？这是由人们仰望无垠无际的满天星斗时，感到自己渺小的感受，由这个感受异化出来的"Creator"，其实就是未知的世界。父亲谆谆教导我，就是要我在人生的道路上存敬畏之心，敬畏未知的世界、敬畏生命的丰富，去追求精神穿越的终极价值。

父亲喜欢字画，过去也曾收藏一些明清两代书法家的作品。他珍惜这些字画，经济再拮据也舍不得出手，只是后来都毁于"文革"了。改革开放后，他过去的学生曾写过几幅作品，裱好后送给他，还替他挂在了墙上。1995年的一天，我在返皖前一天去他的寓所向他辞行时，他正在赏字画。父亲见到我，笑容满面地抬着手说："来，看看这些字画，这些都是近年来我的学生的作品。"他指着其中的一幅说："这是林则徐的五世孙录了他高祖的一首诗，裱上后送给我的。"我随着父亲所指望去，但见那是一幅用隶书恭录的七言古诗，就轻声读了出来："岩关百尺界天西，万里征人驻马蹄。飞阁遥连秦树植，缭垣斜压陇云低。天山巉削摩肩立，瀚海苍茫入望迷。谁道崤函千古险？回头只见一丸泥。"在诗的左方写着两行小字："先高祖文忠公谪戍新疆途中出嘉峪关赋之一诗，奉振为吾师指正。林永俣于百尺楼辛酉冬日。"待我看完，父亲问道："你能说出林永俣手书的字体吗？""隶书。"我应声答道。父亲点了点头，又指着墙上的条幅问："那些呢？""左边的两幅分别是大篆和小篆，右边的那幅是行书。"我答道。

父亲又指着挂在书桌正上方的百寿图对我说："这是今年我九十五岁寿辰时，东吴同学会送的。他们汇合了近百名学生，各用不同的字体写一个'寿'字，集成了这幅寿轴。"我随父亲所指望去，注意到寿轴中央最大的正楷"寿"字下面，还有两行小字："自静其心延寿命，无求于物养精神。"这不正是父亲精神面貌的写照吗？

父亲接着又说："我的字轴大部挂在这里了，只是尚缺一幅草书，你能在安徽大学物色到一位专攻草书的书法家吗？""草书？您想要草书？"我问道。"是的，我要一幅狂草。"父亲平静地回答道。我吃惊地望着父亲，人们不是常说"字如其人"吗？父亲是一位严肃的长者，他奉公守法、一丝不苟，而草书则具有强烈的个性色彩，表现为豪放不羁、冲破约束、特立独行，这与父亲的性格相距太远了。然而，我又不敢提出异议，只是问道："您想要写什么呢？""养天地正气，法古今完人。"父亲胸有成竹地答道。接着，他拉着我的手，让我坐在他身旁开导说："上句之'养'即以厚积薄发之功来克除急功近利之浮躁奢靡之风。而'正气'是指做人的刚直不阿的气节。下句之'法'是效法，至于'完人'，你是读历史的，应该能讲出三句古人描绘'完人'的词句。"我接着说："'忧天下，仁人奋起'；'富贵不能淫，贫贱不能移，威武不能屈'和'先天下之忧而忧，后天下之乐而乐。'""还有'从心所欲，不逾矩'。"父亲轻声补充道。这一言简意赅的提醒，对我可谓醍醐灌顶！我顿时明白了：草书、狂草不正是"从心所欲、不逾矩"的艺术写照吗？草书具有高度的概括力，它英姿飒爽而不哗众取宠，它豪放洒脱而不矫揉造作；草书的动态美契合了他内心的追求，草书的综合美显示了传统文化的含蓄隽永。我于此明白了父亲胸中跳动着的那颗炽热的心，那是老骥伏枥、志在千里的情怀，也是古今完人追求的超越道德价值的境界。

父亲等我回过神来又补充道："'养天地正气，法古今完人'是东吴大学的校训。由首任华人校长杨永清博士根据原英文校训'Unto a Full-grown Man'意译而来，这条校训特别适合于法学院。因为法律体现了社会公平、正义和良心，这就是'养天地正气'，而自觉遵守法律则是一个自制和自我完善、自我超越的过程，这就是'法古今完人'。你能记住吗？""我会努力记住的。"我边说边站了起来，父亲意识到我要告辞了，便说："你一年也只能回沪一次，今天我要送送你。"他接过我递过去的手杖，慢慢地扶着桌子站起来，送我到门口，才依依不舍地说："明年会，明年会。"我走到弄堂口回过头来，见他仍站在那里向我挥手。然而，我却未能意识到，父亲正直面人生向生命的终点走去。

此后不到半年，父亲就病了一场，住进了医护条件极好的华东医院。又过了两个月，父亲身体康复出院，但精神面貌大不如前了。

1997 年，父亲与世长辞。上海国际礼拜堂为他举办了追思礼拜。教堂中响起了朗朗的诵经声：

"我现在被浇奠，我离世的时候到了。那美好的仗，我已经打过了。当跑的路，我已经跑尽了。所信的道，我已经守住了。从此以后有公义的冠冕，为我存留……"这是教堂牧师在为一名受难的逝者安魂。

五、杨兆龙与他的学弟、同事倪征奥

1950 年，盛振为被免去东吴大学法学院院长职务后，有人推荐时任该院教务长兼法律系主任的倪征奥来担任此职，但倪征奥婉辞并积极推荐杨兆龙。倪征奥在《淡泊从容莅海牙》一书中说："杨兆龙学业高超，且擅长行政。那时我推荐他任院长，获得全体教师赞同。"倪征奥何以推荐杨兆龙？他对杨为何如此了解？

倪征奥（1906—2003），江苏吴江人，著名法学家，中国第一位国际大法官。1928年毕业于上海东吴大学法律学院，之后留学美国，获斯坦福大学法学博士学位。1930—1931 年，任美国约翰斯·霍普金斯大学荣誉研究员。1931—1945 年，先后在上海东吴大学、大夏大学、持志大学讲授国际法、国际私法、比较民法、法理学等课程。1946—

1948 年，代表中国参加东京远东国际军事法庭对日本战犯的审判工作。1948—1954 年，任上海东吴大学法学院教授兼法律系主任。司法改革和院系调整后，被调到同济大学任图书馆主任兼俄语教师。1956—1981 年，任外交部条约委员会专门委员和条约法律司法律顾问。1981 年在联合国第 36 届大会上当选国际法委员会委员，任期 5 年。1982 年加入中国共产党，任外交部法律顾问。1984 年在联合国第 39 届大会及安理会上当选联合国国际法院法官，任期 9 年。1987 年当选国际法研究院联系院士，并于 1991 年转为正式院士。1994 年退休。2003 年逝世。不难看出，倪征燠可以说是与中国 20 世纪法制同行的人，就像他自己所说的："我的一生没有离开过一个'法'字。"

倪征燠和杨兆龙有两层关系。第一，他们是学兄弟，两人都毕业于东吴大学法律学院，杨兆龙 1927 年毕业，早倪征燠一年。第二，他们是同事。1945 年 8 月日本宣布无条件投降，司法行政部成立战犯罪证调查室，杨兆龙担任主任，倪征燠为副主任。1949 年后，两人都曾在东吴大学法学院任教，相知较深，所以倪征燠推荐杨兆龙担任东吴大学法学院院长时说杨"学业高超，且擅长行政"。

杨兆龙平时和著名法学家孙晓楼教授来往较多，而和倪征燠私下来往并不密切，杨家对倪征燠的评价是此人"为人随和，头脑灵活"。以倪征燠头脑之"灵活"，推荐杨兆龙不能不考虑杨的政治立场。在政治观点上，两人可谓"不约而同"，倪征燠对此心知肚明。

原来，杨兆龙担任的民国末任代理最高检察长一职，当局曾经想让倪征燠担任。倪在《淡泊从容莅海牙》一书中忆述，1948 年，倪征燠参加完东京审判之后回到南京，见到司法行政部部长谢冠生后，谢冠生说要"论功行赏""当场发落"。当时国民党最高检察长郑烈和上海高院检察长杜保祺都辞职，据说已包了专机带着家眷飞往台湾。这两个检察官职位之崇高在全国是数一数二的，谢希望向哲濬继任郑烈、倪征燠继任杜保祺。向以年老体弱、早已逾退休年龄为借口，对谢说东京审判下来，已是心力交瘁，只愿退休回家。倪征燠则以已接受母校东吴大学法学院之聘，希望从事教学工作为借口，对谢婉辞。谢冠生对倪、向的执意婉拒未有进一步挽留。但是，当倪征燠辞别后受邀去参加司法行政部一些旧同事的宴请时，谢又派他的同乡、秘书王介亭去餐馆找倪。王对倪说，谢冠生要他转告倪，向先生既因年迈求退，不能坚留，而倪正值盛年，希望倪考虑继任郑烈职位，即原来想请向担任的职位。倪仍婉言解释说，既已答应东吴大学法学院，如因接受高官而出尔反尔，会对不起培育自己的母校。王介亭本来和倪很熟，深知事情不能勉强，只得颔首回去复命。

倪征燠之所以拒绝担任最高检察长，和杨兆龙起初不愿出任该职的理由是相同的，即国民党气数将尽，没有必要把自己的命运绑到这家腐败专制的战车上。他在《淡泊从容莅海牙》中回忆道，他和向哲濬于1948年年底从东京回国后，即去南京司法行政部报告东京审判全部过程和最后结果。当时，宁、沪等地社会秩序混乱。抗战胜利后不久，重庆派出到以前沦陷区的"接收大员"大部分是贪官污吏，他们气焰嚣张，到处掠夺，百姓对此恨之入骨，又不敢得罪他们。对这种无法无天的现象，人们称之为"五子登科"，"五子"指的是房子、车子、金子、票子和女子。1948年开始，当时的通货"法币"贬值，物价飞涨，国民党政府发行的"金圆券"每1元折合法币300万元。市民普遍排长队去银行买黄金、美钞。没过多久，金圆券又贬值，市民怨声载道。稍有积蓄的市民尚且如此，一般劳动人民更无法生活下去。宁、沪情况尚且如此，其他地方更甚。

倪征燠还回忆说，他们从东京回国之前，曾用两大木箱装运数以百计的法庭审判记录本、书状稿件以及其他有关资料，收件人是上海高等法院。但是，这两箱珍贵的资料，后来始终下落不明！如此腐败无能，令人只能弃之而去。曾在远东军事法庭任职过的人，几乎没有回到南京或去台湾的。东京审判中的中国法官梅汝璈于东京审判事毕后，被任命为司法行政部部长，他辞而不就，从东京前往香港，后到北京任新中国外交部顾问。他的秘书方福枢早已辞退，继任者杨寿林曾因参加乙、丙级战犯法庭的审判而留在东京，不久亦回上海担任外国语学院教授。检察组方面，向哲濬和后来去的4名顾问，已如前述，都先后返回国内宁、沪两地。检察组其他回国人员，如高文彬任上海海运学院教授，周锡卿任北京第二外国语学院教授，张培德回国后历任几处外国语学院教授。曾任中国检察官助理的裘劭恒，回国较早，"文革"后曾任全国人大法律委员会顾问及上海外贸学院名誉院长等职。刘子健后来从日本去了美国，任普林斯顿大学历史系和东亚研究所所长。其他还有几位早就离职他去。

倪征燠还回忆道，许多亲戚故旧关心他的安全和前途，认为他在国民党执政期间虽没有做过高官、受过厚禄，但毕竟有十五六年在旧司法界度过春秋。而且，他的亲戚故旧中不无位高爵显者，万一追查关系，亦难说得清楚，因此劝他早走为妙。同时，宁、沪一带还有许多谣传，说苏北一带解放区内，因斗争土豪劣绅，好人也受连累等等。有些人还自告奋勇，主动提出可代为想办法购买前往台湾的船票。当时，尽管发生了"太平轮"因超载而在海上沉没的惨事，但要去海外的人还是争先恐后，导致船票供不应求。对这些好心肠为他着想的亲友，他表示了真诚的感谢。但是，他自忖一向以"清官"自励，而且对中国收回领事裁判权也尽过一分力量；最后几年在东京力控侵华日本战犯，几乎是以自己的生命为"质"，难道全国解放后他就要被作为一般贪官污吏处理？再则是，他虽然在国民党统治下做过一段时期的法律工作，但他不仅没有做过对不起共产党的事情，而且出力救过革命妈妈陶承同志的女儿欧阳本纹，也曾亲自出庭为与邓演达同案的任援道的儿子辩护，使其获得释放。

倪征　救过革命妈妈陶承同志女儿是怎么一回事呢？陶承在《我的一家》（已被改编成电影《革命家庭》）中写道，她 20 世纪 30 年代在上海从事地下革命活动，她的邻居倪征　和夫人张凤桢同情共产党的事业，帮她打官司，救了她的女儿。对此，倪征　在书中回忆道：他们住在爱文义路（现北京西路）观森里时，隔壁住的是一位中年妇女，自称姓林，携有一子一女，并无成年男人。刚搬来时，这位"林太太"还按沪上习俗，亲送糕团给左邻右舍。"林太太"操湖南口音，态度安详，举止大方，平素并不与人多接触，但因与他家是毗邻，又知凤桢是位女教授，待人谦和，就不时有所往来。她出言十分谨慎，从未谈到自己职业或过去，但既是萍水相逢的初交，这种现象就并不足异，两家之间可算亲而不密，"君子之交淡如水"。没有多久，他们先后迁离观森里。"林太太"先迁走的，他们并不知道，更不用说林太太迁往哪里。她们竟这样飘然而去，倒使倪征　觉得有些异乎寻常。重要的事发生在日后。

倪征　搬离观森里后即迁往近市中心的梅白格路（现新昌路）祥康里。两年后的一天，张凤桢忽与"林太太"在马路上不期而遇，但见她手牵幼子，满面愁容，似有要事在身，不便多谈. 张只好将自己的新址告诉"林太太"，请她有空时来作客，叙叙家常。过几天，"林太太"果然登门造访，她神色凝重地告诉张凤桢，其女儿本纹因涉嫌共产党被捕，自己束手无策，不知如何是好，知道倪征　是律师，特来请求他施以援手。张凤桢深表同情，当即答允与丈夫商量后，再告诉她采取什么具体步骤。由于倪征噢当时已不再从事律师业务，故而转请其老同学鄂森律师安排探监及义务出庭辩护事宜。未几，欧阳本纹因当时未届刑事责任年龄而获释出狱。"林太太"向倪征噢夫妇深深表示感谢，但此后历久未有联系。直到 30 多年后，倪征噢到北京工作定居之后，无意中读到《我的一家》才恍然大悟，这位上海观森里的老邻居"林太太"原来就是革命妈妈陶承同志！那个小男孩是他儿子欧阳稚鹤。《我的一家》记述的倪征噢夫妇思想进步、帮她打官司的事情，真是帮了倪征噢的大忙——由它"定性"倪征噢解放前思想倾向进步，一下子就把他从"旧法人员"里解放出来了。

杨兆龙因为 1948 年年底按照南京地下党的指示，出任代理最高检察长，释放"政治犯"，因而在中华人民共和国成立初期受邀担任南京市人民代表，后来担任东吴大学法学院院长；倪征噢则因解放前帮助过地下党员陶承，得到了陶承在出版后影响巨大的《我的一家》一书的肯定，故虽在司法改革运动中被迫改行转业，到同济大学图书馆做主任、教俄语，但很快就被调到一般人很难去的外交部条法司工作。

在 1957 年"鸣放"期间，杨兆龙与倪征噢又一次不约而同地谈到了 1952 年到 1953 年司法改革运动中的旧司法人员处理问题，认为这场运动让多数旧司法人员改行转业是浪费人才。杨兆龙在上海说，司法改革是有一定收获的，但改革的结果是将大批非党的司法工作者调出司法机关，他们的工作质量在某些方面是当时司法机关在职干部所不及的，如果给他们适当的机会，他们并非完全不可能被改造为有用的司法工作者。倪征噢在北京说，旧司法人员过去虽有超政治思想，但大多数是有操守的，坏分子是个别的。1952 年司法改革时认为天下乌鸦一般黑，把旧司法人员从法律界清洗了，对他们打击太大。那些老干部做审判员，法律和文化水平低，判决、总结还要书记员写。结果杨兆龙被划为右派，倪征噢要好一点，被内定为"中右"。

倪征噢在其书中忆及 1957 年"鸣放"时说，1956 年下半年，有些东欧国家里发生闹事，就是所谓"波匈事件"。1957 年春，中共开始整风运动，邀请党外人士对党提意见，机关团体都不例外。中国政治法律学会于 1957 年的五六月间也举行了几次这样的座谈会。在 6 月 17 日的座谈会上，倪征噢也发了一次言。当时政法界不少人有这样的看法：对法制不够重视，执法者无法可依，不能挖掘旧法人员潜力，人事调配不尽得当等等。他也大体上同意这些看法。他还具体地指出，戴修瓒和李浩培如经调配得当可以发挥更大潜力，并指出前次法学界座谈会上雷洁琼所说的上海洪文澜被闲置情况。同时，他提出三项具体建议：（1）抢救人；（2）抢救书；（3）抢救课。他说要救的课是指国际法和比较法。最后，他强调国际法学"存在危机"，我国国际联系日益频繁，将来联合国、国际法院都得有合适的人去等等。整风运动开始后，"提意见"的浪潮日益扩大，社会上有些人缺乏"与人为善"的态度与精神，言词剧烈，越出常规。旋而，运动迅即转入不同性质的反右派斗争。倪征奥对自己过去带着旧法观点看问题和过于强调法制建设作了检查和自我批评。他明确承认，对于1952年上海东吴大学法学院停办和自己被分配到别的岗位工作确有情绪，对于过去从事法律工作人员的同样遭遇也有看法。但是，对于后来被调到外交部承担涉外法律事务，则完全符合他的意愿和要求。这次运动，条约委员会没有搞很久即告结束，条约委员会也随即变为条约法律司。在这次反右中，社会上有很多法律界人士被打成右派，其中有不少人和他相熟、相识，还有个别的平素被认为是立场非常坚定的党员司法干部，也不免因这样那样的原因而被划为右派。他在这次运动中受到了一次深刻的教育，虽然没有被当作重点批判，但是深深感到思想改造对于旧知识分子来说是一个漫长和艰苦的历程。

杨兆龙的儿女们对倪征奥的评价是"学养深厚，为人随和，脑子灵活"。从他在《淡泊从容莅海牙》一书中对1957年"鸣放"的欲说又止、责己深切的态度可以看出，倪老除了深厚的法学造诣之外，的确还有外交家注意拿捏分寸的功夫。这或许与他晚年迎来了改革开放的新时代，夕阳余晖化解了他胸中不少块垒有关。他比杨兆龙幸运得多，民国时期作为中国首席检察官参加了东京审判，为中华民族立了大功；中华人民共和国成立后，他虽遇不快，但都有惊无险。

六、杨兆龙和他的同事王造时

"杨兆龙和王造时是同事"有两层意思，一是两人都是上海市法学会理事；二是两人都是复旦大学教授，不过杨先后在外语系、法律系工作，王在历史系工作。

王造时（1903—1971），江西安福江南乡江南村人，原名雄生，生于一个经营竹木生意的商贾家庭。1917 年起就读于北京清华学校中等科。其间，参加五四运动，曾两次被捕入狱，后任清华学生会评议会主席。自清华大学毕业后，1925 年 8 月赴美国威斯康星大学就读政治学，于 1929 年 6 月获政治学博士学位。1929 年 8 月，王浩时到英国任伦敦经济学院研究员，师从英国费边社会主义代表人物拉斯基，主要研究国际政治。1930 年，王造时经苏联回国，受聘担任上海光华大学（今华东师范大学）文学院院长兼政治系主任、教授。1931 年"九·一八"事变后，王造时创办了《主张与批评》半月刊，后又创办了《自由论坛》杂志。同时，他参与发起组织上海各大学教授抗日救国会，积极支持十九路军和淞沪抗战，又与宋庆龄、鲁迅、杨杏佛等发起组织中国民权保障同盟，担任同盟宣传委员、执行委员，并参加援救被国民党关押在监狱里的革命者和进步学生的活动。1933 年 11 月，他参加了福建事变，发表《为闽变忠告当局》宣言，公开了他的反蒋抗日主张。1935 年年底，与马相伯、沈钧儒等共同组织上海文化界救国会并担任执行委员。1936 年，担任上海文化界救国会宣传部长，主持《上海文化界救国会会刊》和《救国情报》，主张停止内战，一致对外。1936 年 5 月，与沈钧儒、邹韬奋等人发起成立全国各界救国联合会（以下简称"救国会"），并当选执行委员、常务委员。同年 11 月，被国民党逮捕，为著名的"七君子"之一。1938 年 3 月，担任江西省地方政治讲习院教育主任兼教授，负责训练抗战时期江西省干部；9 月，在江西吉安创办《前方日报》，并被聘为国民参政会参政员。抗战胜利后，在上海创办自由出版社，同时兼任私人法律顾问。1948 年 12 月，蒋介石亲自下令查封由知名人士储安平在上海创办的《观察》杂志，并逮捕《观察》工作人员，这就是中国近代史上著名的"《观察》事件"。王造时亲自出面，多方奔走，以自己的影响力给当局施压，并于次年 2 月亲自担保和营救了包括美术家朱宣咸在内的数位《观察》进步人士出狱。上海解放后，王造时积极参加爱国民主运动，是著名的爱国人士。1951 年起，任复旦大学历史系教授、世界史教研室主任。1957 年，被错划为右派。1960 年 9 月，被摘掉右派"帽子"。在"文革"中，王造时又受到冲击，两个儿子和女儿海若均患了精神分裂症。小女儿海容因为拒绝参加复旦大学对其父亲的批斗，也被打成"反革命"，备受折磨而死。

　　从王造时的经历可以看出，他虽与杨兆龙都走过了一条从民族主义到民主主义，再到新民主主义，最后到社会主义的道路，但王造时 1949 年前属于体制外的街头抗争人士，而杨兆龙则是体制内的改革人士，因此在1949年前两人没有什么交集。1957年反右中，上海媒体纷纷报道说北京有个反党的"章罗联盟"，上海法学界则有一个反党的"王杨（王造时、杨兆龙）联盟"。杨兆龙对此断然否定，王造时则在被划为右派之后的检查中作了如下交代："大鸣大放时期在上海，我同陆治、孙大雨、彭文应和杨兆龙都有来往"；"杨兆龙在《新闻日报》发表《我国重要法典为何迟迟还不颁布？——社会主义建设中的立法问题》的荒谬文章，我在座谈会上便予以支持，并且拟推荐他列席政协发言"。① 王造时和杨兆龙也就这点关系，根本谈不上是什么联盟。但是，从王造时的论著来看，他在民主法治问题上的看法和杨兆龙确实相当地一致。

王造时说，两件事使"民主"在他脑海里扎下了根。第一件事是1914年爆发的第一次世界大战："那时我已看报，看的是学校订的上海《时报》和《申报》。上海的报纸在英法势力影响之下，不用说是拥护英法方面，反对德奥方面的。把前者说成是为正义、人道、公理、民主而战，后者是讲强权、霸道、专制、野蛮的。因此我亦跟着同情、拥护英法方面，痛恶、反对德奥方面。尽管后来才知道它们都是帝国主义国家，都是为帝国主义而战，但是正义、人道、公理、民主这些美丽的名词给了我不能磨灭的印象。"第二件事是1915年的袁世凯的洪宪称帝："这个窃国大盗依靠反革命的武力和帝国主义的支持，利用领导辛亥革命的资产阶级的妥协性，篡夺了总统的职位，还不称心满意，到一九一五年十二月十二日居然粉墨登台做起皇帝来了。接着就是蔡锷、李烈钧等在云南起义，各地纷纷响应，逼得他于一九一六年三月二十二日取消皇帝称号，六月气死于北京。梁启超那篇反对他称帝的有声有色的文章《异哉，所谓国体问题者!》，亦由国文老师讲给我们听了，民主思想的根子又深了一层。"②

王造时的如下观点不仅在当时给人启迪，即使到了今天也让人深思：

---

① 参见王造时：《我的检查》，载叶永烈编：《王造时：我的当场答复》，中国青年出版社1999年版，第250、253页。

② 参见王造时：《王造时自述》，载叶永烈编：《王造时：我的当场答复》，中国青年出版社1999年版，第64—65页。

（一）欲让人民爱国，必先实行民主

王造时说，现代国家生活里面有一种极显著的情绪，深藏在人们的心坎，有绝大的魔力。它可以使人们慷慨激昂；它可以使人们欢欣鼓舞；它可以使人们忧戚悲伤；它可以使人们痛哭流泪；它甚至于可以使人们从容就义而死。它究竟是什么？它就是爱国心。这种爱国心是人所共感的。在国家危急的时候，它的色彩更加浓厚，一般人民被它鼓动起来之后，可以尽最大的牺牲，并且出于心甘情愿。爱国心与民族观念一样，是不容易解释的。它是表示对本国的忠诚，包括服务国家、捍卫国家的义务；它是普通一般人都能感到的一种感情；在国家危急的时候，它马上可以叫人牺牲。它动人之深，没有别种情绪可以与它比拟。若被鼓动起来以后，它支配人的行为，较其他任何社会力量更为完备。它可以把普通一班人们从日常工作里面提高起来，使他们发生最高尚的牺牲精神；它可以使懒惰的人紧张起来；使刚愎的人服从命令；使吝啬的人慷慨解囊；使胆怯的人有勇气；使卑贱的人有气概；使狡黠的人也不能不爱国。遇到了这种爱国热诚，各种宿仇积怨都忘记了；各种政党及阶级的斗争都淹没了；各种信仰、地位及种族的界限都消灭了。①

但是，人民的爱国心在不同政治制度的国家是不一样的，专制国家人民的爱国心较弱，而民主国家的爱国心较强。王造时说，大概一个国家愈民主，爱国心愈是发达。原因是在民主国家里面，主权是在人民全体。所谓国家，乃是全国人民的国家，你有份，我也有份。既然大家有份，那么国家的休戚荣辱，便是大家的休戚荣辱。我们对于国家，又哪能不爱护？好比一座花园，若是我们所共有，我们对于它的一草一木，总不胜其爱惜，不忍加以摧残。倘非我们所有，花园门口悬了一块牌子，禁止我们入内游玩，而仅为一人或少数人所霸占，那么我们对于那个花园的盛衰存亡，当然是不关心的。这是人类的本性，这是人类合理的本性。所以，在君主专制或独裁政体之下，爱国心比较不能发达。在君主专制国家，主权操在一人之手，人民不得干预。所谓国家，不过是皇

---

① 参见王造时：《泛论爱国心》，载叶永烈编：《王造时：我的当场答复》，中国青年出版社1999年版，第197页。

帝的家产；所谓政府，不过是皇帝的私具，真是"普天之下，莫非王土，率土之滨，莫非王臣"。人民既没有参加国事的机会，那么对于国家的事情，当然以为是皇帝老子家里的事情，与我们一般小民无干。外国侵略也好，文化堕落也好，人民总不十分关切。

王造时指出，有许多人时常利用爱国心去做坏事。好比专制的统治阶级要钳制言论、出版、集会、结社的自由，时常假借爱国的名义。又好比野心家要利用国际战争去巩固政权或夺取地盘，没有别的东西可以号召，只有激起国民的爱国热情，去为他们驰骋疆场。又好比资本家要掠取国外市场，保护个人利益，没有别的方法可以得到本国人民和政府的援助，只有鼓励本国人民的爱国观念。罗兰夫人临上断头台的时候说："自由！自由！天下不知有多少个罪恶，假汝名以行！"我们在这里也可以大声疾呼曰："爱国心！爱国心！天下不知有多少罪恶假汝名以行！"①

怎样才能培养人民的爱国心呢？王造时认为主要有以下几个办法。

第一，实行民主（政治平等）。必须把中国建成为一个民主主义共和国，由全国人民选出的代表组成制宪会议，制定宪法，确保人民的基本权利，规定国家重要机关的组成及其职权。人民享有普选权，由下而上地产生各级代表机构；行政机关应直接或间接向人民负责；法律必须由代表人民的立法机关讨论通过；必要时，人民可以依法行使创制权、复决权和罢免权；必须保障人民的各种基本权利。人民应该享有身体、思想、宗教信仰、言论、出版、集会、结社、迁徙、通信等自由，严禁司法和警察部门以外的任何机关或个人有拘捕、审讯及处罚人民的行为；必须实行法治和司法独立。国家必须颁布由立法机关讨论通过的重要法典，以确定人民的权利和义务，全国人民在法律面前完全平等。必须实现法律不追溯既往和被告人不负举证责任的两大原则。司法机关应独立，不受行政机关或立法机关的干涉，法官任期应有保障，审判必须公开，并采取人身保护制、陪审制和律师辩护制；实行军队国家化。军队应由人民产生的民主政府所掌管，作为捍卫国家、保护人民、抵抗外国侵略的武装力量。②

---

① 参见王造时：《泛论爱国心》，载叶永烈编：《王造时：我的当场答复》，中国青年出版社1999年版，第202页。

② 参见王造时：《王造时自述》，载叶永烈编：《王造时：我的当场答复》，中国青年出版社1999年版，第75页。

第二，实行经济平等。王造时认为，如果一国之内，一方面是少数穷奢极欲的富人，另一方面是在饥饿线上挣扎的大众，彼此的生活、习惯、思想等等，中间隔了一条深厚的鸿沟，哪里会产生同胞之感？哪里会产生同胞之谊？表面上虽属同一国家，实际上是处在两个不同的世界。这样，被压迫的人们当然对于被少数资产阶级操纵的国家不能发生浓厚的感情。① 因此，要实行社会主义的经济政策。美国的民主政治给了人民以政治上的平等，但是它的资本主义经济制度造成了经济上的不平等，使它的民主政治和法治容易变成为虚伪的东西。②

在列举了政治、经济等种种不平等后，王造时提出，必须立即实行民主政治：释放一切政治犯；恢复言论、出版、集会、结社各种自由；立即用普遍的、公平的选举方法，召集国民大会，接受政权，制定宪法。经济上，必须立立即实行社会主义：将贪官污吏（包括军阀）所得不义财产充公；从此以后，发现贪官污吏，处以极刑；平分土地，使耕者有其田；用极重的累进法，征收遗产税、土地税、所得税；国营大规模事业，保障失业者的生活。③

第三，进行爱国主义教育。王造时说，教育愈是普遍，爱国心愈是发达。一个人的爱国心不是生下来就有的。虽然爱国心根据于人类的天性，如好群等等，但人类之所以采取此种爱国的特别方式，还是后天所启发的。教育就是启发爱国心最有力的一种工具。学校里所授的爱国文学、地理、历史、政治、经济等等，不是使学生明了本国过去的光荣，就是指示学生本国将来无限的希望；不是说明国家与个人关系的密切，就是解释本国在世界上所处的地位。如是一般儿童与青年，由认识国家的面目，进而发生爱国的观念。近代国家所以把教育事业收归国有，也就是有见于它的重要。④

---

① 参见王造时：《泛指爱国心》，载叶永烈编：《王造时：我的当场答复》，中国青年出版社1999年版，第204页。

② 参见王造时：《王造时自述》，载叶永烈编：《王造时：我的当场答复》，中国青年出版社1999年版，第76页。

③ 参见王造时：《对内的平等》，载叶永烈编：《王造时：我的当场答复》，中国青年出版社1999年版，第157页。

④ 参见王造时：《泛论爱国心》，载叶永烈编：《王造时：我的当场答复》，中国青年出版社1999年版，第204页。

（二）反贪必须实行民主政治

王造时认为，遏制贪污的方法，一是必须把官吏区分为政务官和文官，使任期有保障；必须提高官吏的薪俸。二是必须严格规定，一切文官，非考试出身，不能任用。三是重典治贪。应该马上实行如下三条法律：凡贪污在百元以上者，监禁十年；凡贪污在千元以上者，监禁终身；凡贪污在两千元以上者，杀无赦。四是营造"百善廉为首，万恶贪为先"的舆论。五是实行民主政治。这是最重要的方法。设立民意机关。权力是最危险的东西，没有监督，必至滥用。在各文明国内，事务官出于考试，政务官出于选举，整个行政系统都须受代表人民的国会的监督。[①]

（三）反对官僚主义需要发扬民主，加强监督

王造时认为，官僚主义的表现主要是：第一，不走群众路线。也就是不深入群众，不相信群众，不依靠群众；眼睛望上不望下，只知体会上级的意旨，不倾听下面的呼声，不反映群众的意见，因而脱离群众，在感情上和生活上与群众的距离越来越远。第二，喜欢报喜不报忧。于是"看颜色说话，看菩萨打卦"，悦耳之言越来越多，逆耳之言越来越少。结果是偏听偏信，不了解全面，以致专断行事，造成错误。第三，奉行故事，不问效果；但求无过，不求有功；责任能推卸便推卸，不能推卸便敷衍。

防止官僚主义，最根本的是广泛实行民主监督。王造时认为，实行民主监督，有如下难处：一是有顾虑。"知无不言，言无不尽"和"言者无罪，闻者足戒"的道理，大家当然懂得，实行却不太容易。拿一个或许是不伦不类的比喻来说，做唐太宗固然不易，做魏征更难。做唐太宗的非有高度的政治修养，难得虚怀若谷；做魏征的非对人民事业有高度的忠诚，更易忧谗畏讥。他说，党内各级干部中像唐太宗的可能很多，党外像魏征的倒还嫌其少。二是不了解事实，很难提出批评和建议。不经过调查研究，没有发言权。的确，如果不明白问题的真相而随便提意见，等于无的放矢，可能患片面的毛

---

① 参见王造时：《怎样打倒贪污？》，载叶永烈编：《王造时：我的当场答复》，中国青年出版社 1999 年版，第 138—146 页。

病。因此，在可能范围内，应该提供一些事实和资料，与群众协商讨论。①

（四）民主必须法治化

1957 年 6 月 1 日，王造时在《新闻日报》发表了《进一步建立民主法制秩序》，提出阶级斗争已经基本上结束，我们国家的政治生活已开始进入一个新阶段。这个新阶段就是民主生活的扩大。在阶级斗争没有基本上结束以前，因为要对付阶级敌人，所以偏重了专政；在阶级斗争已经基本上结束后，处理人民内部矛盾关系便成为主要的问题，便不能不重视民主。既然要扩大民主，就不能不加强法治。民主是原则，它的体现有赖于法治；换句话说，民主原则须通过法律的规定，成为共同遵守的行为规范，才得以实现。因此，要讲民主就不能不讲法治；讲法治虽不一定要讲民主，（因为以前德意的法西斯统治也有一套法律）然而在近代，法治的趋向必然是民主。社会主义的民主基于生产资料公有制，自然比基于剥削制的资本主义的民主更广泛，更丰富，更真实。在社会主义国家里，政府管的事情越来越多，与人民的关系越来越密切，更不能不加强法治，否则便搞得手忙脚乱。

怎样建立民主法制秩序呢？王造时提出，第一，重视宪法，奉行宪法。宪法是国家的根本大法，应该被认为是神圣不可侵犯，但颁布以后好像逐渐被人漠视。这个现象千万要不得。谁要破坏宪法，我们就应起而力争，那么宪法的尊严便可得以保持。第二，要制定各种重要的法典，如民法、刑法、民事诉讼法、刑事诉讼法等，作为我们共同生活的准绳。否则国家干部无法可依，一般人民无法可守，权利与义务不清楚，犯罪不犯罪没有明确的界线，人治主义便要抬头，社会就不容易纳入轨道。第三，立法机关应该赶快把应该修改的加以修改，应该废弃的加以废弃，否则司法机关难以执行，一般人民更不知何所适从。第四，要重视法学人才的培养与安排问题。第五，要特别注重民主法制的宣传和教育。中国经过几千年的封建专制统治，向来重人治而轻法治，解放虽已经八年，但是在我们大家的思想上和生活习惯上还有不少的人治主义的封建残余。②

---

① 参见王造时：《我们的民主生活一定日趋丰富美满》，载《人民日报》1957 年 3 月 20 日。
② 参见王造时：《进一步建立民主法制秩序》，载《新闻日报》1957 年 6 月 1 日。

今天看来，王造时的这些言论都没有任何问题。但是，在轻视法治的时代背景下，他和杨兆龙一样被定为上海重点右派。和杨兆龙不同的是，他毕竟是学习政治学的，搞街头抗争出身，有着丰富的政治经验，因此，他很快地写出几十份检查、思想汇报，叶永烈感叹"他成了一位'检讨'等身的博士"①，他的"改造规划"中有"挑担争取挑到六十斤至八十斤"！有"鼓足干劲，加紧改造，争取不戴右派'帽子'过年"！他终于在 1960 年 9 月 29 日"摘帽"。"摘帽"后，他继续写了多份"摘帽后的思想汇报""摘帽后的思想小结"之类。

随着阶级斗争扩大化和轻视民主法治思维的日趋严重，公安机关也开始怀疑王造时是"历史"和"现行"双料的"反革命分子"。人们一般都知道王造时有着"七君子"之一、解放前三次入狱、痛骂过蒋介石的光荣历史，但岂知王造时在过去也走过一些"弯路"。复旦大学何碧辉教授在《纪念王造时先生逝世四十周年》一文中披露了不少这方面的史料：一是与"七君子"其他成员相比，王造时的社会关系复杂。1938 年年初，他被江西省主席熊式辉拉到江西南昌，任江西省地方政治讲习院教导主任。当时，讲习院院长由熊式辉兼任，军训总队长是蒋经国。7 月，熊式辉借口九江吃紧，省政府准备后撤，解除了王造时与讲习院的关系。1939—1949 年间，王造时在江西吉安办《前方日报》，跨越抗日战争、解放战争两个时期，只有开参政会之类才去一趟重庆，偏居一隅。其间，王造时曾被任命为第九战区军纪巡查团巡查员。该团团长是苏炳文，团员由国民政府军事委员会、国民党中央、国民参政会、监察院、军法总监部等机关的代表组成。曾与这些人为伍，关系就显得复杂了。二是王造时长期是国民党拉拢的对象。国民党曾千方百计拉他加入国民党。在南昌，熊式辉拉过；去重庆开会，张群通过李捷才（王造时同学）、陈诚通过其政治秘书何某（王造时留英时同学）、陈立夫通过顾毓秀（王造时清华同学）和何浩若（王造时清华同学）、彭学沛（参政会秘书长）等都拉过。王造时虽然没有松口，但成了国民党拉拢对象却是事实。三是错误地出席国民党参政会。当时，解放战争已打了一年，中共参政员理所当然地拒绝出席 1947 年 5 月国民党参政会四届三次会议，救国会参政员也早已退出。在这种情况下，王造时事先没有与救国

---

① 叶永烈编：《王造时：我的当场答复》，中国青年出版社 1999 年版，第 51 页。

会同仁商量，顶替王云五（因任经济部长缺席）去参会，客观上损害了救国会同仁的一致性，是无纪律行为，上了反动派分化救国会的当。四是坚持走中间路线。王造时第一次主张组织中间党派是其 1937 年出狱后不久，在南京参加许宝驹等人组织的集国、共两党以外的各党各派代表人物座谈会上，他主张救国会、青年党、国社党、第三党、职教派、乡村自治派等联合起来，成立同盟组织。这个意见因得不到大家支持而未果。第二次是 1946 年 3 月左右，他已感到内战迫在眉睫，主张把民盟改组，形成强大的中坚力量，与国、共三足鼎立，以制衡当局发动内战。想法虽妙，但是当局 1947 年发布一个禁令，民盟成了"非法组织"，被勒令解散。王造时并无良策可以对抗禁令。1948 年 1 月，沈钧儒等在香港召开民盟一届三中全会，放弃中间路线，同中共携手合作，才使民盟获得新生。①

在"凡是敌人拥护的，我们就要反对"的阶级斗争思维作用下，王造时自然就成了公安机关的重点监控对象，他家被安装了窃听器。由于他平日与章伯钧、孙大雨、彭文应等大右派有所往来，老友闲谈或会涉及对时局的讨论，在当时这些就足以构成所谓"组织反革命集团罪"的嫌疑，而王造时则涉嫌为"组织反革命集团"的首犯。1966 年 11 月 2 日，公安人员逮捕了王造时。王造时入狱后，以"1416"为代号。由于长期关押、饥饿折磨，王造时于 1969 年和 1970 年两次重病。1971 年 7 月下旬，王造时再次病危，经有关部门逐级上报后，国务院来电，指示要不惜一切代价尽力抢救。尽管用了最好的药，但时机已然耽误。临终前回光返照，他深情呼唤儿女和妻子郑毓秀的小名。8 月 5 日，王造时在瑞金医院去世。直到此时，他还是个"未决犯"。

1978 年 12 月 3 日，中共上海市委统战部工作人员通知王造时的遗孀郑毓秀，王造时终获平反昭雪，上海市公安局《关于王造时的平反决定》明确："经查：王造时案是林彪、'四人帮'反革命修正主义路线干扰下造成的错案，原定王造时组织反革命政党问题，属不实之词，应予否定。"

王造时和杨兆龙皆因强烈要求加强社会主义民主法治而不兼容于当时的形势，因此误打误撞地被定成"反党联盟"，从而坠入右派深渊。随着阶级斗争扩大化思维的作怪，

---

① 参见何碧辉：《纪念王造时先生逝世四十周年》，载（复旦大学）《校史通讯》2011 年 10 月第 75 期。

两人又都被公安机关上了手段，除了"历史反革命"罪名之外，又新添"组织现行反革命集团罪"。两人不同的是，杨兆龙是被判处无期徒刑的"已决犯"、后被特赦出狱，而王造时则是被关押在看守所近五年之久、最后死在看守所的"未决犯"。

问世间法为何物，直教人生死相许？

七、杨兆龙及其女婿陆锦璧与徐盼秋

1957 年反右派斗争之前，杨兆龙和徐盼秋都是上海市法学会理事和《法学》杂志编委。1959 年，复旦大学法律系与华政合并成立上海社会科学院，杨兆龙改由该院管辖，徐盼秋此时在该院工作，两人也可以算是同事。而陆锦璧自华政毕业后留校，就在徐盼秋的领导下工作，徐时任院党委委员、副教务长。粉碎"四人帮"之后，徐盼秋为陆锦璧的改正出了大力，使陆锦璧最终回到华政的教学岗位，并曾有意推荐陆锦璧担任华东政法学院副院长，后因陆的年龄较大而未成功。

1992 年年初，邓小平同志在著名的南方谈话中深刻指出："'左'的东西在我们党的历史上可怕呀！一个好好的东西，一下子被他搞掉了。右可以葬送社会主义，'左'也可以葬送社会主义。中国要警惕右，但主要是防止'左'。"① 令我们十分欣慰的是，在中国的革命、建设与改革开放的过程中，不仅有像邓小平这样积极与极左思想和行为做斗争的卓越领导人，还有众多的党的中层、基层领导干部，也以实际行动抵制极左的东西，他们捍卫了党的光辉形象，保护了人民的根本利益。华政老院长徐盼秋就是这样一位老共产党人。

徐盼秋，1916 年 12 月出生于上海，浙江定海（今舟山）人。1935 年参加救亡运动，组织读书会，出版抗日救亡刊物等。1938 年 1 月加入中国共产党。1941 年起，历任新四军苏中保安处情报站主任、苏中联抗特委社会部长等职。曾奉命打入伪上海监狱，任看守长。抗日战争和解放战争时期曾任华东情报总局主任，山东军区保卫部副科长、科长，山东滨海行署公安局副局长兼日照海上公安局局长，青州市公安局局长，华东警

---

① 《邓小平文选》（第三卷），人民出版社 1993 年版，第 375 页。

官学校教育长等职。中华人民共和国成立后，历任上海警务学校和华东公安干部学校教育长、华东政法学院院长。2001 年 5 月去世。从徐盼秋的简历中可知，他是一位红军时期参加革命、抗战时期加入中国共产党、长期从事政法工作的老干部，如果他的思想行为表现得"左"一点，人们是很容易理解的。因为他并非科班出身，长期从事情报搜集、公安工作，这很容易使他轻视知识分子、阶级斗争观念强烈，走进"左"的泥潭，但事实恰恰相反，他的一生，可以说是与极左行为斗争的一生。

徐盼秋不仅一生勇于和极左行为做斗争，同时他还敢于冒巨大风险，积极保护、照顾受到极左行为迫害的同志和他们的家人。

陆锦璧 1953 年毕业于华东政法学院并留校任教。1957 年 5 月下旬，他奉命主编教师团刊黑板报时，因稿源不多，便亲自写了一篇短文《向院党委提两点批评和建议》。批评领导对老一辈法学家重视不够、安排不当；在培养和使用师资方面，存在重政治、轻业务的宗派主义倾向。因此，他建议改革现行的教学制度，每一门课程原先都由一个教师主讲，应改为几个教师同时开课、齐头并进，展开同志式的竞赛；允许教师发表独立见解，贯彻百家争鸣方针，充分调动老教授的积极因素，青年、老教师密切合作，为提高教学质量而共同努力。因以上言论，陆被打成右派，先在上海市郊监督劳动，1959 年 9 月被发配至青海。1964 年春，陆返沪与杨兆龙的女儿杨黎明结婚。其时，杨兆龙已蒙冤入狱。有关部门认为，像杨兆龙这样曾任国民党政府最高检察长的大官，当时不走而留在大陆，肯定是有政治目的的，因而把他定为"特嫌"。陆自然就成了"特嫌"家的女婿。

1964 年春，陆返回西宁后不久便被捕入狱。在审讯中，办案人员反复追查的问题就是他在杨家谈话的内容，而陆则除婚事外无可奉告。于是，陆被认定为"态度恶劣，思想反动"，被开除公职送至青海北部的右派劳教集中营劳动教养，后辗转黄南，再到柴达木盆地边沿的伊克高里。

"文革"爆发后，陆利用暂时去喂猪的单独居住机会，仔细阅读了平时收集的大量红卫兵战报和大批判材料以及马列经典著作，根据他多年来对中国若干问题的思考，写成了一篇《告全国人民书》（以下简称"万言书"）。初稿写完之际，陆被调回大组劳动。为了安全，陆将"万言书"藏于"三星"牌牙膏皮内。后经友人介绍，陆将"牙膏"与衣服一起寄存在西宁市某户居民家。

1971年春，"牙膏"被李某窃取，"万言书"被发现。李某为了表现自己，当即向有关部门告发，谎称"牙膏"是从商店买来的。于是，有关部门便对西宁市的商店进行普查，但结果是西宁市从未进过"三星"牌牙膏。这样，告发人李某便成了嫌疑人。经审讯，李某不得不供出"牙膏"是偷来的。循此线索，最终找到了陆锦璧，陆再次入狱。

"万言书"的内容主要有两个部分。一是批评1949年以来历次"左"的运动都是严重违反宪法和法律的。二是围绕中国向何处去提出了十条治国政见。如恢复统一战线和各民主党派的合法地位，废除戴帽子、打棍子、围斗、搞文字狱、逼供信、关劳教营等不民主的制度，加强法制建设、切实保障人民的民主权利，合理使用人才，实行各尽所能、各取所值的社会主义分配原则，精简机构、裁减军队、减少军费开支、减少对外援助，开放国禁、广泛发展对外贸易，改善中美关系、中苏关系、争取早日进入联合国等。陆因这份"万言书"先被判处死刑，后被改判为20年徒刑。

粉碎"四人帮"之后，陆锦璧一度得不到改正，原因是他在"万言书"中对毛主席有所批评。1981年4月，陆锦璧从青海来沪，拜访了时任华东政法学院院长的徐盼秋。1957年就曾明确表示不赞成把陆锦璧划成右派的徐告诉他："关于你的情况我们已经了解。你要相信你的案子一定能够平反。"同时，他嘱陆写一份申诉材料给华政党委，由他转交。

1982年年初，陆再访徐。他告诉陆："为你的案子，我已经到北京最高人民法院找曾汉周副院长谈过，请他给予关注。"获知陆打算再次进京上访后，徐当即写了一封给曾汉周副院长的介绍信。信中说："我院老教师陆锦璧同志的案情我们是了解的，我认为应该平反，请您过问。"陆赴京后，将此信交给曾副院长。两天后，陆再次上访最高人民法院，西北组组长接待时告诉他，最高人民法院已决定通知青海省高级人民法院重新复查此案，将结果上报最高人民法院，并明确要求让原承办人员回避。

1983年年初，中央政法委书记陈丕显来沪期间约见徐盼秋时，徐当面向陈丕显汇报了陆锦璧案的案情及有关情况。陈表示两点：第一，请徐院长给他一份书面材料；第二，他返京后，将要求最高人民法院向他汇报此案的处理情况。徐院长当即把事先准备好的材料交给陈丕显。1983 年 6 月 17 日，最高人民法院终于签发了为陆锦璧改正的通知。

徐盼秋一生从来没有盲从地整过人，但却保护过、帮助过许多遭受极左行为迫害的同志，这是熟悉他的人的一致共识。因此，徐盼秋是新中国历史上为数不多的长期与极左行为坚决抗争的一位老共产党人。

第十四章　杨兆龙晚年悲剧的原因

在本书即将收笔之时，我们必须回答一个不能回避的问题：党在建立政权之后，怎么会发生让杨兆龙弥留之际感叹"我这一生没有对不起共产党，但对不起蒋介石"的悲剧？笔者觉得原因主要有以下几个方面：

第一，阶级斗争扩大化。这是最根本的原因。所谓阶级斗争扩大化，就是高估敌人、对手的力量，因此对敌人、对手的反击过度，把不是敌人、对手的也当成了敌人、对手。历史早已表明，当一个民族、一个阶级误以为自己有很多敌人、自己正面临被敌人吞噬、与敌人已经处于你死我活状态的时候，头脑就很难冷静，很难不狂热，什么法治、分权制衡体制等都难以阻挡激烈过火的群体性镇压行为。

当一个民族、一个阶级失去理智而疯狂的时候，那么这个民族、阶级的民主就会成为劣质民主，成为专制主义的帮凶。法西斯分子希特勒就是通过民主而上台的，这是无法否认的历史。当时，纳粹党打出了两个旗号：一个是"民族主义"，另一个是"社会主义"。希特勒打出的"民族主义"旗号，就是煽动一战战败后德国的狭隘的民族复仇情绪，鼓吹日耳曼民族是优等种族，要有足够的生存空间。纳粹党打出的"社会主义"

旗号，就是小资产阶级社会主义和极端民族主义的旗号以及"工人政党"的招牌，迎合了一战后经济危机和社会动荡期间中下层民众要求变革社会的愿望。因此，纳粹党在国会选举中逐步获得足够的选票。1930 年 9 月的国会选举，希特勒领导的纳粹党的席位由 1928 年的 12 席增加到 107 席，成为国会中第二大党；1932 年 7 月的国会选举，纳粹党席位由 107 席上升为 230 席，成为国会中最强大的党；1933 年 3 月的国会选举，纳粹党的席位由 230 席增加到 288 席；希特勒提出的《授权法》（其内容是纳粹政府有权颁布它所要施行的法律而不受国会和参议院的约束）在国会获多数票通过，使希特勒成为议会选举的"专政者"。由于在国会中获得多数席位，希特勒最终成了总理。此后，希特勒又通过一系列所谓的"全民公投"，制定了他想要的法律，架空了国会。

美国算是资本主义法治和分权制衡体制比较健全的国家吧，但当它误判敌情的时候，照样发生了有着"美国文革"之称的麦卡锡主义政治逆流，它是美国式的"阶级斗争扩大化"。麦卡锡主义是指 1950 年至 1954 年间以美国参议员约瑟夫·麦卡锡为代表的美国国内反共、极右政治态度，它以恶意诽谤、肆意迫害疑似共产党和民主进步人士甚至有不同意见的人为目标。二战结束后的美国，战争的阴影还没有消失，冷战的恐怖气氛又接踵而至。美国一方面在国际上与苏联对抗，另一方面在国内害怕共产主义。1945 年 3 月 11 日美国总统罗斯福在世的时候，美国联邦调查局借口当年 1 月 26 日出版的《美亚》杂志上有一篇文章与他们掌握的一份秘密材料在内容上相似，伙同战略情报局的特工人员一起闯进了《美亚》杂志编辑部，并声称"从办公室搜出 1700 多份机密级和其他密级的政府文件"。6 月 6 日，联邦调查局再次查抄《美亚》杂志编辑部，声称"搜查出 1069 页政府文件，其中有 504 页是保密性质的"。同日，美国司法部以"偷窃政府绝密文件"的罪名逮捕了曾在美军驻中国共产党的根据地延安观察组长期工作的国务院官员谢伟思等 6 人。事后查明，《美亚》杂志所使用的文件是谢伟思私人保存的发自延安的报告的副本，并非什么"绝密文件"。这些报告中的观点，大部分是谢伟思等人在中国延安的近一年时间里，通过同毛泽东、周恩来等中共领导人交谈和美军驻延安观察组成员的实地调查得出的真知灼见。如 1945 年 2 月中旬，谢伟思在为即将回国的中国战区美军司令魏德迈将军所写的备忘录中，提议美国政府对中国共产党奉行类似盟国对南斯拉夫的铁托游击队所奉行的政策——即像英国首相丘吉尔一样，根据一切党派在对德作战中的表现，而不是以它们的意识形态来判断提供援助与否；希望美国政府在制定其中国政策时从自身角度考虑，不要支持蒋介石政府打内战等。尽管联邦大陪审团在8月份宣布因证据不能成立，谢伟思被无罪开释，但在《美亚》案的影响下，杜鲁门政府还是从1947年12月17日起开始对联邦政府、武装部队和国防订货承包商实行所谓"忠诚调查"。其调查对象的范围甚至扩大到了荒谬可笑的地步。在帕萨迪纳，有个3岁的小姑娘为商店当广告模特，她的母亲接到通知书，小姑娘必须签署忠诚宣誓书后才能领取报酬。据统计，在实行"忠诚调查"期间，共有2000多万美国人受到过不同程度的审查。在"忠诚调查"的影响下，美国的社会舆论也随之"右转"，教授社会科学的教师如果不在课堂上大骂苏联和共产主义就会被解雇，辛辛那提红色棒球队被迫更改了名称，甚至参加角逐美国小姐的候选人都必须陈述她们对卡尔·马克思的看法。恰在此时，威斯康星州参议员麦卡锡的一篇演说，将这一运动推向顶点。

1950年2月9日是美国第十六任总统林肯的诞辰纪念日，麦卡锡在共和党全国委员会的安排下，从华盛顿飞往西弗吉尼亚州的惠林，在俄亥俄县的共和党妇女俱乐部发表了题为"国务院里的共产党"的演讲，声称他手中有"一份205人的名单"，"这些人全都是共产党和间谍网的成员"。"国务卿知道名单上这些人都是共产党员，但这些人至今仍在草拟和制定国务院的政策。"麦卡锡的演说犹如晴天霹雳，令美国上下一片哗然。朝鲜战争爆发后，麦卡锡更是借口杜鲁门政府中有人暗中"私通苏联"，"出卖了蒋介石集团"，"帮了共产主义的忙"，将民主党执政的20年称为"叛国20年"，并将矛头直指杜鲁门政府。1951年6月14日，麦卡锡借口杜鲁门撤换朝鲜战争中的美方总司令麦克阿瑟，在国务院发表了平生最长的一次演说，直接指责杜鲁门政府对外政策重要制定者——曾经担任驻华特使、国务卿和国防部长，被杜鲁门称作"现今最伟大的人物"的乔治·马歇尔将军。1951年冬天，在麦卡锡的无端指责和漫骂中，马歇尔不得不主动辞职，回弗吉尼亚州里斯堡农场养老。在麦卡锡主义最猖獗的时期，美国国务院、国防部、重要的国防工厂、美国之音、美国政府印刷局等要害部门都未能逃脱麦卡锡非美活动调查小组委员会的清查。在美国国内，成千上万的华裔和亚裔被怀疑为"间谍"。他们不仅被非法传讯，还被禁止寄钱给在祖国的亲人、公开谈论自己的家乡等，甚至有不少人因被指责"同情共产党"而遭受监禁、驱逐、暗杀。在美国工作的著名物理学家钱学森也被指责在战时参加了美国共产党的活动，受到联邦调查局的传讯。此后，钱学森多次发现他的私人信件被拆、住宅电话被窃听，他的"国家安全许可证"也被吊销。而且，他已经不能继续从事喷气推进研究，甚至不能留在实验室里工作了。直到1955年离开美国前，钱学森一直受到美国移民局的限制和联邦调查局的监视。由于受到美国政府的限制，钱学森回国时不仅没有带回任何研究资料，甚至连一些私人生活物品都未能带回。中国人民的老朋友埃德加·斯诺也因受到麦卡锡主义的迫害，不得不偕同夫人离开祖国，远走瑞士。1972年2月19日，斯诺客死于日内瓦。

麦卡锡主义显示当时美国的主流意识出了问题，即误以为共产主义力量快要在美国居于主导地位了，美国资本主义制度和意识形态快要灭亡了。这是美国式的"阶级斗争扩大化"。当阶级斗争扩大化思维横行的时候，无论什么分权制衡、无罪推定、罪刑法定、控辩对抗等法治原则、制度，都显得非常脆弱。"法律是统治阶级意志的体现"。当统治阶级意志、民族意志发生错误的时候，法治自然跟着错，或者只能袖手旁观。

社会主义民主法治之所以在1957年之后不能正常发展，就是因为误判形势，认为旧的资产阶级是"百足之虫，死而不僵"，新生的资产阶级又破茧而出，"党变修、国变色、人变质"迫在眉睫。《关于建国以来党的若干历史问题的决议》正确地指出："在一九六二年九月的八届十中全会上，毛泽东同志把社会主义社会中一定范围内存在的阶级斗争扩大化和绝对化，发展了他在一九五七年反右派斗争以后提出的无产阶级同资产阶级的矛盾仍然是我国社会的主要矛盾的观点，进一步断言在整个社会主义历史阶段资产阶级都将存在和企图复辟，并成为党内产生修正主义的根源。一九六三年至一九六五年间，在部分农村和少数城市基层开展的社会主义教育运动，虽然对于解决干部作风和经济管理等方面的问题起了一定作用，但由于把这些不同性质的问题都认为是阶级斗争或者是阶级斗争在党内的反映，在一九六四年下半年使不少基层干部受到不应有的打击，在一九六五年年初又错误地提出了运动的重点是整所谓'党内走资本主义道路的当权派'。在意识形态领域，也对一些文艺作品、学术观点和文艺界学术界的一些代表人物进行了错误的、过火的政治批判，在对待知识分子问题、教育科学文化问题上发生了愈来愈严重的左的偏差，并且在后来发展成为'文化大革命'的导火线。""一九六六年五月至一九七六年十月的'文化大革命'，使党、国家和人民遭到建国以来最严重的挫折和损失。这场'文化大革命'是毛泽东同志发动和领导的。他的主要论点是：一大批资产阶级的代表人物、反革命的修正主义分子，已经混进党里、政府里、军队里和文化领域的各界里，相当大的一个多数的单位的领导权已经不在马克思主义者和人民群众手里。党内走资本主义道路的当权派在中央形成了一个资产阶级司令部，它有一条修正主义的政治路线和组织路线，在各省、市、自治区和中央各部门都有代理人。过去的各种斗争都不能解决问题，只有实行'文化大革命'，公开地、全面地、自下而上地发动广大群众来揭发上述的黑暗面，才能把被走资派篡夺的权力重新夺回来。这实质上是一个阶级推翻一个阶级的政治大革命，以后还要进行多次。""实践证明，'文化大革命'不是也不可能是任何意义上的革命或社会进步。它根本不是'乱了敌人'而只是乱了自己，因而始终没有也不可能由'天下大乱'达到'天下大治'。在我国，在人民民主专政的国家政权建立以后，尤其是社会主义改造基本完成、剥削阶级作为阶级已经消灭以后，虽然社会主义革命的任务还没有最后完成，但是革命的内容和方法已经同过去根本不同。对于党和国家肌体中确实存在的某些阴暗面，当然需要作出恰当的估计并运用符合宪法、法律和党章的正确措施加以解决，但决不应该采取'文化大革命'的理论和方法。在社会主义条件下进行所谓'一个阶级推翻一个阶级'的政治大革命，既没有经济基础，也没有政治基础。"

大量事实已经表明，1957年反右出现的阶级斗争扩大化，是中国社会主义立法长期落后、中国1954年《宪法》遭受严重破坏的根本原因。这已成为人们的共识。杨兆龙晚年悲剧的发生是阶级斗争扩大化造成的。如果不是阶级斗争扩大化的思维作怪，在"肃反"和反右时，杨兆龙没去台湾和国外就不会被怀疑是为了充当"国民党特务"；如果不是阶级斗争扩大化的思维作怪，就不会有反右派斗争的扩大化，杨兆龙可能就不会被戴上右派"帽子"；如果不是阶级斗争扩大化的思维作怪，公安机关就不会对杨兆龙设置"侦查陷阱"，派张良俊利用杨兆龙的爱学生和爱子之心，诱惑杨兆龙"叛国投敌"。阶级斗争扩大化是把我们辛辛苦苦从敌人阵营争取过来的杨兆龙又试图推向敌人营垒的罪魁祸首。

第二，一些同志对地下党员存有一定的成见。这一点是陈修良指出并强烈不满的一个问题。1950年年初，陈修良穿着一件旧的西式短外衣，肩部有衬垫。南京市委一名主要负责同志当着许多解放军战士的面，拍着她的肩，当面羞辱她说："你们看，这就是资产阶级的服装！"1950年4月，在陈修良调离南京后，中共南京市委对南京地下党作出了这样的结论：地下党员近2000人中，淮海战役以后发展的有900余人；过去发展党员的方针有偏差，手续不严格，比较偏重青年知识分子，在旧警局人员及一般公教人员中过分放手，1949年后又未坚决执行中央和华东局停止发展的指示。通过所谓整顿，学区系统（大、中、小学）已坦白反省参加过其他党派、社团、封建组织的有202人（全数822人）；工区535名党员中，有政治问题和历史问题的200人，不按手续入党的253人。

但是，经过此后数次运动的审查，这个结论是站不住脚的。改革开放后，有关党组织发现并确认，原南京地下党组织中并没有混入一个反革命分子。粉碎"四人帮"之后，在陈修良的强烈要求下，江苏省委和南京市委于1979年7月决定为南京地下党冤案平反。1985年，江苏省委批准了南京市委《关于解决南京地下党历史遗留问题的报告》得出的结论："南京地下党是伟大、光荣、正确的中国共产党的一部分，她身处国民党首都，在异常艰苦的环境中，保持和发展了党的组织，领导了各种合法的和地下的斗争，并取得了胜利。"

原江苏省副省长、沙轶因的丈夫汪冰石（1918—2003）说：南京解放时，从市委到大学、中学、工厂到国民党首脑机关、特务系统都有地下党员，南京地下党组织有一套完整的组织。从1942年到1949年，从未遭到破坏。他们组织公开合法的斗争（如中央大学师生发起的"五·二○"反内战、反饥饿的斗争），组织秘密斗争，配合解放战争正面战场的斗争，不愧为"第二条战线"（毛泽东语）的佼佼者。国民党撤退时，他们组织护厂、护校、保护公共财产的活动。共产党接管后，国民党潜伏的特务组织、秘密电台被迅速一一破获，地下党组织发挥了特殊的作用。但是，从土地改革、镇压反革命运动起，每个地下党员都要交代本人出身、家庭成分、社会关系之类的问题，并被要求与地主、资本家、身在海外的亲戚朋友"划清界限"。有这类关系的党员往往被列入"有问题"的党员，不予重用。即使是很老的地下党员，多数也只能担任副职。在唯成分论、外行领导内行的指导思想下，一些地下党员在国民党反动统治下高举旗帜走在反内战队伍前列、毅然奔往解放区的那股锐气，渐渐失去了。对一些富有才华的学生、知识分子党员，党组织没有为他们创造有利条件，也没有充分发挥他们的作用。历史上正反方面的教训实在值得总结。①

弄清了这一背景，我们就能理解沙轶因在"肃反"运动中不肯为杨兆龙作证的原因了，也能理解在"肃反"运动中，上海党组织为什么不去找陈修良、白沙、王明远、沙轶因等依然健在的原南京地下党员了解杨兆龙当年为什么去做末任国民政府最高检察长，以及他为什么没去台湾和国外的一系列原因。原南京地下党员在 1949 年后已不被信任，已处于不断地被审查之中。沙轶因长期被怀疑为"隐藏很深的特务"，根据之一：沙轶因曾在重庆北碚区委（大学区）工作过，不是应有此嫌疑吗？根据之二：沙轶因从南京到武汉，又从重庆"还都"回南京，一直跟着国民党政府转，为什么没有被捕过？岂不是有"隐藏更深"的嫌疑吗？

能够证明杨兆龙历史的人都自顾不暇，都无法或不愿出来为杨兆龙的光荣革命历史作证，杨兆龙与南京地下党的交往历史恰巧成为他的"负资产"。"肃反"运动中要把杨兆龙送进监狱的人，恰巧又是当初作出原南京地下党员"组织不纯"结论的领导人。这些似乎有点巧合，但在阶级斗争扩大化的思维作怪下，一系列巧合的因素都汇聚成了错整我们自己同志的必然因素。

一个人很难摆脱时代给予的命运，南京地下党 1949 年后曾经遭到的不公正的评价，决定了杨兆龙 1949 年前的历史无人能够证明。退一步来说，就算有南京地下党员出来证明，又能被采信吗？有人大概巴不得通过做实杨兆龙是"潜伏特务"一事，来进一步证明南京地下党犯了"组织不纯"的严重错误。

第三，一些同志长期存在藐视法治、推崇人治的思维方式，把倡导法治视为"以法抗党"。

最早指出这一问题的是中国共产党第一代领导集体中唯一的留学日本学习法律、并获得法学学士、做过律师的董必武。1956 年 9 月，他在党的八大会议上的发言中指出："我认为还有一个严重的问题，就是我们有少数党员和国家工作人员，对于国家的法制有不重视或者不遵守的现象，并且对于这些现象的揭露和克服，也还没有引起各级党委

---

① 参见汪冰石：《我们走在大路上》（未刊稿），第 93、94 页。

足够的注意。"接着，他列举了一些同志不遵守法律的主要表现，一是"个别省人民代表大会没有按期开会。至于不倾听代表的意见，不按照法律规定的手续撤换代表，甚至限制代表向人民代表大会反映群众呼声等违法现象，都不止一次地在某些省县范围内发生过。人民代表大会制度，有些地方还没有建立得很好，还没有很充分地发挥它的作用"。二是"在不少地方或部门进行工作中，我们经常发现有违法乱纪、侵犯人民群众民主权利的现象，甚至有的人自命特殊，以为法制是管老百姓的，而自己可以超越于法制之外；至于在同群众直接有关的工作上，更经常发现有脱离群众的强迫命令的作风，往往把好事办成坏事，招致群众的不满"。三是"在厂矿中发生的事故，有些是由于不注意劳动保护和安全设备，或者忽视操作规程所造成的。经济机关不履行合同而发生纠纷的事实，也是常有的"。四是"有些地方对于违法犯罪的人犯，只注意他是否违法犯罪，而不注意严格履行法律手续的现象，还没有完全克服，例如有些司法人员有时没有按照法律规定的手续拘捕人犯，限制被告人行使辩护和上诉的权利；有些监所和劳动改造单位的管理人员，违反党的政策和国家的法律，违反革命人道主义的原则，虐待犯人的现象也是有的"。[①]

接着，董必武又提出一个深刻的问题："为什么不重视和不遵守国家法制的现象经常发生呢？"他认为原因有二，一是"历史根源。在我们党领导人民没有夺得全国的政权以前，一切革命工作都是在突破旧统治的法制中进行的；夺得全国的政权以后，我们又彻底地摧毁了旧的政权机关和旧的法统。所以仇视旧法制的心理在我们党内和革命群众中有极深厚的基础，这种仇视旧法制的心理可能引起对一切法制的轻视心理，也是不言而喻的。正如列宁所说：'千百年来，国家都是压迫人民和掠夺人民的机关，它给我们留下了这种遗产：即群众对于一切国政之极端仇视和不信任的心理。克服这种心理，是非常困难的任务，这一任务，只有苏维埃政权才能胜任。然而就连苏维埃政权也须花费长久的时间和表现极大的坚毅精神才能完成任务。'国家法制自然就是最显著地同人民切身利害有关的国政。人民群众对于一切国政极端仇视和不信任的心理，既是千百年

---

① 参见董必武：《进一步加强国家法制 保障社会主义建设事业——一九六五年九月十九日在中国共产党第八次代表大会上的发言（摘要）》，载《人民日报》1978 年 5 月 15 日第 2 版。

来国家给我们留下的遗产，那末，人民群众对于一切法制的轻视心理，同样不也是千百年来国家给我们留下的遗么？""全国解放初期，我们接连发动了几次全国范围的群众运动，都获得了超过预期的成绩。革命的群众运动是不完全依靠法律的，这可能带来一种副产物，助长人们轻视一切法制的心理，这也就增加了党和国家克服这种心理的困难。"二是"社会根源。我国社会各阶级中，小资产阶级占绝对多数。我们党的成员最大一部分也是小资产阶级出身的人。当然，小资产阶级中各阶层的革命觉悟程度是有差别的。照列宁的说法，小资产阶级在一定的情况下常常表现极端的革命狂热，但不能表现出坚韧性、有组织、有纪律和坚定精神。轻视一切法制的心理对小资产阶级是容易投合的，小资产阶级的思想也容易和无政府主义的思想相投合。我们可以这样说，一切轻视法制的思想，实质上就是小资产阶级的无政府主义思想的反映"。①

党的八大会议之后，党内轻视法治的现象并没有得到纠正。《关于建国以来党的若干历史问题的决议》总结道："党在面临着工作重心转向社会主义建设这一新任务因而需要特别谨慎的时候，毛泽东同志的威望也达到高峰。他逐渐骄傲起来，逐渐脱离实际和脱离群众，主观主义和个人专断作风日益严重，日益凌驾于党中央之上，使党和国家政治生活中的集体领导原则和民主集中制不断受到削弱以至破坏。这种现象是逐渐形成的，党中央对此也应负一定的责任。从马克思主义的观点看来，这个复杂现象是一定历史条件的产物，如果仅仅归咎于某个人或若干人，就不能使全党得到深刻教训，并找出切实有效的改革步骤。在共产主义运动中，领袖人物具有十分重要的作用，这是历史已经反复证明和不容置疑的。但是国际共产主义运动史上由于没有正确解决领袖和党的关系问题而出现过的一些严重偏差，对我们党也产生了消极的影响。中国是一个封建历史很长的国家，我们党对封建主义特别是对封建土地制度和豪绅恶霸进行了最坚决最彻底的斗争，在反封建斗争中养成了优良的民主传统；但是长期封建专制主义在思想政治方面的遗毒仍然不是很容易肃清的，种种历史原因又使我们没有能把党内民主和国家政治社会生活的民主加以制度化、法律化，或者虽然制定了法律，却没

---

① 参见董必武：《进一步加强国家法制 保障社会主义建设事业——一九五六年九月十九日在中国共产党第八次全国代表大会上的发言（摘要）》，载《人民日报》2015 年 7 月 12 日第 2 版。

有应有的权威。"

改革开放之前，党之所以犯了轻视法制的错误，原因很多。邓小平和上引《关于建国以来党的若干历史问题的决议》总结得很全面。概而言之，主要有如下几个方面：

一是封建历史文化传统的影响挥之不去。邓小平认为："我们过去的一些制度，实际上受了封建主义的影响，包括个人迷信、家长或家长作风，甚至包括干部职务终身制。我们现在正在研究避免重复这种现象，准备从改革制度着手。我们这个国家有几千年封建社会的历史，缺乏社会主义的民主和社会主义的法制。我们要认真建立社会主义的民主制度和社会主义法制。只有这样，才能解决问题。"[1] "旧中国留给我们的，封建专制传统比较多，民主法治传统很少。"[2]

二是同共产国际时期实行的各国党的工作中领导者个人高度集权的传统有关。胡乔木认为，共产国际犯了两个方面的错误：一是全盘否定第二国际，把它说成是反革命，是社会帝国主义。列宁的这个判断是不正确的，把社会民主党完全等同于帝国主义，造成共产党同社会民主党很难合作。二是建立了一个集中制的共产国际，这样做的结果，就是俄国要变成全世界的统治者。[3] 在组织关系上，中国共产党曾长期是共产国际的一个支部，而共产国际实行领导人个人说了算的体制。陈修良是在国共合作时期参加革命的，在晚年的回忆录中，她以自己的亲身经历指证，1927 年 7 月武汉"宁汉合流"前夕，陈独秀已经无权，一切由国际代表说了算，陈独秀申请一些枪支武装工农都被拒绝。因为共产国际认为中国工人阶级力量小，国共合作不能得罪国民党。抗战胜利之后，斯大林又要中国共产党缴枪，到国民党政府中去做官。大革命时期提出建立"苏维埃政权"口号是共产国际提出的，是不对的，正确的口号是中共在抗战时期提出的建立新民主主义政权。陈独秀在晚年对苏联斯大林模式有了较深的认识："我们若不从制度上寻出缺点，得到教训，只是闭起眼睛反对史大林，将永远没有觉悟，一个史大林倒了，会有无数史大林在俄国及别国产生出来。是独裁制度产生了史大林，而不是有了史

---

① 中宣部、司法部《邓小平论民主法制建设》编选组编：《邓小平论民主法制建设》，法律出版社 1994 年版，第 2、3 页。

② 同上书，第 59 页。

③ 参见胡乔木：《胡乔木回忆毛泽东》（增订本），人民出版社 2014 年版，第 652 页。

大林才产生独裁。"① 虽然我们曾经深受共产国际个人专断领导方式的危害，但也不知不觉地受到了共产国际领导方式的影响。1943 年 3 月 20 日，中共中央政治局召开会议，会议决定中央书记处由毛泽东、刘少奇、任弼时组成，毛泽东任中央政治局、中央书记处的主席，并兼任中央党校校长。会议通过了《关于中央机构调整及精简的决定》。该决定规定，书记处"会期不固定，得随时由主席召集之，会议中所讨论的问题，主席有最后决定之权"。这样，党的权力实现了高度集中。这在革命战争年代有其必要性，但在和平年代容易出现问题。

三是与中国革命战争年代形成的强调集中领导的传统习惯有关。革命战争年代必然强调集中领导，"军人以服从命令为天职"是战争环境的共性。邓小平指出："我们历史上多次过分强调党的集中统一，过分强调反对分散主义、闹独立性，很少强调必要的分权和自主权，很少反对个人过分集权。过去在中央和地方之间，分过几次权，但每次都没有涉及党同政府、经济组织、群众团体等等之间如何划分职权范围的问题。我不是说不要强调党的集中统一，不是说任何情况下强调集中统一都不对，也不是说不要反对分散主义、闹独立性，问题都在于'过分'，而且对什么是分散主义、闹独立性也没有搞得很清楚。"②

四是与"'官工''官商''官农'式的"计划经济体制有关。正如邓小平指出的那样："我们现在的官僚主义现象，除了同历史上的官僚主义有共同点以外，还有自己的特点，既不同于旧中国的官僚主义，也不同于资本主义国家中的官僚主义。它同我们长期认为社会主义制度和计划管理制度必须对经济、政治、文化、社会都实行中央高度集权的管理体制有密切关系。我们的各级领导机关，都管了很多不该管、管不好、管不了的事，这些事只要有一定的规章，放在下面，放在企业、事业、社会单位，让他们真正按民主集中制自行处理，本来可以很好办，但是统统拿到党政领导机关、拿到中央部门来，就很难办。谁也没有这样的神通，能够办这么繁重而生疏的事情。这可以说是目前

---

① 《陈独秀著作选》（第三卷），上海人民出版社 1993 年版，第 555 页。
② 《邓小平文选》（第二卷），人民出版社 1994 年版，第 329 页。

我们所特有的官僚主义的一个总病根。"①

五是与过去强调"一元化"领导的政治体制有关。邓小平指出："从遵义会议到社会主义改造时期，党中央和毛泽东同志一直比较注意实行集体领导，实行民主集中制，党内民主生活比较正常。可惜，这些好的传统没有坚持下来，也没有形成严格的完善的制度。例如，党内讨论重大问题，不少时候发扬民主、充分酝酿不够，由个人或少数人匆忙做出决定，很少按照少数服从多数的原则实行投票表决，这表明民主集中制还没有成为严格的制度。从一九五八年批评反冒进、一九五九年'反右倾'以来，党和国家的民主生活逐渐不正常，一言堂、个人决定重大问题、个人崇拜、个人凌驾于组织之上一类家长制现象，不断滋长。林彪鼓吹'顶峰'论，说毛主席的话是最高指示，这种说法在全党全军全国广为流传。"②"权力过分集中的现象，就是在加强党的一元化领导的口号下，不适当地、不加分析地把一切权力集中于党委，党委的权力又往往集中于几个书记，特别是集中于第一书记，什么事都要第一书记挂帅、拍板。党的一元化领导，往往因此而变成了个人领导。全国各级都不同程度地存在这个问题。"③

六是与毛泽东晚年法治观念薄弱有关。近些年来，有人以毛泽东曾对斯诺说过"我是和尚打伞，无法无天"为依据，武断地认为他从来就轻视法制，反对依法治国。这是有失偏颇的。事实上，他从青少年时起，就十分重视法制，强调以法治国。辛亥革命爆发后，他曾先后报考警政学校和法政学堂，一心想当一名警官和法官。他曾经写过一篇题为《商鞅徙木立信论》的文章，文章写道："法令者，代谋幸福之具也。法令而善，其幸福吾民也必多。"同时，文章还系统地阐发了法应是人民意志的集中体现，以及统治者要以法取信于民、以法治国的思想。这应该是毛泽东青年时期也是最早的一篇系统的法律文稿。

笔者认为，毛泽东一生著述丰富，从中抓住一两句话来证明自己想要得到的结论很容易。他确实有过不少重视法制的思想，也确实对新民主主义革命时期和新中国早期的

----

① 《邓小平文选》（第二卷），人民出版社1994年版，第327—328页。
② 同上书，第330页。
③ 同上书，第328—329页。

法制建设做出过卓越贡献。但是，他的法治意识不牢固，①从1957年反右派斗争扩大化开始，他就走上了一条轻视法制的不归之路。邓小平指出："从一九五八年批评反冒进、一九五九年'反右倾'以来，党和国家的民主生活逐渐不正常，一言堂、个人决定重大问题、个人崇拜、个人凌驾于组织之上一类家长制现象，不断滋长。"②"斯大林严重破坏社会主义法制，毛泽东同志就说过，这样的事件在英、法、美这样的西方国家不可能发生。他虽然认识到这一点，但是由于没有在实际上解决领导制度问题以及其他一些原因，仍然导致了'文化大革命'的十年浩劫。这个教训是极其深刻的。不是说个人没有责任，而是说领导制度、组织制度问题更带有根本性、全局性、稳定性和长期性。这种制度问题，关系到党和国家是否改变颜色，必须引起全党的高度重视。"③

因此，在阶级斗争扩大化的"左"的岁月，谁主张法治，谁就很容易被视为以法对抗党的领导。以杨兆龙为代表的这样一批强烈主张加强法治的法学家难免与法律虚无主义的思潮发生对立，被划成反党右派分子有其"必然性"。审视一下1957年的法学界，呼吁加强法治的人，未被划成右派分子的寥若星辰。即使杨兆龙没有所谓的"历史问题"，仅凭他1957年呼吁尽快制定重要法典、批评新中国立法步伐不够快的言论，就足以把他划成右派分子了。在整个时代弥漫轻视法治的气氛下，信仰法治、宣传法治、捍卫法治的杨兆龙，能逃脱被整肃的命运吗？覆巢之下，安有完卵？杨黎明曾对笔者说："我父亲认为法学是一门非常严谨的科学，他只把它当成科学来对待，从来没有想过法律只是阶级斗争的工具。以前我问他：'你怎么没学医呢？学医多好！'他说家里没钱，他就去学法学了。在他眼里：法学是非常精深的，是有头脑的人才能学的，不管什么党什么主义，都是需要法律的，治国就需要法律。因为法律最重要的目的是维持秩序。他

---

①在1958年8月中央召开的协作区主任会议上，毛泽东说："不能靠法律治多数人。民法、刑法那么多，谁记得了？宪法是我参加制定的，我也记不得。韩非子是讲法制的，后来儒家是讲人治的。我们的各种规章制度，大多数、百分之九十是司、局搞的，我们基本上不靠那些，主要靠决议、开会，一年搞四次，不靠民法、刑法来维持秩序。人民代表大会、国务院开会有他们那一套。"刘少奇也提出，到底是法治还是人治？看来实际靠人，法律只能作为办事的参考。参见全国人大常委会办公厅研究室编著：《人民代表大会制度建设四十年》，中国民主法制出版社1991年版，第102页。

②《邓小平文选》（第二卷），人民出版社1994年版，第330页。

③同上书，第333页。

哪里想到有人会这么热衷于阶级斗争，而且把法律只视为阶级斗争的工具。他也没想到，1949 年后形势会如此变化无常。以前，他也看过毛泽东的《论联合政府》《新民主主义论》，感觉跟三民主义也差不了多少，因此对这种翻天覆地的变化缺乏必要的思想准备；更没想到政府在 1954 年之后就不再实施新民主主义和建立联合政府了。"

第四，杨兆龙政治斗争经验欠缺。人无完人，金无足赤。有人说，人要有理想，但不能理想化。但是，学者最容易理想化。杨兆龙虽然在官场上任职多年，但他不是大学一毕业就到官场工作，从最基层的科员做起，然后一步一个台阶地升上去的。相反，他是"学而优则仕"，从教授直接进入高层，而且他城府不深，政治斗争经验不足。杨黎明曾对笔者说："20 世纪三四十年代，我父亲所处的环境是'学而优则仕'。因此，他不需要关注什么党不党的事。在国民政府里，他就和不少党棍合不来。他是合则留，不合则去。他原来在上海做律师，后来由于我外公的建议，为了和母亲团圆，他到南京考进了司法行政部秘书科。抗战时，他和教育部部长朱家骅不合，就坚决地把工作辞掉，到西北大学法商学院任院长。后与代校长陈石珍及 CC 派不和，他就再次辞职。有人误解他想做官，其实不然。他的想法就是：凭他的本事，他总有用武之地。他最大的爱好就是教书。"

王孝和是一个普通工人，他的死刑由蒋介石"钦定"，杨兆龙对此不敏感、不知情，还要一个普通科员来提醒他，这说明他根本不是一个眼观六路、耳听八方的老到的"官僚"。本来人们也没觉得杨兆龙与王孝和案有什么关系，是他自己不知轻重地在思想改造运动中主动地"坦白"出来，白纸黑字，结果就成为"肃反"时打算逮捕他的"重要依据"。

1957 年反右派斗争之前，杨兆龙在南京已经感受到一些领导人轻视法治、作风粗暴的问题，也风闻到了一些地方不依法办事的情况，但他还是以为像董必武这样讲法治的领导人居于多数。因此，他最终"按捺不住"，在鸣放期间不仅写了文章，而且在一系列发言中，提出了非常"刺耳"的批评。比如，"要思考一下解放后历次政治运动的合法性"问题等。而发言不像写文章那样可以相对周全、严密，只言片语，更容易让人断章取义。

虽然杨兆龙在 1957 年被划成右派是在劫难逃，但他轻信公安机关"耳目"张良俊的鼓动，试图送学生、儿子偷渡出境，此事再一次佐证了他缺乏政治斗争经验。他不知道党和政府的管理体制，早已不是千疮百孔的国民党统治下的状况了，有那么容易的偷渡机会吗？他未经深入了解，就盲目相信了张良俊的谎言。1958年下半年，他的好朋友就偷偷告诉过他，政府准备逮捕他，他竟然还不相信，更不知小心防范，反而轻信张良俊，送学生和孩子偷渡出国。他实在缺乏政治敏锐性。

1949年后，由于阶级斗争扩大化的逐步展开，杨兆龙注定被整肃，这是不可避免的事情。但是，究竟会把杨兆龙整到什么程度，这就和他的"政治防御"经验和能力有关了。而杨兆龙恰巧是一个"政治防御"经验和能力缺乏的人，这就决定了他不仅会被整肃，还会被整肃得很厉害。

杨兆龙年谱

1904 年，农历十月初二出生于江苏省金坛县东岗村。

1910 年，到金坛城内外祖父家，入私塾读古书，受启蒙教育。

1911 年，入金坛初等小学。

1914 年，考入镇江高等小学，两年毕业。

1916—1922 年，考入镇江教会私立润州中学。

1922—1924 年，考入北平燕京大学哲学与心理学专业。学制四年，仅用两年即修满学分提前毕业，获哲学心理学学士学位。

1925—1927 年，上海东吴大学法科夜校求学，受业于吴经熊等。

1925 年 5 月 30 日，日商棉纺厂职工因不满日方的欺压，发生了罢工。被东吴学生会推选为代表加入上海学生会，任该会法律委员会委员，参与对日本和英国当局的谈判交涉，要求严惩杀人凶手，赔偿受害者家属损失。

1927 年 7 月，从东吴大学毕业，获法学学士学位。11 月，经国民政府司法部甄拔律师委员会审查合格，获得律师证书。

1928 年，经吴经熊推荐，仅凭法学学士学位的学历，被上海法政大学直接聘为法学教授。在该校任教期间，用比较法学的方法自编讲义，其中已知的有"商法概论""证据法概论""海商法"等。5 月，江苏及上海地方法院向国民政府申请以杨兆龙为候补推事及检察官存记候缺任用。9 月，杨兆龙被委任为上海临时法院翻译官。11 月，经司法部甄拔法官委员会审查，给予杨兆龙以免补推事检察官存记候缺任用。

1929 年，担任上海临时法院及上诉法院推事，专办华洋诉讼案件。受吴经熊委托，撰写《上海租界法院成立以来办理涉外事件之报告》。

1930 年，卸推事一职后，应聘为上海持志大学教务主任兼法学教授，并在东吴大学法律学院任兼职教授，在上海及镇江任律师。曾自贴费用为一些穷苦人家辩护，有数起冤判无期及死刑之案件经其全力辩护，卒获无罪释放。金坛县当时无地方法院，所有诉讼案件均由代表县长之审判员兼理，黑暗重重。杨兆龙见状即向南京监察院告发，监察院查整后将金坛县长免职。

1931 年，应国民政府司法行政部邀请，赴南京任司法行政部任秘书科专门负责涉外事务的科长。

1933 年 5 月，受聘为国民政府立法院宪法起草委员会专员，草拟《中华民国宪法草案》初稿。在此期间，发表《公证制度之探源》《改革现行诉愿制度之商榷》等文。

1934 年，与沙溯因结婚。被哈佛大学法学院破格录取，师从美国诉讼法学权威摩根教授研究英美法。其间，利用同室学友中有意大利籍及西班牙籍人的有利条件，经自学，又掌握了意大利语和西班牙语。在此期间，曾以中国司法代表团团员身份，随团长、驻英大使郑天锡赴美国各地和欧洲各国考察，并出席国际学术会议。撰写《中国法律教育之弱点及其补救之方略》等文。

1935 年 5 月，获得美国哈佛大学法学博士学位。是年夏，受庞德鼓励，以研究员身份赴德国柏林大学法学院进行博士后深造，师从库洛什教授研究大陆法。留德期间，曾赴法国、意大利游历、考察，并在法国加入比较法学会。因计划卒业后赴苏俄、波兰、捷克三国考察，通过学习掌握了该三国语言。至此，已通晓英、法、德、意、西、俄、波兰、捷克八国语言；同时，对英美法系和大陆法系均有精深造诣。撰写《美国最近改革法院组织运动之略述》《美国之司法制度》《出席美国政治社会科学研究会报告》

等文。

1936 年，日本加紧侵华，国内抗日呼声普遍高涨。杨兆龙放弃原定赴俄、波、捷考察之计划，结束在柏林大学之法学研究，回国投身抗战。归国后，受聘为司法行政部法制专员。相继发表《关于疏通监狱之研究》《论三审制之存废或改革》《由检察制度在各国之发展史论及我国检察制度之存废问题》等文。

1937 年，未接受继任东吴大学法学院院长的聘书。经哈佛大学校友朱道忠推荐，受聘为隶属军事委员会之资源委员会专门委员。虽系文职人员，但与军事有关，故被授予少将军衔，负责研究与国防和经济有关的法律问题。奉命草拟适用于抗战时期的《军事征用法》《军事征用法施行细则》及《国家总动员法》，三部法律均经立法院讨论通过。是年夏，国民政府成立庐山暑期训练团，经史学家萧一山介绍，任该团特任讲师，在庐山海会寺为全国调来集训的行政干部讲授"军事征用法""军事征用法施行细则"及"司法与监狱之改良及管理"。发表《法治的评价》《领事裁判权之撤废与国人应有之觉悟》等文。

11 月，随资源委员会迁往汉口。与史学家萧一山合作创办《经世半月刊》，后改为《经世》战时特刊。1938 年，在该刊"战时特刊"先后发表《关于抗战期间政府组织问题的几种错误见解》《知识界阵线之统一》《国民党临时全国代表大会闭幕以后》《我们的出路》《赶快跳出"口号""标语"的圈子》等五篇时事评论，呼吁团结抗战。

1938 年 10 月，随国民政府撤出武汉，与岳父沙颂宣两家一起迁居重庆观音岩。同时在中央大学、复旦大学、浙江大学、东吴大学法学院、朝阳法学院兼职法学教授，主要讲授比较法与法理学。担任东吴大学《法学杂志》《中华法学季刊》等期刊的编委。

1940 年秋，应西北联合大学校长胡庶华之约请及友人章友江（原为西北临时大学教授，因反对国民政府而遭解聘）之力劝，任该校法商学院院长兼教授。聘罗隆基、章友江、沈志远等著名专家来校任教；支持学生之进步活动。发表《最近德国宪法上分权制度之变迁》一文。

1941 年，任教育部参事，同时受聘为该部法律教育委员会秘书长，从事法律教育之改革计划，并撰拟审核法案命令，办理诉愿案件及特交事项。

1942 年，应国民政府政治部部长张治中之邀，任该部设计委员。同时，在重庆各大学的法学院继续任教。

1943 年，受聘为行政院敌人调查委员会委员。

1944 年 5 月，由于抗战接近最后胜利，知识界日益关注战后宪政的实施问题，发表《宪政之道》。8 月，司法行政部部长谢冠生特派倪征𣎴参事邀请杨兆龙出任该部刑事司司长，以处理日本战犯及法制重建等重大事项。原设立于行政院之"敌人罪行调查委员会"于 1944 年 5 月改隶司法行政部。因教育部尚有未了事宜，故杨兆龙推迟至 1945 年 8 月到任。就任伊始，立即着手起草《战争罪犯审判条例》及重新制定的《惩治汉奸条例》等相关工作。是年，比较法学社成立，杨兆龙当选为干事。

1945 年 6 月，完成《联合国宪章》中文本翻译。该中文本是五种法定的文本之一，杨氏译本沿用至今。9 月，向司法行政部部长谢冠生提议组建战罪罪证调查室。谢冠生指定主任由杨兆龙兼任，倪征𣎴任副主任。同月，谢冠生接受杨兆龙建议，特派倪征𣎴赴美邀请哈佛大学法学院前院长庞德来华担任司法行政部顾问。10 月 28 日，杨自重庆发出给庞德教授担任司法行政部顾问之邀请函。同日，司法行政部自重庆迁回南京。12 月中旬，只身返南京任职。奉命成立战犯罪证调查室，兼主任，倪征𣎴为副主任；组建汉奸惩治委员会，拒绝各方之贿赂及说帖，以身作则，严格执法。同时，执教于迁回南京的中央大学等高校。

1946 年 2 月 19 日，在南京发出给庞德的第二封信。6 月 28 日，庞德夫妇抵沪，杨兆龙赴机场迎接。6 月 30 日，陪同庞德夫妇赴南京。7 月 3 日—5 日，陪同庞德夫妇先后应行政院院长张群、司法院院长居正、外交部部长王世杰、中央研究院院长朱家骅、总干事萨孟武之邀赴宴、鸡尾酒会或茶会，并介绍其与政府各部门领导人相识。7 月 12 日，协助庞德就初步的研究工作提出四点建议。8 月 7 日，协助庞德草拟完成创设"中国法律中心"(The Chinese Juristic Center) 之计划纲要。此一计划纲要分两部分：第一，成立中心组织；第二，中心的首要工作是准备编写《中国法通典》，以发挥一种有系统的法学理论，使法律之解释及适用臻于统一。8 月 20 日，提出关于中国法律教育问题之报告。8 月 29 日，应蒋介石之邀，与谢冠生陪同庞德夫妇至庐山牯岭。8 月 30 日，杨、谢陪同庞德夫妇参加蒋介石及夫人举行的宴会，杨兆龙担任翻译。9 月 2 日晚，杨、谢再次陪同庞德夫妇赴蒋氏夫妇官邸，同座者有美国马歇尔将军夫妇。9 月 3 日晨，杨、谢陪同庞德夫妇下山，至九江地方法院及江西第一监狱等处考察。9月4日，庞德在国民大会堂二楼演讲《法律与法学家》，杨兆龙任翻译。9月6日，庞德在文化剧院讲述《法学思想与法律秩序》，杨兆龙任翻译。9月18日，司法行政部长谢冠生组织中国司法代表团，任命杨兆龙为团长，率团随庞德赴美。

　　1947年6月，接国际刑法学会通知，当选为该会总会理事，并被指定为中国分会筹备人及会长。6月中旬，旋赴英国。在伦敦广泛考察，并特赴设在伦敦的联合国战罪委员会参观。嗣后转赴法国巴黎考察。7月初，由德国抵瑞士日内瓦大学出席国际刑法学会第五届大会，当选为大会副会长。7月中旬，赴比利时首都布鲁塞尔参加国际统一刑法学会第八届大会，当选为大会副会长。8月初赴意大利考察。后取道巴黎、伦敦返美，到哈佛与庞德会合，一面整理考察资料，准备返国手续；一面继续研究若干问题。9月22日，陪同庞德顾问夫妇乘飞机离美抵达上海，自沪返南京。10月25日，宋美龄约庞德夫妇聚会，谢冠生与杨兆龙亦应邀作陪。11月5日至10日，在南京召开全国司法行政检讨会议。在首次大会上，庞德作专题报告《近代司法的问题》，杨任翻译；接着，杨报告《出国考察及参加国际会议之经历》。11月5日，全国司法行政部检讨会议集会于南京，与庞德联名提交三项提案：《请确定简化诉讼程序之基本原则案》《关于公务员违法侵害人民之自由或权利的惩戒与赔偿应如何实施案》《关于人民身体自由之保障程序应如何实施案》；单独提出三项提案：《切实研究短期自由刑之存废及替代问题案》《通盘研究幼年犯问题以便修订补充现行制度案》《尽量沟通民刑诉讼以适合国情而树立司法威信案》。皆充分体现其一贯的指导思想：立法与司法均应以维护人权为本。12月15日、17日、19日，陪同庞德至中央大学、政治大学作学术演讲并任翻译。三次讲题分别为《比较法学及历史在中国法制上应有之地位》《统一法律解释与适用》《论中国宪法》。12月27日，与谢冠生一起陪同庞德至南京孝陵卫法官训练班作学术演讲，任翻译。

　　1948年2月4日，陪同庞德在国民政府教育委员会第五次会议上演讲，并任翻译。讲题为"从欧美法律教育的经验谈到中国法律教育"。2月22日，国际刑法学会中国分会成立，杨兆龙以司法行政部刑事司司长身份参加，当选会长。5月，司法行政部内设法制研究委员会下分设司法调查团，庞德、杨兆龙分任正副团长，调查团工作分设五组分别进行。6月7日，司法调查团在南京正式展开调查，团长庞德、副团长杨兆龙率全团赴监狱、法院、看守所、警察厅及所属机关进行调查。6月15日，转赴上海调查考察，先赴市高院及地方法院调查，然后至提篮桥监狱考察。6月16日，调查团上午举行分组座谈，下午在市高院举行一般综合性座谈，由高院院长郭云观主持，首席检察官杜保琪参加，听取与会者发言，最后由庞德讲话，由杨兆龙现场翻译。6月17日，庞德应邀至东吴大学法学院作学术演讲，院长盛振为主持，杨兆龙翻译。与会者除本校师生外，还有复旦大学等有关专业的师生等慕名前来听讲。6月18日，离沪转赴杭州，一行人下榻于杭州湖滨外宾招待所。6月19日，在杭州市调查各司法机关及监所，杭州市律师公会举行律师及司法问题座谈会，最后由庞德作总结，杨兆龙翻译。6月20日晚，浙江高院院长孙鸣霖及杭州地方法院院长等在外宾招待所设宴欢迎庞德一行。6月21日，庞德应浙江大学法学院院长李浩培之邀给该院师生作学术演讲，杨兆龙陪同并翻译。6月22日，中华民国法学会浙江分会与律师公会在英士街参议会礼堂举行欢迎会。两会会长阮毅成、鲍祥麟分别致欢迎词，庞德、杨兆龙分别致答词。庞德答词由杨兆龙翻译。6月26日，离杭赴苏州调查江苏高等法院及监所。6月29日，至镇江调查江苏地方法院及监所。傍晚，游览金山寺。6月30日，乘火车返抵南京。当日，即开始整理调查材料，进行总结，由杨兆龙写出书面报告，呈交谢冠生。10月2日，中国社会法学会第九届年会暨成立二十周年纪念会在南京中央大学礼堂隆重举行。会议由会长孙本文主持。特邀正在南京的庞德作学术演讲。杨兆龙陪同并翻译。美驻华大使司徒雷登、校长吴有训、法学院院长刘克隽等慕名与会，并合影留念。11月21日，庞德夫妇返美，与谢冠生"紧握双手，泪盈于睫"，杨兆龙陪同至江湾机场送行。12月，与孙晓楼教授合作，在上海创办《新法学》月刊，首期发表由杨兆龙撰写的创刊词《论法学界的贫乏》。是年年底，杨兆龙出任南京国民政府最高法院代理最高检察长。

这一年，杨兆龙当选中国刑法学会会长、中国比较法学会会长。在国际上当选为国际行政法学会理事、国际比较法学会理事。荷兰海牙国际法学院在世界范围内评选出五十位杰出的法学家，并由荷兰驻华使馆送来出席会议之邀请函及签证。中国有两人获此殊荣：一位是年近七旬的国际法学专家王宠惠博士，另一位便是年仅44岁的比较法学专家杨兆龙博士。

1949 年 1 月至 3 月，《新法学》连续三期刊登杨兆龙的论文《大陆法与英美法的区别究竟在哪里？》，该文阐述了两大法系的形成过程、地域分布、相互影响、区别所在及其发展趋势。是年，《新法学》发表杨兆龙翻译的庞德的学术讲演《近代司法的问题》。5 月 27 日，上海解放。杨兆龙将最高法院检察署之全部档案立即移交给上海市军管会统战部长陈同生。受聘为中央大学（后改为"南京大学"）法学院教授。

1950 年，以特邀代表身份参加南京市首届人大，并就土地改革要依法进行发言。7 月，与南京市人民法院院长鞠华一同去北京出席全国首届司法行工作会议。经其在重庆复旦法学院的同事、柏林大学校友张志让之介绍，与时任政务院副总理兼法制委员会主任董必武会晤，畅谈法制建设问题近四个小时。8 月，赴沪莅任东吴大学法学院院长兼教授，同时在南大兼课，讲授国际私法、刑法、刑诉法。

1951 年，调任东吴大学法学院院长。在院长任内，仿照美国哈佛大学和德国柏林大学的法学院模式，致力于将东吴办成东方一流的法学院；继承东吴比较法学之传统优势，并改变以往偏重英美法系之格局，兼顾大陆、苏联及东欧国家法系。发展本院国际法学组、行政法学组及法律研究所，增设有关国家法院组织及诉讼程序之课程。

1952 年暑假，全国高等院校开展思想改造运动。杨兆龙被定为改造重点，受到辱骂。

1953 年，在赋闲一年多后，经鞠华与陈修良向华东军政委员会教育部反映，杨兆龙被安排去复旦大学教俄文。为了强化自己的俄文素养，杨兆龙特地到一教堂的牧师、精通母语的白俄处去请教。

1955 年 3—5 月，在"肃反"运动中，被怀疑为"国民党潜伏特务"。复旦大学和高教局为此成立了专案组，拟以"历史反革命罪"将其投入监狱。后被作内控对象处理。

1956 年，调任复旦法律系刑法教研室任教授，当选上海市法学会理事，并被聘为《华东政法学院学报》月刊编委。12 月，在《华东政法学院学报》（《法学》前身）第 2 期上发表《法的阶级性和继承性》。

1957 年 2 月，在上海市法学会召开的"民主与专政"问题座谈会上发言。3 月 14 日，在上海市法学会召开关于 1956 年 12 月杨兆龙发表在《华东政法学院学报》第 2 期上的论文《法的阶级性和继承性》一文的学术讨论会。4—5月，魏文伯、陆定一、柯庆施相继邀请杨兆龙座谈、聚餐，鼓励他打消顾虑、向党建言，并对其在肃反运动中所受委屈表示遗憾、致歉，新闻界闻讯频频向杨约稿或采访。5月1日，《光明日报》以整版篇幅报道《上海知识界谈贯彻"百家争鸣"问题》，其中提及杨兆龙教授建议"要发挥老法律科学工作者的积极性。在学校要让他们教书，在科学研究机关要让他们参加科学研究的领导工作，在政法部门要让他们参加工作，担任适当职务"。5月3日，在上海市委召开的知识分子座谈会上发言。5月4日，《新民晚报》作了报导，标题是"歧视老一辈，令人有点心寒"。5月8日，上海《文汇报》刊载了杨兆龙《法律界的党与非党之间》。5月9日，上海《新闻日报》刊登了该报特约文章——《我国重要法典为何迟迟还不颁布？——社会主义建设中的立法问题》，此文见报时未经杨兆龙同意，将原来学术性的标题移作副标题，另加针对政府的责问性的主标题。同日，上海市委召集法学家举行座谈会，杨兆龙就有关法学研究工作中如何贯彻百家争鸣问题作了发言。5月10日，《光明日报》就此作了报导。同日，中共上海市委召开宣传工作会议，会议至20日结束，杨兆龙虽未应邀发言，但认真写了发言稿。5月20日，《新闻日报》编辑部邀请法学工作者举行关于杨兆龙呼吁加快立法文章的座谈会。与会者的发言6月上旬在《新闻日报》上分四天全部发表。5月下旬，杨兆龙致函最高人民法院董必武院长就社会主义立法问题提出十二条意见。该信经由《新闻日报》驻京办事处转交，但被有关方面截留。后经组织安排，由傅季重将其作为揭批对象在《法学》杂志发表。5月底，在复旦大学第四届科学论文报告会上以"刑事法律科学中的无罪推定与有罪推定问题"为题发言。后学生联名上书，强烈要求校方尽快让杨兆龙教授等几位著名法学家开课。6月3日，在复旦大学教师座谈会上发言，提出"请检查一下历次运动的合法性，尤其是'肃反'运动"。7月，被划为上海首批右派分子。复旦大学、上海市法学会等组织了多次批判杨兆龙言论的会议。

1958年2月，受杨兆龙牵连，他的三个子女在第二次反右"补课"中全部被划成右派。4月，杨兆龙被取消教授职务及工资待遇，每月只发给生活费35元，并被迫迁居他处。因被强迫劳动，致咯血住院，迁延近二年。

1959年，因复旦大学法律系与华东政法学院合并成立上海社会科学院，杨兆龙改由该院管理。

1960 年，杨兆龙的学生饶大笏介绍其同事张良俊与杨兆龙认识。张自称被判过刑，对杨兆龙既同情又仰慕，询问杨兆龙是否愿意偷渡出国，杨兆龙拒绝。

1963 年 3 月，杨兆龙母亲去世。5 月，杨兆龙扶灵回江苏金坛县东岗村将母安葬。9 月 23 日晚，上海市公安局以"现行反革命罪"将杨兆龙及其小儿子一并逮捕。杨兆龙被关押于上海第一看守所。

1971 年 6 月，在被关押了近八年之后，终以历史反革命罪及叛国投敌罪被判处无期徒刑，家产全部没收，但家属未接到判决书。

1972 年春天，因沙溯因的表哥杜健伯收到杨兆龙要求他们去接见的信，一番辗转打听，杨兆龙女儿杨黎明方确定其在提篮桥监狱，并收到杨兆龙自提篮桥寄来的信和接见单。2 月，美国总统尼克松首次访华，打破中美长期对峙的僵局。据杨黎明的表弟黄汝鉴来信云：得上层消息，尼克松总统的法律顾问曾向周恩来总理当面询问杨兆龙教授的情况。

1973 年，次子杨定亚刑满释放。此后，杨兆龙每月能得到杨定亚的接见与救济。

1975 年 12 月 15 日，中央对国民党县团级以上人员进行特赦。杨兆龙在狱中度过了 4463 个日夜之后，终于获赦出狱。家破人亡，伤病缠身，他只得去浙江海宁县与女儿杨黎明同住。杨家三代四人居于 9 平方米的蜗居之中。

1976 年，蒙国务院参事故友章友江相助，被统战部门安排于浙江文史馆任馆员，每月 40 元生活费，可以领薪在家休养，无须上班。5 月，因处理老家房产事，由女儿陪同回金坛。途经上海时下车，去长征医院看病，并看望堂弟杨东明；顺道在无锡访问沙溯因的四妹沙竞因。彼等皆感叹唏嘘，热情招待，并给予资助。在金坛县表弟陈杏生家住了几天，并与各表弟妹相聚；复至故乡东岗村小住，自叹已无法报答桑梓，村人莫不叹息。

1977 年，因在美国的沙溯因的表侄女沙茂吉来信云可能来大陆探亲，海宁统战部特意为杨兆龙新造瓦屋一楼一底，由杨兆龙租用。是年秋，迁入新居。10 月，突发脑血栓，致右肢瘫痪，并失语。

1978 年夏，海宁统战部安排杨兆龙去莫干山休养一周，由子女及孙辈陪同。当时拍了不少照片，但未给杨家。坊间传说在香港曾见报，作为杨兆龙在大陆安度晚年之证。

1979 年，国内形势明显好转，中央采取重大步骤，在全国范围内改正冤假错案。女儿杨黎明早已于上一年 6 月被安排在当地医院从医；长子杨任远也于 1976 年在海宁成婚。对于子女劝其提出申诉要求改正冤狱一事，杨兆龙频频出示其腕部的累累伤痕，表示不存幻想，故未同意。4 月 1 日上午 11 时，突发脑溢血，当即昏迷。因抢救无效，于下午 6 时去世。4 月 7 日，海宁县统战部朱锡扬同志主持追悼会，肯定其为海峡两岸统一所表示之关心。参加悼念者除子孙外，尚有女婿家的亲戚多人。

1980 年 1 月 8 日，上海市高院宣布，经复查认为，1971 年市中级法院所判系错案，故重新作出裁决：推倒林彪、"四人帮"强加于杨兆龙的一切污蔑不实之词，撤销原判，宣告无罪，恢复名誉，发还家产。复旦大学也就 1957 年错划其为右派一事，正式予以改正。12 月 31 日，有陈修良参加的治丧委员会决定由上海社会科学院召开追悼会，悼词中对其一生重作肯定的评价。1949 年被杨兆龙营救出狱的原中大学生朱成学、华彬清拍来吊唁电报，感谢其当年的救命之恩，对其逝世表示沉痛哀悼。

1986 年，日本早稻田大学比较法学教授西村幸次郎来沪时，问及中国对杨兆龙如何评价，齐乃宽教授答："已经平反"，此外语焉不详。西村教授并赠送了他所编的书一册，内有杨兆龙的法学论文三篇。

1999 年，记载南京地下党历史功绩的八集电视纪录片《无名英雄》摄制完成，先后在南京和江苏电视台放映。其中，第八集着重介绍了杨兆龙的生平及贡献。2 月，《二十世纪中华法学文丛》编委会经由中国政法大学出版社出版了由郝铁川、陆锦璧编辑的《杨兆龙法学文选》。由郝铁川教授执笔的该书序言，对杨兆龙教授作为国际公认的著名法学家的学术地位、法律思想、正直品格及其历史功绩等作出了公正的评价。书中收集了杨兆龙在各个历史时期发表的代表作，包括 1957 年使其受到错误批判的全部文章，为世人客观地评说历史事件和历史人物，提供了弥足珍贵的史料。

2004 年 11 月 27—28 日，苏州大学王健法学院和金坛市人民政府在苏州大学王健法学院大讲堂内，联合举办"杨兆龙先生百年诞辰纪念暨学术思想研讨会"。

后　记

　　1988 年 7 月，我博士研究生毕业，从华东师范大学分配到华东政法学院法律系法制史教研室任教，同事中有位陆锦璧教授，整日精神抖擞，目光如炬，棱角分明，给人卓尔不群之感。有人告诉我，他可是个人物！1957 年被划成右派，从不认罪，后被发配到青海。"文革"期间又写"万言书"，差点被枪毙。他的经历可以拍成一部跌宕起伏的电视剧！于是，我经常闪着崇拜英雄的眼光聆听他那过去的事情。相熟之后，我又知道了他的岳父杨兆龙的一切。这真是一个英雄般的家族！我暗下决心，一定要把这段杨门历史写下来，因为它是中国近现代法制史的一个真实写照，可以弥补时下法制史停留在立法史层面而欠缺法治实践史的弊端。

　　岁月蹉跎，我 2000 年后辗转多岗，公务缠身，时写时停，久久无法集中精力偿还这笔"文债"。所幸在快要退休的时候，能够来到上海文史研究馆这个被余秋雨先生称为上海一块"安静的地方"，使我有时间继续四处收集资料，然后一篇一篇地写出来，连载在《世纪》杂志上，再征求知情者的意见。如今，全书终于杀青。

　　可是，我不得不遗憾地说，这本评传，只记载了 1/3 的真实的杨兆龙，另外的 2/3

还是写不出来。其中，1/3 是因为目前还不合适写出来，另外 1/3 则是因为杨先生的家属不让往外说。所以，我只能说我现在写出来的内容都是真实的，还有一些真实的内容一时还无法写出来。

撰写此书，使我对《孟子》"尽信书，则不如无书"这句话有了进一步的理解。意大利史学家克罗齐说"一切历史都是当代史"，虽然有些过头，但并非全无道理。历史虽然是客观的，但历史的书写者却是有着强烈主观意识的人，要让书写者完全摒弃主观意愿去书写历史，几乎是不可能的。

我写出的这 1/3 的杨兆龙，大体上可以展现中国近代多数法学家从民族主义到民主主义，再到新民主主义，终到社会主义的心路历程，大体可以展现他们一生悲欣交集的命运，大体可以展现新中国社会主义民主法治一波三折的过程。

最后，我要向为本书写作提供很大帮助的许祖琪、张晓立、吴学军等同志表示深深的谢意，向北京大学出版社和王业龙主任、孙维玲编辑表示深深的谢意。当然，更把此书献给我所尊敬的杨兆龙先生的亲人们，向他们鞠上一躬：我尽力了！

郝铁川

2020 年 2 月于沪上寓所